KB197801

제2판 전면개정판

도시행정론

URBAN ADMINISTRATION

서울시립대학교 도시행정학과 편저

박영사

전면개정판 발간에 즈음하여

2014년, 서울시립대 도시행정학과 교수들이 도시행정론을 공동 집필한 바 있습니다. 이 책은 도시행정의 이념, 도시행정시스템과 그 운용, 여러 분야에서 펼쳐지는 도시행정의 실제를 알기 쉽게, 체계적으로 소개하였습니다. 도시행정 분야에 종사하는 전문가와 학생, 그리고 일반 시민이 도시행정의 위기를 성찰하고 이해하며, 그간 누적되어 온 복잡한 도시문제들을 해결하는 데 도움이 되고자 함이었습니다. 도시행정학이 다루고 있는 분야가 방대하여 각 주제를 유기적으로 연결하는 데 어려움이 있었으나 학과의 모든 교수들이 힘을 모은 결과, 지난 10여 년의 시간 동안 도시행정과 관련된 여러 분야에서 널리 활용되고 있는 도시행정의 지침서를 만들 수 있었습니다.

2025년, 도시행정론의 전면개정판을 출간하게 되었습니다. 도시행정을 둘러싼 환경이 급변하고 도시행정의 수요가 다변화됨에 따라, 도시행정의 대응방향 역시 근본적인 변화가 필요해졌습니다. 먼저 인공지능과 데이터가 시민의 일상 속에 자리 잡아감에 따라 도시행정의 새로운 과제들이 대두되고 있습니다. 또한 도시의 성장을 중심적으로 논의하였던 기존과 달리, 심화되는 도시의 쇠퇴문제에 어떻게 대응할지가 도시행정의 화두가 되어 가고 있습니다. 도시행정의 주체 역시 그 범위가 크게 확장되어 도시정부와 시민만이 아닌, 기업과 비영리조직 등도 도시행정의 주체로 중요한 역할을 담당하고 있습니다. 마지막으로 도시행정의 제반 시스템을 구성하는 법과 제도, 정책이 크게 변화하였습니다. 이러한 변화들은 도시의 토지와 주택, 환경, 문화, 경제 등 도시행정의 실제를 구성하는 모든 영역에서 복잡한 형태로 나타나고 있으며, 이에 따라 관련 도시문제를 해결하고 새로운 이슈에 대응함에 있어 정교한 해법이 마련되어야 합니다. 즉, 도시행정의 환경과 수요변화에 대응하여, 도시행정의 이론과 실제를 전반적으로 재검토하고, 새로운 도시행정의 방향을 모색해야 하는 시점이 도래한 것입니다.

앞선 배경에서, 도시행정론 전면개정판은 다음의 내용에 초점을 맞추어 개정되었습니다. 우선 초판과 마찬가지로 도시행정의 이해, 체계와 운용, 실제라는 세 개의 큰 틀을 갖추되, 틀 안에서 논의되는 13개 장의 대부분 내용을 전면 재작성하였습니다. 다음으로 도시행정의 개념, 주요 이념, 주체 등 도시행정의 본질에 대한 이론적 논의를 심화하였습니다. 나아가 현재, 그리고 미래 도시행정의 주요 이슈인 정보와 데이터에 대해 심도 있게 다루었습니다. 마지막으로 도시행정과 관련된 법과 제도, 정책 등을 현행화하였습니다.

2025년은 서울시립대학교 도시행정학과가 창설되고 국내외 도시행정 분야를 학문적으로 선도해 온 지 51년이 되는 해입니다. 저자들은 새로운 50년의 도시행정을 선도해야 한다는 사명감을 가지고 본 전면개정판을 집필하였습니다. 그럼에도 여전히 부족한 점이 많다고 생각합니다. 지금 자리에 멈추지 않고 앞으로도 최선을 다해 부족한 점을 보완하고 개선해 나갈 것을 약속드립니다.

끝으로 이 책의 출판을 위해 힘써주신 모든 분께 고마움을 전합니다. 특히 개정작업의 전 과정에서 고생하신 박영사 안종만 회장님, 안상준 대표님과 편집부 여러분의 노고에 감사드립니다.

2025년 2월
서울시립대학교 도시행정학과 교수 일동

차례

PART 3 도시행정의 실제

제1부

도시행정의 이해

제1장 도시행정의 의미와 개념

Urban Administration

도시행정의 의미와 개념

도시행정의 의미와 개념

제1절 ✎ 도시행정에 대한 정체성 모색의 필요성

도시행정이란 무엇인가? 도시행정을 어떻게 이해 할 것인가? 도시행정에 대한 정체성을 찾기 위한 학자들의 많은 노력에도 불구하고 이 근본적이고 본질적인 질문에 대해 명료하게 정의를 내리기는 쉽지 않다. 그 이유는 우선, 도시행정이 하나의 학문 분야로 본격 등장한 지가 그리 오래되지 않았다는 점을 꼽을 수 있다.

한 분야가 하나의 학문으로 성립하기 위한 조건 중 관련학과가 대학에 개설되는 것을 기준으로 본다면 도시행정학과가 국내대학에 학부과정으로 최초로 개설 된 것이 1974년으로(김일태, 2009) 도시행정 분야에 대한 본격적인 학문적 역사는 2023년 기준으로 현재 약 반세기인 50년의 역사를 가지고 있고 그나마도 1992년 지방의회 구성과 1995년 민선자치단체장의 선출로 지방정부에 독자적인 정책결정과 집행권이 생기면서 도시행정에 대한 연구와 교육이 활성화되었다(김일태, 2009)고 볼 때, 약 30년의 비교적 짧은 학문적 연혁을 가지고 있다.

두 번째는 도시행정의 연구영역이 도시의 특정 분야나 대상으로 제한되기보다는 도시를 구성하고 있는 다양하고 광범위한 분야를 포함하고 있다는 점에서 연구 분야나 연구대상이 다른 어떤 학문 분야보다도 광범위하다는 점이다(Baclija,

2014; 김일태, 2009; Mumford, 1961). 이러한 점에서 Lewis Mumford(1961)는 하나의 학문
영역이나 분야만으로 도시를 이해하는 것이 불가능하다고 주장한다.

세 번째는 도시행정의 연구대상인 도시가 갖는 가변성과 변화무쌍함을 꼽을
수 있다. 전 세계 도시의 발전단계나 모습은 매우 상이하고 개별 도시 역시 끊임
없는 변화를 겪을 뿐만 아니라 도시의 관리체계나 운영방식 또한 각 도시의 정치
적, 사회적 여건에 따라 매우 다양한 형태를 띠고 있다(송석휘, 2014).

네 번째는 많은 학자의 관심이 도시보다는 국가, 도시행정보다는 국가행정에
초점이 맞추어져 왔다는 점이다. 이러한 경향은 중앙집권의 역사를 가진 국가와
지방자치가 뿌리 깊은 국가 간에 다소 차이를 보일 수는 있으나[1] 전반적으로 학
자들의 주된 연구대상이 도시보다는 국가단위였음을 부인할 수 없다(김일태, 2009;
Baclija, 2014).[2]

여기에 덧붙여 도시에 대한 관심 또한 국가가 추진하는 정책들을 도시에 구
현하는 데 두고 있거나(Baclija, 2014), 주로 도시에서의 실생활과 관련된 문제 해결
이라는 실행적인 측면에 초점이 맞추어져 있었다. 이처럼 도시행정을 주로 빈 창
고를 정리하거나 거리청소, 하수처리, 건물관리와 같은 사소한 일을 수행하는 하
찮은 것으로 간주하는 경향도 도시행정에 대한 관심이 낮은 이유와 무관치 않다
(John, 2001).

다섯 번째로 도시행정에 대한 이해는 결국 도시에 대한 이해와 매우 밀접하
게 연결되어 있다는 점에서 도시행정의 의미와 개념은 인류 역사의 발전단계에
따라 국가나 사회가 도시에 요구하거나 기대하는 도시의 모습과 함께 도시가 수
행하는 기능 및 역할 등과 연관하여 이해해야만 한다.

마지막으로 도시행정이라는 개념은 고유명사로서의 성격보다는 도시와 행정

---

1 Baclija(2014)는 도시행정이나 도시관리 연구가 소홀한 이유를 도시정부는 상위레벨의 권위에 의해 채택된
  정책을 단순히 실행하는 시스템이라는 인식이 강했고 이마저도 주로 행정학에 기반을 두면서 이론적 기반
  보다는 경험주의 연구나 비교연구에 치중하고 있다고 주장한다. 반면에 미국과 같이 높은 자율성을 누린
  도시들은 정치학의 연구대상으로 주로 의사결정 내용을 어떻게 실행되었는지에 많은 관심을 두고 있다고
  강조한다.
2 김일태(2009)는 도시행정학이 행정학의 한 특수 분야로 간주되었고 이러한 경향은 1990년대 중반까지 지
  속되었다고 주장하면서 그 이유로 제3공화국 이후 지방자치를 중단한 강력한 중앙집권체제하에서는 도시나
  지역의 특수한 문제를 독자적으로 해결하려는 도시정부가 성립할 수 없었고 이를 뒷받침 할 도시행정의 연
  구와 교육이 필요 없었기 때문이라고 설명한다.

이 결합된 혼합용어로서 두 용어 간의 결합 형태나 방식, 내포하고 있는 의미는 역사 및 사회발전과 정치와 행정시스템 간의 관계와 같은 시대적 환경에 달려있다는 점에서 지속적으로 진화하는 개념이라고 할 수 있다.

이처럼 도시행정에 대한 정체성 확립이 용이하지 않은 속성을 가지고 있지만 도시행정 개념 모색을 통한 정체성 확립의 필요성은 그 어느 때보다도 높아지고 있다. 그 이유로는 우선, 국가와 사회발전에 있어 도시가 차지하는 비중이나 중요성이 갈수록 증대되고 있기 때문이다(이규환, 2007; 김일태, 2009; Baclija, 2014). 예를 들면 도시행정의 영향을 받는 도시 거주 인구가 전 세계 인구의 절반을 이미 넘어섰고(Barber, 2013), UN에 따르면 2022년 말에는 전 세계 인구의 57%(UN, 2022)가 도시에 거주하고 있다는 점에서 전 세계적으로 도시행정이 하나의 학문영역으로 성립할 수 있는 환경과 그 필요성은 이미 충분하다고 할 수 있다.

두 번째는 새로운 정보화와 경제적 세계화 추세는 국가 간 경쟁이 도시 간 경쟁(권원용, 2011; Barber, 2013)으로 변화하면서 세계적으로 도시가 차지하는 역할이나 중요성이 그 어느 때보다도 커지고 있기 때문이다(Baclija, 2014). 세 번째로는 아이러니하게도 급격한 도시화로 인해 우리가 잃어버린 공공성과 사회공동체를 회복하기 위한 장소로서 도시가 갖는 장소성이 매우 중요해졌기 때문이다.

네 번째로는 실용적인 측면에서 도시행정은 도시가 당면하고 있는 수많은 도시문제를 실질적으로 해결해야 할 현실적인 이유를 꼽을 수 있다. 많은 사람이 도시가 제공하고 있는 환경과 서비스를 통하여 일상적인 삶을 영위하고 있지만 불평등 문제, 환경오염 및 기후위기 문제, 범죄와 폭력 등 높은 수준의 사회적 쇠퇴와 낡은 사회간접자본시설 문제 등 도시가 지금까지 추진해 왔던 전략적 적응성이나 경제적 효율성에 대한 반작용으로 등장하고 있는 다양한 도시문제에 대해 도시행정이 해결해야 할 의무와 책임(Baclija, 2014)[3]을 지녔기 때문이다.

이러한 점에서 광범위한 도시문제를 논리적이고 경험적으로 연구하고 이를 기반으로 도시행정이 하나의 학문영역으로 정체성을 확립하기 위해서는 무엇보다도 도시행정에 대한 의미와 함께 도시행정이라는 용어에 대한 개념화 작업이

---

3 Baclija(2014)는 저서에서 국가가 복지국가시대를 천명했을 때, 도시행정이 사회의 관심을 끈 이유는 도시에서 실행된 복지정책들의 성과가 사회적 관심을 받았기 때문이라고 설명한다.

어느 때보다도 시급하고 필요하다고 할 수 있다. 따라서 본 장에서는 도시행정에 대한 개념을 탐색적으로 모색하는 데 초점을 맞추되 우선 도시에 대한 이해로부터 출발하고자 한다.

제2절 　 도시를 이해하는 방법

　　도시행정이라는 용어가 갖는 모호성 못지않게 도시행정의 대상이 되는 도시에 대한 개념정의도 매우 다양하다(권용우 외, 2010). 도시의 기원을 언제로 할지에 대한 논쟁은 차치하고라도(Hill, 1985) 도시가 인류사회에 등장한 기간을 감안한다면 도시에 대한 이해나 개념 정의 역시 매우 다양하다고 할 수 있다(박윤환 외, 2022; Louis Mumford, 1961; Nigel Thrift, 2017; Barber, 2013; 김하나, 2019; 권원용, 2015; Baclija, 2014; 박병식 외, 2009). 예를 들면 20세기 최고의 도시학자 중 한 명인 루이스 멈포드(Louis Mumford, 1961)는 도시를 일정한 공간에 사람들과 도시의 다양한 시설물을 담고 있는 "용기(Vase)"로 표현하면서 도시를 다양한 구성요소가 맞물려 작동하는 "대규모 기계(Megamachine)"로 표현한다.[4]

　　나이절 스리프트(Nigel Thrift, 2017)는 도시를 인간과 도시에 대한 단선적이고 결정론적 사고보다는 "다층·다면적인 정서의 장(場)"으로, 바버(Barber, 2013)는 도시를 사람을 끌어들이는 "자석인 동시에 사람을 밀어내는 기피제"로, 김하나(2019)는 "도시를 연결망"으로, 권원용(2015)은 도시를 "인류 문명을 담은 콘테이너(Container)"로 그리고 Baclija(2014)는 도시가 국내총생산에서 차지하는 비중이 갈수록 높아진다고 주장하면서 도시를 "성장엔진"으로 표현하기도 한다. 이처럼 다양하게 이해되고 있는 도시는 도시가 발전해 온 궤적이나 도시가 가지고 있는 특성이나 속성들을 반영한다고 할 수 있다.

---

4 Lewis Mumford(1961)는 로마는 초기 도시가 규모가 커지면서 Megamachine으로 그리고 Megalopolis로 진화하였고 그 이후에는 유기체로서의 한계를 넘어서면서 생각이 사라진 Necropolis로 변하였다고 진단한다.

1. 도시발전의 궤적

(1) 도시에 투영된 상징과 가치

인류의 위대한 발명품으로서 도시의 진화는 인류 역사와 궤를 같이하고 있다. 도시는 만년 정도의 역사를 가지고 있지만, 도시로서의 패턴이 만들어진 것은 2,000년 전 팍스 로마나 시대(단일 중심 도시구조)와 봉건군주의 거처인 성을 중심으로 배타적 공동체인 마을 형태를 거친 후에 프랑스 시민혁명과 영국의 산업혁명이 가져온 도시로의 집적을 관리하기 위해 도시의 마스터 플랜이 본격화되었다.[5]

현대도시의 원형으로 간주되고 있는 중세도시는 무엇보다도 제조업과 상업의 발달을 토대로 교역의 중심지라는 경제적 목적이 도시형성의 동인이었다. 물론 교역의 중심지로서의 도시의 기능이나 역할은 현대도시에서도 여전히 그 중요성이 강조되고 있다는 점에서 현대도시가 중세도시의 연장선상에 있음을 알 수 있다. 물론 교역의 범위나 내용, 속도 등이 과거 중세도시에 비해 비교할 수 없을 정도로 넓어지고 많아지고 빨라졌지만 중세도시를 발원시킨 교역 중심지로서의 도시의 기능이나 역할은 현대도시에 이르러서도 그 중요성이 더욱 강조되고 있다.

이러한 점에서 최근 강조되고 있는 국가 간 경쟁이 도시 간 경쟁(권원용, 2011; Barber, 2013; Baclija, 2014)이라는 주장은 국가를 대신해서 현대도시가 상품뿐만 아니라 금융, 정보, 문화 및 인재 등과 같은 현대사회가 필요로 하는 새로운 자원들이 모이는 교역 중심지라는 점에서 현대도시는 중세도시의 연장이라고 말한다.

이처럼 교역의 중심지로 발원 한 중세도시는 상업과 제조업이 성장함으로써 중세시대의 신분으로부터 자유로운 "시민"을 탄생시켰으며 "도시의 공기가 인간을 자유롭게 한다"라는 중세 유럽의 속담을 만들어 냈다. 영주로부터의 자치권을 담보로 공동체로서의 코뮌을 통해 신분적 예속에서 벗어나 정치적 자유로움을 만끽할 수 있고 왕성한 경제활동을 통해 빈곤으로부터 벗어날 수 있는 경제적 풍요를 향유할 수 있는 도시의 장소성이 인류역사에 등장하는 순간이기도 하다.

---

5 "도시는 늘 미완성이다" 기사에서 발췌, 재작성(승효상, 중앙일보, 2017. 8. 26)

(2) 시민에서 개인으로

"자유로운 개인들의 자유로운 연합"으로부터 출발한 코뮌은 르네상스 시대를 거치면서 도시의 부가 일부 소수에 집중하고 집중된 경제력은 도시의 정치적 지배력을 좌우하는 곳으로서의 도시로 변질되면서 도시의 주체였던 시민들도 자유로운 개인으로부터 이기적인 개인이라는 새로운 인간형 또는 인간의 새로운 존재방식의 출현을 가져 온 것도 중세도시를 거치면서부터였다.

르네상스 시대를 거치면서 도시 속에서 등장하고 있는 이기주의와 개인주의는 도시가 갖고 있는 중요한 가치 중 하나인 통합성을 심각하게 훼손시켰을 뿐만 아니라 현대사회에 이르러서는 사회·경제적 분절성으로 확대, 심화되고 있다는 점에서 현대도시에서 다양한 도시문제 발생의 기저가 되고 있다.

이기적인 개인들이 자기의 생존을 위해 더 많은 것을 좇기 때문에 이를 그대로 방치하는 경우, "만인에 의한 만인의 투쟁" 상태가 될 것이라는 홉즈는 시민사회를 기본적으로 적대적 관계로 설정하는 반면 로크는 자유로운 개인들의 연합으로서 시민사회는 자율조정이 가능하고 정부의 역할과 기능은 이차적이라고 주장한다. 로크보다 한발 더 나아가 아담 스미스는 개인들의 이기적인 행동은 시장의 보이지 않는 손에 의해 조절되는 기능을 가지고 있다는 전제하에서 역시 시민사회에 대한 낙관론을 주장하였다.

(3) 공동사회와 이익사회, 그리고 새로운 공동체사회의 모색

19세기 후반 산업자본주의가 고도화되면서 시민사회에 대한 긍정적 시각이 부정적으로 변하기 시작하자, 이러한 시민사회의 부정성을 헤겔은 "시민사회의 적대성"으로 개념화한다. 헤겔은 후기산업자본주의 사회에서 부가 소수에 집중되고 다수의 빈민이 발생하는 것을 보고 시민사회를 자기욕구를 충족시키려는 개인 간의 충돌이 불가피한 "적대적 모순의 사회"로 규정하면서 이를 방치하는 경우 사회 전체의 보편적 이해가 위태로워진다고 주장했다. 헤겔은 이를 막기 위해서는 사회의 보편적 이해가 필요하다고 강조한다.

즉 개인의 자유를 일정부분 제한함으로써 사회의 보편적 이해를 유지해야 한다는 관점에서 개인에 대한 공동체 우위론이 등장하였고 이러한 주장의 연장선상에서 퇴니에스는 공동사회와 이익사회라는 개념을 통해 전통사회와 현대사회를 설명한다.

퇴니에스는 현대사회는 개인들 간의 유대가 깨지고 서로 반목하는 반면에 전통사회는 유기체적 삶의 욕구에 부응하는 신뢰와 친밀성의 장소이자 우애에 기반을 두고 유대가 이루어진 사회로 정의한다. 그와 함께 개인주의적이고 이기주의적인 이익사회로부터 새로운 공동사회를 건설함으로써 개인주의와 이기주의로 분열된 사회를 통합할 것을 강조하고 있다.

미국의 사회학자 Ezra Park et al.(1925) 역시 도시의 공간을 공동체를 형성하여 살아가는 조직과 공동체라는 뿌리 없이 개인의 형태로 사회를 형성하는 사람들이 사는 공간으로 구분하면서 사회적 공동체가 무시된 도시는 개인의 영역으로 변하고 결국 각각을 단절하는 경계를 갖는 감옥으로 변할 것이라고 주장한다.

이러한 점에서 현대사회의 분열과 갈등, 차별을 해소하고 개개인의 생존 안정성이 담보되어 있지 못한 현대사회에서 사회적 통합을 위해서는 생존 안전성을 담보하면서도 개인의 자유의사를 존중해야 하는 새로운 형태의 공동체사회 조성(협동조합, 마을공동체사업, 공유경제 등)이 현대도시를 살아가는 우리에게 주어진 과제라고 할 수 있다(Ezra Park et al., 1925; 폴 김, 2010).

(4) 모더니즘 도시에 대한 비판:[6] 마스터 플랜에서 삶으로

현대 도시의 모습이 중세도시를 거쳐 근대도시라는 역사적 진화의 산물이라는 점에서 도시의 진화과정에 대한 근본적인 성찰이 요구된다. 도시의 형태를 갖추기 시작한 2,000년 전 팍스로마나 시대의 도시에서부터 봉건영주의 성을 중심으로 한 폐쇄적 공동체인 중세를 거쳐 도시로 밀려드는 수많은 사람이 살아가기 위해 기능과 효율을 기준으로 땅을 용도별로 구분하고 여기에 인위적 공간구조와 위계적 도로망 조성작업으로 일정한 도시기능과 역할을 부여한 마스터 플랜이 전

---

6 "도시는 늘 미완성이다" 기사에서 발췌, 재작성(승효상, 중앙일보, 2017. 8. 26)

세계도시로 확산되었다.

이러한 규격화, 표준화된 도시건설기법은 르페브르에 의해 "프로그램화된 거주기계"로서 우리 모두를 서로 멀어지게 한다는 비판에 직면했지만 우리나라를 포함하여 전 세계에서 "신도시"라는 이름으로 여전히 그 맹위를 떨치고 있다. 도시가 만들어진 토대로서의 땅은 모두 다른 땅이었지만 마스터 플랜이라는 표준적 지침을 통해 천편일률적이고 지역 정체성이 소멸되어 버린 획일화된 제품으로서의 도시가 확산되고 있다.

이렇게 천편일률적이고 획일화된 커다란 개발중심의 모더니즘 도시에 대한 비판으로 실생활을 중심으로 사람들의 삶을 실질적으로 개선하는 방향으로 도시의 진화방법들이 모색되고 있는데, 가장 대표적으로 "침술적 방법"을 적용한 콜롬비아의 메데인을 꼽을 수 있다.

침술적 방법은 마스터 플랜을 통해 도시 전체를 한꺼번에 바꾸기보다는 주민들과 함께 도시의 절실하고 필요한 작은 부분을 개선하고 그 영향과 변화를 통해 다음 단계로 나아가는 방법이다. 도시를 도시계획가와 같은 전문가가 만들어 내는 대량생산품이 아니라 살아 숨 쉬는 생물체로 이해하는 관점이라 할 수 있다. 이러한 침술적 방법은 비용절감이 가능하고 과정이 민주적일 뿐만 아니라 역사를 품고 있는 땅과 건물, 도시의 시설들이 가지고 있는 기억과 추억을 중요하게 간주하고 있다는 점에서 마스터 플랜을 통한 획일적인 도시조성기법과는 다른 접근방법이다.

이러한 도시진화방법은 일본에서도 그 사례를 찾아볼 수 있는데, 일본의 도시개발의 경우, 지역주민들이 합의를 거쳐 도시개발이나 도시재생의 필요성을 건의하면 지방정부에서 지역주민들의 아이디어를 구현할 수 있도록 전문가들을 소개하고 도시개발에 필요한 법적, 제도적, 행정적 지원을 하고 있다는 점에서 침술적 방법이 도시에 구현된 사례라고 할 수 있다.

2. 도시의 속성

(1) 인류 최고의 발명품으로서의 도시

도시란 무엇인가? 도시를 어떻게 바라보고 이해할 것인가? 도시는 인류가 발명한 최고의 발명품 중 하나이고 현재도 그 진화를 지속하고 있다는 점에서 살아 숨 쉬는 발명품이라고 할 수 있다(권원용, 2015). 이처럼 도시를 살아 숨 쉬는 인류의 발명품으로 간주하는 데에는 여러 가지 의미가 함축되어 있다.

우선 인류의 발명품 중 하나로 이해되는 도시는 자연발생적으로 만들어졌다기보다는 오랜 기간 동안 시대별로 존재했던 건축가나 도시계획가를 포함한 전문가와 도시를 책임지던 정책결정자들, 그리고 제안된 다양한 아이디어를 도시라는 제한된 공간에 구현한 이름 없는 수많은 사람의 땀과 희생의 결과물이라고 할 수 있다.

예를 들어, 미국 뉴욕의 "차이나타운"이 만들어진 배경에는 맨해튼(Manhattan) 건설 중국 노동자들의 희생에 기반을 두고 있다는 점에서 도시는 인류에 의해 인위적으로 만들어진 발명품임을 알 수 있다. 이처럼 인류가 의도적이고 계획적으로 만들어 낸 도시는 오늘, 이 시점에도 끊임없이 진화하고 있는 발명품으로 이러한 진화는 인류가 지구에 존재하는 한 지속될 것이다. 이러한 점에서 도시는 인류문명의 결정체이며 인류문명을 담고 있는 그릇(Container)이지만 한편으로는 도시는 저절로 만들어진 게 아니고 인류가 만든 대상이라는 의미를 내포하고 있다.

(2) 살아있는 유기체로서의 도시

도시는 살아있는 생명체·유기체라고 할 수 있다(Nigel Thrift, 2017). 현대도시의 모태나 원형에 대한 논쟁이 있음에도 불구하고 일반적으로 현대도시는 중세도시에 근간을 두고 있다고 할 수 있다. 현대도시의 원형을 고대 그리스의 도시국가에서 찾기도 하지만 이러한 주장은 정치적인 관점에서 고대 그리스의 도시국가를 주로 민주주의 구현의 장이라는 현대 민주주의의 원형을 강조하는 반면에 현대도시의 형태와 기능을 기준으로 볼 때 현대도시는 중세도시에 근간을 두고 진화하고 있다는 점에서 중세도시가 현대도시의 모태 또는 원형이라고 할 수 있다(이성백, 서울의 인문학, 2016).

이처럼 도시는 일반적으로 한순간에 만들어지고 소멸되기보다는 오랜 기간을 걸쳐 생성과 발전, 쇠퇴와 재생과정이 지속적으로 되풀이되는 끈질긴 생명력을 가진 유기체이다(Mumford, 1961). 살아있는 생명체로서 도시는 각 단계별로 도시가 처한 내·외부의 시대적 환경에 따라 끊임없이 생성하고 소멸되어 간다는 점에서 소극적 유기체이기도 하지만 종종 선도적으로 시대적·사회적 요구에 앞서 창출하는 역할을 한다는 점에서 적극적·능동적 유기체로서의 속성을 띠기도 한다.

살아 움직이고 진화하는 유기체로서의 도시는 그 도시가 처한 시대적·사회적 요구에 따라 항상 새로운 모습으로 변해 왔다는 점에서 도시는 단순히 반복적인 유기체가 아니라 도시의 전 부분이나 도시 구성의 일부분을 통해 창조적 혁신이 끊임없이 이루어지는 혁신적 유기체이다. Baclija(2014)는 도시를 "성장엔진"에 비유하기도 한다. 이러한 점에서 미국 도시를 중심으로 도시의 발전과정을 1800년대의 상업도시와 초기 산업도시와 산업사회를 거쳐 1900년대 초교외화와 고속도로를 통한 공업도시로의 확장을 거쳐 1980년대 이후에 네오포디즘적 기반의 도시로 발전하고 있다고 주장한다(Knox et al., 2005; 정지훈, 2016).

(3) 지속적인 관심과 돌봄의 대상으로서의 도시

이처럼 인류가 인위적으로 만들어 낸 발명품으로서의 도시의 진화를 지속하고 새로운 환경변화에 적응하기 위한 창조적 혁신이 이루어지기 위해서는 무엇보다도 도시에 대한 끊임없는 탐구와 성찰, 이해를 기반으로 한 도시행정 및 도시관리가 필수불가결하다는 점에서 도시는 인류의 지속적인 관심과 돌봄, 아이디어를 먹고 사는 관리대상이라고 할 수 있다(Baclija, 2014). 이러한 점에서 어떤 도시를 만들 것인가? 미래의 도시모습은 어떠해야 하는가?라는 근본적인 질문에 대한 해답은 결국 도시에 거주하는 사람들의 손에 달려있다(Mumford, 1961).

제3절 ☞ 도시행정 개념의 유형화

1. 도시행정 개념의 등장

도시행정의 개념이 등장한 시기를 명확하게 단언하기는 쉽지 않다. 그 이유는 도시의 등장시기를 구체화하기 용이하지 않을 뿐만 아니라 우리가 지금 사용하고 있는 도시행정에 대한 개념화 노력을 확인하기가 쉽지 않기(이규환, 2007) 때문이다. 다만, 도시행정의 의미는 도시가 수행하는 기능이나 역할에 따라 상이하게 이해하고 개념화할 수 있다는 점에서 도시행정의 의미는 매우 다양하고 지속적으로 변화하는 개념이라고 할 수 있다.

이에 덧붙여 도시 자체는 매우 오랜 역사를 가지고 있지만 도시행정의 대상으로서의 도시는 근대적인 도시의 형태를 띠고 대규모화되면서 본격적인 관리의 대상이 되는 시기로서 전 세계적으로 대규모의 도시들이 만들어지기 시작한 20세기 이후이고 행정 분야 역시 하나의 독립적인 학문 분야로 등장하기 시작한 시기를 19세기 후반이라는[7] 점을 감안한다면 도시행정 개념 모색이 본격적으로 시작한 것은 시기적으로 20세기 이후라고 할 수 있다.

이와 관련하여 우리나라의 경우, 도시행정이라는 개념이 사람들의 관심을 본격적으로 받기 시작한 것은 1993년 지방의회를 설치한 것과 1995년 지방자치단체장을 주민들이 직접 선출한 것 등 지방자치제도가 본격적으로 도입되기 시작한 1990년대 중반 이후라고 할 수 있다(이규환, 2007; 김일태, 2009).

---

7 행정이 하나의 독립적인 학문 분야로 개념화되기 시작한 기원은 1887년 우드로 윌슨(Woodrow Wilson)이 발표한 "The Study of Administration"에서 찾고 있다.

2. 도시행정 개념의 유형화

도시행정은 시대별로 갖는 의미를 기준으로 유형화가 가능하다. 도시의 분권화 정도 및 도시 간 연대와 도시와 행정 간의 일체감 및 정합성 정도를 기준으로 도시행정의 개념을 유형화할 수 있다. 도시의 집권화와 분권화 정도는 중앙정부와 도시 간에 있어서 도시에 부여된 자율권 정도를 의미하는 것으로 중앙정부가 지방정부인 도시에 부여한 자치조직권이나 자치재정권 및 자치입법권의 부여 정도를 기준으로 집권형과 과도기형 및 분권형으로 구분이 가능하다.

도시 간 연대정도는 도시 간에 공동의 도시행정 문제를 단독으로 해결하는 경우와 연대해서 해결하는 정도를 기준으로 도시(내)행정과 도시(간)행정으로의 구분이 가능하다. 두 번째로는 도시의 필요성이나 요구에 대한 행정기능이나 역할의 부합정도를 나타내는 도시와 행정 간의 일체감 정도는 행정이 도시가 요구하는 행정수요나 필요성을 어느 정도 반영하고 있는지를 기준으로 분리형과 일체형으로 구분할 수 있다. 분리형은 도시가 필요하거나 요구하지 않지만 도시정부가 수행해야 하는 역할이나 기능과 관련하여 외부로부터의 위임사무가 고유업무보다 많고 통합형은 도시정부가 수행하는 업무 중 도시정부의 고유사무가 위임사무보다 큰 경우를 의미한다.

이처럼 도시의 집권화와 분권화 정도 및 도시와 행정 간의 일체감 정도를 기준으로 도시행정의 개념을 유형화하면 행정 또는 행정도시, 유사 도시행정, 도시(와)행정, 도시(의)행정, 도시(별)행정, 도시행정으로의 유형화가 가능하고 도시 간에 필요한 업무를 수행하는 방식, 형태 및 정도를 기준으로 도시(내)행정과 도시(간)행정으로의 유형화가 가능하다(〈표 1-1〉 참조).

| 표1-1 | 도시행정 개념의 유형화 |

정부유형/연대정 도시·행정 간 일체감 정도	집권형	과도기형	분권형	연대형
분리형 (고유사무〈위임사무)	행정/행정도시	도시(와)행정	도시(별)행정	도시(내)행정
일체형 (고유사무〉위임사무)	유사 도시행정	도시(의)행정	도시행정	도시(간)행정

(1) "행정 또는 행정도시" 의미로서의 도시행정

도시행정을 행정 또는 행정도시의 의미로 이해 할 수 있는 단계로 지방자치의 흔적을 찾아보기 어려운 강력한 중앙집권적인 행정시스템을 갖고 있으면서 도시와 도시에서 행해지는 행정 간의 일체감이 매우 낮은 상태라고 할 수 있다. 도시차원에의 행정이 도시가 가지고 있는 특성이나 도시가 요구하는 수요를 충족시키기보다는 도시의 행정이 수행하는 주요 역할이나 기능이 중앙정부의 지시사항이나 요구조건을 충실히 수행하는 상태라고 할 수 있다.

이러한 상태는 도시행정이 존재하기는 하지만 실질적인 도시행정이라기보다는 오히려 도시에서 이루어지는 행정의 역할이나 기능이 강조된다는 점에서 행정이나 행정 도시로서의 의미가 더욱 강한 상태라고 할 수 있다.

(2) "유사(類似) 도시행정" 의미로서의 도시행정

유사 도시행정은 도시행정의 형태를 띠고 있기는 하지만 강력한 중앙집권적인 중앙정부가 도시에 대해 일정한 조건이나 허락하에서 도시의 행정기능이나 역할에 자율권을 부여하는 상태의 도시의 행정이라는 점에서 실질적인 의미의 도시행정이라기보다는 도시의 행정을 표방하지만 행정이나 행정도시의 성격을 강하게 띠고 있는 상태라고 할 수 있다.

이러한 형태의 도시의 행정은 헌장도시가 대표적이라고 할 수 있는데 헌장도시는 도시에 부여한 기능이나 역할을 강력한 중앙정부가 일방적으로 취소하거나 변경할 수 있다는 점에서 도시의 행정을 내세우고는 있으나 실제적으로는 행정이나 행정도시의 성격을 강하게 내포하고 있는 경우라고 할 수 있다.

(3) "도시와 행정" 의미로서의 도시행정

도시행정의 개념 중 "도시와 행정"은 국가 중심의 중앙집권적인 정치·행정 시스템에서 실질적인 지방자치로 진화하는 과정에 있는 과도기로서 도시가 수행하는 행정의 역할과 기능과 관련하여 도시가 필요로 하는 역할과 기능(고유사무)이 보다 확대되어 외부가 요구하는 위임사무보다는 도시자체가 필요한 교유한 역할이나 기능을 수행하는 고유사무의 비중이 점차 커지는 단계로서 도시와 도시가 수행하는 행정 간의 일치성이 이전보다 높아진 상태라고 할 수 있다.

이러한 점에서 "도시와 행정"의 의미는 "행정"이나 "행정도시" 또는 "유사 도시행정"보다는 도시와 도시가 수행하는 행정 간에 정합성과 일체감이 점차 높아지는 과도기로서 중앙집권상태에서 점차 지방자치단계로 진화하는 단계에서 등장하는 도시행정의 개념으로 이해할 수 있다.

(4) "도시의 행정" 의미로서의 도시행정

도시의 행정으로서 도시행정은 도시정부의 형태가 중앙집권형에서 지방분권형으로 전환되는 과도기로서 도시가 필요한 기능이나 역할과 도시가 수행하는 행정 간의 일체감 정도와 관련해서 고유사무의 비율이나 비중이 외부로부터 부여되는 위임사무보다 높아지는 경향을 띠는 상태에서의 도시행정으로 이해할 수 있다.

이러한 점에서 "도시의 행정"으로서의 도시행정의 의미는 도시 고유의 기능이나 역할보다는 상위행정기관으로부터 내려오는 지시나 명령을 충실히 수행하는 행정 및 행정도시 상태에서의 도시행정이나 상위 행정단위로부터 부여된 범위 내에서 도시의 기능이나 역할만을 충실히 수행하는 유사 도시행정의 개념으로부터 분권화된 도시정부의 형태를 갖추면서 도시 자체가 필요로 하는 기능이나 역할을 수행하는 고유사무의 비중이 점점 커져 도시 자체수요를 수행하는 행정 간의 일체감이 높아지는 과도기 상태에서의 도시행정의 의미라고 할 수 있다.

이러한 점에서 "도시의 행정"으로서의 도시행정은 도시의 외부로부터 부여되거나 주어진 도시업무를 타율적이고 획일적으로 수행하는 단계로부터 도시가 필요로 하는 기능이나 역할을 스스로 자율적이고 독자적으로 수행하는 실질적 단계로서의 도시행정으로 가는 과도기 상태로 이해할 수 있다.

(5) "도시별 행정" 의미로서의 도시행정

"도시별 행정" 의미로서의 도시행정은 "도시의 행정"으로 이해하는 도시행정과 매우 유사한 의미로 개념화할 수 있으나 "도시별 행정"은 분권화가 강화된 형태의 도시정부를 구축하고 있고 도시가 요구하거나 필요한 고유사무보다는 외부로부터 부여되거나 요구하는 위임사무의 비율이 높은 상태에서 이루어지는 도시행정의 의미로 이해할 수 있다.

"도시별 행정"은 도시정부의 분권화가 이루어진 상태이지만 도시정부가 수행하는 도시의 행정이 도시 자체가 요구하거나 필요한 기능이나 역할과의 일체성이나 정합성이 높지 않은 경우로서 "도시별 행정"은 도시정부가 높은 자율성을 보장 받고는 있지만 도시의 행정과 도시가 수행하는 기능이나 역할 간의 정합성이나 일체성이 높은 실질적인 도시행정 상태에 이르지 못하는 경우라는 점에서 "도시의 행정"과 마찬가지로 "도시별 행정" 역시 실질적인 도시행정으로 가는 과도기로 이해할 수 있다.

(6) 실질적인 "도시행정" 의미로서의 도시행정

가장 실질적이고 이상적인 상태의 "도시행정" 개념으로 분권화가 이루어진 상태에서 도시가 요구하는 기능이나 역할을 도시정부의 행정이 충실히 반영하여 수행하는 등 도시와 도시정부의 행정 간의 일체성과 정합성이 매우 높은 단계에서 도시정부가 행하는 행정이라고 할 수 있다. 이러한 점에서 "도시행정" 단계의 도시행정은 도시와 도시정부의 행정 간에 일체감과 정합성이 가장 높은 단계로서 도시정부가 외부의 간섭, 지시나 허락 없이 도시가 필요로 하는 기능이나 역할을 자율적이고 자체적으로 발굴하고 적극적으로 실천하는 행위가 이루어지는 상태이다. 이런 점에서 도시행정의 개념화와 관련하여 가장 실질적이고 바람직한 상태라고 할 수 있다.

이러한 의미의 "도시행정"은 분권화가 취약하고 도시와 도시정부의 행정 간에 일체감이나 정합성이 낮은 상태에서 행해지는 도시행정을 나타내는 개념들－"행정 또는 행정도시", "유사한 도시행정", "도시와 행정" 및 "도시의 행정", "도시별 행정"－이 궁극적으로 지향하는 실질적인 의미의 도시행정이라고 할 수 있다.

(7) "도시(내)행정"과 "도시(간)행정" 의미로서의 도시행정

지금까지는 도시행정의 개념화와 관련하여 도시행정 개념의 유형화를 주로 하나의 도시를 대상으로 모색하였으나 최근 도시 간에 빈번하고 활발하게 이루어지고 있는 교류나 상호작용을 감안한다면 하나의 도시를 중심으로 한 도시행정의 개념화 시도는 도시 간의 행정으로까지 확장될 필요가 있다. 이러한 점에서 도시 간 관계를 기준으로 도시 간 연대가 약한 분리형과 도시 간 연대가 강한 형태를 기준으로 도시(내)행정과 도시(간)행정으로 구분할 수 있다.

우선, 도시(내)행정으로서의 도시행정은 도시 간에 공동으로 수행해야 할 도시 관련 업무가 존재, 도시 간 연대를 통한 도시행정의 수행을 필요로 하지만 각 도시는 개별도시가 수행해야 할 도시기능이나 역할을 중심으로 도시행정을 수행, 개별 도시가 분리된 형태의 도시행정이 이루어지는 경우라고 할 수 있다. 이러한 점에서 도시(내)행정으로서의 도시행정은 "행정 이나 행정도시", "유사 도시행정", "도시와 행정", "도시의 행정", 그리고 "도시별 행정"과 "도시행정" 유형으로서의 도시행정 개념들을 포함한다고 할 수 있다.

반면에 "도시(간)행정" 의미로서의 도시행정은 도시의 생활권이 확장되면서 주변 도시 간에 공동으로 대응해야 할 도시 관련 업무가 증가함에 따라 도시 간 연대를 통한 도시행정의 중요성이나 필요성을 반영, 주변 도시가 협력하여 다양한 도시문제에 공동으로 대응하는 형태로 도시행정의 개념이 보다 확장되는 경우라고 할 수 있다. 이러한 도시(간)행정으로서의 도시행정은 여러 도시가 당면한 도시문제를 해결하기 위해 도시정부 간에 새로운 형태의 특별지방자치단체를 구축·운영할 수 있다는 점에서 2022년 우리나라에서 설립된 "부산울산경남특별연합"(뉴스 부산, 2022)이나 미국 뉴저지 주의 MPO(Metropolitan Planning Organizations)(NJTPA 1998), 그리고 LA의 SCAG(Southern California Association of Governments)(SCAG, 2023)와 같은 도시(간)행정 유형이 대두 될 것으로 예상된다. 이러한 도시(간)행정의 "특별지방자치단체"는 기존의 선언적이며 한시적이고 임시조직 중심의 광역행정 개념과는 다소 구분된다고 할 수 있다.

3. 도시행정의 의미변화

이처럼 다양한 도시행정의 개념은 국가의 정치·행정시스템 형태 및 도시의 발전단계에 따라 그 개념과 의미를 달리하고 있다. 일찌감치 분권화와 함께 도시의 행정과 도시의 기능이나 역할 간의 정합성과 일체감이 높아 실질적인 의미에서의 도시행정이 구현되는 경우는 도시정부가 높은 자치권을 기반으로 도시 자체가 필요로 하는 행정을 자율적으로 구사하였거나 하고 있는 미국이나 유럽의 도시들이 여기에 해당된다고 할 수 있다.

반면에 도시정부로의 분권화 정도가 낮아 도시에서 행해지는 행정이 대부분 중앙정부로부터 부여된 기능이나 역할을 성실히 수행하거나 제한된 범위 내에서 도시 자체의 행정을 수행하는 상태의 도시행정 개념들은, 예를 들면 "행정이나 행정도시", "유사 도시행정", "도시와 행정", "도시의 행정", 그리고 "도시별 행정"은 주로 행정이나 행정도시의 의미이거나 또는 실질적인 상태의 도시행정 개념으로 진화하는 과도기적 의미를 담고 있는 개념들이라고 할 수 있다.

강력한 중앙집권상태에서 도시정부가 자율적인 행정을 수행하지 못하고 있는 저개발 국가 도시들의 도시행정이나 중앙집권국가에서 분권화를 거쳐 도시정부의 자치권이 강화되고 있는 나라의 도시들, 예를 들면 우리나라나 일본의 도시들에서 행해지는 도시행정의 모습이 여기에 해당한다고 할 수 있다.

이처럼 도시행정의 의미변화와 관련하여 분권화를 추구하는 국가의 도시들은 실질적인 도시행정 개념으로의 진화를 추구하는 반면에 일찍이 분권화를 기반으로 실질적인 도시행정을 경험한 도시들은 오히려 교통, 환경, 에너지, 주거 및 자연재해 등과 같이 다양한 도시문제를 인접 도시들과 공동으로 해결하려는 움직임이 강화되고 있다는 점을 감안할 때, 도시행정의 의미변화와 개념화 노력은 개별 도시 중심의 개념 유형화, 예를 들면 "행정 또는 행정도시", "유사 도시행정",

"도시(와)행정", "도시(의)행정", "도시(별)행정", "도시행정"이 이루어지고 있는 "도시(내)행정"의 의미를 넘어서서 도시 간 차원에서 이루어지고 있는 "도시(간)행정" 의미로까지 도시행정에 대한 개념을 확장할 필요가 있다.

제4절 ┌ 도시행정의 재개념화

1. 도시행정 개념과 특징

도시행정에 대한 개념화와 관련하여 다양하게 시도되고 있는 도시행정의 유형화에 따라 도시행정의 개념 역시 다양하게 정의될 수 있지만 도시행정에 대한 구체적 개념은 매우 제한적으로 소개되고 있다. 국어사전인 우리말 샘(2023)에 따르면 도시행정(都市行政)은 "여러 가지 도시 문제를 민주적이고 효율적으로 해결하고 앞으로 생겨날 수 있는 문제를 미리 방지하여 도시를 쾌적하고 편리한 생활공간으로 만들기 위한 정책을 수립하고 집행하는 활동"으로 정의되어 있는 반면에, 영어사전에서는 여전히 도시행정(Urban Administration)이라는 개념에 대한 구체적이고 명확한 사전적 정의가 이루어지고 있지 않다.

도시행정 개념과 관련하여 학문적인 차원에서 여러 학자에 의해 도시행정에 대한 개념 정의가 구체적으로 이루어지고는 있으나(권원용, 2015; Ilina & Plisecki, 2017) 여전히 모호하고 다소 추상적인 상태에 머물러 있다.

우선, 도시행정의 개념을 광의의 개념과 협의의 개념으로 구분하여, 광의로는 도시행정을 "시민의 복리(Well-being)을 위해 기초 및 광역지방자치단체가 수행하는 공공부문의 활동"으로 그리고 협의로는 도시행정을 "각종 도시문제를 해결하기 위한 도시정부의 공익적 활동"으로 정의하고 있다(권원용, 2015). Ilina & Plisecki(2017)는 도시행정(Urban Administration)을 "도시나 마을을 위해 수행되는 행정, 조직 및 계획, 특히 농지나 미개발 토지를 사무실, 사업체, 주택 및 기타 형태의 개발로 전환하는 과정"으로 정의하고 있다.

이처럼 도시행정 개념을 구체화하는 노력이 다소 제한적이고 기대에 크게 미치지 못하지만 기존에 소개되고 있는 도시행정의 개념들은 다음과 같은 점에서 개념에 대한 정의가 이루어지고 있다. 우선, 기존 도시행정 개념들은 편리성이나 쾌적성 및 개발로의 전환 등 도시의 물리적 발전이나 도시 개발의 의미에 주안점을 두고 있다. 물론 시민의 복리증진이나 도시문제 해결을 위한 공익활동이라는 점을 강조하고는 있지만 복리증진을 위한 도시의 물리적 개발이나 도시발전을 위한 공익활동임을 드러내고 있다는 점에서 현대 도시행정에 대한 기대와는 다소 괴리감을 보이고 있다.

두 번째는 도시정부 중심으로 도시행정의 개념정의가 이루어지고 있다. 기존의 도시행정 개념이 이처럼 도시정부를 중심으로 한 공익활동이나 시민들의 복리증진을 위한 도시정부의 활동이라는 점을 놓고 볼 때, 도시행정의 개념들은 주로 도시정부를 중심으로 한 개념정의들이 주를 이루고 있다. 세 번째는 도시행정의 개념들이 도시정부를 중심으로 이루어지고 있고, 도시행정의 개념들은 대부분 도시정부가 수행하는 행정을 중심으로 정의되고 있다는 점에서 현대 도시행정에서 차지하는 시민사회나 민간영역의 역할이나 기능을 제대로 반영하지 못하고 있다.

마지막으로는 도시행정의 개념이 주로 도시에서 시민들의 실생활과 관련된 도시문제 해결을 강조하는 등 주로 문제 해결에 초점을 맞춘 개념정의가 이루어지고 있다. 물론 도시행정의 역할이나 기능을 돌이켜보면 도시행정에 대한 개념정의가 문제 해결을 초점을 두고 이루어지는 것은 불가피하지만 도시행정 개념과 관련하여 도시행정이 어떤 도시를 지향하는지, 그리고 무엇을 위한 누구를 위한 도시행정인지 등과 같이 좀 더 본질적이고 궁극적인 질문들에 취약하다는 점에서 도시행정에 대한 개념정의는 우리 모두가 기대하는 도시의 모습이나 도시가 지향해야 할 가치들을 반영하는 노력으로부터 시작되어야 한다.

2. 도시행정의 재개념화와 유사 개념과의 구분

(1) 도시행정의 재개념화와 특징

　기존의 도시행정에 대한 개념들이 갖는 의미와 특징들을 기반으로 현대 도시에 걸맞게 도시행정에 대한 재개념화를 모색하고자 한다. 도시행정이 포함하는 범위나 도시행정이 수행하는 기능, 그리고 도시행정에 대한 정치적, 역사적, 사회적 요구나 가변성을 감안할 때, 도시행정의 개념 정립이 결코 용이하지 않음을 알 수 있다. 하지만 도시가 겪어 온 변화와 도시가 운영되는 방식에 따라 도시행정이 갖는 의미 역시 지속적으로 변화하고 있다는 점을 반영하여 현대 도시에서 의미하는 도시행정은 기존의 개념들과는 다소 다르게 정의되어야 한다.

　이러한 점에서 새롭게 모색되는 도시행정의 개념은 광의와 협의로 구분하여 정의하되, 우선 광의로는 "도시행정은 사람들이 도시에서 삶을 영위하고 인간으로 성장할 수 있도록 다양한 주체 간의 상호 협력적 도시 운영 플랫폼"으로 정의할 수 있다. 또한 협의로는 "도시행정은 사람들이 안전하고 행복하게 살 수 있도록 도시를 기획하고 실행하는 코디네이터로서의 도시정부활동"으로 정의하고자 한다.

　도시행정에 대한 이러한 개념정의는 다음과 같은 측면에서 기존의 도시행정 개념들과 차이를 보이고 있다. 우선, 도시행정이 지향해야 하는 기능이나 역할이 단순히 물리적 개발이나 발전을 넘어 도시에 거주하고 도시에서 생활하는 사람들의 행복과 인간으로서의 성장을 구현하는 데 도시행정의 목적을 두고 있다. 두 번째는 도시개발이나 도시발전시대와는 달리 앞으로의 도시행정은 도시운영 플랫폼을 구축하거나 운영시스템을 마련하는 데 있어서 인간을 위한, 인간 중심의 도시행정을 강조하고 있다.

　세 번째는 도시행정이 단순히 분야별 도시문제를 해결하는 데에서 더 나아가 시대적 가치·요구를 도시에 보다 적극적으로 구현하기 위해 도시행정이 세분화된 각 분야나 영역의 다양한 활동 주체를 통합하고 선도하는 코디네이터로서의 역할과 기능을 내포하고 있다. 이 밖에도 도시행정은 이러한 새로운 역할과 기능을 수행하는 주체이기도 하지만 동시에 도시를 구성하는 다양한 주체로부터 항상 감독과 통제 및 협력의 대상이라는 점에서 도시행정은 주체이면서도 동시에 도시행정의 객체나 대상이라는 특징을 가지고 있다.

(2) 유사 개념과의 구분

도시행정은 도시관리(Urban Management)나 도시거버넌스(Urban Governance) 등과 같은 유사 개념들과는 다음과 같은 점에서 차이를 가지고 있다. 도시관리 개념은 도시문제를 해결하기 위한 하나의 방편으로 신자유주의 운동에 영향을 받아 1970년대부터 등장하기 시작한 도시관리주의 운동의 결과물이라고 할 수 있다. 따라서 도시관리는 도시정부의 생산방식을 바꾸는 등 지방정부의 개혁을 통한 정책의 실질적 실행측면에 초점을 맞추고 있다는 점에서 도시행정 개념과 구분된다. 도시행정 개념은 또한 도시거버넌스(Urban Governance) 개념과도 구분되는데, 도시거버넌스는 1980년대와 1990년대 등장한 도시정권이론(Urban Regime Theory)에서 등장한 개념으로 도시정부의 민주주의와 합법성 문제 및 그리고 의사결정의 합법성 확보에 관심을 두면서 도시를 관리되는 대상을 넘어 동시에 통치되는 대상(Rao, 2007)으로 이해한다는 점에서 도시관리뿐만 아니라 도시행정 개념과도 대비된다.

이 밖에도 도시행정은 행정개념과도 구분이 이루어져야 하는데, 도시행정은 도시를 구성하고 있는 다양한 요소를 종합적이고 유연하게 활용하는 "오케스트라의 지휘자와 같은 역할을 수행하는 응용기술"(김일태, 2013)로서 학제적 접근이 보다 강조된다는 점에서(Baclija, 2014; 김일태, 2013), 공공영역에서의 공통적인 관리기술의 개발이나 응용방식에만 매몰되어 있는 행정 개념과도 구분되어야 한다.

3. 도시행정 개념화와 향후 과제

도시행정의 개념은 결국 도시의 정체성과 매우 밀접하게 관련되어 있다. 예를 들면, 도시란 무엇인가? 도시는 어떠해야 하는가?라는 도시에 대한 근본적인 질문과 이해가 도시행정이 수행해야 하는 역할과 기능에 영향을 미치고 이러한 역할과 기능이 또 다시 도시행정의 개념화와 밀접하게 연결되어 있다. 결국 도시행정의 개념화 노력은 도시에 대한 이해가 전제되어야만 하는 것이다. 이러한 점에서 도시행정에 대한 개념정의는 도시에 대한 시대적 요구와 사람들이 도시에 대해 갖는 기대와 함께 어떤 도시를 만들고자 하는 의지에 달려 있다고 할 수 있다.

지금까지 논의했던 것과 마찬가지로 도시행정의 개념은 지속적으로 변해 왔고 진화되어 왔다는 점을 감안한다면 본 장에서 소개하고 있는 도시행정의 개념 역시 변화가 불가피하다고 할 수 있다. 이러한 점에서 앞으로 도시행정 개념은 도시에 대한 새로운 모습이나 국가나 행정이 수행하는 역할이나 기능뿐만이 아니라 빠르게 개체화·소자화·독립화되고 있는 민간시장이나 잃어버린 공동체를 복원하려는 시민사회 간의 새로운 도시 작동 메커니즘, 관계형성방식과 형태에 달려 있다고 할 수 있다.

향후 도시행정의 개념화는 도시를 포함한 거대한 사회생태계의 영향뿐만 아니라 소중하지만 진화하는 과정에서 잃어버렸던 도시의 본래 모습을 찾아가고자 하는 우리 모두의 의도적이고 적극적인 노력으로부터 출발하여야 한다. 이를 위해서 도시행정과 도시행정인은 인간이 만든 위대한 발명품인 도시에서 퇴색되고 있는 상호의존성과 공공성을 기반으로 도시를 사회적 공공장소로(폴 김, 2010) 거듭나게 하는 적극적인 주체가 되어야 한다(Barber, 2013).

도시행정의 개념화는 앞으로 도시와 인간 사이의 정서적 유대관계에 관심을 두고 도시를 이해하되, 시민들을 복수화하고 도시를 고정적 공간이 아닌 살아 움직이는 공간이라는 유기체적 관점과 인간주의적 관점에서(Mumford, 1961) 바라봐야 하고 이를 통해 도시를 죽어 있는 공간(Dead Space)이 아닌 살아 있는 공간(Vitalized Space)으로 만들 수 있다(Nigel Thrift, 2017)는 신념이 그 어느 때보다도 필요하다. 그리고 이러한 신념은 올바른 사고와 진리를 가지고 있는 도시행정과 도시행정인을 통해서만 도시에 구현될 수 있다는 점에서 도시의 미래에서 도시행정과 도시행정인이 갖는 중요성은 아무리 강조해도 지나치지 않는다.

제5절 ⟨ 도시행정이 지향하는 이념

도시행정이 지향하는 가치나 이념 역시 도시가 진화하는 단계나 각 시대별 가치, 그리고 각국이 천명하는 정치적, 경제적, 사회적 환경에 따라 부침을 달리하고 있다. 도시행정이 지향하는 가치나 이념은 도시가 처한 자치나 분권정도나 도시가 당면하고 도시문제의 내용뿐만 아니라 국가나 시장이 지향하는 시대적 가치나 행정이념으로부터 자유롭지 못하다.

이러한 점에서 우선 행정이 추구하는 행정이념으로 김일태(2014)는 합법성, 능률성, 민주성 및 사회적 형평성을 소개하고 있는 반면에 이종수 외(2022)는 행정의 가치를 가치와 수단적 가치로 구분하면서 본질적 가치로 공익, 정의, 형평성, 자유, 평등을 수단적 가치로 합리성, 효율성과 효과성, 민주성, 책임성, 합법성을 제시하고 있다(〈표 1-2〉 참조).

표1-2   행정의 이념과 가치

		행정이념 및 행정가치
김일태(2014)		합법성, 능률성, 민주성 및 사회적 형평성
이종수 외(2022)	본질적 가치	공익, 정의, 형평성, 자유, 평등
	수단적 가치	합리성, 효율성과 효과성, 민주성, 책임성, 합법성

출처: 김일태, 2014, 도시문제와 도시행정, 도시행정론, 서울시립대학교 도시행정학과 편저/이종수 외, 2022, 새 행정학 3.0, 대영문화사 내용 재작성

김일태(2014)는 "바람직한 도시상"을 구현하기 위한 도시행정의 이념은 일반 행정이념과 달라야 한다고 주장하면서 안전성, 건강성, 쾌적성, 편리성 및 능률성[8]을 도시행정이 지향해야 하는 이념으로 제시하고 있다. 이러한 주장은 "바람

직한 도시상"을 토대로 도시행정이 추구해야 하는 이념을 일반적인 행정이념과 구분하고 있다는 점에서 높이 평가할 만하나 이러한 이념들이 도시계획의 공익성을 기반으로 하고 있다는 점에서 보다 보편적인 도시행정 이념에 대한 탐색이 요구된다.

도시행정이 지향해야 하는 이념은 크게 도시란 무엇인가? 도시는 어떠해야 하는가?라는 근본적 질문(What)에서부터 도출되는 본질적 이념과 함께, 모두가 만들고 싶어 하는 도시를 어떻게 구현하고 운영할 것인가?(How)로부터 도출되는 수단적 가치로 구분하여 제시하고자 한다.

1. 도시행정의 본질적 이념

(1) 자유

자유는 자기중심적이지만 타인의 권리와 자유와 상충되지 않는 범위 내에서 보장된다는 점에서 사회성을 동시에 가지고 있는 개념으로서 크게 정치적인 자유와 경제적인 자유로 구분이 가능한데, 정치적인 자유는 개인이 가지고 있는 가치를 표현하고 선택할 수 있는 자유인 반면에 경제적인 자유는 경제 활동의 자유와 사유재산에 대한 자유를 의미한다.

이러한 점에서 도시행정 이념으로서의 정치적 자유는 도시에서 생활하는 사람들이 도시의 정치체제로부터 독립적인 실체로서 생각하고 이러한 생각들과 의지들을 자유롭게 표현할 수 있는 자유로 이해 가능한 반면에 경제적 자유는 도시가 가지고 있는 다양하고 풍요로운 자원과 기회들을 활용, 부가가치를 만들어 내고 이렇게 만들어진 부가가치를 자유롭게 처분할 수 있는 자유로 이해할 수 있다. 이 밖에도 자유는 지나친 구속이나 속박으로부터 벗어나 인간으로 성장할 수 있는 인간의 기본권을 포함하여야 한다. 따라서 도시행정의 본질적 이념인 자유는 도시에서 생활하는 사람들이 정치적 자유와 함께 경제적 자유 및 인간성장의 자유를 향유할 수 있도록 제도적으로 보장하는 한편 이러한 자유들이 침해되지 않

---

8 김일태(2014)는 2006년 대한국토·도시계획학회가 천명한 도시계획이 추구하는 공익성을 기반으로 도시행정의 이념을 안전성, 건강성, 쾌적성, 편리성 및 능률성으로 제시하고 있다.

도록 보다 적극적인 역할 수행이 기대된다.

(2) 공익

공익은 매우 추상적인 용어로 인류의 역사만큼이나 오랜 논쟁이 이어지는 개념 중 하나이다. 자연법, 정의, 인간존중 등과 같이 자연적으로 존재한다는 실제적 관점과 함께 사람들의 상호작용 과정을 거쳐 다수의 이익에 부합하는 결과물이라는 과정론적 관점에서 이해되고 있다. 이러한 점에서 도시행정의 본질적 이념으로서 공익 역시 도시에서 생활하는 모든 사람이 인정하는 본질적인 가치가 존재한다는 실체설과 함께 사람들이 상호작용 과정을 거쳐 만들어 내는 상대적인 가치로 이해할 것인가의 문제라고 할 수 있다. 이러한 점에서 도시행정 역시 도시는 사익을 뛰어넘는 공익을 추구하는 장소의 의미를 가지고 있는 실체로 간주(Barber, 2013)하되, 도시에서 중요하게 간주되는 사회적 가치들을 누가 어떤 과정과 어떤 기준을 적용하여 결정하느냐의 원칙이 중요하다고 할 수 있다.

(3) 정의

정의 역시 오랜 역사를 가진 개념으로서 사회구성원들 간의 합의에 입각하여 자유나 기회, 부 및 인간의 존엄성과 같은 사회적 가치들을 규제하는 근거로 활용되어 왔다. 현대사회에 있어서 이러한 정의 개념에 커다란 영향을 미친 존 롤스(2003)는 정의의 원칙은 한 개인에게 선택권을 부여하는 공리주의와 달리 원초적 협의에 기반을 둔다는 사회적 선택 원칙에 입각, 다른 사람과 충돌하지 않는 범위 내에서 기본적 자유와 평등을 최대한 보장해야 한다는 제1원칙과 함께 장래를 위해 가장 불우한 사람들의 편익을 최대한 보장해야 한다는 차등원리와 모두에게 공정한 기회가 균등하게 보장되어야 한다는 조정원리를 제2원칙으로 하는 차등조정원칙을 주장하고 있다.

도시행정의 기본적 이념으로서의 정의는 다른 사람에 피해를 주지 않는 원칙에 입각, 도시에서 생활하는 사람들에게 기본적 자유와 평등을 최대한 보장하고 모든 사람에게 공정하고 균등한 기회를 부여하되 미래 세대와 미래 사회를 위해 도시에서 생활하는 불우한 사람들의 편익을 최대화하는 것으로 이해할 수 있다.

(4) 형평

형평은 사회적 정의와 유사한 개념으로서 관료제의 운영이 비민주적이고 효율성을 지나치게 강조하면서 소외된 사람들에 대한 무관심을 극복하기 위한 행정의 적극적 역할과 책임성을 강조하는 차원에서 등장하는 개념이라고 할 수 있다. 이러한 점에서 도시행정의 본질적 이념으로서 평등개념은 도시정부에서 두터워지고 있는 관료제의 비민주성과 무책임성뿐만 아니라 민간부문의 역할 확대로 인해 도시의 기본적인 서비스로부터 소외되는 사람들에게 공공서비스를 평등하게 향유할 수 있도록 책임성과 대응성을 확보해야 하는 것으로 이해할 수 있다.

2. 도시행정의 수단적 가치

(1) 합법성과 합의성

법치주의를 근간으로 하는 합법성은 행정을 포함하여 정치, 경제영역 등 우리 사회 전반에 걸쳐 지켜지고 있는 사회 운영 원칙으로서 국민의 대의기관인 입법부나 지방자치단체 의회가 정한 법률에 따라야 한다는 점에서 보편성을 띠는 가치로서 도시행정 분야도 예외가 아니다. 이러한 점에서 도시행정이 지향하고자 하는 자유와 정의, 공익이나 평등과 같은 본질적 이념들은 개인의 의지나 특정 집단의 임의성을 배제하고 법률이 정한 방식이나 절차에 따라 정당하게 구현되어야 한다는 점에서 합법성의 갖는 의미는 아무리 강조해도 지나치지 않는다.

다만, 수단적 가치로서의 합법성이 특정인이나 특정집단 및 특정지역을 대변하는 불공정성 문제나 법이 현실을 제때에 제대로 반영하지 못한다는 시간지체(Time Lag) 현상, 그리고 법을 해석하고 집행하는 대리인인 관료들이 자신들의 권한과 이익수단으로 법을 악용하고 있다는 우려를 불식시키기 위해 사회 구성원과 이익집단들의 참여하에 활발한 상호작용을 통한 합의(권원용, 2011)의 필요성이 대두되면서 행정이나 도시행정에서 (도시)거버넌스가 부상하는 이유이기도 하다. 이러한 점에서 다양한 제도나 운영형태 강조되고 있는 합의성은 도시행정에서도 합법성을 넘어 새롭게 등장하고 있는 수단적 가치라고 할 수 있다.

(2) 생산성

생산성은 효율성과 효과성을 포함하는 개념으로 한정된 자원을 효율적으로 사용해서 기대하는 목표의 달성 정도를 나타내는 개념이다. 효율성은 가장 일반적으로 투입 대비 산출의 극대화를 지향하는 가치로 본질적 이념들을 구현함에 있어서도 한정된 자원을 가장 효율적으로 활용하여 기대되는 효과를 가져와야 한다는 경제적 가치를 담고 있다.

이러한 효율성은 제한된 자원을 활용함에 있어 비용을 최소화하는 반면에 최대한의 결과를 도출해야 한다는 경제적 효율성과 함께 경제적 가치가 최적화되지 않더라도 사람들이 필요로 하는 니즈(Needs)에 적극 대응하여 사람들의 필요성과 만족감을 충족시키는 것이 중요하다는 사회적 효율성으로 구분할 수 있다.

도시행정에서의 효율성 가치는 도시행정 서비스 공급이나 도시정부 운영 등과 같이 도시에서 필요한 활동들을 수행함에 있어 불필요한 비용을 최소화하되, 경우에 따라서는 비용에 대한 고려보다는 사람들의 필요성과 만족감을 충족시키기 위한 활동들도 수행해야 한다는 의미로 이해할 수 있다.

효과성은 효율성과는 달리 과정보다는 결과나 성과를 강조하는 개념으로 효과성은 일반적으로 주어진 목표에 대한 달성도를 나타내는 가치라고 할 수 있다.

따라서 도시정부나 도시행정에서의 효과성은 시민들에게 약속한 목표를 얼마 정도 달성했는지를 나타내는 결과 중심의 의미로서 효율성을 충족하거나 또는 그렇지 못한 상태에서의 문제 해결 정도나 목표달성도를 의미한다. 도시행정은 본질적 이념들을 도시에 구현함에 있어서 효율성과 효과성을 기반으로 한 생산성의 극대화를 지속적으로 요구받고 있다는 점에서 생산성은 도시행정이 중요하게 간주해야 하는 수단적 가치라고 할 수 있다.

(3) 책임성

책임성은 모든 사람이 사람으로서 기본적인 삶을 영위하고 더 나아가 인간으로 성장할 수 있도록 사회가 운영되고 관리되어야 한다는 점에서 누가 무엇을 해야 한다는 대상과 의무에 대한 약속이라고 할 수 있다. 이러한 의미의 책임성은 무엇에 대한 그리고 누구에 대한 책임성이냐를 기준으로 크게 법이나 규정에 대한 책임을 강조하는 법적 책임성, 상관이나 의사결정자에게 대한 책임을 강조하는 행정적 책임성, 정치적 유권자들에 대한 책임성을 강조하는 정치적 책임성과 함께 전문가로서의 사회에 대한 책임을 강조하는 전문가적 책임성으로 구분할 수 있다(Romzek & Dubnick, 1987).

도시행정은 이러한 다양한 유형의 책임성으로부터 자유로울 수 없을 뿐만 아니라 책임성은 각 사회의 문화를 반영하고 있다는 점에서 현재는 지금까지 강조되고 있는 법적, 행정적 책임으로부터 정치적 책임성이나 전문가적 책임성으로 그 중요성이 전환되고 있다는 점에서 본질적 이념을 도시에 구현함에 있어서 도시행정이 지향해야 하는 수단적 가치는 법이나 상사에 대한 책임성보다는 시민에 대한 그리고 전문가로서 사회에 대한 책임성이 더욱 강조되어야 한다.

(4) 완결성

완결성은 다양하고 복잡한 문제를 해결하고 도시를 효과적으로 운영하고 관리하기 위해서는 고도로 분화되어 있는 개별성을 극복하고 관련 분야나 영역, 업무 간의 네트워크를 구축하고 협력적으로 일하는 방식을 활용하여 도시의 당면 문제들을 실질적으로 해결짓는 것을 의미한다.

이러한 점에서 도시행정의 수단적 가치 중 하나인 완결성은 도시문제가 가지고 있는 복잡성과 어려움을 극복하기 위해서는 도시행정이 상호 영향을 미치는 다양한 학문 분야나 전공영역, 세분화된 업무 및 요인들을 종합적인 관점에서 통합·조정하여 도시문제를 실천적으로 해결한다는 의미로서 이러한 의미의 완결성을 높이기 위해서 도시행정은 도시에서 오케스트라의 지휘자와 같은 역할을 수행하여야 한다.

(5) 안전성과 회복탄력성

안전성은 도시에 거주하는 사람들이 지진이나 태풍, 각종 질병, 환경오염 및 기후변화로 인해 발생하는 빈번한 자연재해뿐만 아니라 줄어드는 일조권, 빛의 오염, 대규모 정전으로 인한 블랙아웃이나 정보통신기기의 먹통이나 심각한 도시

불균형 등과 같은 인재로부터 도시민의 생명과 재산 및 생활권을 안전하게 지켜
야 함을 의미한다. 도시행정은 도시에서 생활하는 사람들이 모든 종류의 재난으
로부터 안전하게 삶을 유지할 수 있도록 다양한 활동을 수행해야 한다는 점에서
수단적 가치의 의미를 찾을 수 있다.

여기에 덧붙여 예상하지 못했던 재난 등으로부터 파괴된 일상을 원래대로 회
복한다는 의미의 회복탄력성은 도시행정의 수단적 이념으로서 도시에서 생활하
는 사람들이 다양한 형태의 재난으로부터 사람들의 삶을 신속하게 회복하고 유지
할 수 있도록 일상을 회복하는 기능이나 역할의 중요성을 반영하는 개념이다. 이
러한 점에서 도시의 회복탄력성은 앞으로 도시행정의 수단적 가치로서의 중요성
이 갈수록 높아질 수 있을 것으로 예상된다.

권원용, (2011), 도시과학의 회고와 전망, 도시과학대학 설립 15주년 기념, 서울시
　　　립대학교 도시과학대학원.

권원용, (2015), 도시문제와 도시행정, 서울시립대학교 서울인재아카데미학과 강의
　　　자료.

권용우 외, (2010), 도시의 이해, 박영사.

김일태, (2009), 한국 도시행정학과 교과과정 및 교과서 내용 분석, 한국도시행정
　　　학보, 22(2), 한국도시행정학회.

김일태, (2013), 공존하는 도시를 향한 희망, 고 김일태 교수 글 모음집발간위원회.

김일태, (2014), 도시문제와 도시행정, 도시행정론 (서울시립대학교 도시행정학과
　　　편저), 박영사.

김하나, (2019), 도시! 연결망으로 바라보기, 제33회 대도시행정세미나, 서울시립대
　　　학교 도시행정학과.

뉴스 부산, (2022), 전국 최초 특별지방자치단체, "부산울산경남특별연합" 설치,
　　　2022. 4. 20.

롤스, 존, (2003), 정의론, 이학사.

박병식 외, (2009), 현대도시와 행정, 대영문화사.

박윤환 외, (2022), 도시행정: 뉴 노멀 시대의 패러다임 전환, 윤성사.

서울시립대학교 도시행정학과, (2014), 도시행정론, 박영사.

송석휘, (2014), 도시정부와 행정시스템, 도시행정론 (서울시립대학교 도시행정학
　　　과 편저), 박영사.

우리말 샘, (2023), 대한민국 국립국어원 한글사전.

이규환, (2007), 도시행정론에 관한 소고: 학문적 정체성 분석, 한국지방자치학회
　　　보, 19(4), 한국지방자치학회.

이종수 외, (2022), 새 행정학 3.0, 대영문화사.

정지훈, (2016), 제4차 산업혁명은 도시를 어떻게 변화시킬 것인가? 세계와 도시, 서울정책아카이브.

폴 김, 데이비드, (2010), 사고와 진리에서 태어나는 도시, 시대의 창.

히데노리, 타마가와, (2011), 도시과학의 전망, 도시과학대학 설립 15주년 기념, 서울시립대학교 도시과학대학원.

Baclija, Irena, (2014), *A Reconceptualisation of Urban Management: The Administration of Cities, Their Services, and Their Growth*, The Edwin Mellen Press.

Barber, Benjamin R, (2013), *If mayors ruled the world: Rising cities, declining states*, Yale University.

Hill, David R, (1985), Lewis Mumford's Ideas on the City, *Journal of the American Planning Association*, 51(4): 407−421.

John, P., (2001), *Local Governance in Western Europe*, Sage.

Knox, P. L. et al., (2005), *Uranization*, Pearson Prentice Hall.

Illina, rina & Plisecki, Evgenij, (2017), The Definition of Urban Administration, In *Global Encyclopedia of Public Administration, Public Policy, and Governance* (pp 1-8), Springer.

Mumford, Lewis, (1961), *The City In History: Its Transformations, and It's Prospects*, Harcourt, Brace & World.

NJTPA, (1998), *History of Metropolitan Planning Organization*, NJTPA Issue Report.

Park, Ezra et al., (1925), *The City*, The University of Chicago Press.

Romzek, B & Dubnick, M., (1987), Accountability in the Public Sector: Lessons from the Challenger Tragedy, *PAR*, 47(3): 227−238.

Rao, N., (2007), *Cities in Transition: Growth, Change and Governance in six Metropolitan Areas*, Loutledge.

SCAG, (2023), *Southern California Association of Governments − SCAG*.

Thrift, Nigel, (2017). *Seeing like a City*, WILEY.

UN, (2022), *The Urbanization Rate*, UN Population Division.

Wilson, Woodrow, (1887), The Study of Administration, *Political Science Quarterly*, 2(2): 197−222.

제 2 부

도시행정의 체계와 운용

Urban Administration

제 **2** 장

도시정치시스템과
거버넌스

02 Chapter
도시정치시스템과 거버넌스

제1절 🖋 도시정치시스템 환경의 변화

　　도시정치는 '누가 도시의 금고를 얻느냐?'로 정의할 수 있다(Phillips, 2010). 정치체제는 바람직한 사회를 만들기 위한 조직이나 조직의 활동이나 행동을 말한다(정정길 외, 2022). 즉, 도시정치체제는 도시문제를 해결하기 위하여 공공의 예산을 얻기 위한 조직이나 집단 간의 경쟁이나 협력의 과정이라고 할 수 있다.

　　과거에는 도시의 문제를 해결하기 위하여 중앙정부 또는 중앙정부의 행정기관이 주요한 조직으로 책임과 권한을 가지고 있었다. 20세기 후반부터 도시문제를 해결하기 위한 다양한 조직이나 집단 간의 경쟁 또는 협력이 과거와는 다른 모습을 띠게 되었다. 약 30여 년 전부터 우리나라에는 지방자치제도가 도입되었고, 거버넌스라는 현상이 사회과학 전 분야에서 관심을 받은 지 30여 년이 되었다. 다양한 조직이 도시문제를 해결하기 위해 참여하는 현재의 도시정치시스템을 둘러싼 환경의 변화를 고려하는 것이 필요해 보인다. 환경의 변화는 도시정치체제, 즉 도시문제를 해결하기 위해 지역에서 일어나는 행정과정이나 도시정치과정에서 참여의 필요성과 참여자의 역할 등과 관련이 있기 때문이다.

먼저 시민의 역할이나 의식이 변화하였다. 과거에는 지방행정기관으로부터 집행되는 중앙정부의 정책이나 제도에 수동적으로 따르거나 도시공공서비스의 수동적인 소비자로서 역할에 충실하였다. 최근에는 시민들이 지방정부의 정책과정에 참여하여 의견을 제시하거나 의사결정에 참여하는 등, 정책집행의 주요행위자로 참여하고 있다.

둘째, 시민의 요구에 대응하기 위해 도시행정체제의 권한과 책임이 강화되고 있다. 국세와 지방세의 비율, 위임사무와 자치사무의 비율은 여전히 중앙의 비중이 크다. 그러나 각 지역별로 고유한 정책을 설계하여 집행하거나 지역의 자산을 고려하여 프로그램을 운영하거나 지방정부의 정책을 중앙정부에서 도입하는 경우도 있다.[1] 즉, 지역의 문제 해결과정이 지방화, 분권화되어 가고 있다.

셋째, 정보통신기술이 비약적으로 발전하고 있다. 정보통신기술의 발전으로 인해 지방자치단체의 행정과정이나 행정정보를 시민에게 공유할 수 있어 행정의 민주성이나 투명성 등을 제고할 수 있다. 시민들은 집이나 직장 또는 카페에서 또는 손 안의 전자기기를 통해 시민들이 지역발전이나 문제 해결을 위해 필요한 의견이나 정보를 도시정부에 제공할 수도 있게 되었다.

넷째, 의료기술의 발전, 사회분위기의 변화, 그리고 세계화에 따라 인구구조가 변화하고 있다. 먼저 평균수명의 증가에 따라 우리사회는 고령화되고 있다. 2015년 우리나라 평균연령은 40.4세였으나 2022년 평균연령은 44세이다. 지역에 따라 평균연령은 차이가 있으나 도시나 비도시지역 차이 없이 증가하고 있는 추세이다.[2] 연령대별로 살펴보면 고령화 추세는 분명하게 보인다. 전체인구 중 10대가 차지하는 비율은 점차 감소하고 있는 반면, 60대가 차지하는 비중은 증가하고 있다.[3] 둘째, 우리나라에 체류하는 외국인의 비율이 증가하고 있다. 국내 체류 외

---

1 우리나라 법률에서는 지방자치단체로 명시하고 있으나 본 장에서는 문맥에 따라 지방자치단체, 지방정부, 도시정부 등을 혼용하고자 한다.
2 행정구역별로 살펴보면 도시지역으로 볼 수 있는 '동'지역에서는 39.4세에서 43.1세로, 비도시지역으로 볼 수 있는 '면'지역은 48.4세에서 52.3세로 증가하였다(통계청, kosis.kr; 평균연령).
3 1998년 전체인구 중 10대가 차지하는 비중은 15.8%였으나 2019년에는 9.5%로 감소한 반면, 60대의 비중은 1998년 6.4%에서 11.7%로 증가하였다(통계청 kosis.kr; 연령대별 인구).

국인은 1998년 30.8만 명에서 2019년 252.4만 명으로 증가하였다.[4] 우리나라 전체 인구수와 비교하면 1998년 0.66%에서 2019년 4.87%로, 가파르게 상승하고 있다. 인구구조의 변화에 따라 도시문제나 시민의 관심과 요구가 변화할 수 있고, 그에 따라 도시정부의 행정과정에 누가 참여할 것인가? 어느 정도 참여하여야 하는가? 등이 논의되어야 할 주요한 쟁점이 될 수도 있다. 한정된 자원을 어떠한 문제에 배분할 것인가와 관련이 있기 때문이다.

이번 장에서는 앞서 다루었던 환경의 변화를 고려하여 최근 도시정치시스템의 주요한 변화이자 가장 중요한 개념으로서 지방자치는 무엇이고, 도시거버넌스는 무엇인지를 살펴보고자 한다. 더불어 지방자치와 도시거버넌스의 시대에 시민은 누구이고, 어떻게 도시에 참여하는지 살펴보자.

---

4 통계청(kosis.kr), 체류외국인의 수에 대한 정보는 통계청 체류외국인 통계를 참고하였으며, 우리나라 전체 인구수 자료는 통계청 주민등록인구현황을 참고하였다.
  [참고] 우리나라 총 인구 및 체류외국인 수의 변화

(단위: 십만 명)

구분	1998	1999	2000	2001	2002	2003	2004	2005	2006	2007	2008
전체	469.9	473.4	477.3	480.2	482.3	483.9	485.8	487.8	489.9	492.7	495.4
외국인	3.1	3.8	4.9	5.7	6.3	6.8	7.5	7.5	9.1	10.7	11.6
비율	0.66%	0.81%	1.03%	1.18%	1.30%	1.40%	1.55%	1.53%	1.86%	2.16%	2.34%
구분	2009	2010	2011	2012	2013	2014	2015	2016	2017	2018	2019
전체	497.7	505.2	507.3	509.5	511.4	513.3	515.3	517.0	517.8	518.3	518.5
외국인	11.7	12.6	14.0	14.5	15.8	18.0	19.0	20.5	21.8	23.7	25.2
비율	2.35%	2.50%	2.75%	2.84%	3.08%	3.50%	3.69%	3.96%	4.21%	4.57%	4.87%

제2절 ✎ 지방자치

1. 지방자치는 무엇인가?

(1) 지방자치의 개념

지방자치제도가 도입된 지 30여 년이 지났다.[5] 지방자치제도의 도입은 도시정치체제에 큰 변화를 가져왔다. 지방자치제도 도입 이후 중앙정부의 영향력은 감소하고, 도시정부의 영향력은 증가했기 때문이다. 지방자치제도 도입 이전에는 중앙정부나 중앙정부에 의해 도시의 문제가 다루어졌지만, 지방자치제 도입 이후의 중앙정부뿐만 아니라 광역과 기초단체 등 도시정부가 참여하거나 도시정책의 비중이 증가했다. 그렇다면 도시정치체제에 변화를 가져온 지방자치는 무엇일까? 김병준(2022)은 지방자치를 특정 지역이나 지역주민이 스스로 통치하는 개념으로, 김태영(2014)은 지방자치는 해당 지역의 문제를 권한과 책임을 통해 자율적으로 해결하는 것으로 정의하였다. 임재현(2023)은 지방의 사무를 주민들이 책임을 가지고 스스로 처리하는 것으로 보았다. 임승빈(2022)이 정의한 개념을 보면, Self-Government로서 자신을 찾아가는 과정으로 지방자치를 바라보고 있다. 따라서 지방자치를 지역의 공동사무에 지역주민이 참여하여 직접 처리하거나 대표자를 통해 처리하는 정치분권화제도로 정의한다. 선행연구나 문헌을 통해 살펴보면, 지방자치는 지방이라는 지역적 경계, 특정 지역이나 지역주민이 문제 해결의 주체로서 참여하고, 지방이나 지역주민이 책임과 권한을 바탕으로 자율적으로 문제를 스스로 또는 대표자를 통해 해결하는 것을 포함한 개념으로 정의할 수 있다.

(2) 지방자치의 필요성

지방자치는 특정 지역에서 거주하는 지역주민들의 복리증진을 위해서 존재한다(김태영, 2014). 중앙정부가 관심을 갖지 않거나 해결하기 힘든 지역의 주요 쟁

---

5 지방의원을 선출하는 지방선거는 1991년부터 실시되었고, 지방자치단체의 단체장을 선출하는 지방선거는 1995년부터 실시되었다.

점이나 문제를 지방정부가, 지방정부와 다른 조직과의 협력, 또는 지방정부의 행정과정에 지역주민의 참여를 통해서 다루거나 해결한다. 지방정부가 홀로 다루거나 지역사회의 시민과 민간기관과의 협력이 없다면 지역사회의 삶의 질은 저하될 수 있기 때문이다. 지역사회의 문제나 쟁점은 중앙정부가 대처할 수는 없는 것일까? 지방정부나 그 협력의 파트너를 통해 해결하는 것이 효과적일까? 그렇다면 지방자치가 필요한 구체적인 이유는 무엇일까?

첫째, 지역별로 다른 행정수요나 문제는 획일적인 방식보다 지역의 실정에 맞게 대응될 필요가 있다. 둘째, 중앙정부에 의한 행정에 비해 지방자치의 방식은 그 지역의 문제나 쟁점, 다루어져야 할 주요 수요에 대한 이해도가 높다. 셋째, 참여민주주의를 실현한다는 점에서 지방자치는 필수적이다. 지역의 수요 확인이나 특정 문제 해결을 위한 지역정책에 대한 의견수렴 등 지역주민들이 참여하는 방식으로 행정과정이 진행될 필요가 있다. 지방자치는 중앙정부에 의한 행정에 비해 지역주민들이 행정과정에 참여하기 용이한 방식이다. 넷째, 행정의 효율성 확보 차원에서 지방자치가 필요하다. 중앙정부에서 집행하는 행정은 특정 지역의 수요나 문제 확인 등에서도 시간이나 비용이 많이 소요될 수 있는 반면, 지방정부에서의 정보수집이나 자원 동원은 비용이나 시간 측면에서 효율적인 운영이 가능하다. 다섯째, 지역사회의 문제 해결 과정에서 창의성이나 다양성을 확보할 수 있다는 점에서 지방자치의 방식은 필요해 보인다. 지역별로 수요나 문제가 다른 만큼 문제 해결 방식이나 정책집행은 다양화하는 것이 필요하며, 공공에서 다루어야 할 문제나 쟁점이 계속해서 변화하고 다양해지는 만큼 문제 해결방식 또한 혁신적인 방식이 도입될 필요가 있다. 지방자치는 중앙정부에 비해 다루어야 할 문제의 규모나 투입할 수 있는 재원이나 인력 등이 상대적으로 적기 때문에 민주주의의 실험장으로서 기능할 수 있다.

(3) 지방자치의 구성: 단체자치와 주민자치

지방자치의 개념은 지역의 문제를 지역주민이 스스로 해결하거나 대표자를 통해 해결하는 것으로 설명하고 있다. 즉, 지방자치는 지역주민이 스스로 문제 해결 과정에 참여하는 것에 관심을 갖는 직접민주주의 방식의 개념과 대표자를 통해 지역의 문제를 해결한다는 간접민주주의 방식의 관점이 결합되어 있다.

지방자치의 이러한 특징은 지방자치가 발전한 역사 또는 환경의 차이에서 기인한다. 직접민주주의에서 발전한 지방자치는 주민자치의 전통으로 영국과 미국에서 발전하였다(임승빈, 2022). 주민자치 전통의 지방자치는 지역사회의 문제 해결 과정에 지역주민들의 직접 참여나 스스로 해결하는 것에 관심을 갖는다. 즉, 지역주민이 지역사회의 문제를 스스로 해결하는 방식이나 지역주민들이 대표자를 선출하여 지역의 행정과정을 맡기고, 특정 사안에는 지역주민들이 직접 참여하는 방식으로 발전해 왔다. 따라서 주민자치의 전통에서 지방자치는 지방정부와 주민과의 관계에 중점을 두고 있다. 주민자치 전통의 지방자치는 중앙정부가 지방행정체계를 마련하기 이전에 지역주민이 자치정부를 설치하는 방식으로 지방자치가 발전하였고, 지방정부의 자치사무가 중심을 이루며 국가의 사무는 계약의 방식으로 맡게 된다(김병준, 2022).

간접민주주의 전통에서 발전한 지방자치는 단체자치라는 이름으로 설명할 수 있다. 단체자치 전통은 독일과 프랑스 등에서 발전된 지방자치의 개념으로, 국가로부터 지방이 독립적으로 지역의 문제를 스스로 처리한다는 것을 의미한다(임승빈, 2022). 따라서 중앙정부와 지방정부 간의 관계에 관심을 갖는다. 법률에 근거한 법인격을 갖는 지방정부가 중앙정부로부터 독립적인 권한을 부여받아 지방의 사무를 스스로 처리하는, 즉 지방분권적인 관점에서 지방자치의 개념에 중점을 두고 있다. 지역의 문제를 지방정부가 중앙정부로부터 독립하여 자치적으로 해결하는 지방자치의 형태로서 지방정부의 권한과 책임에 관심을 갖는다. 단체자치의 전통에서 지방정부는 중앙정부의 지방행정기관의 역할과 중앙정부에서 부여한 지방자치단체로서의 역할을 맡게 된다(김병준, 2022). 따라서 지방정부는 국가사무와 자치사무를 담당하는 기관으로 존재한다.

표2-1	지방자치의 전통: 주민자치와 단체자치의 비교	

구분	주민자치	단체자치
자치의 의미	직접민주주의	지방분권/간접민주주의
자치의 중점	지방정부와 주민 간의 관계	중앙정부와 지방정부 간의 관계
중시되는 권리	주민의 권리	지방정부의 자치권
권한 부여 주체	주민	국가의 법률
지방정부의 성격	자치단체	자치단체 & 지방행정기관
주요 국가	영국, 미국	독일, 프랑스

자료: 임재현(2023) 지방행정론, 109쪽; 임승빈 지방자치론, 10~11쪽 참고하여 수정.

지방자치의 전통에 따라 강조점과 발전과정은 다소 상이하다. 각 전통이 갖는 특성이 다른 만큼 상호보완하는 방식으로 발전하고 있다(김병준, 2022). 우리나라는 단체자치의 전통에서 지방자치가 도입되어 발전되었다. 2000년대에 들어서 주민발안제나 주민투표제, 주민자치회 등이 도입되는 등 지역주민이 지역사회의 행정과정에 직접 참여하거나 직접 문제를 해결하는 주민자치 방식의 지방자치제도가 강조되고 있다(임승빈, 2022).

2. 지방자치의 장점과 단점

(1) 지방자치의 장점

앞서 살펴본 것처럼 지방자치의 제도는 독일과 프랑스의 단체자치 전통과 영국과 미국의 주민자치 전통으로 발전하였다. 우리나라는 두 전통에서 발전한 제도를 도입하여 지방자치제도를 실시하고 있다. 즉, 지방자치가 갖는 장점이 있기 때문에 제도를 운영하고 있는 것으로 볼 수 있다. 시민들의 참여 용이성, 민주주의의 실현 등을 생각해 볼 수 있다(임재현, 2023). 그 외에 지방자치가 갖는 장점은 어떠한 것들이 있을까?

먼저, 지방자치는 그 지역이 갖는 특수성을 고려하여 지역사회의 문제를 해결하거나 수요에 대응할 수 있다. 중앙집권적인 행정체제하에서는 국민 다수가 원하는 문제나 수요에 집중할 수밖에 없고, 특정지역의 특수성을 고려한 정책을 집행하거나 서비스를 제공하는 데에는 한계가 있다. 지방자치제도하에서는 서울시나 부산시, 대구시 등 각 지역이 갖는 특수성을 고려하여 정책을 기획하여 집행할 수 있다.

둘째, 지역주민의 수요나, 지역사회의 문제에 대한 이해도가 높아 행정의 대응성을 높일 수 있다. 중앙정부와 비교하면, 지방정부는 지역주민들이 관심을 갖고 있는 문제나 수요에 대해 이해를 하고 있거나 문제나 수요와 관련된 정보나 지식의 접근성에서 장점이 있다. 지역주민의 의견을 수렴하여 주요 정책을 수립하거나 지역정책의 우선순위를 선정하는 등 지역주민들의 의견을 반영하는 데에 지방자치는 중앙집권행정체제에 비해 장점을 갖는다.

셋째, 지방자치는 중앙집권적 행정방식에 비해 지역에 대한 정보와 지식에 우위를 갖는다. 지방자치의 방식은 지방정부가 지역주민이나 지역의 기관과의 거리가 가깝고, 관계의 역사가 있기 때문에 지역사회에 대한 지식이나 정보를 갖고 있는 사람이나 기관에 대한 정보나 접근 가능성 등에서 상대적으로 장점을 갖는다. 지역에 대한 정보와 지식은 지역사회가 당면하고 있는 문제 해결을 위해 필요한 기초자료가 되거나 핵심자원이 될 수 있어 지역에 대한 지식과 정보의 접근 가능성은 지역사회의 문제 해결이나 정책과정에 중요한 자원이 될 수 있다.

넷째, 지방자치는 지방의 역량을 제고할 기회를 제공한다. 중앙집권적인 행정체제에서는 도시정부는 지방행정기관으로 기능한다. 즉, 중앙정부에서 기획한 정책을 집행하고, 서비스를 전달하는 데에 역량을 집중한다. 지방자치하에서 도시정부는 의제를 설정하고, 정책을 기획하고, 집행하고, 평가한다. 예를 들어 도시정부 공무원은 정책을 직접 기획함으로써 정책기획역량을 발전시킬 수 있으며, 정책과정에서의 지역사회 시민과 민간과의 협력할 수 있는 기회를 통해 조정과 협력의 역량을 제고할 수 있다.

다섯째, 지역사회의 정책수립이나 행정과정에 지역주민들이 참여하기에 상대적으로 용이하다. 지방자치는 지역주민과 민간기관, 지방정부 간에 심리적 또는 물리적 거리가 상대적으로 가깝기 때문이다. 참여 용이성은 지방정부의 정책수립이나 행정과정에 지역주민들의 의견이 반영될 가능성을 높이고, 이는 지역사회의 수요를 반영할 가능성을 높일 수 있다.

여섯째, 지역주민들이 도시행정과정에 참여함으로써 풀뿌리 민주주의를 실현할 수 있다는 장점이 있다. 중앙정부의 정책과 서비스와 비교하면, 도시정부가 집행하는 정책이나 제공하는 서비스는 지역주민들의 일상생활과 밀접한 관련이 있다. 따라서 지역주민들은 도시행정과정에 참여할 동기요인이 발생할 수 있다. 도시정부의 행정과정에 참여함으로써 행정과정에 대한 이해를 높일 수 있을 뿐만 아니라 개인적인 수요나 관심을 넘어서 지역사회에 대한 관심과 문제에 관심을 갖게 될 가능성도 있다.

일곱째, 지방자치는 지역주민들이 지역사회의 문제 해결 과정에 참여하는 것을 말한다. 즉, 지역주민들이 지역사회의 문제 해결 과정에 자발적으로 참여함으로써 공공의 문제를 해결하는 방식에 대한 이해도를 높일 수 있다. 또한, 다른 지역주민과의 협력과 조정하는 방법을 학습하게 됨으로써 일상생활에서 민주주의를 경험하고 실현할 수 있다는 장점이 있다.

마지막으로 지방자치는 문제 해결이나 행정과정에서의 다양성과 창의성을 기대할 수 있는 방법이다. 지방자치는 중앙정부의 행정과정에 비해 대상이나 규모가 작기 때문에 행정실험이 가능하고 이는 행정혁신으로 이어질 수 있다. 드라이브스루(Drive-Through) 방식으로 선별진료소를 운영한 사례는 가장 대표적인 지방자치를 통한 실험과 혁신의 예로 볼 수 있다.

(2) 지방자치의 단점

지방자치는 만병통치약이 아니듯이 장점뿐만 아니라 단점 또한 갖고 있다. 지방자치가 갖는 단점은 지역 간 불균형, 지역이기주의, 전국적 사업의 어려움, 행정의 통일성 한계 등으로 나누어 볼 수 있다(임재현, 2023). 먼저, 지방자치는 지역별로 편차가 발생할 수 있다는 단점이 있다. 지방자치가 지역별 특수성을 고려하고, 지역의 정보와 지식, 자원을 활용하여 지역의 문제를 해결할 수 있는 반면, 지역별로 갖고 있는 정보나 지식, 자원이 다를 때에는 지역별로 불균형을 발생시키거나 확대시킬 수 있다. 예를 들어, 지역별로 상업시설의 수, 부동산 가치, 자연자원이 다른 만큼 확보할 수 있는 재정적 자원이 다르고, 지역별로 재정의 자립이나 자주도에서 편차가 발생할 수 있다. 또한 지역별로 사람들을 유입할 수 있는 자원의 편차가 발생하고, 이는 지역의 불균형을 심화할 수 있는 요인이 되기도 한다.

둘째, 지방자치로 인해 지역이기주의가 심화될 수 있다. 지방자치제도에서는 전국적인 이익이나 복지증진보다는 지역사회의 이익과 증진에 관심을 가질 수 있다. 지역의 이익을 발생시키는 시설이나 산업은 원하지만, 손해나 피해를 줄 수 있는 시설이나 산업은 기피하기도 한다. 중앙집권행정체제에서도 발생할 수도 있으나 지방자치의 특성을 고려하면 지방자치 제도에서 님비(NIMBY: Not In My Back Yard)나 핌피현상(PIMFY: Please In My Front Yard)이 발생할 가능성이 높다.

셋째, 지방자치는 전국적 또는 광역적 규모의 사업을 어렵게 할 가능성이 있다. 국가 또는 광역적 차원에서 집행되어야 할 사업 중에 특정 지역에 피해가 발생할 수 있는 사업이 있다. 하수처리나 폐기물처리를 위한 시설은 국가 또는 광역적인 복지증진에는 필요하지만, 하수처리나 폐기물처리 시설이 입지하는 지역에서는 소음이나 악취 등 지역주민의 삶의 질은 낮아질 수 있어 지방정부나 지역주민들은 반대할 수도 있다. 지역사회의 이익이나 복지를 고려하면, 국가나 광역 차원의 사업을 어렵게 할 수도 있다는 것은 지방자치의 단점이 될 수 있다.

마지막으로 지방자치는 행정의 형평성 차원에서 어려움을 발생하기도 한다. 인구구조나 환경적 특성 등 지역의 특수성을 고려하여 공공 및 사회서비스가 제공되어야 하는 분야가 있는 반면 같은 나라의 국민으로서 행정을 형평성 있게 제공하거나 집행하여야 하는 영역도 있다. 예를 들어, 우리나라는 조세행정의 경우 지역의 특수성을 인정하지 않고, 법률에 근거하여 세목을 정하도록 하고 있다(김병준, 2022).[6] 우리나라는 지방정부가 지역의 특성을 고려하여 스스로 세목을 정할 수 없다. 그러나 2022년 재난이라는 상황에서 특정 지방자치단체에서 재산세를

---

6 지방정부의 자치권 확보차원에서 일본에서는 지방정부의 조례로 세율을 부과할 수 있게 하거나 법률에서 명시하는 세목 외에 지방정부에서 조례를 근거로 세목을 정할 수 있다(임승빈 외, 2019).

감면하여 지역주민들에게 환급하기도 하여 조세행정의 형평성에 의문을 제기하는 사례가 발생하기도 하였다.[7]

제3절 ╭ 도시거버넌스

1. 도시거버넌스의 배경

앞 절에서 살펴본 것처럼 지방자치제도는 도시의 문제를 해결하는 체제에 많은 변화를 가져왔다. 지방자치는 지역의 문제를 지역주민 또는 지역사회가 직접 해결한다는 지방자치의 개념에서 확인해 볼 수 있는 것처럼 도시의 정치체제의 변화는 중앙정부 단일 조직에서 중앙정부와 도시정부를 포함하는 다양한 조직 간의 연계와 협력으로 변화했다고 볼 수 있다. 도시문제를 해결하기 위한 다양한 조직 간의 연계와 협력은 지난 30여 년 동안 행정학과 정치학 등 사회과학 분야에서 가장 많이 사용된 거버넌스라는 단어로 설명할 수 있다. 거버넌스는 학계뿐만 아니라 공공기관이나 시민사회에서도 많이 사용하는 단어이다. 일명 거버넌스 신드롬이라고 할 수 있다(이명석, 2017). 그렇다면 과연 거버넌스는 무엇이고, 거버넌스라는 용어는 왜 관심을 받게 되었을까?

거버넌스는 새롭게 만들어진 단어는 아니고, 통치나 다스리는 행위를 설명하는 말이다(이명석, 2017). 거버넌스는 정부의 통치행위나 한 조직을 운영하는 구조를 설명할 때 사용되기도 한다. 이 외에도 거버넌스는 공공문제를 해결하거나 공공정책에서의 공공과 민간 조직 간의 협력이나 관계 등을 설명하는 것으로 정의된

---

7 서초구는 2020년 지방세법 111조를 근거로 재난상황이라는 특수성을 고려하여 재산세를 감경하는 조례안을 공포하였다. 서울시는 25개 자치구의 조세행정 형평성 차원에서 조례의 무효 확인에 대한 청구를 법원에 제기하였다. 대법원에서는 지방자치단체의 과세자주권을 보장한다는 이유로 서초구의 조례는 법률의 범위 안에서 집행한 것으로 판결하여 서초구는 재산세를 지역주민들에게 환급하였다(연합뉴스, 2022.04.14., 대법원 "서초구 1가구 9업 이하 1주택 재산세 감면 유효; tbs, 2020.12.28., 서초구, 재산세 환급 강행... 서울시 "법원 판단 기다릴 것").

다(Peters & Pierre, 1998; Frederickson, Smith, Larimer & Licari, 2012). 최근에 행정학 분야에서 많이 사용되는 거버넌스라는 용어는 후자의 정의를 말한다. 공공 및 사회문제는 복잡해지고, 다양해지고, 지속적으로 변화하고, 정의하기에 다양한 지식을 필요로 하기 때문에 관료제로서 정부는 그러한 문제를 해결하는 데에는 한계가 발생하였다(Peter & Pierre, 1998). 코로나19와 같은 전염병이나 홍수와 지진 산사태와 그것이 원인이 되는 재난, 기후변화 등의 환경문제 등이 거버넌스를 요구하는 대표적인 공공 및 사회문제이다. 이를 학계에서는 해결하기 힘든 난제(Wicked Problem)라고 정의한다. 난제를 해결하기 위해서는 다양한 지식과 정보, 자원 등이 필요한데, 이는 공공기관뿐만 아니라 민간기관과 시민 등에 널리 분포됨에 따라 공공문제를 해결하기 위한 정부와 민간조직 간의 의존성이 증가하게 된다(Frederickson et al. 2012). 따라서 복수의 공공기관, 민간기관과 시민 등이 협력을 하게 된다(Peters & Pierre, 1998).

특히 지방자치제도가 도입된 지 30여 년이 되어가면서 지방화 그리고 분권화됨에 따라 공공 및 사회문제를 해결하기 위해서는 더 많은 또는 더 다양한 기관이나 행위자 간의 협력이 필요해진다. 특정 문제에 대한 지식이나 정보, 자원이 필요할 뿐만 아니라 특정 지역에 대한 지식이나 정보, 자원 등이 문제 해결을 위해 필수적인 것으로 여겨지기 때문일 것이다. 즉, 지방화 및 분권화됨에 따라 특정 지역의 문제 해결을 위해서 중앙정부뿐만 아니라 관할구역에 대한 책임과 권한을 갖는 지방정부가 주요한 행위자로 참여하게 된다. 특정 지역에 대한 지식이나 정보가 문제 해결이나 정책집행 등에 필요하기 때문에 지역사회의 주민 및 사회단체, 지역주민 등 특정 지역에 대한 이해가 높은 기관들의 참여를 필요로 할 수밖에 없게 되었다. 예를 들면, 특정 지역에 재난 상황이 발생했을 경우 재난을 담당하는 중앙부처뿐만 아니라 그 지역의 도시정부(광역 및 기초자치단체), 지역사회에서 활동하는 시민단체와 주민조직, 일반시민 등이 대응을 위해 참여하거나 협력하는 상황이 발생한다.

도시문제의 특성뿐만 아니라 철학적 배경으로서 사회구성주의(Social Construc tionism)는 거버넌스의 등장과 확산과 관련하여 통찰력 있는 시각을 제시한다. 사회구성주의는 사람들이 대화와 소통 등의 상호작용을 통해서 의미를 형성하고 공유함으로써 사회적 실재(reality)를 구성한다고 말하는 철학적 사조이다(Jun, 2006). 즉, 사회구성주의 관점에서 도시행정은 각각의 행위자가 의사소통 등을 통해 사회적 실재로서 도시문제를 이해하고, 해석하고, 정의하는 과정에서 상호 간에 의미를 공유함으로써 제도와 규칙, 조직 등을 만들어 가는 사회적 실재 속에 존재한다고 본다. 도시행정에서 다루어져야 할 실재로서 도시문제는 공적 권위를 갖는 조직에 의해서만 규정되는 것이 아니고, 다양한 행위자 간의 의사소통과 교류를 통해 이해하고, 의미를 공유함으로써 재정의된다. 따라서 사회구성주의 관점에서는 도시문제를 규정하고, 이를 해결하기 위한 도시정책을 만들어 가는 과정은 다양한 이해관계자가 참여하고, 소통함으로써 의미를 공유하는 과정으로서 도시거버넌스의 필요성을 이야기한다. 같은 관점에서 Berger와 Neuhaus(1977)는 지역사회, 비영리조직, 지역사회에서 활동하는 주민조직의 중요성 또한 강조한다. 지역주민들이 지역사회, 비영리조직, 주민조직 등에서 일상생활에서 느끼고 생각하는 것들을 다른 사람들과 소통하고, 공유하기 때문이다. 즉, 지역사회, 비영리조직, 주민조직 등은 행위자 간에 소통을 통해 도시문제나 주요 의제 등의 사회적 실재를 만들어 냄으로써 지역주민과 지방정부를 이어주는 중간 조직(Mediating Structure)으로 기능한다. 따라서 도시문제를 다루는 가장 주요한 행위자로서 도시정부는 지역주민들이 상호교류하고, 의미를 공유하며, 문제를 확인하고 재정의하는 공간으로서 지역사회, 비영리조직, 주민조직 등과의 교류, 즉 도시거버넌스를 구성하는 것이 필요하다.

2. 도시거버넌스의 의미와 특징

앞에서 설명한 바와 같이 거버넌스는 관료제로서의 정부가 혼자서 해결할 수 없는 공공 및 사회문제의 특성에 따라 형성된 새로운 문제 해결 기제라고 볼 수 있다. 거버넌스라는 용어는 그러한 현상의 특성이나 강조점에 따라 다양한 이름으로 사용되곤 한다. 거버넌스에 수식어가 붙어 시민참여의 모습이 강조된 '참여 거버넌스'(Fischer, 2006), 문제 해결을 위해 여러 조직의 협력이라는 특징을 설명하는 '협력적 거버넌스'(Ansell & Gash, 2008; Emerson et al., 2012) 등의 개념이 가장 대표적이다. 거버넌스라는 개념을 지리적 특성에 따라 적용하면 '로컬 거버넌스'(Andrew & Goldsmith, 1998), '도시 거버넌스'(Pierre, 1999) 등으로 설명해 볼 수 있다. 즉, 도시거버넌스는 도시라는 공간에서 발생하는 집합적인 문제를 중앙과 지방정부, 비영리조직 등의 민간단체, 시민 등이 협력을 통해 해결하는 기제를 설명하는 단어로 볼 수 있다(김태영, 2014).

일반적으로 도시거버넌스는 다음과 같은 특징을 갖는다. 첫째, 도시정치체제에 다양한 참여자가 존재한다. 즉, 도시문제를 해결하기 위한 도시행정과정에 다양한 행위자가 참여한다. 도시라는 지역의 문제 해결에 책임과 권한을 갖고 있는 도시정부뿐만 아니라 특정 문제와 관련이 있는 중앙부처, 비영리조직이나 시민단체 등의 민간단체, 기업, 지역주민 등이 참여한다. 도시거버넌스의 운영 방식에 따라 참여의 정도는 달라질 수 있지만, 정책과정을 공개하고, 참여자의 실질적인 토론이 강조된다. 도시라는 공간에서 토론이라는 과정을 통해 상호 간에 정의하고 있는 사회문제에 대해서 공유하면서 재조정 및 재정의하는 과정을 갖고, 문제 해결에 필요한 지식이나 정보, 자원에 대한 정보를 공유할 수 있기 때문이다. 둘째, 도시거버넌스는 개방성을 갖고 운영된다. 도시거버넌스는 선출된 대표뿐만 아니라 시민을 포함한 공공의 문제와 관련된 주요 이해관계자가 참여하는 만큼 유의미한 정보공유 및 토론과정이 진행되어야 한다. 즉 참여자, 공유되는 정보과 관련하여 개방성이 전제되어 운영된다는 특징이 있다. 셋째, 도시거버넌스는 협력의 방식으로 운영된다는 특징을 갖는다. 도시 내에서의 집합적인 문제를 다루기 위해서 형성되는 공공과 민간의 참여하는 구조인 만큼 도시거버넌스는 참여하는 조직이나 시민 등의 공동의 목표를 달성하거나 공동의 문제를 해결하기 위해서 협력하는 특징을 갖는다.

도시라는 공간에서의 다양한 행위자가 공동의 문제 해결을 위해 참여하는 것을 설명한 개념인 만큼 도시거버넌스는 지방화 및 분권화라는 배경하에서 발전할 수 있었다. 단체자치 또는 주민자치라는 지방자치의 오랜 전통을 통해 지방화 및 분권화의 역사가 긴 대륙과 영미 계열의 국가 등과는 달리 우리나라는 아직 지방자치의 역사가 길지 않다. 또한, 도시거버넌스에서 중요한 한 축인 시민과 민간단체의 도시거버넌스에 참여한 경험은 많지 않다. 현실의 도시행정에서는 중앙정부

가 거버넌스라는 방식을 활용하여 도시의 정책과정을 기획하기도 하고, 지방정부
또한 행정과정을 운영하기 위해 지역사회의 시민사회와 지역주민들의 참여를 유
도하는 등 정부 주도적인 경향의 도시거버넌스의 관점이 적용되고 있는 것처럼
보인다. 예를 들어, 취약계층의 취업을 돕거나 사회서비스를 제공하는 등 도시문
제를 해결하기 위하여 민간조직을 육성하고 도시정부의 정책집행과정에 민간조
직이 참여하도록 중앙정부가 제도를 수립하는 형태(Jung, Seo & Jang, 2016), 중앙정부
가 기획하는 지역단위 공공서비스 사업을 구조화하기 위해 지방정부를 중심으로
주민조직을 조직화하고, 지역주민들의 참여를 지원하는 정부주도의 수직적인 구
조의 도시거버넌스(김정욱, 2022) 등이 우리나라에서 볼 수 있는 대표적인 유형으로
볼 수 있다. 중앙정부가 주도하는 도시거버넌스 사례 외에 지방자치제도가 발전
함에 따라 분권화되면서, 다양한 형태의 도시거버넌스 사례도 나타나는 것으로
보인다. 도시정부의 사회복지정책을 집행하기 위하여 민간기업이나 시민단체가
사회서비스를 제공하는 형태의 도시정부와 민간조직 파트너십의 형태(Jang & Kim,
2023)가 대표적인 지방정부 주도의 도시거버넌스의 사례로 볼 수 있다. 또한, 시민
사회의 활동이나 유형 등이 다양화됨에 따라 민간기업이나 민간단체가 지역사회
의 문제해결을 위해 도시정부와 다른 민간단체 등의 협력을 주도하는 서울시 사
회성과보상사업의 사례 또한 존재한다(김정욱·진성만·여관현, 2019a). 주민자치조직을
통해 지역사회의 문제 해결을 하거나 지방정부와 협력하는 형태(Kim, 2020)의 사례
도 있다. 비영리조직의 육성이나 마을공동체 활동을 지원하는 등 지역주민이나
시민들이 주도하는 거버넌스 활동을 위해 비영리조직이 주도하고 지방정부가 지
원하는 도시거버넌스 형태(김정욱·진성만·여관현, 2019b) 또한 존재한다.

3. 도시거버넌스의 유형과 목적

최근에 논의되는 거버넌스는 중앙정부와 지방정부 등의 공공기관, 민간기업
과 비영리조직 등의 민간기관, 시민 등이 협력하는 관계 즉 네트워크의 형태로
나타난다(이명석, 2017). 다양한 형태로 나타나는 거버넌스의 구조를 Milward and
Provan(2006)은 공공관리와 관련하여 네 가지 네트워크 유형을 제시하고 있다. 네

가지 네트워크 유형은 우리나라의 도시거버넌스 사례에서도 종종 나타나는 만큼 네트워크 유형과 특성을 이해하는 것은 도시거버넌스의 특성을 이해하는 데에 도움이 된다. Milward와 Provan이 제시하는 네 가지 네트워크 유형은 서비스 제공 네트워크(Service Implementation Networks), 정보공유 네트워크(Information Diffusion Networks), 문제 해결 네트워크(Problem-Solving Networks), 공동체 역량 형성 네트워크(Community-Capacity-Building Networks)이다.

먼저, 서비스 제공 네트워크는 사회서비스를 제공하기 위해 형성된 거버넌스이다. 중앙정부나 도시정부에서는 보조금을 제공하고, 비영리조직 등의 민간조직은 시민들에게 직접 서비스를 제공한다. 정부는 서비스의 공급을 민간조직에 의존하는 만큼 수평적인 네트워크 형태를 가진다. 우리나라에서도 사회서비스를 제공하기 위해 도시정부는 비영리조직과 협력하는 경우가 있다. 도시정부는 사회서비스 공급을 위해 재정을 지원하고, 사회서비스는 비영리조직이 직접 공급하는 형태로 복지수요에 대응하기 위해 공공기관과 민간기관이 상호 간에 보유한 자원에 의존하는 형태의 협력구조이다.

둘째, 정보공유 네트워크는 불확실성이 높은 시기에 문제에 대응하기 위해 정보를 공유하기 위해 구성된다. 일반적으로 재난 상황에서 다양한 조직 간에 의사소통을 통해 정보를 공유함으로써 문제를 확인하고, 대응성을 높이기 위해 형성된다. 중앙정부와 지방정부, 그 외의 정부기관 간에 정보공유를 함으로써 문제를 인지하여 불확실성을 낮추기 위해 형성된다. 재난 상황에서는 지역주민이나 주민조직, 비영리조직 등이 특정 지역에서 발생하는 재난 상황에 대한 정보를 습득하고 공유함으로써 문제의 확인이 가능한 만큼 정부기관은 시민들과 민간단체와의 의사소통을 하는 것도 필요하다.

셋째, 문제 해결 네트워크는 문제 해결에 초점을 맞춘 형태의 거버넌스 구조이다. 일반적으로 정보공유 네트워크에서 변형된 거버넌스 구조로서 문제 해결을 위해 정보를 공유하고, 축적함으로써 문제를 빠르게 해결하는 것이 관심을 갖는다.

마지막으로 공동체 역량 형성 네트워크는 지역사회 또는 공동체의 사회적 자본[8]을 축적하기 위해 형성된다. 도시거버넌스 내에서의 사회적자본은 도시정부, 기업, 비영리조직, 주민조직, 시민 간의 지속적인 교류를 통해 정보의 공유, 주요 관심사나 문제의 확인 및 공유, 신뢰의 형성과 행동의 규칙과 규범의 형성 등의 형태로 나타난다. 예를 들면, 지역사회 내에서 구성원들의 지속적인 교류와 소통은 지역사회의 공동의 문제를 확인하게 하거나 그 문제를 해결하는 데에 필요한 정보를 공유하거나 필수적인 자원을 동원할 수 있게 하기도 한다. 또한, 잦은 교류를 통해 타인이나 다른 기관이 어떠한 목적으로 어떠한 방식으로 행동을 할 것인지에 대한 예측가능성을 높임으로써 나 또는 우리기관이 어떻게 하면 되는지 계획을 세우는 등 무지나 정보 없음으로 인해 발생하는 불확실성을 낮추기도 한다.

| 표2-2 | 도시거버넌스의 유형 |

유형	목적 및 주요특성
서비스제공 (Service Implementation)	•2개 이상의 조직이 공공서비스를 제공하기 위해 구성 •정부는 재정을 지원하는 역할 •수평적인 네트워크 구조
정보공유 (Information Diffusion)	•정보공유를 위해 네트워크 구조 형성 •불확실성이 높은 시기에 조성되는 경향 •의사소통을 통해 정부의 문제 대응에 초점
문제 해결 (Problem-Solving)	•공동의 문제 해결 위해 공동의제·쟁점 다루는 것에 초점 •정보공유에서 문제 해결로 네트워크 목적이 변화
공동체 역량 개발 (Community Capacity-Building)	•지역사회 또는 공동체의 사회적자본 형성 목적 •지역사회 수요대응을 위해 작은 조직의 연대가 더 큰 거버넌스 형태로 형성

자료: Milward & Provan (2006) A Manager's Guide to Choose and Using Collaborative Networks의 내용을 일부 정리함.

---

8 사회적자본은 관계 속에 내재한 자본을 의미하며, 이는 다양한 문제를 해결하는 데에 정보제공, 신뢰구축, 규범의 형성 등의 형태로 나타난다(Putnam, 2000). 사회적자본은 신뢰, 규범, 네트워크 등을 통해 행위자 간의 공동의 목적을 발견하거나 공동의 목적을 달성하기 위해 필요한 윤활유로서의 역할을 한다.

4. 성공적인 도시거버넌스를 위한 조건

다양한 조직의 특정의 목적을 달성하기 위해서 형성된 도시거버넌스가 효과적으로 운영되기 위해서는 어떠한 조건들이 고려되어야 할까? 공공기관과 비영리 조직 간의 협력을 통해 성공적인 협력의 조건에 대한 Shaw(2003)의 연구는 다양한 조직에 참여하는 도시거버넌스의 성공적인 운영에 대해 시사하는 바가 있다. Shaw는 성공적인 협력 조건에 대해 몇 가지 제시하고 있는데, 그중 참고할 만한 몇 가지 조건을 살펴보고자 한다.

첫 번째 조건은 공동의 목표이다. 다양한 조직이 특정한 도시거버넌스에 참여하는 이유는 공동의 목표가 있기 때문이다. 도시거버넌스는 같은 목적을 달성하기 원하는 다양한 조직이 참여하는 구조이다.

도시거버넌스에 참여하는 행위자 간에 신뢰를 두 번째 조건으로 이야기한다. 즉, 성공적인 협력을 위해서 도시거버넌스에 참여하는 행위자가 공동의 목표를 달성하기 위해 서로가 최선의 것을 다한다고 믿고 있는 것을 전제로 한다.

셋째, 정보와 지식, 자원 등이 공유되어야 한다. 도시거버넌스는 공동의 목표를 달성하거나 공동으로 당면한 문제를 해결하기 위해서 형성된 것인 만큼 목표 달성을 위해 필요한 정보가 공유되고, 지식이나 자원이 투입되어야 한다.

네 번째 성공의 조건은 헌신과 몰입이다. 도시거버넌스에 참여하는 행위자들은 공동의 목표를 달성하기 위해 헌신하고 몰입하여야 한다. 모든 참여자의 몰입과 헌신의 정도가 같을 수는 없겠지만, 몰입도와 헌신도에서 큰 차이가 발생한다면, 불신이나 갈등이 발생하여 도시거버넌스는 어려움에 당면할지도 모른다.

다섯 번째, 다른 조직의 문화를 이해하는 것이 중요하다. 도시거버넌스에는 다양한 조직들이 공동의 목표를 위해 참여한다. 그러나 모든 조직이 같은 조직문화를 갖고 있는 것은 아니다. 즉, 일하는 방식이 다르고, 일하는 절차가 다르다. 다른 방식으로 혹은 다른 절차에 따라 일을 하는 다양한 조직이 도시거버넌스에는 참여자로 존재한다. 다른 조직문화를 갖는 조직들의 조직문화를 이해하는 것은 공동의 목표를 달성하기 위해 구성된 도시거버넌스에서 불필요한 오해를 줄이는 데에 도움이 된다.

여섯 번째, 성공적인 도시거버넌스를 위해서 참여자들은 좋은 관계 또는 상호 존중하는 관계여야 한다. 기존에 좋은 관계를 유지하고 있었거나 상호 존중하는 관계인 경우 그렇지 않은 상황에서보다 목표하거나 관심있는 것을 공유하고 의사소통하는 것이 수월하다. 도시거버넌스에서도 마찬가지이다. 좋은 관계이거나 상호 존중하는 관계에서는 공동의 목적을 공유하는 것, 공동의 목적을 달성하기 위해 정보나 지식, 자원을 동원하는 것이 신뢰를 기초로 수월한 행위일 수 있다는 점에서도 상호 존중하거나 좋은 관계는 성공적인 도시거버넌스를 위해서 필수적인 요건일 것이다.

5. 도시거버넌스에서 도시정부의 역할

정부는 전통적으로 지역사회의 복지나 지역주민들의 삶의 만족을 높이기 위해서 제도를 만들어 특정 행위를 장려하거나 규제하고, 법과 제도에 따라 행정작용이 이루어졌는지, 시민들은 행정규정을 잘 따랐는지 감시하는 역할을 담당하였다. 또는, 관료제를 통해 도시지역에서 발생하는 문제를 직접 해결하거나 공공서비스를 공급함으로써 지역주민들의 복지증진을 위해 노력하였다. 그러나 다양한 조직이나 시민들이 참여함으로써 지역사회의 문제를 해결하거나 공공서비스를 공급하는 도시거버넌스 구조하에서는 도시정부는 과거와는 다른 역할이 요구된다.

Milward와 Provan(2006)은 효과적인 네트워크의 관리자로서 몇 가지 역할을 제시한다. 이는 도시거버넌스에서 관리자로서 역할을 담당할 가능성이 높은 도시정부에 함의를 제공하는 만큼 참고할 필요가 있다. 첫째, 관리자로서 도시정부는 공동의 목표와 방향을 제시하여야 한다. 공동의 목표와 방향을 제시함으로써 도시거버넌스에 참여하고 있는 각각의 참여자들이 전체의 목표에 지속적으로 관심을 가질 수 있도록 한다. 둘째, 다양한 행위자가 참여하는 만큼 공동의 목표에 대한 책무(Accountability)를 담보할 수 있도록 한다. 책무를 담보하기 위한 관리자로서의 역할은 다음과 같은 내용을 포함한다. 먼저, 공동의 목표를 달성하기 위한 도시거버넌스에 참여하는 각각의 참여 조직이나 개인의 역할과 책임을 정의하고 명확히 인지할 수 있도록 한다. 또한 공동의 목표를 달성할 수 있도록 동기요인을 고려하여 보상 제도를 설계하고, 정확하게 보상한다. 헌신하는 참여자들이 낙담하지 않도록 무임승차자가 발생하지 않도록 감시한다.

그 외에도 도시거버넌스에서 도시정부가 갖추어야 할 역할로서 다음의 사항을 고려해 볼 수 있다. 공동의 문제를 해결하기 위해서 참여가 필요한 필수 행위자가 누구인지 확인하고, 도시거버넌스에 참여하게 한다. 둘째, 공동의 문제를 해결하기 위해 필요한 자원과 정보는 무엇인지 확인하고, 필수적인 정보를 수집하고, 자원을 동원한다. 셋째, 도시거버넌스에는 다양한 행위자가 참여하는 만큼 각각의 참여자가 갖는 이해관계를 확인하고 조정한다. 넷째, 이해관계가 다른 행위자들이 참여하기 때문에 공동의 목표를 정기적으로 확인하고, 갈등을 미연에 방지할 수 있도록 지속적으로 소통과 논의, 설득의 과정을 갖는다. 도시거버넌스에서 관리자로서의 도시정부의 역할에 대해서 살펴보았는데, 이는 도시정부뿐만 아니라 공무원, 또는 도시거버넌스에서 리더의 역할을 맡게 되는 어떤 조직이나 행위자가 갖추어야 할 역량이기도 하다.

제4절 시민참여

도시문제를 해결하기 위한 새로운 형태로서 도시거버넌스에 대해서 살펴보았다. 기존에는 관료제로서 정부가 주요 행위자로서 역할을 하였지만, 도시문제가 복잡해지고, 시민[9]들의 의식 수준이나 역량이 개발됨에 따라 도시정치체제는 다양한 조직이나 시민들이 참여하는 방식으로 도시문제를 해결하고 있다고 설명하였다. 즉, 중앙정부 또는 도시정부뿐만 아니라 민간기업이나 비영리조직 등의 민

9 시민은 공공이나 지역의 문제에 참여하는 자들을 묘사하고, 주민은 특정 지역에 거주하는 자를 설명하는 단어이지만, 본 절에서는 시민과 주민을 혼용하고자 한다. 현재 운영되고 있는 제도에서 시민참여 또는 주민참여를 혼용하고 있기 때문이며, 시민과 주민 모두 공공이나 사회에 관심을 갖고 참여하는 자를 지칭하는 개념으로 사용하고자 한다.

간조직, 일반시민 등의 참여나 연계, 협력을 통해 도시문제를 해결한다. 정부기관
이나 민간기업, 비영리조직 등은 법률에 근거하거나 특정 분야의 전문성에 근거
하여 도시지역에서 발생하는 사회문제를 해결하기 위한 주요한 행위자로 참여하
고 있다. 그렇다면 최근 도시정치체제의 주요 행위자로서 확인되는 시민은 누구
이며, 왜 참여하고 있고 어떠한 방법으로 참여하고 있는가?

1. 시민은 누구인가?

도시문제를 해결하기 위한 과정에 시민들은 어떻게 정의될 수 있을까? 특정
도시에 거주하는 사람으로서 시민이 시민참여에서 말하는 시민이라고 볼 수 있을
까? 현실의 도시행정에서 시민들이 참여하는 형태를 보면, 시민의 정의를 유추해
볼 수 있다. 시민들이 참여하는 도시행정의 예로 시민참여예산제도에서 정의하는
시민의 개념을 보면, 특정 지역에 거주하거나 근무하는 기관이 위치하는 등 특정
지역에 상주하는 사람으로서 정의한다.[10] 법이나 조례에서 시민의 개념을 도시라
는 특정 지역에 거주 또는 활동하고 있는 사람으로 정의하고 있는데, 그러한 정의
는 시민의 자격을 거주 또는 활동 지역에만 국한한 것일까? 본 장의 주제인 도시
정치체제에서 시민은 누구이고, 도시행정학에서 시민을 어떻게 바라보고 있는지를
이해하기 위하여 행정학에서 논의되었던 시민은 누구인지에 대해서 살펴보자.

최근의 행정학에서는 네 가지 역할로 시민을 정의하고 있다. 먼저, 신행정학
(New Public Administration)에서는 시민(the Public)을 시민(Citizen)으로 바라보고 있다. 신
행정학에서 말하는 시민은 행정과정에 참여하는 시민으로 정의할 수 있다(Thomas,
2013). 1960년대 이전의 행정학 또는 전통 행정학에서는 효율성에 초점을 맞춤으로
써 다양한 시민들의 요구가 행정과정에 참여하지 못하게 됨으로써 사회적 형평성
(Social Equity)에서 문제가 발생한다고 말한다(Frederickson, 1977). Frederickson은 이러한
문제를 극복하기 위하여 더 많은 시민이 행정과정에 참여하는 것을 강조한다. 신
행정학에서 시민은 공공기관의 의사결정에 시민들의 의견이 좀 더 반영될 수 있도

---

10 서울시 시민참여예산제 운영 조례에서는 시민을 서울시에 주소를 두고 있거나 서울시 소재 기관 종사자로
   정의하고 있다.

록 행정과정에 참여하는 사람으로서 시민을 강조한다.

둘째, 신공공관리론(New Public Management)에서는 시민(the Public)을 고객으로 바라본다(Thomas, 2013). 신공공관리론은 1990년대 지배적인 패러다임으로서 도시정부는 규정이나 절차가 아니라 고객으로서 시민의 요구(needs)에 관심을 가짐으로써 대응성을 높일 수 있다는 논리이다. 신행정학에서는 시민들을 행정과정에 참여하게 함으로써 도시정부의 대응성을 높일 수 있다고 주장하는 반면, 신공공관리론에서는 시민을 고객으로 바라봄(시장의 기법을 도입함)으로써 도시정부의 대응성을 높일 수 있다고 말한다.

셋째, 거버넌스 또는 공동생산의 관점에서 시민(the Public)은 파트너(Partner)로서 정의된다(Thomas, 2013). 거버넌스나 공동생산의 논의에서 도시정부는 공공의 문제를 해결하거나 공공서비스를 공급하기 위하여 시민이나 비영리조직 등과 협력한다. 예를 들어, 도시정부는 돌봄에 대한 수요를 대응하기 위하여 돌봄서비스를 제공하고 있는 비영리조직 또는 시민들과 협력한다. 비영리조직이나 시민들은 돌봄서비스를 제공하고, 도시정부는 서비스 제공에 수반되는 비용을 지급한다.

마지막으로 신공공서비스(New Public Service)에서는 시민(the Public)을 시민권(Citizenship)을 가진 자로 정의한다(Denhardt, 2011). 이것은 단순히 어떤 나라의 시민으로서 권리를 가진 자를 의미하는 것이 아니라 시민으로서의 덕목(Civic Virtue)을 가진 자를 말한다. 이는 Sandel의 당신이 모르는 민주주의(Democracy's Discontent)에서 시민을 묘사하는 것에서 나온 개념이다. 즉, 신공공서비스에서 시민은 시민을 자신의 개인적인 이익을 넘어서 주변이나 지역사회 등 공적인 이익에 관심을 갖고 참여하는 자로 정의하고 있다(DeLeon & Denhardt, 2000; Denhardt, 2011).

신행정학, 신공공관리론, 거버넌스와 공동생산, 그리고 신공공서비스 등 행정학의 다양한 패러다임에서 정의하는 시민의 개념을 살펴보았다. 각 패러다임이 시민을 바라보는 관점과 역할이 다른 만큼 도시행정의 분야나 환경 등에 따라 요구되는 시민의 개념이 다를 수도 있다. 시민들의 지식이나 전문성 등이 필요한 분야에서는 파트너로서의 시민의 역할이 필요할 수도 있고, 시민들의 의견수렴이 필요한 분야나 환경에서는 신행정학에서의 시민의 역할이 고려될 필요가 있을 것이다.

2. 시민참여의 의미와 필요성

앞에서 살펴본 것처럼 시민은 다양하게 정의되고 있는 것처럼 시민참여 역시 Citizen Participation, Civic Engagement, Citizen Involvement 등 다양한 단어의 조합으로 표현된다(주성수, 2004). 시민참여는 Frederickson이 정의한 것처럼 시민들이 행정과정에 참여하는 것으로 간주되기도 하고(Yang & Pandey, 2011), 정치적인 결정에 영향을 주는 행위로 정의하기도 한다(하상근, 2018). 좀 더 넓은 의미에서 시민참여를 생각해 보면, Denhardt의 시민에 대한 정의에서 유추해 볼 수 있는 것처럼 개인적인 것을 넘어서 지역사회나 공적인 영역에 대한 참여로서 시민참여를 생각해 볼 수 있다.

주성수(2004)는 시민참여의 유형을 정치참여, 정책참여, 사회참여의 세 가지로 나누어 보고 있다. 선거나 정당, 시위나 집회, 정치 캠페인 등 정치활동에 참여하는 것을 정치참여로 보고, 동호회나 자원봉사, 주민조직이나 비영리조직, 노동조합 등에 참여하는 것이나 특정 사안에 대해 의견을 교환하거나 동조하는 행위 등을 사회참여로 정의하고 있다. 정치참여나 사회참여를 명확하게 구분하는 것은 어렵지만, 참여의 목적이 명확한 정치적인 행위나 성격일 경우 정치 참여로 구분하기도 한다. 마지막으로 정책참여는 정부의 행정과정에 참여하는 것을 말한다. 많은 행정학자가 시민참여를 시민들이 정부의 정책과정이나 운영에 영향을 주기 위해 하는 활동으로 정의하고 있는(김태영, 2014; 임재현, 2023) 만큼 일반적으로 행정학에서 시민참여는 주성수의 정책참여의 정의와 맥을 같이 한다고 볼 수 있다. 즉, 도시행정학에서의 시민참여는 도시정부의 행정과정에 시민들이 참여하는 행동이나 활동을 의미하는 것으로 정의할 수 있을 것이다.

우리나라에서는 지방자치제도가 도입된 즈음부터 시민참여를 위한 제도가 만들어지고, 2000년대에 이르러 시민참여제도가 다양해졌다. 그렇다면 시민참여는 왜 하는 것일까? 첫째, 시민참여는 도시문제 해결을 위해 필요한 지식과 정보, 자원 등의 접근성 확보를 위해 필요하다. 도시문제가 복잡해지고 다양해짐에 따라 관료제로서 도시정부가 모든 도시문제를 해결하기 위한 정보나 지식, 자원을 갖기에는 한계가 있다. 지역주민들이 요구하는 수요나 해결을 원하는 문제, 또는 지역문제를 해결하기 위해 필요한 지역에 대한 지식이나 정보를 확인하기 위해 도시정부의 행정과정에 시민들이 참여하도록 한 것으로 볼 수 있다.

둘째, 시민들이 도시정부의 행정과정에 참여함으로써 간접민주주의인 대의민주주의의 한계를 보완하는 역할을 할 수 있게 된다. 도시정부의 관료나 의원들은 지역사회의 모든 주요 문제나 쟁점을 파악할 수 없다. 다양한 시민참여제도를 통해 시민들을 도시정부의 행정과정에 참여하게 함으로써 행정과정에서 소외되었던 시민들의 의견을 수렴할 수 있게 되고, 시민들은 집합적인 의견을 도시정부에 전달할 수 있게 된다. 다양한 시민의 의견을 수렴하고, 행정과정에 반영함으로써 도시행정의 민주성을 제고할 수 있다.

셋째, 도시정부는 시민참여를 통해 다양한 시민들의 의견을 수렴하고, 시민들의 요구를 반영한 정책을 수립할 수 있게 된다. 시민들의 의견을 반영한 정책을 수립하여 집행함으로써 시민들의 행정수요에 대한 도시정부의 대응성과 효과성을 높일 수 있게 된다.

넷째, 시민참여를 통해 도시정부의 혁신을 도모할 수 있다. 도시정부의 주권자로서 시민들이 행정과정에 참여하는 만큼 시민들의 집합적인 의견을 반영하기 위한 정책을 수립하려고 노력하게 된다. 또한 시민들이 도시정부의 행정과정에 참여함으로써 절차와 규정을 따라 집행하는 것에만 관심을 가졌던 관료들이 이전에는 생각하지 못했던 방식으로 문제를 해결할 가능성이 존재하게 된다.

마지막으로 시민들이 도시정부의 행정과정에 참여함으로써 행정정보의 공개 및 공유를 통해 도시정부의 투명성을 높이는 데에 기여할 수 있다.

3. 시민참여의 단계

도시행정과정에 시민들이 참여하는 모습은 다양하게 나타난다. 다양한 시민참여의 모습을 Arnstein(1969)은 8가지 단계로 설명하고 있다. Arnstein은 기존의 시민참여 연구에서 많이 인용하고 있는 만큼 다양한 모습의 시민참여를 이해하는 데에 도움을 준다. Arnstein은 시민참여의 단계를 크게 비참여, 형식적 참여, 주민권력으로 세 가지로 나누고, 비참여는 조작과 치료, 형식적 참여는 정보제공, 상담, 회유, 주민권력은 협력, 권한위임, 주민통제로 구분하여 설명한다. 시민참여의 가장 첫 번째 대분류는 비참여(Nonparticipation)이다. 비참여에 속하는 시민참여 단계는 조작(Manipulation)과 치료(Therapy)이다. 시민참여의 첫 번째 단계로서 조작은 공공기관으로서 도시정부가 시민들을 교육하는 단계이다. 시민들은 도시정부가 운영하는 위원회에 참여하고, 시민을 교육하고, 설득하고, 조언한다. 시민참여의 두 번째 단계는 치료로 도시정부가 시민들을 지도한다. 시민들은 다양한 활동에 참여하지만, 치료를 위해 의사가 환자를 지도하는 것처럼 시민들은 도시정부의 지도에 따르는 수준에 그친다.

세 번째부터 다섯 번째 참여의 단계는 형식적 참여(Tokenism)로 분류된다. 형식적 참여의 첫 번째 단계이자 시민참여 8단계 중 세 번째 참여 단계는 정보제공(Informing)이다. 정보의 제공은 시민참여에서 가장 중요하고 기본적인 단계이다. 그러나 정보제공이 세 번째 단계에 위치하는 이유는 정보제공의 방향이 쌍방향이 아닌 도시정부에서 시민으로 일방적인 관계이기 때문이다. 정보제공 단계에서는 도시정부가 시민들에게 정보를 제공하지만, 도시정부와 시민 간의 협상이나 도시정부에 대해 시민정부로부터의 환류(Feedback)과정은 없다. 네 번째 단계는 상담(Consultation)으로 도시정부의 다양한 참여과정에 시민들이 참여하는 것을 의미한다. 시민들은 도시정부가 마련한 공청회나 지역회의에 참여하거나 시민의식 조사에 참여한다. 그러나 상담단계의 시민참여는 설문조사에 참여하거나 공청회에 참여하는 등 도시정부가 기획한 참여과정에 참여하는 것 그 자체, 즉 형식적인 참여에 그친다. 다섯 번째 참여단계는 회유(Placation)이다. 시민들은 도시정부에서 운영하는 다양한 위원회에 참여하여 영향력을 행사하는 것처럼 보이지만, 아직까지는 형식적인 참여에 속한다. 위원회에 참여하여 제안이나 자문을 하지만, 합법성이나 실현가능성에 대한 판단의 권리는 시민들이 갖고 있지 않기 때문이다.

시민참여의 가장 상위분류는 주민권력(Citizen Power)이다. 주민권력에는 협력(Partnership), 권한위임(Delegated Power), 주민통제(Citizen Control)가 속한다. 여섯 번째 시민참여 단계로 협력은 도시정부와 시민이 협상이라는 방법을 통해 권한을 공유하는 단계를 말한다. 시민과 도시정부는 의사결정과 계획 등을 협의(Negotiation)나 협상(Bargain)을 통해 결정한다. 협력의 단계에서는 어떠한 주체도 일방적으로 의사결정이나 계획을 하지 않는다. 일곱 번째 시민참여 단계는 권한위임이다. 시민들은 도시정부와 협의를 통해 의사결정을 하지만, 시민들의 의사결정과정에서 영향력은 협력 단계보다 좀 더 영향력이 크다. 예를 들면, 시민들은 협의과정을 통해 거부권을 행사할 수도 있다. 여덟 번째 시민참여 단계는 주민통제이다. 시민들은 정 책의 집행과 평가 등 모든 과정을 통제하거나 기관을 운영하는 입장에 있어 운영 전반에 책임을 갖는다.

지금까지 Arnstein의 시민참여 8가지 단계에 대해서 살펴보았다. 1969년에 발표된 내용이지만, 현재의 도시행정과정에 시민들이 참여하는 모습을 이해 또는 분석하는 데에도 충분히 유효하다. 특히 2000년대에 들어 다양한 시민참여제도가 도입되어 운영되고 있는 우리나라의 사례는 어떠한 단계에 있고, 어떠한 점에서 개선이 필요한지 분석하는 데에 도움이 될 것이다.

표2-3 시민참여의 8가지 단계

단계		주요내용
비참여	1 조작(Manipulation)	도시정부가 시민을 교육
	2 치료(Therapy)	시민의 욕구불만 분출, 도시정부의 치료
형식적 참여	3 정보제공(Informing)	일방적 정보 제공
	4 상담(Consultation)	시민의 형식적 참여
	5 회유(Placation)	시민의 참여범위 확대, 시민의 영향력 제한
주민 권력	6 협력(Partnership)	도시정부와 시민의 협상, 도시정부의 최종결정
	7 권한위임(Delegated Power)	정책결정과 집행에서 시민의 영향력 행사
	8 주민통제(Citizen Control)	주민의 행정과정 통제

자료: Arnstein(1969); 임승빈(2022), 458쪽; 임재현(2023), 364쪽 참고하여 정리함.

4. 우리나라의 시민참여제도

우리나라는 대의민주주의를 채택하여 도시를 운영하고 있다. 주권자인 시민이 단체장과 의원 등의 대표자를 선출하여 도시문제를 해결하도록 주권을 위임한 형태이다. 대의민주주의는 시민들이 행정과정에 참여하지 못함으로써 시민들의 의견이 제대로 수렴되지 못하거나 시민들의 의견이 정확하게 반영되지 못한 정책들이 만들어지거나 의사결정과정에 배제됨으로써 행정과정에 소외되는 현상들이 발생할 수 있다. 이와 같은 대의민주주의 제도의 한계를 극복하는 대안으로 시민들이 직접 행정과정에 참여하는 직접민주제도로서 시민참여제도가 채택되어 운영되고 있다. 먼저, 우리나라의 법률에서 명시하고 있는 직접민주주의로서 시민참여제도는 어떠한 것이 있는지 살펴보자(김병준, 2022; 임재현, 2023).

먼저 주민투표제도(Referendum)는 1994년에 신설된 제도로서 지방자치법 제18조와 주민투표법에 근거하여 운영되고 있다. 주민들에 과중한 부담을 주거나 중대한 영향을 미치는 도시정부의 결정사항에 대해 주민들의 투표를 통해 의견을 전달하는 직접참여를 보장하는 제도이다. 즉, 주민투표제도는 지방자치단체의 주요 결정사항에 대해 주민들의 의사를 묻는 제도를 말한다. 중대한 의사결정사항에 대해 주민들의 의견을 묻는 과정을 거침으로써 도시정부의 행정과정에 민주성과 책임성을 제고하는 역할을 한다고 볼 수 있다. 도시정부의 통합이나 이전, 공항이전 등에 대해서 주민투표를 실시했던 사례가 있다.

둘째, 주민발안제도(Initiative)는 주민들이 필요로 하는 사항에 대해 조례를 제정 또는 개정하거나 필요하지 않은 사항에 대해 폐지를 청구할 수 있게 한 제도이다(지방자치법 제19조). 1998년에 신설되어 현재까지 운영되고 있다. 주민의 발의로 만들어진 조례안은 일정 규모의 주민들이 동의하고, 지방의회에 제출하는 등의 과정을 통해 조례로 확정된다. 학교 무상급식이 주민발안을 통해 시행된 대표적인 정책이다.

셋째, 주민소환제도(Recall)는 주민들이 위임한 권한을 주민들의 의견과는 상관없이 시행하는 등 주인의 이익을 제대로 반영하지 못하는 단체장이나 의원의 자격을 박탈하는 행위를 말한다(지방자치법 제20조). 단체장과 의원 등 주민이 선출한 공무원이 책임을 다하지 못할 경우 주권자로서 시민이 대리인(Agent)인 단체장과 의원을 직위에서 파면하는 것이다. 주민소환제도의 대상은 선출직 공무원으로서 단체장과 교육감, 지방의원, 교육의원 등이며 비례대표의원은 제외한다. 2021년 현재까지 주민소환으로 파면된 대리인은 거의 없지만, 사례가 많은 것도 바람직한 현상은 아니다.

넷째, 주민감사청구제도는 상급기관을 통해 도시정부의 단체장을 주민이 통제할 수 있도록 하는 제도이다. 단체장이 법령을 위반하거나 공익을 현저하게 위반할 경우에 지역주민이 상급기관에 감사를 청구하는 제도이다. 도시정부의 사무는 전문적 지식을 필요로 할 수 있어 시민들이 직접 감사하는 것 대신에 상급기관에 요청하여 감사를 하도록 한다. 2000년부터 시행한 제도로서 지방자치법 제21조에 근거하여 운영되고 있다.

다섯째, 주민소송제도는 사법적 방식으로 시민이 도시정부를 통제하는 시민참여제도이다. 지방자치법 제22조에 근거하여 주민감사청구의 결과에 대해 불만족할 경우에 시민들이 법원에 재판을 요청할 수 있게 하는 제도이다. 주민소송제도 이전에 주민감사청구 과정을 진행하여야 하며, 주민소송의 청대상은 공금의 지출과 부과 및 징수, 재산의 취득과 처분 등 도시정부의 재무행위로 제한하고 있다. 주민소송제도를 통해 도시정부의 재무행위를 시정할 수 있게 함으로써 과세권자로서 시민의 권리를 보장할 수 있게 하는 제도라고 볼 수 있다.

여섯째, 주민참여예산제도는 도시정부의 예산편성과정에 시민들을 참여하게 하는 제도이다(지방재정법 제39조). 시민들이 예산과정에 참여함으로써 원하는 정책에 예산을 반영하게 하거나 예산편성과정에 시민을 참여하게 함으로써 도시정부의 재정운영 투명성과 공정성을 제고할 수 있게 한다. 도시정부의 예산과정에 시민을 참여하게 함으로써 정책의 대응성을 높일 수 있을 뿐만 아니라 도시정부의 재정운영에 책임성을 담보하기 위해 도입되었다.

우리나라의 시민참여제도는 지방자치법, 주민투표법, 지방재정법 등 법률에 근거하여 운영되고 있다. 도시행정과정에 시민참여가 강조됨에 따라 도시정부는 법률에서 명시하고 있는 시민참여제도 이외에 조례를 제정하여 다양한 형태의 시민참여제도를 운영하고 있다. 주민자치회, 공론장 등이 그 예이다. 주민자치회는 시민들이 지역사회의 문제를 스스로 해결하기 위해 지역단위로 시민으로 구성된 자치조직을 운영하는 제도를 말한다(김정욱, 2022). 주민자치회는 지방분권법에 근거하여 설치가 가능하고, 각 도시정부별로 주민자치회 관련 조례를 제정하여 운영을 지원하고 있다. 시민들은 주민자치회를 통해 도시정부로서 주민자치센터의 운영에 참여하기도 하고, 시민들이 직접 지역사회의 문제를 스스로 해결하거나 공공서비스를 공급하는 데에 참여하기도 한다. 둘째, 공론장은 지역의 사회문제 해결이나 공공정책의 수용성 제고, 지역사업에서 발생할 수 있는 갈등을 미연에 방지하기 위해 운영되고 있는 시민참여제도이다. 지역개발사업, 혐오시설의 설치, 공원조성 등을 논의하기 위해 도시정부에서 공론장을 운영한 사례가 있다(김정욱·안지선, 2022).[11] 셋째, 다양한 지역주민의 의견을 듣기 위해 여러 지방자치단체에서 시민청원제도를 운영하고 있다. 시민청원제도는 일반적으로 지역의 주요 현안이나 문제, 정책에 대해서 지역주민들의 다양한 의견을 수렴하거나 소통을 목적으로 한다.

우리나라에서 운영되고 있는 시민참여제도는 대부분 2000년대 이후에 도입되었다. 도시행정과정에 시민들의 참여의 범위나 대상을 확대되고 있다. 즉, 시민참여제도는 만병통치약은 아니지만 대의민주주의의 한계를 보완하는 기제로서 작동하고 있으며, 도시행정의 민주성, 투명성, 대응성에 기여하고 있다고 할 수 있다. 주권자로서의 시민의 정의, 권리나 책임에 대해서 생각해 볼 수 있는 기회를 갖게 하기도 한다. 그러나 참여하는 시민들의 대표성, 참여자 간의 갈등, 공무원의 소극행정, 도시행정의 안정성 저해 등 우려도 존재한다.

5. 시민참여의 기능과 한계

모든 정책과 제도가 만병통치약이 될 수 없듯이 시민참여 또한 좋은 기능만 갖는 것은 아니다. 시민참여가 갖는 기능은 앞에서 설명한 시민참여의 필요성과 밀접한 관련이 있다. 시민참여를 통해 도시정부는 도시문제 해결을 위해 정보나

---

11 우리나라의 중앙정부나 도시정부는 다양한 의견의 수렴, 갈등의 완화, 시민의 공통된 의견의 발견 등을 위해 공론장을 운영하고 있다. 공론장을 운영했던 주요 정책의 내용은 공원조성, 도시개발, 대중교통, 쓰레기 처리 등이다(김정욱·안지선, 2022). 인천시에서는 주요 도시정책을 통해 발생할 수 있는 갈등을 미연에 방지 또는 해결하기 위해 공론장으로서 시민숙의단을 운영하였다. 시민숙의단의 논의 주제는 도시개발, 지하도상가, 군부대 이전 등이었다.

자원의 접근성을 확보할 수 있고, 포괄적인 시민의 참여 등 간접민주주의의 방식이 갖는 한계를 극복할 수 있다. 또한, 도시행정과정에서 시민들의 의견을 수렴하고 반영함으로써 도시정부의 대응성을 제고할 수 있고, 관료제가 갖는 형식주의에서 벗어나 정부혁신을 도모할 수 있다. 마지막으로 시민들이 도시행정과정에 참여함으로써 정보가 공유되는 등 도시행정의 투명성을 제고할 수 있을 것이다.

시민참여가 갖는 한계로는 행정의 비효율성 증대, 참여자의 대표성 문제, 형식적이거나 조작적인 참여의 가능성 등으로 요약해 볼 수 있다(임재현, 2023). 먼저 도시행정과정에 시민들이 참여함으로써 행정의 비효율이 발생할 수 있다. 행정과정에 시민이 참여하는 절차가 추가되었다는 것만으로도 비효율을 말할 수 있다. 도시행정과정에 필수적인 의견수렴일 경우에는 효과성을 높일 수 있는 절차가 될 수 있으나 논의의 주제와는 다른 의견이 제안되거나 상관없는 시민의 집단에 과정에 참여하게 되는 경우에는 의사결정과 집행과정이 불필요하게 지연될 수도 있다. 시민참여가 가질 수 있는 두 번째 한계는 대표성의 문제가 발생할 수도 있다는 것이다. 참여는 시민들의 의견수렴이나 반영을 위해서 진행되곤 하지만, 모든 시민이 고르게 참여하거나 모든 시민의 의견이 고르게 반영되지 않는 경우도 있다. 적극적인 참여집단의 의견이 시민의 의견으로 과대 대표되기도 하고, 어떠한 시민들은 도시행정과정에 참여하지 않기도 한다. 이러한 경우 특정 이익을 추구하는 집단의 의견이 정책에 반영되어 시민들의 의견을 왜곡시킨다는 점에서 문제가 된다. 시민참여가 가질 수 있는 세 번째 한계는 형식적이거나 조작적인 시민참여가 가능하다는 것이다. 도시정부는 민주성이나 정당성을 확보하기 위하여 시민들의 의견수렴절차를 운영한다. 실질적인 시민참여를 위해서는 시민들의 의견수렴과정을 거쳐 시민들의 의견을 반영한 정책이 설계되어야 하지만, 최종 정책안이 이미 만들어진 이후에 시민들의 참여를 과정을 운영하는 경우도 있다. 시민들의 의견은 정책에 반영할 목적이나 의도 없이 수렴되는 등 형식적으로만 의견수렴과정을 가진 것으로 행정 비용과 시간의 낭비만을 초래할 수 있게 된다. 형식적인 시민참여뿐만 아니라 조작적인 시민참여도 일어날 수 있는 한계 중에 하나이다. 단체장이나 의원들이 관심을 갖고 있는 정책을 실행하기 위하여 특정 집단의 시민들로부터만 의견수렴과정에 참여하게 할 수도 있고, 단체장이나 의원을

견제하기 위하여 의원이나 단체장에 반대하는 집단의 시민들로부터 특정 행정과
정에 참여하게 하는 경우도 발생할 수 있다.

제5절 🔹 지방자치와 도시거버넌스, 시민참여의 의미와 과제

　　도시문제의 특성, 과학기술의 발전, 시민의식의 변화, 지방화, 인구구조의 변
화 등으로 변화하는 도시정치체제에서 도시정부의 역할은 중요해지고 있다. 지역
사회의 특수성에 대한 이해, 지역의 문제나 수요에 대한 관심, 정보나 지식에의
접근성 등은 도시정부가 갖는 우월성인 만큼 도시정부는 지역사회에 산재한 문제
를 해결하기 위한 주요한 행위자로 역할을 하고 있다. 그러나 도시문제는 복잡하
고, 지속적으로 변하는 만큼 도시정부가 혼자서 해결할 수 없다. 따라서 도시정부
는 중앙정부나 다른 도시정부, 시민이나 민간단체, 기업 등과의 소통과 협력을 통
해서 문제를 해결하기도 한다. 또한, 도시정부의 대응성이나 민주성, 투명성을 확
보하기 위하여 다양한 형태의 시민참여제도를 운영하기도 한다.

　　최근의 제도, 환경, 현상의 변화를 고려하여 현실에서 작동하고 있는 도시정
치체제에 대해서 살펴보았다. 최근 들어 강조되고 있는 지방자치와 도시거버넌스,
시민참여가 도시문제의 특성변화나 과학기술의 발전, 시민의식이나 역량의 성장
등을 고려하면 어떠한 점에서는 기존의 제도보다 장점을 가질 수 있다. 중앙정부
가 모든 문제를 해결할 수 없듯이 지방자치와 도시거버넌스, 시민참여가 모든 문
제를 해결하는 만병통치약으로서 기능할 수는 없다. 어떠한 분야나 환경에서는
중앙정부가 가장 효과적인 문제 해결자가 될 수 있고, 다른 분야나 환경에서는
지방자치, 도시거버넌스 또는 시민참여의 방식이 가장 효과적인 방안이 될 수 있
다. 어떠한 조건에서 지방자치, 도시거버넌스, 또는 시민참여가 효과적인지 연구
가 필요하며, 환경의 변화에 따라 도시문제를 해결하기 위한 패러다임의 변화가
필요할지도 모르겠다.

김병준, 2022, 지방자치론 (제4판), 파주: 법문사.

김정욱, 2022, 지방자치단체의 주민자치회 운영 사례 분석, 도시행정학보, 35(1), 23-47.

김정욱·안지선, 2022, 캠프마켓 시민공론화 운영 방안, 인천연구원.

김정욱·진성만·여관현, 2019a, 지방자치단체의 사회성과보상사업 활성화를 위한 정책적 함의, 사회적기업연구, 12(1), 45-80.

김정욱·진성만·여관현, 2019b, 지방자치단체의 비영리민간단체 공익활동 지원과 정책적 합의, 한국지방자치학회보, 31(2), 55-79.

박종화·윤대식·이종렬, 2018, 도시행정론: 이론과 정책 (제5판), 서울: 대영문화사.

김태영, 2014, 자치행정과 도시거버넌스, 서울시립대학교 도시행정학과(편), 도시행정론(pp. 133-159), 서울: 박영사.

이명석, 2017, 거버넌스 신드롬, 서울: 성균관대학교 출판부.

임승빈, 2022, 지방자치론 (제15판), 파주: 법문사.

임재현, 2023, 도시행정론 (개정판), 고양: 대영문화사.

정정길 외, 2022, 정책학개론, 서울: 대명출판사.

주성수, 2004, 시민참여와 정부정책, 서울: 한양대학교 출판부.

하상근, 2018, 사회적 자본이 시민참여에 미치는 영향에 관한 연구, 한국행정논집, 30(4), 909-937.

Andrew, C., & Goldsmith, M., 1998, From Local Government to Local Governance: And Beyond?, *International Political Review*, 19(2), 101-117.

Ansell, C., & Gash, A., 2008, Collaborative Governance in Theory and Practice, *Journal of Public Administration Research and Theory*, 18(4),

543-571.

Arnstein, S. R., 1969, A Ladder of Citizen Participation, *Journal of the American Institute of Planners*, 35(4), 216-224.

Berger, P. L., & Neuhaus, R. J., 1977, To Empower People: The Role of Mediating Structure in Public Policy, In *The Nature of The Nonprofit Sector*, edited by J. S. Ott, &° L. A. Dicke(Eds.), 4th ed., 350-361, New York, NY: Routledge.

DeLeon, L., & Denhardt, R. B., 2000, The Political Theory of Reinvention, *Public Administration Review*, 60(2), 89-97.

Denhardt, R. B., 2011, *Theories of Public Organization* (6th ed.), Belmont, CA: Wadsworth.

Emerson, K., Nabatch, T., & Balogh, S., 2012, An Integrative Framework for Collaborative Governance, *Journal of Public Administration Research and Theory*, 22(1), 1-29.

Finkelstein, L. S., 1995, What is Global Governance?, *Global Governance*, 1(3), 367-372.

Fisher, F., 2006, Partipatory Governance as Deliberative Empowerment, *American Review of Public Administration*, 36(1), 19-40.

Frederickson, H. G., 1977, *New Public Administration*, Tuscaloosa, AL: The University of Alabama Press.

Frederickson, H. G., Smith, K. B., Larimer, C. W., & Licari, M., 2012, *The Public Administration Theory Primer* (2ed ed.), Philadelpia, PA: Westview Press.

Jang, H. W., & Kim, J. W., 2023, Nonprofit and Government Partnerships in Public Service Delivery in South Korea, In *The Oxford Handbook of Governance and Public Management for Social Policy* (pp. 278-291), Oxford, England: Oxford University Press.

Jun, J. S., 2006, *The Social Construction of Public Administration: Interpretive and Critical Perspectives*, Albany, NY: State University of New York Press.

Jung, K., Seo, I., & Jang, H. S., 2016, Government-driven Social Enterprises in

South Korea, *International Review of Administrative Sciences*, 82(3), 598−616.

Kim, J. W., 2020, What are the factors encouraging neighbourhood associations to assume roles in urban governance?, *VOLUNTAS*, 31(2), 359−374.

Peters, B. G., & Pierre, J., 1998, Governance Without Government? Rethinking Public Administration, *Journal of Public Administration Research and Theory*, 8(2), 223−243.

Phillips, E. B., 2010. *City Lights: Urban−Suburban Life in the Global Society*, (3rd ed.), Oxford, England: Oxford University Press.

Pierre, J., 1999, Models of Urban Governance: The Institutional Dimensions of Urban Politics, *Urban Affairs Review*, 34(3), 372−396.

Shaw, M, M., 2003, Successful Collaboration Between the Nonprofit and Public Sector, *Nonprofit Management and Leadership*, 14(1), 107−120.

Thomas, J. C., 2013, Citizen, Customer, Partner: Rethinking the Place of the Public in Public Management, *Public Administration Review*, 73(6), 786−796.

UNESCAP, 2009, *What is Good Governance?* Bangkok, Thailand: UNESCAP.

Yang, K., & Pandey, S. K., 2011, Further Dissecting the Black Box of Citizen Participation, *Public Administration Review*, 71(6), 880−892.

윤필환, 2021, 기관위임사무 지방이양 현황과 향후 과제, 대한민국시도지사협의회 홈페이지.

e−나라지표, 2022, 국세 및 지방세 비중.

Urban Administration

제 **3** 장

도시정부와 행정시스템

도시정부와 행정시스템

제1절 ☞ 도시정부와 행정시스템

도시정부의 행정시스템은 도시의 공간적, 시간적, 역사적 맥락 속에서 상이한 형태를 보이고 있다. 도시정부의 행정시스템이 상이한 형태를 보이고 있는 배경에는 도시정부가 당면하고 있는 다양하고 복잡한 도시문제를 가장 효율적이고 효과적으로 처리할 수 있는 행정시스템을 구현하고 있다는 점에서 진화론적 관점에서 이해할 수 있다. 이에 반해 도시정부의 행정시스템은 각 시대나 각 지역이 채택하고 있는 정치이념이나 체제, 국가운영시스템의 발전과정 속에서 결정되어져 왔다는 점에서 도시정부의 행정시스템은 시대적, 역사적 정신의 반영이라는 사회 시스템적 관점에서 이해하기도 한다.

이처럼 도시정부 행정시스템의 진화나 발전은 도시의 역사성과 도시환경과 같은 외적요인에 의해 영향을 받기도 하지만 반면에 효율성이나 효과성, 대응성과 민주성 등과 같은 도시정부가 추구하는 행정이념이나 가치와 같은 내적 요인에 의해서도 영향을 받는다. 특히 우리나라를 포함하여, 지방자치제도가 뿌리를 내리고 있는 도시에서는 도시정부의 행정시스템이 선출직 지방자치단체장의 약속을 실천하기 위한 유용한 수단이라는 점에서 도시정부의 정치적 성향 역시 도시정부의 행정시스템에 영향을 미치는 내적 요인이라고 할 수 있다.

최근에는 도시로의 집적 정도가 높아지고 도시 간 생활권이 겹치는 광역도시권이 심화하고 도시의 다양한 이해관계자의 참여요구가 증가되면서 도시정부의 행정시스템 형태 및 운영방식에도 적지 않은 변화를 초래하고 있다.

제2절 ⌒ 도시정부의 형태 및 특징

1. 도시정부의 형태

도시정부의 형태는 역사적, 사회적, 정치적 영향으로 인해 그 모습이나 형태를 달리 하고 있는데, 도시정부의 형태는 크게 중앙정부와 지방정부 사이의 정부 간 관계나 집행기구인 지방정부와 의결기구인 지방의회와의 관계 속에서 도시정부 형태가 유형화된다. 이러한 도시정부의 형태는 도시정부의 통치구조로 구체화되고 있는데, 도시정부가 보여주고 있는 도시정부의 통치구조는 크게 시장-시의회형태, 위원회 형태 및 시의회-지배인 형태로 구분이 가능하지만 최근에는 다양한 이해관계자 간의 협력적 운영 방식을 강조하는 거버넌스 중심의 도시정부 형태가 많은 관심을 받고 있다.

도시정부 형태에 대한 논의의 필요성은 도시정부가 수행하는 기능이나 역할과 관련, 도시정부가 담당하는 행정수비영역에 대한 범위와 함께 책임을 부여하는 사회·정치적 여건이라는 점에서 도시정부의 행정시스템 구축이나 운영방식에 적지 않은 영향을 미치기 때문이다.

(1) 중앙정부와 지방정부 간의 관계를 기준으로 한 도시정부 형태

중앙정부와 지방정부 간의 관계 속에서 도시정부의 형태를 구분하려는 지속적인 노력들이 있어 왔다(〈표 3-1〉 참조).

| 표3-1 | 도시정부의 유형화 모형 |

구 분	유형화 기준	중앙정부와 도시정부 간 관계 유형
Rhodes(1983)	권한	• 대리자모형 • 동반자모형 • 상호의존모형
Wright(1978)	지배관계	• 포괄모형 • 분리모형 • 중첩모형
무라마스 미치오 (村松岐夫, 1988)	통제, 경쟁	• 수직적 행정통제모형 • 수평적 정치경쟁모형
아마카와 아키라 (天川晃, 1983)	의사결정권한 기능수행방식	• 집권적 융합형 • 분권적 융합형 • 집권적 분리형 • 분권적 분리형

예를 들면, 영국과 같은 단원제 국가에서 중앙정부와 도시정부 간 관계의 유형화와 관련하여 권한을 기준으로 대리자모형, 동반자모형 및 상호의존모형으로 분류하고 있는 로즈(Rhodes, 1983)의 모형, 미국과 같은 연방제 국가에서 지배관계를 중심으로 포괄모형, 분리모형 및 중첩모형으로 유형화하고 있는 라이트(Wright, 1978)의 모형, 통제와 경쟁을 중심으로 중앙정부와 도시정부를 수직적 행정통제모형과 수평적 정치경쟁모형으로 유형화하고 있는 무라마스 미치오(村松岐夫, 1988) 모형 그리고 의사결정 권한과 기능수행방식을 중심으로 중앙정부와 도시정부 간 관계를 집권적 융합형, 분권적 융합형, 집권적 분리형 및 분권적 분리형으로 유형화하고 있는 아마카와 아키라(天川晃, 1983)의 모형이 있다.

또한 도시정부 형태의 유형화는 중앙정부와 지방정부 간의 관계에서 지방정부가 중앙정부에 종속되는 수직적인 형태와 함께 지방정부와 중앙정부가 대등한 관계 속에서 기능이나 역할을 수행하는 수평적인 형태의 도시정부 형태로 구분할 수 있다. 이처럼 중앙정부에 대한 지방정부의 종속여부를 기준으로 도시정부를 단순하게 유형화하는 방식에서 벗어나 행정의 주체인 중앙정부와 지방정부를 한 축으로 설정하고 또 다른 축에서는 행정기능에 대한 수행방식을 자치행정과 관치행정으로 구분하여 도시정부의 운영형태를 구분 한 김현조(2009)의 모형을 기준으로 자치행정 일원형과 자치우위 이원형, 관치우위 이원형 및 관치행정 일원형의 4가지 형태의 도시정부로 구분하기도 한다(〈표 3-2〉 참조).

표3-2 도시정부 형태의 유형화

구 분	자치행정	관치행정
도시정부	자치행정 일원형	자치우위 이원형
중앙정부	관치우위 이원형	관치행정 일원형

출처: 김현조, 지방자치론, 2009, p.72. 재인용

1) 자치행정 일원형

자치행정 일원형은 도시정부가 수행하는 기능이나 업무가 도시정부가 필요로 하는 고유사무기능을 중심으로 하되, 중앙정부로부터 위임된 사무를 부수적으로 수행하는 도시정부형태라고 할 수 있다. 이러한 자치행정 일원형은 오랜 지방자치의 역사를 지니고 있는 서구의 민주주의 국가에서 그 유형을 찾아 볼 수 있는데, 자치행정 일원형은 지역주민이 필요로 하는 고유사무를 효율적으로 수행하는 데 주안점을 두고 있고 중앙정부로부터 도시정부로 위임되는 사무의 비율자체가 그리 높지 않다.

그리고 이렇게 위임된 사무의 처리과정 역시 종속적인 관계보다는 대등한 관계 속에서 처리되고 있다는 점에서 지방자치에 기반을 둔 도시정부 형태로서는 가장 이상적인 형태라고 할 수 있다. 이러한 자치행정 일원형의 도시정부 형태는 도시정부의 고유사무에 대해 도시정부가 자기책임하에 처리하는 데 주안점을 두고 있다는 점에서 도시정부 차원에서 자치행정을 도시정부 운영의 기본원리로 설정하고 있다.

2) 자치우위 이원형

도시정부 내에서 도시정부의 고유업무와 중앙정부의 위임업무가 동시에 이루어지되 도시정부의 자기책임하에 고유사무를 처리하는 기능이나 역할이 중앙정부의 위임사무보다 더 높은 비중을 차지하는 도시정부 형태를 의미한다. 주로 중앙집권적인 형태의 정부형태에서 지방자치가 본격 도입된 나라들에서 찾아볼 수 있는 도시정부 형태로서 우리나라나 일본이 여기에 해당된다. 이처럼 자치우위 이원형의 도시정부 형태는 도시정부가 수행하는 기능이나 역할이 중앙정부의 위임사무보다 큰 비중을 차지하고 있지만 고유사무와 중앙정부의 위임사무를 동시에 수행하고 있다는 점에서 행정시스템의 구축과 운영에서 중앙정부와 도시정부의 행정시스템 구축과 운영원리가 복합적으로 적용되는 도시정부형태이다.

특히 자치우위 이원화 형태의 도시정부 형태와 관련하여 우리나라의 경우, 도시정부의 조직 및 인사관리와 관련된 행정시스템 구축 및 운영과 관련하여 도시정부의 자율성 제고를 위한 요구증대와 국가차원의 통합관리 필요성이 충돌하고 있는 상황에서 총액인건비제의 도입 등을 통한 자율성 제고 노력이 이루어지고 있으나 개선의 여지가 적지 않다는 비판이 끊이지 않고 있다.

3) 관치우위 이원형

관치우위 이원형은 자치우위 이원형과 달리 도시정부의 고유사무와 중앙정부의 위임사무를 동시에 수행하지만, 중앙정부 위임사무의 역할이나 비중이 더 높은 경우로서 도시정부의 고유사무를 강조하는 지방자치와 달리 도시정부가 수행하는 기능이나 역할이 대부분 중앙정부의 위임사무를 수행하는 도시정부의 형태가 여기에 해당한다. 지방자치는 존재하나 형식적인 지방자치에 국한되는 도시정부 형태로 주로 중앙집권을 토대로 권위적인 방법으로 도시정부를 운영했던 남미 국가의 경우나 군사독재시대하의 우리나라 지방자치가 대표적이라고 할 수 있다.

관치우위 이원형의 도시정부 형태는 지방자치가 도입된 대부분의 국가에서는 찾아보기 어려운 도시정부 형태지만, 오랜 중앙집권의 전통을 가지고 있는 나라에서는 도시정부의 기능이나 역할, 재정운영뿐만 아니라 행정시스템 구축 및 운영에서도 중앙정부로부터 많은 간섭을 받고 있다는 점에서 지방자치의 내실화 문제가 제기될 수 있다.

4) 관치행정 일원형

관치행정 일원형은 지방자치에 기반으로 한 도시정부의 운영이 이루어지지 않는 중앙집권적 도시정부형태를 의미한다. 도시정부가 고유사무에 입각해서 자기 책임하에 행정기능이나 역할을 수행하기보다는 중앙정부의 위임사무를 대신해서 처리하는 형태의 도시정부로서 대부분 사회주의 국가나 중앙집권화된 저개발국가에서 보여지는 도시정부 형태이다. 관치행정 일원형의 도시정부형태에서는 도시정부의 행정시스템이 중앙정부의 위임사무 위주의 행정시스템을 구축하고 있다는 점에서 도시정부 차원의 고유사무를 수행하기 위한 행정시스템의 구축이나 운영사례를 찾아보기 어렵다.

(2) 의결기구와 집행기구 간의 관계를 기준으로 한 도시정부 형태

중앙정부와 도시정부 간 형태 못지않게 도시정부 행정시스템의 구축과 운영은 집행부인 행정부와 의결기구인 시의회와의 관계설정에 의한 통치구조에 의해서도 커다란 영향을 받는다는 점에서 의결기구인 시 의회와 집행기구인 시 행정부 간의 관계를 통해 도시정부의 형태를 유형화할 수 있다.

1) 시장-시의회 형태

시장 및 시의회 형태의 도시정부 형태는 미국에서 가장 오래된 형태의 도시정부 통치구조 형태로서 집행부와 의결기구인 시의회 간의 견제와 균형이 구체화된 도시정부형태라고 할 수 있다. 집행부와 의결기구 간의 도시정부 형태는 집행부의 독주에 대한 의결기구의 견제에서 비롯되었다는 점에서 영국과 미국의 정치발전과정에서 그 전형을 찾을 수 있다(박종화 외, 2013).

19세기 이후 행정의 효율성이 강하게 요구되면서 의결기구의 견제와 균형원리 대신에 도시정부의 시장을 중심으로 하는 집행부의 권한이 강화되는 방향으로 도시정부의 형태가 옮겨가고 있지만, 의결기구와 집행부 간의 관계를 기반으로 한 도시정부의 형태 역시 매우 다양한 모습을 가지고 있다(Bingham et al., 1991).

• 약시장(弱市長) – 시의회 형태

시장을 중심으로 하는 집행부와 의회를 중심으로 하는 의결기구 간의 관계에 있어서 주민들의 대의기관인 시의회의 권한이나 역할이 시장으로 대변되는 도시정부의 집행부를 충분히 견제하거나 시장의 권한을 제한하는 도시정부의 형태이다. 이러한 형태의 도시정부는 시장으로 대표되는 집행부로의 권한독점이 가져온 폐해를 막기 위해 주민의 대의기관으로서 의결기구인 시의회의 역할을 강화하여 집행부와 의결기구 간에 견제와 균형유지를 강조하는 도시정부 형태라고 할 수 있다. 이러한 형태의 도시정부에서는 시의회가 입법뿐 아니라 공무원에 대한 인사권 및 행정행위에 대한 감독활동을 통해 권한을 행사함으로써 시장의 인사권과 행정권이 제약을 받는다. 경찰이나 교육 분야와 같은 주요 행정업무와 관련된 위원회의 구성 역시 직접 선출함으로써 시장의 권한이 상대적으로 축소된 도시정부 형태이다(〈그림 3-1〉 참조).

그림 3-1 　약시장-시의회 중심의 도시정부 형태

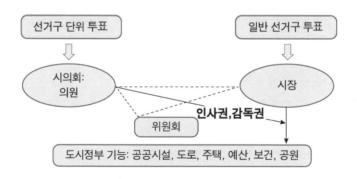

출처: Bingham et al., 1991, p. 40. 재작성

• 강시장(强市長) – 시의회 형태

19세기 이후에 들어서면서 약시장–시의회 중심의 도시정부 형태는 다양하고 복잡한 형태로 새롭게 대두되고 있는 행정수요에 능동적으로 대응하는 데 한

계를 드러냈다. 도시정부를 둘러싸고 대두된 이러한 행정환경의 변화에 따른 도
시문제에 도시정부가 보다 능동적이고 신속하며 책임감 있게 대응할 것을 요구하
면서 시장을 중심으로 한 집행부의 행정권한과 책임이 점차 강화되면서 나타난
도시정부 형태이다.

강시장-시의회 형태는 집행부에 대해 행정에 대한 책임과 통제권을 부여함
으로써 행정의 대응성과 함께 집행부의 책임감을 높일 수 있는 장점을 가지고 있
는 반면에 도시정부의 행정을 둘러싸고 집행부와 의결기관인 시의회와의 마찰이
발생할 소지가 높고 시장은 행정적 리더십에 더해 정치적 리더십까지 요구받고
있어 시장의 역량문제가 제기될 수 있다는 문제점이 있다(〈그림 3-2〉 참조).

그림 3-2 강시장-시의회 중심의 도시정부 형태

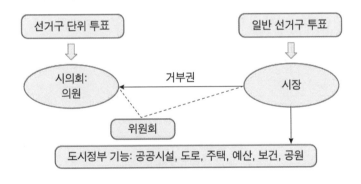

출처: Bingham et al., 1991, p. 40. 재작성

• 시정관리관 형태

강시장-시의회 도시정부 형태와 관련하여 시장에게 동시에 요구되는 행정
적 책임성과 정치적 책임성 문제를 해소하기 위한 방안의 하나로 시장의 행정적
책임성을 전담하는 시정관리관(CAO: Chief Administrative Officer)제도가 개발되었다.
1931년 미국 샌프란시스코에서 처음 시도된 시정관리관제도는 현재 미국의 여러
도시정부에서 다양한 명칭으로 불리면서 활용되고 있다.

시정관리관에 대한 명칭이 다양하듯이 시정관리관이 담당하는 업무 역시 다양하지만, 시정관리관제도가 도시정부 형태로 도입된 배경에는 시장이 담당해야 하는 행정적인 업무를 대신함으로써 행정의 책임성을 담보함과 동시에 시장은 다양한 이해관계를 아우르는 정치적 리더십 발휘에 전념할 수 있다는 점에 있다.

하지만 이러한 요구에도 불구하고 행정적 리더십문제와 관련하여 시장과 시정관리관과 행정업무를 둘러싸고 잠재적 갈등이 발생할 개연성을 가지고 있다는 점과 함께 정치적 리더십 분야에서는 시 정책이나 정책리더십과 관련하여 시장과 시의회 간의 갈등유발 요인을 안고 있다.

2) 위원회 형태

위원회 중심의 도시정부 형태는 도시정부가 수행하는 기능이나 역할에 대해 민간전문가들로 구성된 위원회가 도시정부의 입법적, 행정적 기능을 수행하는 방식으로서 1900년 텍사스의 겔버스턴 시에서 처음으로 채택되었다. 위원회형태의 도시정부는 위원회의 위원이 도시정부의 기능을 책임지는 방식으로 입법권과 행정권을 모두 수행하는 형태이다(〈그림 3-3〉 참조).

그림 3-3 위원회 중심의 도시정부 형태

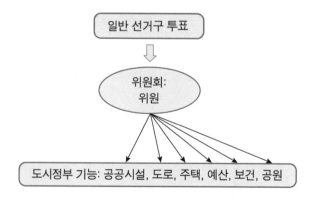

출처: Bingham et al., 1991, p. 42. 재작성

위원회 형태의 도시정부는 위원회에 도시정부 운영의 전권을 부여, 도시정부의 책임성을 높일 수 있고 분야별 민간전문가들을 위원으로 선임함으로써 도시정부 운영에서 전문성과 효율성을 높일 수 있으며 위원회에 대한 시민들의 통제가 보다 용이하다는 장점을 가지고 있다. 하지만 이러한 위원회 제도는 견제와 균형을 위한 권력분립이 결여되어 있고, 입법적, 행정적 기능을 동시에 수행함으로써 도시정부 운영이 복잡하며, 위원들이 입법적 기능과 행정적 기능에 대한 전문성을 두루 겸비해야 하고 위원들 개개인에 대한 책임성문제가 단점으로 지적된다.

3) 시의회-지배인 형태

메이슨(H.A.Mason)에 의해서 제기된 시의회-지배인 형태는 20세기 초반에 미국 도시정부에서 도입, 1941년 오하이오 주의 데이턴(Dayton)시에서 적용되면서 본격적으로 알려지기 시작한 도시정부 형태로(박종화 외, 2013), 도시정부의 행정적 리더십을 전문가인 지배인에게 일임한 도시정부형태이다(〈그림 3-4〉 참조).

그림 3-4 시의회-지배인 중심의 도시정부 형태

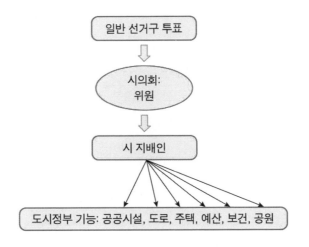

출처: Bingham et al., 1991, p. 43. 재작성

시의회-지배인 형태는 시의회가 입법과 정책결정기능을 시의회로 통합하는 부분에서는 위원회형태와 유사하나 유능한 행정가를 시 지배인으로 임명함으로써 도시정부의 행정적 책임성을 높인다는 장점과 함께 시의회의 지배인에 대한 통제가 용이하며 도시정부 형태가 단순하여 관리하거나 이해하기가 용이하다는 장점을 가지고 있다. 반면에 정책적 리더십과 행정적 리더십을 구분하기가 용이하지 않고 다수로 구성된 시의회의 책임성을 담보하기가 쉽지 않으며 시의회와 지배인 간에 권한과 책임소재를 둘러싸고 갈등을 유발할 수 있다는 단점을 가지고 있다.

(3) 독자성과 통합성을 기준으로 한 도시정부 형태

최근 거대 도시로의 집적이 강화되면서 주변 도시들과 생활권이나 경제적·사회적·문화적 활동 공간이 도시 간 행정구역을 넘어서는 광역도시권 현상이 심화되면서 주변 도시 간 발생하는 도시문제에 대한 공동대응의 필요성이 커지면서 광역도시 문제를 공동으로 해결하기 위해 새로운 형태나 운영방식의 도시정부가 등장하고 있다. 전통적인 도시정부는 지역별로 하나의 도시정부가 해당 도시를 책임지고 운영하는 독자적인 도시정부 형태가 보편적이었다면 최근에는 각 도시의 행정구역을 넘어 여러 도시 간에 걸쳐 발생하는 도시문제를 공동으로 대응하고 관리하는 통합·연합형태의 도시정부가 등장하고 있다(〈표 3-3〉 참조).

표3-3 독자성과 통합성을 기준으로 한 도시정부 형태

구 분	독자성	통합성
도시정부의 형태	전통적인 도시정부	연합형 도시정부 특별지방자치단체
도시정부 형태별 특징	엄격한 수직적 계층구조 기능중심 전문화 업무 명확 권력집중 단독 책임성	수평적 연합구조 직무중심 업무 통합, 협의, 조정 권력균점, 주민통제 강화 공동 책임성

이러한 연합형·통합형 도시정부 형태는 각 행정구역을 전담하는 전통적인 형태의 도시정부는 그대로 유지하되, 주변 도시 간 발생하는 특정 도시문제를 전담하는 연합형 도시정부나 특별지방자치단체형태로서 공동논의나 협의 수준에서 운영되어 왔던 기존의 도시 간 협의회나 위원회와는 역할 및 기능뿐만 아니라 성격에서도 근본적인 차이를 보인다. 새로운 형태의 도시정부 사례로는 2022년 우리나라에서 설립 된 "부산울산경남특별연합"(뉴스 부산, 2022)이나 미국 뉴저지 주의 MPO(Metropolitan Planning Organizations)(NJTPA, 1998), 그리고 LA의 SCAG(Southern California Association of Governments)(SCAG, 2023)와 같은 "특별지방자치단체"를 꼽을 수 있다.

2. 도시정부의 특징

도시정부의 형태가 다양화되고 운영방식이 지역화되는 추세가 지속됨에 따라 도시정부는 다음과 같은 특징을 가지고 있다. 우선, 중앙정부와 도시정부 간에 권한부여 정도, 지배관계, 통제나 경쟁여부, 의사결정 권한과 기능수행방식, 그리고 행정의 주체와 행정기능의 수행방식에 따라 다양한 형태의 도시정부가 존재한다는 점이다. 이처럼 다양한 형태의 도시정부는 국가별, 시대별, 지역별 정치시스템이나 통치방식, 행정운영 방식의 변화에 따라 진화되어 왔고 앞으로도 계속 진화해 나갈 것이다.

두 번째는, 도시정부의 형태는 또한 중앙정부와 도시정부 간 권한관계의 설정방식이나 도시정부 내의 집행부와 의결기구 간에 견제와 균형원리의 적용방식에 따라 다양한 형태를 보이고 있다. 이러한 경향은 집권과 분권, 자율과 책임, 민주성과 효율성 등의 시대적 가치에 따라 다른 형태의 권한관계와 견제 및 운영원리의 적용을 받을 것이다.

세 번째는 도시정부의 행정시스템 구성이나 운영방식은 도시정부의 형태에 따라 영향을 받아 왔다. 어떤 형태의 도시정부를 채택하느냐에 따라 중앙과 지방, 도시정부 내의 집행기관과 의결기관 간에 도시정부의 행정운영시스템 구축방식과 운영 권한과 책임주체가 다르게 설정될 수 있기 때문이다. 마지막으로 도시정부의 형태는 역사적, 정치적, 사회·문화적 요인이 도시정부 운영에 투영된 결과라는 점에서 이를 이해하기 위해서는 제도적인 측면 못지않게 운영적인 측면과 사회·문화적인 측면을 고려할 필요가 있다.

도시정부 행정시스템의 의미와 형태

1. 도시정부 행정시스템의 의미 및 구축방식

도시정부의 행정시스템은 도시정부가 도시의 각종 도시공공서비스를 효율적이고 효과적으로 생산하고 관리하며 이를 시민들에게 제공하기 위한 운영체계라고 할 수 있다. 이러한 의미에서 도시정부의 행정시스템을 구성하는 주요 요소로는 크게 도시정부가 수행해야 하는 주요기능에 대한 구현 주체로서 공공조직의 설계 및 운영 부분과 함께 공공조직을 운영하여 구체적인 도시정부의 서비스를 생산·공급하는 인적자원관리 및 운영에 관한 부분으로 나눌 수 있다.

도시정부의 구축방식과(박병식 외, 2009; 박종화 외, 2013) 관련하여 전통적인 방식으로서의 다층적인 도시정부의 구축은 업무에 대한 명료성과 책임성을 높이는 장점이 있지만 도시정부의 분절로 인한 기능배분 문제 등으로 인해 도시정부 간 갈등과 통합성 문제를 일으키고 업무중첩으로 비효율성이 발생한다는 비판을 받고 있다. 이러한 문제점을 해소하기 위해 정부는 통합성을 높여야 한다(Gulick, 1962; CED, 1966)고 주장하면서 이를 위해 권력의 통합, 계층의 엄격성, 전문화 등을 강조한다.

반면에 1960년대에 들어 지역이 도시정부 구축의 중심이 되어야 한다고 주장하는 지역통제론자들은 통합의 원리를 반영한 도시정부의 구축 및 운영이 오히려 지역의 다양성을 훼손하고 도시정부의 대규모화되면서 접근성이 떨어지고 독점적 지위 강화로 인해 도시정부가 제공해야 할 다양한 서비스 제공을 적절하게 하고 있지 못하고 있다면서 그 대안으로 지역을 중심으로 시민들이 중심이 되어 도시정부 서비스를 결정하고 통제하는 시민지향형 도시정부를 주창한다.

1970년대에 들어서는 이러한 도시정부 구축방식에 더해 통합과 시민지향형 도시정부의 장점을 결합한 이층제적 형태의 도시정부 구축방식이 등장한다. 이층제적 접근방식은 다양한 규모의 도시정부들을 통합하는 기능을 상위계층의 정부가 담당하되, 지역주민들의 요구나 지역문제는 작은 단위의 도시정부들이 담당하는 이원화된 도시정부형태라고 할 수 있다. 통합성과 지역주민을 중심으로 한 이층제적 도시정부의 구축은 도시정부의 기능이나 역할과 밀접하게 연결되어 있다는 점에서 전통적인 방식의 도시정부의 행정시스템 구축이나 운영에도 적지 않은 영향을 미칠 것으로 예상된다.

2. 도시정부 행정시스템의 구축 근거

(1) 자치조직권

도시정부 행정시스템 구축과 관련하여 조직관리 및 정원운영에 기준을 제시하고 있는 자치조직권은 도시정부의 운영에 자율권을 부여하는 지방자치제도의 3대 기본요소 중 하나이다(송석휘, 2007; 정일섭, 2010). 자치조직권에서는 도시정부의 장이 고유사무나 위임사무를 처리하기 위해 필요한 행정기관을 설치, 운영할 수 있고 조직의 규모나 공무원 수 및 직급 수 역시 도시의 규모에 따라 상이하게 설치할 수 있도록 하고 있다. 이러한 의미에서 자치조직권은 도시정부 행정시스템의 구축과 운영에 근간을 이루고 있다고 할 수 있다.

1) 조직법정주의, 정원관리제도, 표준정원제도, 총액인건비제 및 기준인건비제

도시정부 행정시스템 구축 및 운영과 관련하여 지방자치단체의 기구 및 정원은 법률에 근거를 두고 운영되어 왔다(송석휘, 2007; 김대건, 2011). "조직법정주의"와 "표준정원제도"는 도시정부를 운영하는 데 있어서 필요한 조직의 구성 및 기관 설치, 수행 업무뿐만 아니라 공무원 수에서부터 직급별, 직종별 정원책정에 이르기까지 도시정부의 조직 및 기구설치 및 인력운영은 법률과 조례에 따르도록 명시하고 있는데, 이는 지방자치의 본격 도입으로 인해 지방자치단체의 무분별한 확장을 방지하는 데 목적을 두고 있다.

이를 위해 1988년 공무원 정원관리제도가 처음 도입된 이래로 공무원 정원관리제도가 갖는 경직성을 보완, 1997년 표준정원제도가 도입되었다. 하지만 이러한 표준정원제도 역시 지역적 특성을 반영한 탄력적 정원관리제도가 아니라는 비판에서 자유롭지 못하였고 2007년 지방자치단체의 자치조직과 인사권을 제고하기 위해 자치단체의 기구 및 정원에 관한 중앙정부의 승인을 대폭 완화하거나 폐지한 총액인건비제를 도입하고 있다(정일섭, 2010; 정부혁신지방분권위원회, 2007; 김병국 외, 2004; 강용기, 2008; 최병대 외, 2010).

이렇게 도입된 총액인건비제도는 자치단체의 인건비성 경비, 총액인건비 범위 내에서 기구 및 인력을 자율적으로 결정하되 성과나 결과에 대해 책임을 지게 하는 제도로서 지방자치단체의 자율성을 획기적으로 높이기 위해 도입되었지만 총액인건비제도가 오히려 기관의 특성에 맞는 유연한 경영을 불가능하게 만들었다는 비판을 받으면서 2014년 기준인건비제가 도입되었다.

기준인건비제는 행정여건의 변화에 보다 탄력적으로 대응할 수 있도록 정원 및 조직관리의 자율성을 높여 지방자치단체의 정원 운영에 자율성을 강화하고 있다. 즉 지방자치단체는 기구와 정원을 기준인건비를 기준으로 자율성과 책임성을 가지고 조화롭게 운영될 수 있도록 허용하고 있다.

2014년 기준인건비가 도입되면서 지방자치단체의 기구 및 정원관리에 있어 자율성과 책임성을 강조하고 있지만, 기준인건비 산정 자체가 중앙정부에 의해 이루어지고 있는 점, 기준인건비 산정이 비탄력적이라는 점, 정원 자율 운영범위가 1~3%로 자율운영범위가 지나치게 제한되어 있다는 점에서 비판이 제기되고 있다.

2) 도시정부와 조직관리
① 도시정부와 집행기관

도시정부가 지방자치단체로서 기능하기 위해서는 일정한 조직이나 기관이 필요하며, 도시정부의 조직이나 구성은 헌법 제 118조 제2항에 법률로 정해져 있다. 도시정부의 조직과 권한 등에 대해서는 헌법을 기반으로 지방자치법에 규정을 별도로 두고 있다는 점에서 조직법정주의를 근간으로 도시정부의 조직관리는 크게 집행기관과 의결기관인 지방의회로 구분할 수 있지만 여기서는 주로 집행기관을 중심으로 살펴보고자 한다. 도시정부의 집행기관은 크게 도시정부의 장과 함께 보조기관으로서는 부지방자치단체장, 행정기구 및 공무원으로 구분하고 있다.

다만, 도시정부의 조직 관리와 관련하여 서울특별시는 수도로서의 특수성과 특별자치도[1](2006년 제주특별자치도, 2023년 강원특별자치도, 2024년 전북특별자치도)의 경우 자치권의 보장을 감안, 특례조항을 두고 있고(백승주, 2010), 특례시[2]의 경우에도 자치권의 보장을 강화하는 등 도시정부의 조직 관리도 지방자치단체의 특성을 반영하여 보다 유연하게 변화하고 있다. 따라서 2024년 1월에 개정된 "지방자치단체의 행정기구와 정원기준 등에 관한 규정"에 따르면 시·도의 실·국·본부 설치기준은 지방자치단체의 유형과 인구수를 기준으로 설치가 가능한 실·국·본부 수를 포괄적으로 규정하고 있다.

② 도시정부 장의 권한과 기능

도시정부의 장에게 법적으로 부여된 권한은 도시정부의 대표기관으로서 지역주민의 대표로서 내부적인 의사형성을 위한 대표성을 갖는 지방의회와 달리 도시정부의 장은 해당 도시정부를 외부적으로 대표하는 법적지위를 가지고 있다. 도시정부의 장은 도시정부의 행정을 총괄하는 도시정부 최고의 행정기관으로서의 지위를 갖는데, 이는 도시정부의 전체사무(고유사무, 위임사무 포함/교육 제외)에 대

---

1 특별자치도(特別自治道, 영어: Special Self-Governing Province(제주)/State(강원·전북))는 대한민국의 행정 구역으로, 도하고 기능적으로는 거의 동일하지만 지방 자치법에 의거한 상급 지방자치단체로 정부가 직할하며, 법률에 의거하여 자치권이 보장된 도(道) 단위의 행정 구역으로, 고도의 자치권이 보장되는 것은 물론 중앙정부로부터 다양한 재정 지원을 받게 된다.

2 특례시(特例市, special case city)는 대한민국의 광역자치단체인 도 산하의 기초자치단체 중 대한민국 지방자치법 제198조[1]에 의거 2022년 1월 13일부터 지정되는 지방자치단체이다. 2020년 개정된 대한민국 지방자치법에서는 이를 인구 100만 이상 대도시라고 규정하고 있으며 지방분권법에 따라 추가로 특례를 부여받을 수 있다. 인구 50만 명 이상의 시는 시가 원하는 경우 정부의 승인을 받아 행정구를 설치할 수 있고(지방자치법 제3조제3항) 행정구는 특별시·광역시에 설치된 기초단체인 자치구와는 법적 지위가 다르며(독립적인 법인격을 갖지 않음) 행정구의 구청장은 선거로 뽑히지 않고 시장이 임명하는데, 일반적으로 3~4급(주로 4급)에 해당하는 공무원이 맡게 된다. 인구 100만 명 이상의 시는 기존 50만 특례에 더불어 추가적으로 더 광범위한 법적 특례(지방분권법 제41조)를 적용받을 수 있으며, 부시장을 2명 둘 수 있다. 2022년 특례시가 공식화되기 전에는 이러한 특례를 적용받기 위한 별도 기준은 없었지만 인구가 100만 명이 된 시점부터 바로 적용되었다. 다만 해당 시의회의 조례제·개정 등의 절차가 필요하다.

해 기본방향 설정과 업무의 통합성과 일체성을 유지하기 위한 권한을 가지고 소속직원을 지휘·감독·관리한다.

또한 도시정부의 장은 하부행정기관에 대한 임명권과 감독권을 행사할 수 있으며 도시정부의 예산 및 결산 등 재정에 대한 권한을 행사할 수 있는 권한과 지역주민들에게 중대한 영향을 미치는 주요 사항을 주민투표에 붙일 수 있는 주민투표부의권, 법령과 조례의 범위 내에서 도시정부의 권한에 속하는 사무에 대한 규칙을 제정하는 규칙제정권이 부여된다. 이 밖에도, 광역자치단체장인 시·도지사는 기초자치단체에 대해 지도·감독, 감사와 통제권과 함께 국가로부터 위임 된 위임사무에 한해 도시정부의 장은 국가행정기관으로서의 지위를 갖는다. 이 밖에도 지방의회 의결에 대한 재의요구권과 긴급상황에 대해 지방의회의 의결을 거치지 않고 스스로 처분권을 행사할 수 있는 선결처분권을 행사할 수 있다. 하지만 최근 들어 도시정부의 장에게는 법적으로 규정된 권한행사를 넘어 보다 다양한 기능을 요구하고 있는데(Hebert, 2000; 홍철·유형철, 2006), 도시정부 장에게 가장 보편적으로 요구되는 역할로 우선, 행정 책임자(Chief Executive)의 역할을 꼽을 수 있다. 이러한 리더의 역할은 우리나라 지방자치법에서 기술하고 있는 도시정부의 장에게 요구하고 있는 주요한 역할과 부합된다고 할 수 있다.

두 번째는 정책 리더로서의 역할로 미국의 경우 20세기 말에 들어서면서 도시정부의 장에게 정책 리더로서의 역할을 강하게 요구하고 있는데(Hebert, 2000) 그 이유는 국가의 주요 정책을 도시정부 차원에서 실행하거나 지역주민들의 의사를 반영, 주요 정책을 결정하고 실행하는 데 있어서 도시정부의 장으로서의 역할이 그 어느 때보다 중요해지고 있기 때문이다. 세 번째로 1980년대 이후에 등장하고 있는 신공공관리론은 도시정부의 장에게 도시정부의 효율성과 경쟁력을 높이기 위한 기업경영자로서의 역할을[3] 기대한다. 최근에 들어서는 도시정부의 장에게 조정·통합의 정치적 역할에 대한 기대가 커지고 있다. 도시정부의 장에게 조정·통합의 정치적 역할이 강조되는 이유는 거버넌스(Governance)의 등장과 무관치 않

---

3 최병대(2008)는 도시정부의 관리와 관련하여 도시정부의 장에게 요구되는 역할과 관련하여 조직구성원의 재능과 역량을 최대한 발휘할 수 있도록 구성원을 조화롭게 아우를 수 있는 오케스트라의 지휘자가 되어야 한다고 주장한다(2008:38).

은데, 거버넌스 개념의 출현으로 도시정부의 장에게 사회운영 원리 및 도시정부의 운영방식에서 다양한 이해관계를 조정, 통합하는 역할이 강조되면서부터이다. 이러한 의미에서 도시정부가 복잡화, 다양화, 고도화되면서 도시정부 장의 역할이 행정 관리자, 정책리더, 경영전문가뿐만 아니라 조정·통합의 정치지도자로 확장되고 있음을 알 수 있다(Hebert, 2000).

③ 보조기관: 지방자치단체 부단체장의의 법적지위 및 권한

특별시와 광역시의 부시장, 도와 특별자치도의 부지사, 시의 부시장, 군의 부군수 및 자치구의 부 구청장을 의미하여 그 정수는 특별시의 경우 3명, 광역시 및 도와 특별자치도의 경우 2명, 그리고 기타 지방정부에 대해서는 1명으로 정하고 있다. 이러한 부지방자치단체장은 정무직, 별정직, 일반직으로 보할 수 있는데 이 중 특별시와 광역시 부시장과 도 및 특별자치도의 부지사는 정무직 또는 일반직 국가공무원으로 보하되, 지방자치단체장의 제청으로 행정안전부장관을 거쳐 대통령이 임명하고 기타 부지방자치단체장은 대통령령에 의해 시장, 군수, 구청장이 임명한다. 이들 부단체장은 해당 지방정부의 장을 보좌하여 사무를 총괄하고 소속직원을 지휘·감독하는 권한을 갖고 있고 지방자치단체의 장이 직무를 정상 수행할 수 없는 경우 그 권한을 대행하거나 대리한다.

3) 도시정부 조직운영의 자율성 확대

우선 법령상 실·국장급 기구 수 상한과 한시기구 설치 시 협의 절차를 폐지함으로써 지방자치단체가 지역현안에 대응하기 위해 국장급 기구를 자율적으로 설치·운영할 수 있다. 이처럼 지방자치단체 조직운영에 있어 서울시 16~18개, 경기도 20~22개, 세종시 6~8개 등 인구수에 따라 자치단체별로 설치가 가능한 실·국 수에 관한 상한 규정을 폐지함으로써 지역여건에 따라 유연하게 국장급 기구를 설치·운영할 수 있게 되었다. 또한 국장급 한시기구 설치 시 거쳐야 했던 각종 협의절차도 폐지함으로써 지방자치단체가 관련 조직을 신속하게 설치·운영을 허용하고 있어 지방자치단체 업무 수행에 대응성과 자율성을 높이고 있다(〈표 3-4〉 참조).

| 표3-4 | 시·도의 실·국·본부 설치기준 |

구분		실·국·본부의 수
서울특별시		16개 이상 18개 이하
광역시	인구 350만 이상 400만 미만	14개 이상 16개 이하
	인구 300만 이상 350만 미만	13개 이상 15개 이하
	인구 250만 이상 300만 미만	12개 이상 14개 이하
	인구 200만 이상 250만 미만	11개 이상 13개 이하
	인구 200만 미만	10개 이상 12개 이하
세종특별자치시		6개 이상 8개 이하
도·특별자치도	경기도	20개 이상 22개 이하
	인구 300만 이상 400만 미만	11개 이상 13개 이하
	인구 200만 이상 300만 미만	10개 이상 12개 이하
	인구 100만 이상 200만 미만	9개 이상 11개 이하

두 번째로 각종 기구 설치 시 법령상 설치 요건 등이 명확히 규정돼 있는 경우, 관련 협의절차를 폐지함으로써 조직을 보다 신속·유연하게 운영할 수 있는데, 예를 들면 인구 100만 이상 시에서 임명 가능한 4, 5급 과장의 경우 정원 등 임명요건이 명확히 규정돼 있는 경우, 관련 협의 절차를 폐지하고 있다. 또한 효과적인 화재현장 지휘·조정 등을 위해 소방 수요가 높은 4개 시도(대구, 울산, 충북, 전북)의 소방본부장 직급을 기존 소방준감(3급상당)에서 소방감(2급상당)으로 상향조정하여 현장 대응력을 높이고 있다. 이처럼 최근 "지방자치단체 행정기구 및 정원기준 등에 관한 규정" 개정을 통한 자치조직권 확충 노력은 지방자치단체가 지역의 행정수요에 보다 빠르게 대응하고 당면과제들을 효과적으로 해결할 수 있는 방향으로 지방자치단체의 자치조직권을 강화하고 있다(〈표 3-5〉 참조).

표 3-5 지방자치단체 보조 및 보좌기관 등의 직급기준

구분	기획 담당 실장	재난안전 담당 실·국·본부장	실·국·본부장	소방 담당 본부장
서울특별시	「국가공무원법」제2조의2에 따라 고위공무원단에 속하는 일반직 공무원	1급 또는 2급 일반직 지방공무원	1급 또는 2급 일반직 지방공무원(4명)	소방정감
			2급 또는 3급 일반직 지방공무원	
부산광역시		2급 또는 3급 일반직 지방공무원	2급 일반직 지방공무원(1명)	소방정감
			2급 또는 3급 일반직 지방공무원(2명)	
			3급 일반직 지방공무원	
인천광역시		2급 또는 3급 일반직 지방공무원	3급 일반직 지방공무원	소방감
대구광역시 광주광역시 대전광역시 울산광역시		2급 또는 3급 일반직 지방공무원	3급 일반직 지방공무원	소방준감
세종특별자치시		2급 또는 3급 일반직 지방공무원	3급 일반직 지방공무원	소방준감
경기도		2급 또는 3급 일반직 지방공무원	2급 또는 3급 일반직 지방공무원(2명, 이 중 1명은 행정(2)부지사 밑에 두는 기획 담당실·국장)	소방정감
			3급 일반직 지방공무원	
강원특별자치도 충청남도 전라남도 경상북도 경상남도		2급 또는 3급 일반직 지방공무원	3급 일반직 지방공무원	소방감
충청북도 전북특별자치도		2급 또는 3급 일반직 지방공무원	3급 일반직 지방공무원	소방준감

이 밖에도 도시정부의 소속 및 하부행정조직에는 직속기관, 사업소, 출장소 및 합의제 행정기관을 설치할 수 있는데, 그 조직의 임무와 구조가 매우 다양한 형태를 띠고 있다.

(2) 도시정부와 인사관리

1) 정원관리, 직군·직렬·직류

① 정원관리

지방자치단체의 정원관리와 관련하여 지방자치단체는 인구수 및 지방자치단체와의 균형을 고려하여 정원을 책정하되, 직급별 정원은 업무의 성질·난이도·책임도 등을 고려하여 책정해야 한다는 등 정원책정의 일반기준에 따르도록 규정하고 있다. 이처럼 지방자치단체의 정원은 "지방자치단체의 행정기구와 정원 기준에 관한 규정"에 의해 엄격히 관리되고 있다. 이러한 표준정원제도가 지방자치단체의 자율성을 침해하고 지방분권의 취지에 어긋난다는 이유로 2007년 총액인건비제를 기반으로 한 자율적 정원관리의 전면시행을 공언하였으나 이 제도 역시 다른 형태의 표준정원제도라는 비판을 받았다.

총액인건비제도가 갖는 획일성과 경직성을 완화하고 지방자치단체의 특성을 반영, 지방자치단체의 정원관리에 자율성을 강화하기 위해 2014년 기준인건비제도가 도입되었다. 하지만 기준인건비제도 역시 기준인건비 산정 자체가 중앙정부에 의해 이루어지고 있고 기준인건비 산정이 비탄력적이라는 점, 정원 자율 운영 범위가 지나치게 제한되어 있다는 비판이 제기되고 있다.

② 직군·직렬

지방공무원 임용령 제3조에 의하면 일반직공무원의 직급은 1급부터 9급까지로 나누고, 그 직군·직렬·직류 및 직급의 명칭은 별도규정에 정해져 있다. 국가공무원 직급체계와 다른 점은 국가공무원과 달리 고위공무원단제도가 운영되지 않고 있다는 점이다. 이러한 지방공무원의 직군은 크게 행정직군과 기술직군, 관리운영직군의 3개 직군으로 분류되며 행정직군에는 행정, 세무, 전산, 교육행정, 사회복지 및 사서직렬 등 8개 직렬이 기술직군에는 공업, 농업, 녹지, 수의, 해양수산, 보건, 식품위생, 의료기술, 의무, 약무, 간호, 환경, 항공, 시설 및 방송통신 등 23개의 직렬이 그리고 관리운영직군에는 토목운영, 건축운영 등 16개 직렬로 구분하여 운영되고 있다.

2) 임용
① 신규임용

일반임용시험과 관련하여 6급과 7급 공무원의 신규임용과 8급 및 9급 공무원의 신규임용시험과 6급 내지 8급 공무원에의 승진시험, 6급 내지 9급 공무원의 전직시험, 기능직 공무원의 신규임용, 승진 및 전직시험은 서울특별시인사위원회에서 시행한다. 다만, 5급 이상 공무원의 각종 임용시험은 대통령령이 정하는 기관에서 실시하고 있다.

특별임용시험과 관련, 1급 공무원이나 국가공무원을 지방공무원으로 임용하는 경우, 경쟁시험에 의해 채용이 어려운 자격증 소지자, 특수 분야나 특수지역 근무자 및 외국어에 능통한 자, 특수전문 분야의 연구자, 휴직기간 만료로 퇴직한 경력직 공무원을 재임용하는 경우 특별임용시험으로 채용할 수 있다.

② 승진임용

승진임용은 일반적으로 근무성적평정, 경력평정 및 기타 능력의 실증에 따라 결정되는데, 1~3급의 승진은 능력과 경력을, 5급 공무원 승진임용은 승진시험을 거치되, 필요한 경우 대통령령이 정하는 바에 따라 인사위원회의 의결을 거쳐 임용할 수 있다. 이 밖에도 우수 공무원은 특별승진 임용할 수 있는데, 그 대상은 다른 공무원의 모범이 되는 자, 직무수행능력이 탁월한 자, 행정운영발전에 현저한 실적이 있는 자 등 기타 필요한 경우에 한한다고 규정하고 있다.

3) 개방형 직위제와 공모직위제

2007년 개정된 지방공무원법은 개방형 직위제와 공모직위제를 명문화하고 있다. 개방형 직위는 전문성이 특히 요구되거나 효율적인 정책수립을 위해 필요하다고 판단되어 공직내부 또는 외부에서 적격자를 임용할 필요가 있는 경우에 활용한다. 또한 직위공모제를 통해 해당기관 또는 외부기관에서 적격자를 널리 공모해 임용할 수 있도록 하고 있는데 이러한 직위제도의 탄력적 운영은 인사의 개방성을 확보해 우수한 인재를 발굴하고 적정 배치함으로써 도시정부의 경쟁력을 높이기 위한 인사관리정책이라고 할 수 있다.

4) 신분보장과 정년 및 명예퇴직

지방공무원은 능력과 실적에 따라 임용되며 형의 선고, 징계나 이 법이 정하는 사유에 의하지 아니하고는 그 의사에 반하여 휴직 및 강임, 또는 면직을 당하지 않도록 규정하고 있어 공무원의 신분을 보호하고 있다. 이 밖에도 일반직 공무원의 정년을 60세로 설정하여 공무원이 정년까지 신분보장을 받으며 일을 할 수 있도록 정년보호제도를 운영하고 있다. 또한 공무원으로 20년 이상 근속한 자가 정년 전에 자진하여 퇴직하는 경우를 명예퇴직이라고 하는데, 이 경우 예산의 범위 내에서 명예퇴직수당을 지급할 수 있다고 규정하고 있다.

5) 교육훈련 및 인사교류

도시정부의 모든 공무원은 담당 직무와 관련하여 학식과 기술 및 응용능력의 배양을 위해서 법령이 정하는 바에 따라 훈련을 받아야 한다. 또한 지방자치단체의 장 및 각급 감독의 지위에 있는 공무원은 일상 업무를 통해 계속적으로 부하직원을 훈련시킬 책임을 진다. 이러한 훈련성적은 인사관리에 반영시켜야 하고 이를 위해 지방자치단체에 공무원의 훈련기관을 둘 수 있도록 규정하고 있다.

행정안전부 장관 또는 교육인적자원부 장관은 인력의 균형 있는 배치와 지방자치단체의 행정발전을 위해 당해 지방자치단체의 장에게 인사교류를 권고할 수 있고 시·도지사는 당해 지방자치단체 및 관할구역 안의 지방자치단체 상호 간에 인사교류의 필요가 있다고 인정되면 당해 시·도에 두는 인사교류협의회에서 정한 인사교류 기준에 따라 인사교류를 권고할 수 있다.

6) 도시정부 인사위원회

도시정부를 포함한 지방자치단체는 인사운영의 공정성과 객관성을 높이기 위해 인사위원회를 설치·운영할 수 있고 특별시·광역시·도 또는 특별자치도에는 필요한 경우 제1, 제2인사위원회로 구분하여 설치·운영할 수 있다. 지방인사위원회는 위원장을 포함하여 16명에서 20명으로 구성할 수 있고 외부 위촉위원이 1/2을 넘어야 하되 여성 등 의무구성위원을 포함하여야 한다고 규정하고 있다.

제4절 도시정부 행정시스템의 전망과 과제

1. 도시정부 행정시스템의 전망

도시정부의 행정시스템과 관련하여 도시정부의 형태와 이를 지원하기 위한 조직 및 인사관리제도 역시 지방자치를 내실화하는 방향으로 자율성과 지역적 특성이 반영되고 있다. 다양한 모습의 도시정부 형태는 도시정부의 행정시스템에도 적지 않은 영향을 미친다는 점에서 도시정부의 행정시스템 역시 정형화되거나 표준화된 방식에서 보다 유연하고 다양성을 띤 모습으로 진화될 것으로 전망된다.

특히, 향후 더욱 강화될 것으로 예상되는 지방자치 시대의 도래와 함께 본격적으로 도래할 거버넌스 중심의 도시정부 형태와 정보통신기술(ICT)과 AI 기술의 진보는 도시정부의 기능이나 역할을 비롯, 조직관리나 공무원 정원관리와 같은 도시정부 행정시스템에도 근본적인 변화를 가져올 것으로 예상된다. 이러한 행정 환경에 유연하고 능동적으로 대응하기 위해서는 도시정부의 행정시스템이 보다 지역적이고 자율적일 뿐만 아니라 창의적으로 운영될 수 있도록 제도적, 운영적 측면뿐만 아니라 도시정부 차원에서 유용한 조직문화의 조성이 요구된다.

2. 도시정부 행정시스템의 과제

도시정부에 대한 전망과 관련하여 도시정부 행정시스템이 당면할 것으로 예상되는 과제를 살펴보면 우선, 도시정부의 운영형태나 방식의 재정립이 필요하다. 현재 우리나라의 경우, 중앙집권적 정치체제와 도시정부의 지역사무가 서로 결합된 집권, 융합모형과 중앙집권적 정치체제와 특별지방행정기관이 지역사무를 관장하는 집권, 분리모형이 혼재하고 있지만 앞으로는 지방에 권한을 분산하는 지방분권적 정치체제와 함께 도시정부의 통합적 사무처리가 보다 강화된 분권, 융합모형으로의 전환으로 도시정부의 자율성을 강화하는 방향으로 도시정부의 운영형태를 발전시킬 필요가 있다.

두 번째는 도시정부의 자치조직권에 대한 규제완화로 도시정부의 자율권이 신장되었으나 도시정부의 고유사무를 자치조직에 반영할 수 있도록 도시정부의 자치조직권에 보다 많은 권한과 자율성을 부여할 필요가 있다. 이를 위해서는 법령이 정하거나 대통령령이 정하는 일정한 범위 내에서 도시정부의 조직 및 인력구성과 운영방식에 자율성을 확보할 수 있도록 지방정부에 대한 중앙정부의 통제나 관리방식을 폐지하고 도시정부의 행정시스템 구축 및 운영에 대해 해당 지역의회의 책임을 강화함으로써 도시정부 운영에서 지역주민들의 자율성과 책임성을 획기적으로 강화하여야 한다.

강용기, (2008), 현대지방자치론, 대영문화사.

김대건, (2011), 지방자치 20년의 회고와 전망: 서울시의 조직관리와 분권형자치, 서울시정개발연구원.

김병국 외, (2004), 지방자치단체의 조직관리제도 발전방안: 총액인건비제 도입을 중심으로, 한국지방행정연구원.

뉴스 부산, (2022), 전국 최초 특별지방자치단체, "부산울산경남특별연합" 설치, 2022. 4. 20.

박병식 외, (2009), 현대도시와 행정, 대영문화사.

박종화 외, (2013), 도시행정론, 대영문화사.

백승주, (2010), 지방자치법과 공무원법론, 동방문화사.

송석휘, (2007), 권한 이양에 따른 자율관리 확보돼야, 공공정책 21(1): 50-51.

송석휘, (2011), 지방자치 20년의 회고와 전망: 서울시의 인사관리와 분권형자치, 서울시정개발연구원.

이기우, 하승수, (2007), 지방자치법, 대영문화사.

장지호, (2009), 제도점검지표의 적용: 총액인건비제도, 2009 한국행정학회 하계학술대회 발표문.

정부혁신지방분권위원회, (2007), 총액인건비제도 시범실시 기관별 운영 현황.

정일섭, (2010), 한국지방자치론, 대영문화사.

최병대, (2008), 자치행정의 이해: 사례분석, 대영문화사.

최병대 외, (2010), 한일지방자치비교, 대영문화사.

최순영, (2009), 총액인건비제도의 이론적 근거와 긍정적 기대의 영향요인, 2009 한국행정학회 하계학술대회 발표문.

행정안전부, (2007), 지방자치단체의 행정기구와 정원기준 등에 관한 규정.

홍철, 유형철, (2006), 리더십과 도시혁신, 북랜드.

Bingham et al., (1991), *Managing Local Government: Public Administration in Practice*, Sage Publications.

Gulick, Luther H, (1962), *The Metropolitan Problem and American Ideas*, Alfred Knopf.

Hebert, F. Ted, (2000), Governors as Chief Administrators and Managers, In John J. Gargan (Ed.), *Handbook of State Government Administration* (pp. 107−126), Marcel Dekker Inc.

NJTPA, (1998), *History of Metropolitan Planning Organization*, NJTPA Issue Report.

SCAG, (2023), *Southern California Association of Governments − SCAG*.

Thrift, Nigel, (2017), *Seeing like a City*, WILEY.

Urban Administration

제 **4** 장

지방재정시스템

지방재정시스템

　　도시정부의 재정시스템은 도시정부 활동과 서비스 제공에 필요한 자원을 조달하여 정책우선순위에 따라 자원을 배분하고 집행하여 주민의 삶의 질을 제고하는 정책목표를 달성하는 데 근간이 되는 수단이다. 이번 장에서 이를 지방재정시스템으로 부르고자 한다. 우리의 평범한 일상은 도시정부의 다양한 서비스 덕분이라고 해도 과언이 아니다. 아침에 일어나 씻고 마실 때 필요한 물은 상하수도 서비스 덕분이고, 안전하고 편리한 출퇴근길은 공영버스 또는 지하철 서비스 덕분이다. 자동차를 운전할 때도 도로 및 교통관제 서비스를 누리고 있으며, 잘 가꾸어진 녹지에서 산책하였다면 공원녹지 서비스를 누린 것이다. 우리 모두가 어떤 식으로든 도시정부와 관계를 맺고 생활하고 있다. 자유시장 경제체제에서 자원의 배분은 원칙적으로 시장에 맡겨져 있다. 보이지 않는 손인 가격이 자원배분을 잘 조율해 준다. 그러나 민간이 해결하기 어렵거나 가격의 원리가 제대로 작동하지 않는 경우 시장실패를 치유하기 위하여 정부의 역할이 필요하다. 이러한 측면에서 시장원리가 제대로 작동하지 않는 도시정부의 공공문제를 해소하기 위해 임대주택, 상하수도, 도로, 공원, 쓰레기수거, 폐기물, 교통, 도서관, 어린이집, 각종 복지시설 등은 지방자치단체가 공급하고 있다.

　　지방자치단체는 공공서비스를 효율적으로 제공하기 위해 물리적 공간인 공공청사를 마련하고 직원을 채용하고 이들이 근무하는 부서를 도시정부 내에 설치한다. 행정에 필요한 재원을 조달하여 일반회계와 특별회계를 설치하고 정책과 사업의 특성에 맞게 이를 관리·운용하고 있다. 지방자치단체는 지방정부이지만 때로는 기업과 같은 방식으로 사업 경영을 수행하기도 한다. 즉, 지방자치단체가 직접 사업 경영을 수행하는 공기업특별회계를 설치하여 일반회계와 구분하여 독립적으로 회계를 운영(상수도, 하수도, 공영개발 등)하기도 하고,[1] 자금을 출자하여 지방자치단체와 별개인 별도의 법인을 만들어 간접적 경영방식인 지방공사(도시철도공사, 도시개발공사) 및 공단(시설관리공단)을 설립하기도 한다.[2] 또는 문화, 예술, 장학, 체육, 의료 등 분야에서 주민복리의 증진을 위하여 재단법인(복지재단, 문화재단)을 설립하기도 한다.[3]

공공서비스를 제공하기 위해서는 공무원, 조직뿐만 아니라 재원이 필요하다. 도시정부의 재무행정은 도시행정 서비스에 필요한 재원을 어디서, 어떻게 조달하여, 어떻게 배분할 것인가를 다루는 연구영역이다. 지방재정은 공권력 주체로서 지방자치단체가 수행하는 경제활동이다. 지방재정 이론이 현장에서 집행되는 재무행정 업무에 어떻게 적용되고 있는지 재무행정의 실제와 이론의 조화로운 연구가 필요한 영역이다. 재무행정은 지방세와 세외수입의 부과·고지·수납 절차부터, 세출예산의 편성과 집행(지출), 회계 및 결산제도 등 복잡한 제도와 절차에 기반하여 운영되고 있다.

본 장은 우리나라 지방재정의 수입과 지출에 관한 제도를 소개하면서 지방재정시스템을 이해하는 것을 목적으로 한다. 지방자치단체의 재정정보는 주로 당초 예산을 기준이므로 일반회계와 특별회계를 대상으로 논의를 진행하고 재정정보를 제시하고자 한다.

---

1 지방직영기업의 조직과 인력은 지방자치단체에 속한다.
2 지방자치단체가 50%이상 출자한 독립법인으로 지방자치단체와 별도로 독립적으로 운영되며 종사자의 신분은 민간인이다
3 지방공사, 지방공단, 지방출자·출연기관에 대한 경영공시와 주요통계는 지방공공기관통합공시시스템(clean eye.go.kr)에서 확인할 수 있다.

제1절 중앙-지방 재정 관계

1. 지방재정의 개념

재정이란 국가나 지방자치단체가 행정활동을 위하여 자금을 조달하고 이를 관리 및 집행하는 모든 활동을 말한다. 따라서 재정의 주체는 정부이다. 국가의 재정활동을 국가재정, 지방자치단체의 재정활동을 지방재정이라고 한다(국가재정법, 지방재정법). 국가재정은 한 국가의 살림살이를 말하며 주로 중앙부처가 담당하므로 중앙재정이라고 부르기도 한다. 예산과 국고를 담당하는 재정당국과 소관 분야의 업무와 재정활동을 관장하는 소관별 중앙부처가 국가재정 활동을 수행한다.

지방재정은 지방자치단체의 세입과 세출에 대한 활동으로 관할구역이 존재한다. 지방재정은 수직적으로는 국가재정과 관련되고 동시에 수평적으로는 다른 지방자치단체 비교와 경쟁관계에 있다. 즉, 지방재정은 중앙재정으로부터 지방교부세와 국고보조금을 이전받는다.

2022년 당초예산(기금제외) 기준으로 중앙재정과 지방재정의 예산규모를 합한 수치는 826.8조 원이다. 이중에서 중앙재정의 규모는 약 455.8조 원이고, 지방재정은 약 288.3조 원이며, 지방교육재정이 82.7조 원이다. 이렇게 예산규모는 중앙재정의 규모가 훨씬 크지만, 재정지출액은 지방재정이 총 예산규모인 826.8조 원의 60%인 364.3조 원 정도를 지출한다. 지방재정지출을 위하여 부족한 재원을 중앙재정에서는 지방재정으로 교부세와 국고보조금 형태로 이전해준다.

우리나라는 2023년 1월 1일 현재 243개의 지방자치단체가 존재한다. 지방자치단체는 광역지방자치단체와 기초지방자치단체로 분류된다. 광역지방자치단체는 서울특별시, 6개의 광역시, 세종특별자치시, 8개의 도, 제주특별자치도의 17개로 구성되어 있다. 기초자치단체는 73개 시, 85개 군, 69개 자치구로 구성되며 모두 227개이다. 중앙정부와 광역자치단체, 지방자치단체 간에는 국고보조금과 교부세(금)의 교부주체와 교부대상기관의 관계에 있다. 국고보조금은 대개 중앙부처에서 광역자치단체를 거쳐 기초지방자치단체에 교부된다. 지방교부세는 기준재정수입이 기준재정수요에 미달하는 각 자치단체에 교부되지만, 자치구의 경우 특·광역시에 교부된다.

지방자치단체의 모든 행정서비스와 정책은 예산의 뒷받침 없이는 집행될 수 없다. 예산은 한정된 자원으로 다양한 지방자치단체의 사업수요를 우선순위에 맞게 배분한 것이기 때문에 숫자로 표현된 지방자치단체의 정책의지라고 할 수 있다. 즉, 어떤 사업이 예산에 반영되었다면 그 사업은 해당 지방자치단체에서는 예산을 배분받지 못한 여타 다른 사업보다 훨씬 중요하고 우선순위가 높은 사업이라고 판단할 수 있다.

지방자치단체의 회계는 일반회계와 특별회계로 구분된다(지방재정법 제9조). 일반회계는 지방세를 주요한 세입원으로 하여 지방자치단체의 일반적인 세출에 충당하기 위해 설치한다. 이에 반해 특별회계는 지방공기업법에 따른 지방직영기업이나 그 밖의 특정사업을 운영할 때 또는 특정자금이나 특정세입·세출로서 일반세입·세출과 구분하여 회계처리할 필요가 있을 때에만 법률이나 조례로 설치할 수 있다. 전자는 공기업특별회계, 후자는 기타특별회계로 구분한다. 기금은 특정한 목적을 달성하기 위해 특정한 자금을 신축적으로 운용할 필요가 있을 때에 한해 조례로서 설치되는 특정 자금을 말한다. 기금은 예산원칙의 제약에서 벗어나 좀 더 탄력적으로 자금을 운용할 수 있게 하기 위해 설치된다. 원칙적으로 지방재정이든, 국가재정이든 '재정'을 논할 때는 일반회계, 특별회계, 기금을 모두 포함하여야 한다. 그러나 현재 기획재정부와 행정안전부에서 제공하는 국가재정과 지방재정의 통계가 예산을 기준으로 일반회계와 특별회계만을 포함하고 있으므로 재정통계의 이용 편의를 위하여 논의 대상에서 기금을 제외하기로 한다.

2. 지방자치와 지방재정

지방자치란 일정한 지역의 주민들이 지방자치단체를 구성하여 국가의 일정한 감독 아래 그 지역 내의 공공문제를 자기 부담으로 스스로 또는 그 대표자를 통하여 처리하는 것으로 정의한다. 그러나 한 국가 내에서 사람, 재화, 자본은 아무 제한 없이 자유롭게 이동하고 있는 상황에서 지방자치단체는 고유사무만 처리할 수 없다. 또한 고유사무를 자신의 부담만으로 처리하려면 재정력이 약한 단체는 부담이 너무 커지거나 아니면 행정서비스의 양적·질적 저하가 발생하기 쉽다. 지역 내에서 공평성이 확보되면 충분했던 시대와 달리, 현대의 지방자치는 타 지방자치단체와의 비교가 일반화되고 공평의 기준이 전국으로 확장되었다.

국가가 모든 국민을 대상으로 최저생활을 보장한다는 현대 복지국가의 이념은 경제악화가 지속되자 각국에서 수정 보완하고 있다. 국가가 제공하던 복지의 점점 더 많은 부분이 지방정부와 제3섹터로 이전되고 있다. 지역 간 경제력 격차는 지역감정을 조장하고 국민통합을 저해하므로 지역 간 재정격차를 완화하는 것은 국가의 중요한 책무에 해당된다.

지방자치에 따라 지방재정은 주민이 자신이 속한 지방자치단체의 행정과 재정에 관심을 갖고 스스로 통제할 수 있도록 제도가 설계되고 운영되어야 한다. 특히 주민이 자신의 대표를 선출하는 과정에서 지방재정의 운영성과가 반영될 수 있도록 관련 제도가 설계될 필요가 있다. 자원배분의 효율성 추구 못지않게 재정운영성과를 지방의 정치과정에 반영되는 메커니즘을 구축하는 것이 중요하다.

3. 지방재정의 기능

(1) 재정의 기능

재정활동은 시장에서 이룩할 수 없는 경제목표의 달성을 목표로 하고 있다. Musgrave 이후, 재정의 기능은 일반적으로 자원의 효율적 배분, 소득재분배, 경제의 안정 및 성장으로 정식화되었다. 3가지 기능은 국가와 시대에 따라 강조되는 정도가 상이하다.

자원의 효율적 배분이란 정부의 전통적인 기능으로 시장실패를 교정하고 생산과 소비의 최적화를 도모하는 것을 말한다. 희소한 자원의 배분은 원칙적으로 시장에 맡겨져 있으나, 시장기구의 작동은 불완전하다. 이를 시장의 실패라 한다. 이러한 결함을 시정하고, 자원을 효율적으로 배분하는 것이 정부의 중요한 역할이며, 시장경제 시스템에서 정부가 존재하는 이유이다.

사회적으로 필요한 재화지만 소비자가 가격을 지불하지 않고, 공동으로 소비할 수 있기 때문에 시장기구를 통해서 공급될 수 없는 재화가 존재한다. 배제성과 경합성이 결여된 공공재(public goods)는 누구도 공급하려고 하지 않을 것이다. 이와 같이 시장이 형성되지 않을 경우, 정부가 조세를 통해 재화를 공급해야 한다. 재화가 공급된다 하더라도 비효율적인 경우, 조세부과나 보조금의 교부라는 수단을 이용해 이를 시정하고 있다.

시장기구를 통한 자원분배가 효율적으로 이루어졌다 하더라도 결코 소득이 공정하게 분배되었다는 것을 의미하지는 않는다. 정부는 재정활동을 통해 소득분배의 상태를 바람직한 방향으로 개선하기 위해 시장에 개입하게 되는데 이를 소득 재분배기능이라 한다. 소득재분배는 조세와 지출, 양면을 살펴보아야 한다. 물론 바람직한 방향에 대해서는 이의가 있을 수 있지만, 각종 소득관련 조세에 누진세율을 적용하고, 급여생활자와 농어민 등을 대상으로 조세감면 등을 통해 기존의 소득분배 상태를 변화시킨다. 한편 저소득층을 대상으로 한 공공부조와 같이 직접적인 사회보장 관련 지출을 통해 소득재분배기능을 수행한다.

경제는 호황과 불황을 반복하면서 발전한다. 호황과 불황은 물가와 실업에 영향을 미쳐 국민경제를 불안정하게 만든다. 호황은 물가를 상승시켜 채권자, 연금생활자에게 불리하게 작용하고, 불황은 생산시설의 가동률을 저하시켜 생산량을 줄인다. 경제안정화기능은 거시경제적 측면에서 유효수요를 조작함으로써 경기변동을 조절하는 것을 말한다. 정부가 동원할 수 있는 재정정책은 조세와 지출이다. 유효수요부족으로 경기침체와 실업이 우려되면 감세를 통해 민간지출을 자극하거나 공채발행을 통해 직접 정부지출을 증대시켜 경기를 부양한다. 반대로 경기가 과열되어 인플레이션이 염려될 경우에는 내재된 자동안정화장치 이외에 증세나 정부지출의 감축을 통해 유효수요를 하향조절함으로써 경제안정에 도움을 준다.

(2) 지방재정의 기능

Musgrave는 지방정부는 재정의 3가지 기능 중에서 효율적인 자원배분에 집중하는 것이 바람직하다고 주장한다(Musgrave, 1959). 공공재를 중앙정부와 지방정부 중 누가 공급해야 하는가는 누가 주민의 선호를 더 잘 반영해 사회적 후생을 극대화시킬 것인가가 기준이 된다. 지방자치단체는 주민과 가까운 곳에 위치하고 있고, 지역의 사정을 잘 알고 있는 조직이기 때문에 주민의 일상생활과 밀접한 지방공공재를 공급하는 것이 바람직하다. 어린이 공원을 조성할 경우 장소, 규모 · 위치 등에 관한 논의는 국회보다는 지방의회가 주민의 선호를 더 잘 반영할 것이다. 반면 전국적인 이해관계가 있는 국방, 외교, 치안 등을 지방자치단체가 공급할 경우, 과소공급될 우려가 있어 중앙정부가 담당하는 것이 바람직하다(남황우, 2014).

소득재분배기능은 중앙정부의 전담기능으로 설명하고 있다. 그 근거는 2가지이다. 소득재분배기능을 지방자치단체에 맡기면 강력한 소득재분배정책을 실시하는 지역의 주민은 세부담이 무겁고, 재분배에 관심이 없는 지역의 주민은 부담이 가벼울 것이다. 국가의 입장에서 지방자치단체 간 세부담의 현저한 차이는 수평적 공평성에 어긋난다는 것이다. 재분배정책의 지속가능성 측면에서도 주민의 자유로운 이동에 의해 수혜대상인 저소득층은 강력한 재분배정책을 시행하는 지역으로, 고소득층은 세부담이 적은 지역으로 이주하기 때문에 재분배 정책이 지속될 수 없게 된다.

경제안정화정책도 중앙정부의 역할이다. 특정 지역에서 불황이 지속되어 그 지역이 대량의 지방채를 발행하여 대규모 공공투자를 할 경우, 그 영향이 타 지역으로 유출되어 효과가 미미하다는 것이다. 이는 지역 간 산업연관효과를 생각하면 곧 이해가 된다. 또 다른 이유는 중앙과 지방의 신용력 차이이다. 일반적으로 지방에 비해 중앙정부가 안전하다고 생각하며, 발행한 국채가 시장에서 소화되지 않더라도 중앙정부는 화폐발행을 매개로 국채를 소화할 수 있다. 경제성장은 저축과 투자가 선결조건이다. 투자는 반드시 그 지역의 자본이 투입되어야 하는 것은 아니고 전국에서 조달 가능하다. 다만 지방자치단체는 투자의 업종, 입지 등에 관여할 수 있다. 지방재정은 지역경제 활성화의 기능을 분담할 수 있다(남황우, 2014).

최근에는 지방분권과 재정분권에 따른 지방정부의 기능과 권한이 확대되면서 지방정부는 지역적 경계 안에서 지방복지정책을 통한 소득재분배기능과 지역경제 안정화 기능을 부분적으로 수행한다고 말할 수 있다.

제2절 ᢗ 지방세입

1. 지방세입의 종류와 분류

(1) 지방세입의 종류

주민에게 무상으로 행정서비스를 제공하더라도, 그 활동에는 비용이 소요된다. 정부는 이에 필요한 재원을 조달해야 한다. 예산에서는 매년 조달하는 재원을 세입이라 부른다. 세입원은 수입의 원천이 되는 곳으로 일정한 기준에 따라 나누고 있다. 중앙정부는 국세를 주요한 세입원으로 하고 국채가 그 부족분을 보완하는 형태로 재원을 조달하고 있다. 지방정부는 중앙정부보다 다양한 세입원을 갖고 있다.

지방자치단체의 세입원은 지방세를 비롯해 세외수입, 지방교부세, 보조금, 조정교부금, 지방채로 구성되어 있다. 지방자치단체의 종류에 따라 세입원에 차이가 있다. 지방세, 세외수입, 지방교부세(자치구 제외), 국고보조금, 지방채는 모든 지방정부에 공통된 세입원이다. 시·도는 관할구역 내의 시·군·구를 대상으로 지방보조금인 시·도비 보조금을 교부한다. 시·군은 조정교부금과 도비보조금, 보통교부세의 교부대상에서 제외되고 있는 자치구는 조정교부금과 시비보조금이 추가된다. 시·도비보조금은 광역지방자치단체가 관할구역 내의 시·군·구에 교부하는 특정재원으로 성격은 국고보조금과 동일하다. 자치구 조정교부금은 특별시와 광역시가 자신의 보통세 세수의 일정률을 재정조정과 재원보장을 목적으로 자치구에 교부하는 일반재원이다. 시·군 조정교부금은 도가 시·군에서 징수한 도세 수입의 일정률[4]에 해당하는 재원을 인구 등을 기준으로 시·군에 교부하는 일반재원이다.

〈표 4-1〉은 일반회계의 세입원별 구성비를 표시한 것이다. 정부 간, 회계 간 중복치를 제외한 순계기준이다. 세입총계는 2019년 344조 원 규모에서 2021년 432조 원 규모로 25% 정도 증가했으며, 이는 연평균 12%의 성장률에 해당한다.

세입원별로 보면 국고보조금이 가장 큰 비중을 차지하고 있으며, 지방세가 26% 전후로 안정적인 모습을 보이고 있다. 지방교부세 비중은 다소 감소하는 경향을 보인다. 지방채는 세입총액의 1% 미만에서 추이하고 있어, 건전하게 재원을 조달하고 있다고 평가할 수 있다. 〈표 4-1〉은 지방자치단체 전체의 세입원별 구성비를 나타낸 것이므로 각 지방정부의 세입구성비와는 다르다.

표4-1 지방자치단체의 세입구조			(일반회계, 결산기준, %, 백만 원)
	2019	2020	2021
지방세	26.7	25.4	26.5
세외수입	4.1	3.6	3.8
지방교부세	16.6	12.2	13.4
조정교부금등	3.9	3.5	4.0
국고보조금	32.9	40.2	37.5
지방채	0.4	0.8	0.8
보전수입 등 내부거래	15.3	14.1	13.7
합계(억 원)	3,441,006	4,074,575	4,322,318

출처: 행정안전부, 지방재정연감, 각 연도

---

4 시·군에서 징수한 도세 수입의 27%, 인구 50만 명 이상의 시에서 징수한 도세 수입의 47%를 재원으로 하고 있다. 인구 50만 명 이상의 시는 행정구를 설치할 수 있으며, 도의 일부사무를 처리하고 있어 그 비율이 상이함.

(2) 지방세입의 분류

지방재정에서는 세입을 대상으로 한 논의의 필요에 따라 세입을 분류하고 있다. 첫째, 세입의 조달에 있어 자신의 의지를 반영할 수 있는가를 기준으로 자주재원과 의존재원으로 분류한다. 자신이 스스로 징수를 결정하여 세입을 조달하면 자주재원이고 중앙정부 또는 상위지방정부의 정책 등으로 조달되는 재원은 의존재원으로 분류한다. 지방세와 세외수입은 전자에 속하고, 지방교부세, 국고보조금, 시·도보조금 등은 후자에 속한다. 일반회계 세입총액(당초예산)에서 지방세와 세외수입의 합이 차지하는 비율을 지방재정자립도라고 한다. 지방재정자립도는 지방재정의 건전성과 재정력의 정도를 나타내는 지표로 이용되고 있다.

둘째, 지출용도의 특정여부를 기준으로 일반재원과 특정재원으로 분류한다. 일반재원은 지방자치단체의 의사결정에 따라 자유롭게 지출할 수 있는 데 반해 특정재원은 용도가 미리 정해진 재원을 말한다. 일반적으로 지방세, 세외수입, 지방교부세는 일반재원으로 분류하며, 국고보조금과 지방채는 특정재원에 포함시킨다. 일반재원은 각 지방자치단체가 선호하는 서비스를 제공할 수 있고, 이에 따라 효용도 높을 것이란 기대에서 특정재원보다 선호되는 재원이다.

셋째, 수입의 규칙성과 안정성을 기준으로 경상적 수입과 임시적 수입으로 구분한다. 경상수입에는 매년 반복적으로 조달되는 지방세, 사용료·수수료, 이자, 교부금 등이 포함된다. 규칙성이 결여되어 있고 규모도 일정하지 않은 재산매각수입, 지방채 등은 임시수입에 속한다. 이 분류는 재정분석에 자주 이용되며 세입총액에서 경상적 수입의 비중이 높을수록 재정의 안정성이 높고 계획적인 재정운용이 가능하다.

2. 지방세

(1) 지방세의 개념

국가나 지방자치단체는 공권력에 기반하여 필요한 경비를 조달하기 위하여 개별적 보상 없이 일반국민으로부터 강제적으로 조세를 징수한다. 과세주체가 국가인지 지방자치단체인지에 따라 국세와 지방세로 구분된다. 국세는 과세권자가 하나밖에 없는 데 비해 지방세의 과세권자는 지방자치단체의 수만큼 존재한다. 지방세는 지방자치단체가 관할구역 내의 주민, 재산, 수익 등에 대하여 부과·징수하여 지방자치단체 자주재원의 근간이 된다. 지방세로 거둬들인 재원은 세입예산으로 편성되어 성공적인 지방자치를 수행하고 주민에게 양질의 서비스를 제공하기 위한 세출예산의 재원이 된다.

(2) 지방세의 원칙

국민은 재산의 일부를 국가에 이전해야 하는 납세의무로 인하여 경제적 손실을 입는다. 그러므로 조세의 부과·징수는 반드시 국회에서 제정하는 법률에 의하여야 한다. 우리 헌법도 납세의 의무와 조세법률주의를 규정해 놓고 있다. 조세에는 몇 가지 원칙이 있다. 즉, 조세는 각자의 능력에 맞도록 공평하게 과세하여야 하고(응능원칙), 조세를 납부할 능력이 없거나 납부할 의지가 없는 사람을 지출의 편익에서 배제할 수 없다(소득재분배). 또한 조세 부과와 납세행정 비용이 최소한으로 소용되도록 하고, 효율적이어야 한다. 지방세는 조세의 일반원칙과 구분되는 다음과 같은 독자적인 원칙이 몇 가지 있다.

1) 지방세는 지방자치단체의 서비스 혜택을 누리는 모든 주민이 편익의 크기에 비례하여 세부담을 배분하는 것이 바람직하다(편익성의 원칙).
2) 지방세는 모든 지역에 골고루 분포된 세원이 적합하다(보편성의 원칙).
3) 지방자치단체 간에 쉽게 이동하는 세원은 지방세로서 적절하지 않다(정착성의 원칙).
4) 지방세는 주민의 일상생활을 지원하는 행정서비스의 재원이므로 매년 일정한 수준으로 세수가 안정적일 필요가 있다(안정성의 원칙).

보편성의 원칙은 과세대상이 지역적으로 편재되어 있으면 세수가 부족하거나 전혀 없는 단체가 생기기 때문에 지방세의 세원은 지역적 편중이 없어야 한다는 원칙이다. 또한 정착성의 원칙과 관련하여 선박, 항공기와 같이 정착성이 결여된 과세물건은 세율에 따라 속한 지방자치단체를 옮길 수 있어 조세경쟁(tax competition)을 유발할 수 있다는 문제점이 있다.

(3) 지방세 세목 및 세수규모

지방세는 과세주체를 기준으로 광역자치단체(특별시, 광역시, 도)가 부과하는 시·도
세와, 기초자치단체가 부과하는 시·군·구세로 구분된다. 사용용도를 기준으로 하
는 경우 보통세와 목적세로 구분된다. 보통세는 일반재원에 사용되며 목적세는
특정재원에 제한적으로 사용된다.

표4-2 지방세법상 지방세의 세목구조

특별·광역시	시세	보통세	취득세, 레저세, 주민세,* 자동차세, 지방소득세, 지방소비세, 담배소비세
		목적세	지역자원시설세, 지방교육세
	구세	보통세	등록면허세, 재산세**
도	도세	보통세	취득세, 레저세, 지방소비세, 등록면허세
		목적세	지역자원시설세, 지방교육세
	시군세	보통세	주민세, 재산세, 자동차세, 담배소비세, 지방소득세

주 : * (주민세 특례) 광역시의 경우 주민세 재산분 및 종업원 분은 구세로 귀속
  ** (공동과세) 특별시 내 구의 재산세(선박, 항공기, 도시지역분 제외)는 특별시세(50%) 및 구세(50%)로 귀속

표4-3 세목별 결산액

구분		2020	2021	증감액	증감률
총징수액	Total	1,020,488	1,127,984	107,496	10.5%
취득세	Acquisition Tax	295,363	337,166	41,803	14.2%
지방소득세	Local Income Tax	169,411	199,573	30,162	17.8%
재산세	Property Tax	137,731	149,743	12,012	8.7%
자동차세	Automobile Tax	81,342	83,546	2.204	2.7%
지방소비세	Local Consumption Tax	165,692	178,166	12,474	7.5%
지방교육세	Local Education Tax	71,358	75,986	4,628	6.5%

담배소비세	Tobacco Consumption Tax	35,777	35,579	−198	−0.6%
등록면허세	Registration And License Tax	20,529	21,550	1,021	5.0%
주민세	Resident Tax	21,239	22,829	1,590	7.5%
지역자원 시설세	Local Resource and Facility Tax	17,773	18,411	638	3.6%
레저세	Leisure Tax	1,686	1,060	−626	−37.1%
기타	Revenue From Previous Year	2,587	4,374	1,787	69.1%

출처: 2022 지방세통계연감(행정안전부)

3. 세외수입

(1) 의의

세외수입은 조세나 공채 이외의 방식으로 조달한 정부의 수입으로 국가 세외수입과 지방세외수입으로 구분한다. 「지방행정제재·부과금의 징수 등에 관한 법률」제2조 제1호 제1의 2호에 의하면 "지방세외수입이란 지방행정제재·부과금과 그 밖의 다른 법률 또는 조례에 따라 부과·징수하는 지방자치단체의 조세 외의 금전 수입으로서 수수료, 재산임대수입 등 행정안전부령으로 정하는 금전 수입"으로 정의하고 있다.

세외수입 중 사용료, 수수료, 재산임대료 등은 조세에 비해 개별적 보상의 성격을 갖고 있다. 세외수입의 법적 근거는 법률, 대통령령, 부령, 조례, 규칙 또는 사법상의 계약 등 다양하게 존재한다. 세외수입은 일반재원으로 분류하고 있으나, 수입원의 법적근거에 따라 사용처가 특정된 경우가 많다. 예를 들면 하천사용료는 하천관리, 공원사용료는 공원관리 및 개발에 관한 비용에 사용되어야 한다.

(2) 세외수입의 종류

세외수입은 경상적 세외수입과 임시적 세외수입, 지방행정제재·부과금으로 구분할 수 있다.[5]

---

[5] 실제 세입은 아니지만 회계 간 거래 등을 위하여 명목적 세외수입으로 처리하는 순세계잉여금, 이월금, 전입금, 예탁금및예수금, 융자금원금수입은 2013년까지는 세외수입에 포함하였으나 2014년 세입과목 개편으

1) 경상적 세외수입

경상적 세외수입은 법령 또는 조례로 정해져 계속성과 안정성이 확보되고 매년 반복하여 조달되는 예측 가능한 수입이다.

재산임대수입, 사용료, 수수료, 사업수입, 징수교부금, 이자수입 등이 있다. 재산임대수입이란 지방자치단체가 국·공유재산을 관리·운영하는 과정에서 발생하는 수입을 말한다. 토지·건물의 임대수입 등이 이에 속한다.

사용료는 공공시설의 사용으로 인하여 얻는 편익에 대하여 개별적인 보상원칙에 의하여 징수하는 점에서는 수수료와 같으나, 수수료가 지방자치단체의 특별한 활동에 의하여 이익을 받는 경우에 부과되는 데 반하여 사용료는 지방자치단체의 공공시설을 개인·단체 등이 이용함으로써 이익을 받는 경우 부과하는 점이 다르다. 체육시설 사용료, 도로 사용료, 하천 사용료, 시장 사용료, 입장료 수입 등이 사용료에 해당된다. 수수료는 인허가 제증명 발급 수수료 등이 있다.

징수교부금은 국세·시도세·하천사용료 및 도로사용료 등을 시·군·구가 위임을 받아 징수할 경우 징수위임기관인 국가 또는 시·도에서 교부하는 것을 말한다. 이와 같은 징수교부금은 위임한 세입징수에 소요되는 경비를 보상하는 성질을 갖고 있다.

사업수입에는 지방자치단체에서 운영하는 종축장·임업시험장·원종장 등에서 발생하는 부산물 매각수입과 주차장 운영수입·보건소 진료수입 등이 있다.

이자수입은 지방자치단체가 세입과 세출 간의 시차에 따라 발생하는 일시적인 유휴자금을 금융기관에 예치·관리하는 과정에서 발생하는 수입을 말한다.

2) 임시적 세외수입

임시적 세외수입은 지방자치단체의 수입 중에서 불규칙적으로 발생하는 수입으로 대체로 규모는 크나 수입이 일회성에 그치는 경우가 많아 세입규모를 예측하기 어렵다. 재산매각수입, 자치단체 간 부담금, 보조금반환수입, 기타수입, 지난 연도 수입 등이 있다.

로 지방세외수입에서 제외되었다. 따라서 실질 세외수입과 명목적 세외수입의 구분 실익이 없다. 특별회계의 경우 사업성 여부를 기준으로 사업수입과 사업외수입으로 구분할 수 있다.

재산매각수입은 지방자치단체의 공유재산매각계획에 따라 일반재산을 매각하여 얻는 수입을 말한다.

부담금은 특정한 공익사업으로 특별한 혜택을 받는 자 또는 비용을 유발하는 자에게 그 사업에 필요한 경비를 부담하도록 하는 제도이다. 자치단체 간 부담금과 부담금관리기본법에 의한 일반부담금으로 구성된다.

기타수입이란 이상의 각종 수입 이외의 수입을 일괄한 것으로 불용품 매각수입, 변상금, 위약금, 과태료 및 범칙금수입, 체납처분수입, 보상금수납금, 시도비반환금수입, 기부금 등이 있다.

지난년도수입이란 당해연도 이전에 부과한 세외수입 중 당해연도에 징수한 세외수입을 말한다.

3) 지방행정제재·부과금

지방행정제재·부과금은 행정법상 의무위반에 대한 경제적 이익을 박탈하는 과징금, 이행강제금, 부담금, 변상금 등이 포함된다.

표4-4 **지방행정제재·부과금 종류 및 적용법률 현황**

구분	개념	부과근거	적용법률
과징금 (91개)	행정법상 의무위반에 대한 경제적 이익 박탈	• (영업정지 대체) 공중위생관리법, 약사법, 여객자동차운수법 등 • (경제적 이익 환수) 산업입지개발법, 식품위생법, 청소년보호법 등 • (과태료와 유사) 부동산실명법 등	「지방행정제재·부과금의 징수 등에 관한 법률」
이행강제금(17개)	작위·부작위 의무를 이행하지 않은 경우	개발제한구역지정관리법, 건축법 등	
부담금 (12개)	공익사업의 이해관계인에게 사업 필요경비 부과	대도시권 광역교통관리특별법 등	
변상금 (1개)	국·공유재산, 도로 등을 무단점유 시 부과	공유재산법 등	

| 과태료* | 법령상 의무 위반에 대한 행정질서 유지를 위해 부과 | 국민건강증진법, 도로교통법 등 | 「질서위반행위 규제법」 |

*지방행정제재부과금은 아님
출처: 적용법률

(3) 항목별 세외수입의 규모

〈표 4-5〉는 2020년 결산기준의 항목별 세외수입 징수현황이다. 세외수입의 총 부과액은 24억 8364억 원이나 징수액은 19억 6334억 원으로 징수율은 79.1% 정도이다. 체납액은 4조 3394억 원이며, 대부분 부담금, 과징금 및 과태료, 지난연도 수입 등 임시적 세외수입에서 체납이 발생하고 있음을 알 수 있다.

표4-5 세외수입의 징수현황(일반회계와 특별회계, 2020년 기준)   (단위: 억 원, %)

과목		부과액	징수액	불납 결손액	미수납		징수율
					체납액	납기 미도래	
합계		248,364	196,334	3,074	43,394	5,565	79.1
경상적 세외수입	소계	84,853	83,507	0	994	351	98.4
	재산임대 수입	9,800	9,490	0	249	60	96.8
	사용료	14,014	13,615	0	322	77	97.2
	수수료	17,711	17,598	0	47	67	99.4
	사업수입	18,559	18,070	0	362	127	97.4
	징수교부 금수입	15,930	15,929	0	0	1	100.0
	이자수입	8,839	8,805	0	14	19	99.6
임시적 세외수입	소계	163,512	112,826	3,074	42,399	5,213	69.0
	재산매각 수입	16,920	15,573	1	354	992	92.0
	부담금	32,635	28,771	2	1,813	2,049	88.2

과징금 및 과태료 등	12,412	7,912	22	3,763	715	63.7
기타수입	54,774	51,930	22	1,742	1,080	94.8
지난 연도 수입	46,771	8,640	3,027	34,727	377	18.5

출처: 행정안전부, 지방세외수입연감, 각 연도

4. 지방교부세

(1) 의의

지방교부세는 재정조정을 목적으로 교부하는 재원이다. 재정조정은 수직적 재정조정과 수평적 재정조정으로 나누어 볼 수 있다. 수직적 재정조정은 서로 다른 정부계층간에 존재하는 재원조달능력과 지출책임간의 불일치를 완화시키는 것을 말한다. 불일치의 원인으로 세원의 중앙집중, 지방재정 수요확대, 징세행정 능력, 지방의 행정기능을 생각할 수 있다. 지방교부세 제도는 중앙정부가 재정수요보다 더 많은 재원을 조달해 지방에 재정이전을 하고 있다는 점에서 일차적으로 수직적 재정조정이며, 자치단체별로 재원부족액을 산정하여 교부함으로써 지방자치단체 간의 재정격차를 완화한다는 측면에서는 수평적 재원조정 기능을 수행한다.

국가의 입장에서 거주지가 다르다고 행정서비스 수준이나 조세부담의 정도에 현저한 차이가 발생하는 것은 바람직하지 않다. 그러나 자치단체별로 과세력 및 행정비용이 지방의 여건에 따라 상당히 다르다. 이론상 1인당 세수입이 적고, 재정수요가 많은 빈곤한 도시정부는 과세력이 약하므로 높은 세율을 적용해야 최저수준의 공공서비스를 제공할 수 있지만, 부유한 도시정부는 표준세율 이하로도 훨씬 높은 수준의 지방행정서비스를 제공할 수 있다. 재정조정제도를 통해 재정형평화가 이루어지면 주민은 동일한 부담수준에서 유사한 수준의 행정서비스를 거주지에 관계없이 받을 수 있다. 따라서 지방교부세 제도는 재원보장기능과 재정형평화 기능을 수행하기 위해서 내국세의 19.24%로 법정화하여 지방재원을 총액으로 보장하고 있다.

(2) 종류

지방교부세는 지방자치단체간 재정조정을 목적으로 도입된 제도이며 보통교부세와 이를 보완하는 특별교부세로 구성되었다. 그러나 2005년에 이질적인 분권교부세와 부동산교부세가 추가되었고 2015년에는 소방안전교부세가 신설되었다. 분권교부세는 일부의 국가사무를 지방에 이양하면서 이에 소요되는 재원을 한시적으로 보장한다는 취지로 도입되었다. 이후 2015년에 분권교부세 제도가 폐지되었고, 담배에 부과되는 개별소비세의 20%를 재원으로 하는 소방안전교부세가 신설되었다. 2020년 소방직 국가직화가 시행됨에 따라 소방안전교부세율이 담배에 부과되는 개별소비세의 20%에서 45%로 인상되었다.

한편, 부동산교부세는 기존 지방세인 종합토지세와 재산세의 일부를 국세인 종합부동산세로 전환하는 대신 자치단체 재원 감소분을 보전하고 재정력이 취약한 자치단체의 재원을 확충하기 위하여 도입되었다. 국세인 종합부동산세 재원을 활용하여 시·도의 취·등록세와 시·군·구의 재산세 세수감소분을 우선 보전하다가 2010년 지방소비세가 시·도세로 도입됨에 따라, 부동산 교부세는 전액 균형재원으로 기초자치단체에 교부되고 있다.

특별교부세는 내국세 총액의 19.24%의 3%에 해당하는 금액을 총액으로 하고 있다. 특별교부세는 보통교부세의 기능을 보완하는 역할을 하고 있으며, 모든 지방자치단체를 교부대상으로 하고 있으므로 불교부단체도 교부대상에 포함된다. 특별교부세의 배분기준은 다음과 같다(지방교부세법 제9조 제1항). ① 기준재정수요액의 산정방법으로는 파악할 수 없는 지역 현안에 대한 특별한 재정수요가 있는 경우(40%), ② 보통교부세의 산정기일 후에 발생한 재난을 복구하거나 재난 및 안전관리를 위한 특별한 재정수요가 생기거나 재정수입이 감소한 경우(50%), ③ 국가적 장려사업, 국가와 지방자치단체 간에 시급한 협력이 필요한 사업, 지역 역점시책 또는 지방행정 및 재정운용 실적이 우수한 지방자치단체에 재정지원 등 특별한 재정수요가 있을 경우(10%)이다.

(3) 보통교부세의 산정구조

기능과 규모 면에서 볼 때 지방교부세의 중심은 보통교부세이다. 보통교부세는 제도의 객관성을 유지하기 위해 공식에 의해 배분된다. 보통교부세는 전체 243개 자치단체 중에서 174개 자치단체를 대상으로 하여 교부된다. 69개의 자치구는 광역자치단체 본청에 합산하여 산정된다. 자치구는 시·군과는 처리하는 행정의 대상과 범위, 기능과 권능의 차이가 크고, 지방세 및 재정운영 측면에서 특례조치를 취하는 부분이 많기 때문에 지방재정법 제29조의2 규정에 따라, 보통세의 일정액을 재원으로 자치구 조정교부금제도를 특별·광역시가 별도로 운영하고 있다. 제주특별자치도는「제주특별자치도 설치 및 국제자유도시 조성을 위한 특별법」에 따라 2007년부터 재정부족액을 산정하지 않고 보통교부세 재원의 3%를 교부하고 있다.

보통교부세는 각 지방자치단체를 대상으로 산정한 기준재정수입액이 기준재정수요액에 미달하는 단체를 대상으로 재정부족액을 기초로 교부된다. 기준재정수입액은「지방세법」상의 보통세를 기초수입으로 하고, 경상세외수입, 시·군 일반조정교부금, 시·도세 징수교부금 등의 '보정수입', 그리고 세입 증대 노력 등을 반영하는 '자체노력'을 합산하여 산정한다. 또한 기준재정수요액은「지방교부세법」시행령에 규정된 인구, 공무원수, 면적 등에 따라 산정되는 '기초수요', 법정수요 및 지역균형수요, 사회복지수요 등의 '보정수요', 그리고 지방자치단체의 세출절감 노력 등 '자체노력'을 합산하여 산정하는데, 이때 필요한 기초통계자료는 지방자치단체 장이 작성제출하는 자료를 사용한다. 기준재정수요액은 양자의 차액(재정부족액)을 기준으로 교부액이 결정되기 때문에 보통교부세는 기준재정수요액을 보장하는 기능도 수행하게 된다. 기준재정수입액이 수요액을 초과하는 지방자치단체를 불교부단체라 한다.

<table>
<tr><td>그림 4-1</td><td>보통교부세 산정절차</td></tr>
</table>

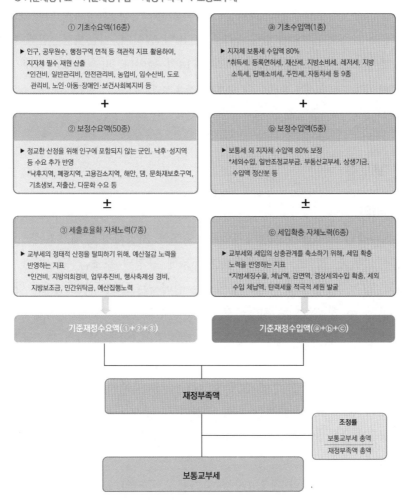

◎ 기준재정수요 − 기준재정수입 = 재정부족액 ≒ 보통교부세

① 기초수요액(16종)
▶ 인구, 공무원수, 행정구역 면적 등 객관적 지표 활용하여, 지자체 필수 재원 산출
  *인건비, 일반관리비, 안전관리비, 농업비, 임수산비, 도로관리비, 노인·아동·장애인·보건사회복지비 등

ⓐ 기초수입액(1종)
▶ 지자체 보통세 수입액 80%
  *취득세, 등록면허세, 재산세, 지방소비세, 레저세, 지방소득세, 담배소비세, 주민세, 자동차세 등 9종

② 보정수요액(50종)
▶ 정교한 산정을 위해 인구에 포함되지 않는 군인, 낙후·성지역 등 수요 추가 반영
  *낙후지역, 폐광지역, 고용감소지역, 해안, 댐, 문화재보호구역, 기초생보, 저출산, 다문화 수요 등

ⓑ 보정수입액(5종)
▶ 보통세 외 지자체 수입액 80% 보정
  *세외수입, 일반조정교부금, 부동산교부세, 상생기금, 수입액 정산분 등

③ 세출효율화 자체노력(7종)
▶ 교부세의 정태적 산정을 탈피하기 위해, 예산절감 노력을 반영하는 지표
  *인건비, 지방의회경비, 업무추진비, 행사축제성 경비, 지방보조금, 민간위탁금, 예산집행노력

ⓒ 세입확충 자체노력(6종)
▶ 교부세와 세입의 상충관계를 축소하기 위해, 세입 확충 노력을 반영하는 지표
  *지방세징수율, 체납액, 감면액, 경상세외수입 확충, 세외수입 체납액, 탄력세율 적극적 세원 발굴

기준재정수요액(①+②+③)   **기준재정수입액(ⓐ+ⓑ+ⓒ)**

재정부족액

조정률
$$\frac{보통교부세\ 총액}{재정부족액\ 총액}$$

보통교부세

자료: 행정안전부 보도자료 2023.1.4.일자 참고자료

행정안전부의 2023년 교부세산정내역에 따르면, 2023년도 지방교부세 총 재원은 내국세 357조 9,676억 원(담배에 부과되는 개별소비세의 45%인 8,692억 원 제외)의

19.24%인 68조 7,057억 원이다. 이 중 보통교부세(19.24%의 97%)는 66조 6,446억 원이며, 나머지는 특별교부세(19.24%의 3%)로 2조 612억 원이다. 2023년도 기준재정수요액은 181조 8,609억 원이며 기준재정수입액은 115조 5,844억 원이다. 기준재정수입액이 기준재정수요액을 초과하는 서울·경기와 성남·화성 4개 단체를 제외한 자치단체의 기준재정수요액 합은 147조 8,110억 원이며, 기준재정수입액 합은 69조 396억 원으로서 재정부족액은 78조 7,714억 원이다. 따라서 보통교부세 재원(제주특별자치도의 보통교부세 총액의 3%, 불교부단체의 분권교부세 보전분 3,436억 원 제외)을 재정부족액으로 나눈 조정률은 81.6%이다(행정안전부, 2023).

5. 보조금

(1) 의의

우리나라의 보조금은 지방자치법 제158조와 지방재정법 제21조에서 규정한 부담금과 교부금, 그리고 지방재정법 제23조에 규정된 보조금 등 3가지 경비를 총칭하고 있다. 사용용도가 특정되어 있다는 점에서는 동일하지만 성격이 다른 3가지 재원을 모두 보조금으로 지칭하고 있다. 원래의 국고보조금은 지방재정법 제23조의 장려적 보조금과 원조적 보조금에 한정되며, 이를 협의의 보조금으로 부른다.

국고보조금의 목적은 정부 간에 발생하는 외부효과로 인한 자원배분의 비효율성 시정과 중앙정부의 특정한 목적 달성이다. 국가가 필요하다고 판단한 시책사업의 공급비용을 보조함으로써 지방비 부담을 줄여 공급을 촉진하는 효과를 기대하고 있다.

국고보조금은 지방의 지출규모를 증가시켜 주민의 효용수준을 높여 주지만 단점도 적지 않게 지적되고 있다. 매년 예산 상황에 따라 결정되는 국고보조금은 지방재정의 계획적 운영을 저해한다. 지방자치단체의 장은 보조사업에 우선적으로 예산을 편성해야 하므로 자원배분을 왜곡할 우려가 있다. 또한 보조사업 수행에 행·재정상의 감독을 받게 되어 재정운영의 자주성을 잃을 수 있다. 지방비를 부담할 여력이 없는 지방자치단체는 국고보조사업도 시행할 수 없어 지역 간 격차를 증폭시킬 가능성이 내재되어 있다(남황우, 2014).

(2) 보조금의 분류

1) 국고보조금과 지방보조금

보조금은 교부주체에 따라 국고보조금과 지방보조금으로 나눌 수 있다. 국고보조금은 「보조금관리에 관한 법률」의 적용을 받으며, 지방보조금은 「지방자치단체 보조금 관리에 관한 법률」의 적용을 받는다. 국고보조금은 중앙부처가 교부하며, 지방보조금은 지방자치단체가 다른 지방자치단체, 단체, 개인에게 교부한다. 이들은 용도가 특정된 재원이므로 중앙부처나 자치단체가 지정한 용도와 조건에 맞게 지출해야 한다. 또한, 지방자치단체의 장은 보조사업에 대한 지방자치단체의 지방비 부담액을 다른 사업에 우선하여 해당 연도의 예산에 계상하여야 한다(보조금관리에 관한 법률 제13조). 이는 국고보조사업의 차질 없는 집행을 보장하기 위한 우선적 예산편성을 규정한 것이다.

2) 정률보조금과 정액보조금

보조금을 교부하는 방식이 비율인가 금액인가를 기준으로 정율보조금과 정액보조금으로 구분할 수 있다. 정률보조금(matching grant)은 경비 가운데 일정비율의 금액을 국가가 보조하는 것이다. 국비 50%, 시도비 25%, 시행자인 시·군·구 25%를 각각 부담해 사업을 집행하는 것이 국고보조금의 전형적인 모습이다. 이때 보조율은 기준보조율과 차등보조율로 구분된다. 기준보조율은 모든 자치단체에 획일적으로 보조율을 적용하며 차등보조율은 각 지방자치단체의 재정력이나 기타 요소를 고려해 보조율을 달리 적용하는 것을 말한다. 보조율을 지방자치단체에 따라 차등 적용하는 사업은 대부분 사회복지사업비이고 그 비율이 법정화되어 있다.

정액보조금(non-matching grant)은 일정한 금액을 보조금으로 지급하는 방식이다. 따라서 지방비부담의 의무는 없으나 보조금액과 실제 사업비의 차액은 자신이 부담해야 한다. 교부방법은 보조대상인 사업의 수량에 일정한 단가를 곱한 액을 교부하는 방법과 사업마다 일정액을 교부하는 2가지 방법이 있다.

국가가 산정한 사업비는 실제의 사업비보다 과소하게 산정되는 경우가 많다. 재정에 여유가 있는 지방자치단체는 자신의 재원을 추가적으로 투입해 보조사업을 집행할 수 있다. 그러나 재정력이 약한 지방자치단체는 국가가 산정한 경비나 또는 국가가 지급한 정액에 사업비를 맞추어 사업을 집행하기 때문에 사업 자체가 부실해질 가능성이 내재되어 있다

3) 특정보조금과 포괄보조금

특정보조금은 지방정부에게 일정한 교부조건과 함께 보조금을 교부한다. 건축비, 인건비에 지출하라고 지정하거나, 보조대상을 몇 ㎡ 이하로 제한하도록 지정하는 것이 그 사례이다. 이와 같이 보조금에 세부적인 조건을 붙이면 국가가 지방자치단체의 행정에 깊이 관여하게 되고 회계절차의 복잡화를 초래하게 된다. 또한 여건의 변화에 따른 지방재정 운용의 탄력성을 잃게 되어 보조금을 효율적으로 사용할 수 없게 된다.

포괄보조금(block-grant)은 교부조건을 포괄적으로 설정한 보조금이다. 보조금의 교부에 있어서 보조금을 충당할 경비의 세목, 수량, 단가 등을 지방자치단체가 선택하도록 함으로써 일정범위 내에서 지방자치단체의 재량권을 인정하는 보조금이다. 포괄보조금은 조건부 보조금체계가 지니고 있는 중앙집권화, 사업순위의 왜곡 등의 문제를 극복하기 위한 대안으로 제시되고 있다.

(3) 중앙부서별 국고보조금 규모

〈표 4-6〉은 2022년도 중앙정부 예산에서 확정된 국고보조금을 표시한 것이다. 27개 중앙부서에서 총 79조 4,669억 원을 확정하고 있고, 이 중에서 1조 원 이상의 국고보조금을 지출하는 부서만 표시했다.

	계	일반회계	균형발전특별회계	기타 특별회계	기금
행정안전부	24,1681	12,788	11,380	−	−
보건복지부	477,433	462,164	2,454	490	12,325
문화체육관광부	15,005	1,394	5,669	495	7,447
환경부	72,600	187	6,116	58,881	7,416
농림수산식품부	48,483	72	7,526	12,569	28,316
국토해양부	78,872	27,302	22,118	12,629	16,824
해양수산부	12,176	1,391	1,358	9,219	208
여성가족부	11,541	3,979	493		7,069

표 4-6 2022년도 국고보조금 현황

출처: 행정안전부, 2022년도 지방자치단체 예산개요(상), 2023

우선 중앙정부는 일반회계를 비롯한 다양한 자금원에서 보조금을 지출하고 있는 것을 알 수 있다. 지방자치단체도 다양한 회계·기금으로 이를 받을 것이나 그 비중은 일반회계가 대부분을 차지하고 있다. 국고보조금은 최종지출을 기준으로 광역자치단체에 교부되는 보조금과 기초 자치단체에 교부되는 보조금으로 나눌 수 있다. 기초자치단체 보조금은 일단 시·도에 교부된 후에 다시 시·군·구로 교부된다. 시·도는 중앙부서와 시·군·구의 조정·통합 역할을 하고 있다.

또한, 보조금 총액의 90% 정도를 상위 6개 중앙부서가 지출하고 있다(〈표 4-6〉). 보건복지부, 국토해양부, 농림식품식품부 순으로 국고보조금을 많이 지출하고 있으나 보건복지부가 압도적인 비중을 차지하고 있음을 알 수 있다. 이는 공공부조를 비롯한 사회복지관련 지출수요가 증가하면서 나타나는 현상이며, 경제발전단계에 따라 상이할 것으로 생각된다. 일반적으로 국고보조금의 비중은 경제개발 초기에는 농림, 산업 기능, 도시화단계에는 국토 및 지역개발 기능, 복지국가에서는 사회복지 관련 기능으로 확대되는 경향이 있다.

6. 지방채

(1) 지방채의 개념과 필요성

지방채는 지방정부가 과세권을 담보로 조달하는 채무(debt)로서, 채무이행이 1회계연도를 넘어서 이루어지는 재원을 말한다. 동일 회계연도 내에 상환이 이루어지는 일시차입금은 지방채에 속하지 않는다. 또한 지방자치단체가 주체가 된다는 점에서 지방자치단체가 출자해 설립한 별도의 법인인 지방공사나 공단이 발행하는 공사채와 구별된다. 채무부담행위도 그 행위 시에는 자금이동이 수반되지 않기 때문에 지방채에 포함되지 않는다. 지방채는 다른 세입과는 달리 상환해야 하는 빚이라는 측면에서 세입의 수단이라기보다는 서로 다른 시점 간에 이루어지는 자금의 융통, 재분배라는 측면에서 금융현상과 밀접한 관계를 맺고 있다. 투자자의 입장에서 지방채는 다양한 금융상품 중의 하나에 속한다(남황우, 2014).

지하철건설, 도로신설·정비, 항만건설, 상·하수도사업 등 투자사업은 단기간에 막대한 자금이 필요하나, 그 시설은 장기간에 걸쳐 효용을 발생한다. 이에 필요한 재원을 어떻게 조달할 것인가는 재정학에 있어 하나의 과제이다. 한시적으로 세부담을 증가시킬 것인지, 아니면 채무를 발행해 지출에 충당할 것인지 선택해야 한다(남황우, 2014).

재정은 당해 연도의 수입은 당해 연도에 모두 지출하는 것을 원칙으로 하고 있다. 따라서 경기변동이나 재해 등에 따른 세입감소에 대비하거나, 미래의 투자사업을 집행하기 위해 미리 재원을 적립해 놓는 연도간 재정조정은 인정되지 않는다. 다만 「지방자치단체 기금관리법」에 따라, 지방자치단체는 회계연도 간의 재정수입 불균형 등의 조정 및 재정의 안정적 운용 또는 각종 회계·기금 운용상 여유재원의 관리를 위하여 기금을 설치·운영하고 있다.

효용이 장기간에 걸쳐 발생하는 공공시설을 건설할 때, 거주주민에게 전적으로 부담시키는 것은 부담의 과중을 초래할 뿐만 아니라 세대 간 부담의 공평성 입장에서 바람직하지 않다. 또한 자유로운 주민의 이동을 특징으로 하는 지방재정에 있어 비용의 부담자와 편익의 수혜자가 불일치할 수도 있다. 한편 투자재원의 조달을 위한 수단으로서 세율인상은 현 세대의 조세저항을 불러와 과소공급을 초래할 우려가 있다(남황우, 2014).

이러한 경우 지방채 발행을 통한 재원조달은 세대 간 재원부담의 균형을 달성하고 현세대의 조세저항을 초래하지 않으므로 지방자치단체가 활용하기 좋다. 그러나 지방채의 남발은 행정서비스의 과다공급을 가져올 뿐만 아니라 미래세대에 부담을 전가시켜, 재정운영의 탄력성을 저해하게 된다. 지방채의 적절한 활용은 지역의 후생수준을 높일 수 있지만, 타 지방자치단체와 중앙재정에도 악영향을 미치게 된다. 이와 같이 지방채는 양면성을 갖고 있어, 지방채의 발행을 중앙정부가 통제하는 것이 일반적이다.

(2) 지방채발행제도

우리나라는 지방자치법 제139조 제1항에서 지방자치단체의 장이나 지방자치단체조합은 따로 법률로 정하는 바에 따라 지방채를 발행할 수 있다고 규정해 놓고 있다. 지방재정법 제11조 제1항에서는 공유재산의 조성 등 소관 재정투자사업에 그에 직접적으로 수반되는 경비의 충당, 재해예방 및 복구사업, 천재지변으로 발생한 예측할 수 없었던 세입결함의 보전, 지방채의 차환 등 자금 조달을 위하여 필요한 경우 지방채를 발행할 수 있다고 규정되어 있다. 동법 제11조 제2항에서는 재정 상황 및 채무규모 등을 고려하여 대통령령으로 정하는 범위 내(지방채 발행한도액)에서는 중앙정부의 별도 승인 없이 의회의 승인을 얻어 발행할 수 있으나(적채단체), 동법 제11조 제3항에서는 지방채 발행한도액의 범위를 초과할 경우에는 행정안전부장관의 승인을 요구하고 있다. 이는 지방채발행액과 사업선정 등에 일정한 한도 내에서 재량권을 부여함으로써 지방자치단체의 자율적 재정운영을 가능하게 하면서 지방채의 남발을 예방한다는 취지로 이해할 수 있다(남황우, 2014).

지방채발행 한도액은 지방자치단체 재정상황, 채무규모(지방채, 채무부담행위, BTL임차료, 우발채무의 50%)와 경상일반재원을 기준으로 자치단체별 전전년도 예산액의 10% 범위 내에서 매년 행정안전부가 정하여 자치단체에 통보한다. 행정안전부가 공개하는 지방채무 현황에는 지방채, 채무부담행위, 보증채무부담행위를 포함한다. 2021년 말을 기준으로 지방채무는 36조 605억 원이며, 이 중에서 지방채는

35조 9,481억 원이다.

7. 조정교부금

조정교부금은 광역자치단체가 해당 광역행정 관할 안에 있는 기초자치단체 간의 재정불균형을 완화하기 위하여 재원을 지원하는 재정조정제도이다. 조정교부금에는 시·군 조정교부금과 자치구 조정교부금이 있다. 시·군 조정교부금은 과거 도세 징수교부금을 개편하여 2000년도에 '재정보전금'으로 도입하였다가, 2014년 '조정교부금'으로 명칭을 변경한 것이다. 과거에는 각 시·군이 도세를 징수하면 도세 징수액의 30%를 징수실적에 따라 해당 시·군에 배분했다. 그래서 시·군에 대한 징수처리비를 과다보전하게 되고 시·군 간 재정 불균형이 악화되는 문제가 발생하였다. 이를 해결하기 위하여 징수교부율을 3%로 일원화하고 잔여재원을 시·군에 배분하는 '재정보전금'(의존재원)을 도입했던 제도이다.

자치구 조정교부금은 특·광역시 관할 구역 내 자치구 간 재정불균형의 해소와 광역행정의 효율성 및 통일성을 도모하기 위하여 1988년에 도입되었다. 자치구 조정교부금은 보통교부세 산정방식과 유사하다. 매년 기준재정수입액이 기준재정수요액에 미달하는 재정부족 자치구에 그 미달액을 기준으로 교부한다. 자치구는 사회복지 부문에서 기능이 중요하다. 자치구도 사회복지 전달체계에서 일선기관으로서 의무지출인 복지보조사업에 대한 일정한 매칭 지방비를 부담하여야 한다. 이에 따라 세입기반이 약한 자치구의 재정경직성이 높아지면서 가용재원이 절대적으로 부족하다.

8. 보전지출 등 내부거래

실제 세입은 아니지만 회계 간 거래 등을 위하여 회계장부상에 기입하여 처리하는 순세계잉여금, 이월금, 전입금, 예탁금및예수금, 융자금원금수입 등이 해당된다.

순세계잉여금이란 전년도 결산상 잉여금(세입-세출)에서 이월금과 보조금집행

잔액을 제외한 금액을 말한다. 불용액, 경기호전 또는 과소추계에 따른 세수증가분 등이 이에 속한다. 이월금이란 전년도의 결산상 잉여금에서 당해연도로 이월된 예산을 말하며, 당해연도 예산에서 예산현액(예산액＋이월금)으로 표시되어 집행된다.

전입금이란 당해 지방자치단체 내부의 다른 회계 또는 기금으로부터의 자금의 이동이다. 전출금의 상대적인 용어로 사용되고 있다. 예탁금(예수금)이란 일반회계와 특별회계 상호 간 및 특별회계 내의 계정간의 예탁금(예수금)을 말하며 예탁금상환금은 그 예탁금의 상호 간과 이자수입을 포함한다. 예탁금과 예수금은 상대적인 개념이다.

융자금원금수입이란 민간에 융자한 원금을 회수하여 발생한 수입을 말한다. 농업이나 중소기업을 대상으로 한 정책금융이 이에 속한다.

제3절 세출구조의 변화

1. 세출의 의의

지방자치단체의 세출은 한 회계연도 내의 모든 지출을 말한다. 지방정부가 지역의 공공문제를 해결하고, 주민의 삶의 질을 제고하기 위한 정책을 시행하며, 목표를 달성하는 데에 세출예산은 재정적 수단이 된다. 세출예산의 결정은 지방자치단체장과 지방의회, 지방정치인과 주민, 이해관계집단과 지방정부 간 정치적인 과정을 통해 내용이 결정되는 경향이 강하다.

세출예산은 1회계연도 간 지방자치단체의 수입과 지출의 예정적 계산이며, 세입예산과 세출예산으로 구성된다. 또한 각각에 대해 회계연도가 경과한 후 결산과정을 거쳐야 한다. 세출예산은 구체적인 정책, 사업 등을 화폐로 표현한 것이며, 집행과정에서 구속력을 갖는다.

세출에 관한 통계는 지방자치단체 간 비교분석을 위한 자료이자 지방자치단체의 역사를 말해주는 자료가 된다는 점에서 중요하다. 나아가 장기간에 걸친 세출의 변화를 추적하면 지방자치단체의 기능변화와 발전과정을 추적할 수 있다.

2. 사무종류와 경비부담[6]

지방자치단체가 처리하고 있는 사무와 이에 소요되는 경비의 부담주체가 어디인가를 살펴보자. 지방자치단체가 처리하고 있는 사무는 종류도 많고 수도 많지만 고유사무(자치사무), 위임사무, 행정사무로 분류하고 있다. 행정사무는 검사, 규제, 단속 등과 같이 권력적인 행정사무로 지방재정학의 주 연구대상인 재화와 공공서비스의 공급과는 이질적인 사무이다. 건축 등 인허가사무, 위생검사 등이 행정사무에 속한다.

고유사무는 본래 지방자치단체가 책임져야 할 서비스를 공급하는 사무이며, 지방자치단체의 존립의 근거이기도 하다. 보육, 가로등 설치 및 관리, 청소, 상하수도 사업의 경영, 도로·하천 등 지역적인 사회간접자본의 정비 등이 그 사례이다.

위임사무는 국가 또는 시·도가 지방자치단체에 위임한 사무로 단체위임사무와 기관위임사무로 나누어진다. 위임은 법률 또는 이에 근거한 시행령, 조례 등에 정해진 경우에 한정된다. 보건소 설치운영, 실업대책사업의 실시, 통계조사 등이 단체위임사무의 사례이다. 고유사무는 지방정부가 자신의 책임과 부담으로 행하는 사무인 데 반하여, 단체위임사무는 국가 등 위탁자의 감독을 받으면서 경비 면에서도 일부 원조를 받으면서 행하는 사무라는 점에서 다르다.

기관위임사무는 원래 국가가 수행해야 할 사무이나 처리를 지방자치단체에 위임한 사무이다. 기관위임사무는 국가(중앙의 각 부처)가 지방자치단체의 장을 하나의 국가기관으로 간주해 사무의 처리를 위임한 사무이다. 수임기관은 위임자의 사무를 집행하는 하나의 현장기관으로서의 성격을 갖고, 전적으로 위임자의 지휘감독하에 놓이게 된다. 지방의회와의 관계에서 볼 때, 의회는 실질적인 권한을 갖

---

6 남황우(2014)를 토대로 법령 개정사항을 반영하였다.

지 못한다. 여권발급, 외국인등록, 대통령 및 국회의원선거, 병역사무 등이 그 사례이다.

사무의 종류에 따른 경비부담의 원칙을 보면 다음과 같다. 지방자치법 제158조(경비의 지출)에 의하면 지방자치단체는 그 자치사무의 수행에 필요한 경비와 위임된 사무에 관하여 필요한 경비를 지출할 의무를 진다. 다만, 국가사무나 지방자치단체사무를 위임할 때에는 이를 위임한 국가나 지방자치단체에서 그 경비를 부담하여야 한다.

지방재정법은 이를 구체화하여 자치사무는 제20조, 위임사무는 제21조에 각각 규정해 놓고 있다. 제20조는 자치사무에 필요한 경비는 그 지방자치단체가 전액을 부담하도록 규정하고 있다. 제21조 제1항(부담금)은 지방자치단체나 그 기관이 법령에 따라 처리하여야 할 사무로서 국가와 지방자치단체간에 이해관계가 있는 경우에는 원활한 사무처리를 위하여 국가에서 부담하지 아니하면 아니 되는 경비는 국가가 그 전부 또는 일부를 부담하고, 제2항(교부금)은 국가가 스스로 하여야 할 사무를 지방자치단체나 그 기관에 위임하여 수행하는 경우 그 경비는 국가가 전부를 그 지방자치단체에 교부하여야 한다고 규정하고 있다.

자치사무는 자주재원과 보통교부세 등으로 구성된 일반재원으로 충당하고, 단체위임사무는 부담금과 일반재원, 기관위임사무는 전액 교부금으로 충당하도록 규정되어 있다. 부담금과 구별이 애매한 장려적 보조금이 있다. 지방재정법 제23조에 의하면 국가 또는 시·도는 정책상 필요하다고 인정할 때 또는 지방자치단체의 재정사정상 특히 필요하다고 인정할 때에는 예산의 범위에서 지방자치단체에 보조금을 교부할 수 있다.

중앙정부는 어떠한 공공서비스를 어느 정도 공급하는가에 관한 기본적인 계획, 공급기준의 설정, 공급방법에 관한 연구 및 조사 등과 같은 일을 하고 있다. 실제로 주민에게 공공서비스를 공급하는 역할은 지방정부가 담당하는 경우가 많다. 정책결정과 이의 집행을 이어주는 연결고리의 역할을 하는 것이 위임과 수임인 것이다.

주민의 입장에서 볼 때, 중앙정부와 지방정부 간에 사무가 위임을 매개로 하여 수직으로 중첩되어 있다. 이는 경제적 측면에서는 장점도 있지만 그 책임의 소재가 불분명하고 애매해진다는 단점이 있다. 주민이 어느 수준의 정부를 대상으로 책임을 추궁해야 할지 알기 어렵게 된다. 예를 들면 국도의 경우, 건설은 중앙정부가 하고 그 관리는 시·군·구가 담당하고 있다면, 중앙정부가 건설에서부터 관리까지 담당하는 경우와 비교할 때, 부실건설에 대한 책임을 누구에게 물어야 할지 인지하기 어렵다는 것을 의미한다.

3. 세출의 분류와 세출구조

(1) 조직별 분류

예산은 일정한 기준에 따라 분류되어 있지 않으면 무엇에 얼마나 쓰려고 하는 것인지, 어느 기관에서 사용하려는 것인지, 과연 타당한 사업계획인지를 알기 어렵다. 예산안의 편성·심의와 예산의 집행, 회계검사 등을 하는 데 편리하도록 하기 위해 예산을 항목별로 나누어 체계화해 두는데 이를 두고 예산의 분류라 한다.

세출은 이용목적에 따라 다양하게 분류되고 있지만 일반적으로 조직별 분류, 기능별 분류, 성질별 분류가 주를 이룬다. 지방자치단체 간의 비교와 장기간의 변화를 파악하기 위해서는 기준의 잦은 변화는 분석을 곤란하게 하기 때문에 바람직하지 않다.

조직별 분류는 세출을 운영의 주체인 부처별·기관별·소관별로 분류하는 것을 말한다. 우리나라의 경우 소관별 분류가 이에 해당된다. 지방자치단체의 실·국, 과 등을 단위로 편성, 심의, 집행, 결산한다. 예산의 조직별 분류는 예산운용 과정과 일치하므로 예산의 편성·심의·집행·회계검사에 이르는 모든 과정에 유용하며, 예산관리의 책임성이 강조된다.

조직별 분류에 관한 전국 차원의 재정통계는 공표되고 있지 않다. 이는 지방자치단체의 종류, 규모에 따라 조직이 다양하게 설치되는 이유도 있지만 유용한 정보를 생산하지 못하기 때문으로 생각된다.

(2) 기능별 분류

기능별 분류는 지역주민에게 재원의 사용내역에 관한 정보를 제공하는 데 이용되고 있다. 주민들은 행정기능별 시책의 수준과 규모를 파악해, 당해 지방자치단체의 중점시책을 파악할 수 있다.

사업별예산체계 개편 이후 13개 분야 51개 부문으로 공표되고 있다. 13개 분야는 일반공공행정, 공공질서 및 안전, 교육, 문화 및 관광, 환경, 사회복지, 보건, 농림해양수산, 산업·중소기업 및 에너지, 교통 및 물류, 국토 및 지역개발, 과학기술, 예비비이다. 〈표 4-7〉은 세출의 기능별 분류를 표시한 것이다. 각 분야는 하위수준이 부문으로 구성된다. 예를 들어, 일반공공행정 분야는 다시 4개 부문인 입법 및 선거관리, 지방행정·재정지원, 재정·금융, 일반행정으로 구성되어 있다.

표 4-7 기능별 세출예산 규모

	2008	2012	2021	2008	2012	2021
일반공공행정	115,779	101,717	229,396	9.3	8.5	7.6
공공질서 및 안전	22,502	36,831	17,066	1.8	3.1	0.6
교육	79,253	96,803	159,769	6.3	8.1	5.3
문화 및 관광	68,877	74,809	134,394	5.5	6.3	4.5
환경	129,161	57,454	271,716	10.3	4.8	9.0
사회복지	223,910	261,017	916,526	17.9	21.8	30.5
보건	19,981	22,206	53,820	1.6	1.9	1.8
농림해양수산	91,952	112,222	203,527	7.4	9.4	6.8
산업/중소기업	28,581	33,289	111,038	2.3	2.8	3.7
교통 및 물류	182,472	115,630	259,489	14.6	9.7	8.6
국토 및 지역개발	116,377	87,024	211,030	9.3	7.3	7.0
과학기술	2,578	1,847	4,052	0.2	0.1	0.1

예비비	80	0	0	0	0	0
기타	168,472	195,093	345,197	13.5	16.3	11.5
합계	1,249,980	1,195,374	3,007,156	100	100	100

출처: 행정안전부, 지방재정연감, 각 연도(일반회계순계, 결산)

2008년, 2012년, 2021년 결산기준 세출예산의 기능별 구성비의 변화를 통해 몇 가지 정보를 얻을 수 있다. 2021년 일반회계 규모는 2008년에 비해 2.4배 성장하였다. 일반공공행정, 교육, 농림해양수산 국토 및 지역개발 기능의 예산지출은 감소하였고 사회복지비의 비중은 급격히 증가하였음을 알 수 있다.

(3) 성질별 분류

성질별 분류는 지방정부의 재정지출이 어떠한 경제적 기능을 갖는 경비가 얼마나 지출되고 있는가에 관한 정보를 파악하기 위한 분류방식이다. 이는 예산의 집행을 감독하고 경비집행의 적합성과 적정성을 기하기 위하여 필요한 분류방법이며 우리나라 예산과목에서 '목'에 해당된다.

재정은 민간에서 재원을 동원해 이를 다시 민간의 경제활동과정으로 투입시키는 일련의 과정으로 이해할 수 있다. 이 과정에서 지방자치단체는 시대의 처한 상황에 따라 경제적 역할을 달리한다. 농업사회에서 공업사회로의 전환시기에는 기반시설 설치 및 정비, 교육 등 성장의 잠재력을 높일 수 있는 지출이 증가할 것이다. 또한 소득보장이 강조되는 시기에는 공적부조 등 현금급부가 증가할 것이다.

성질별 분류는 인건비, 물건비, 경상이전, 자본지출, 융자 및 출자, 보전재원, 내부거래, 기타로 분류한다. 인건비는 말 그대로 인적자원의 고용에 소요되는 의무적 경비이고, 물건비는 행정사무의 집행에 소요되는 자재의 조달비와 활동비로서 기관운영에 소요되는 경상적 경비이다. 경상이전은 지방이 최종적으로 소비하는 것이 아니라 가계, 민간단체, 기업, 다른 지방자치단체 등을 대상으로 이전하는 경상적 경비를 말한다. 자본지출은 장기간에 걸쳐 효용을 발생시키는 지출이다. 도로건설비, 토지매입비, 설계비와 같은 시설비 및 부대비가 대표적인 비목이며 민간자본이전, 지방자치단체 자본이전으로 나눈다. 융자 및 출자비는 지방정부가 비금융 공기업이나 지방정부 및 금융기관에 융자 또는 출자에 소요되는 경비이다. 내부거래는 지방정부 내의 회계 간·계정 간에 이루어지는 전출금·전입금·예탁금 등에 소요되는 경비를 말한다.

〈표 4-8〉는 세출의 경제성질별 분류를 나타낸 것으로, 주목할 부분은 경상이전 비중의 급증과 자본지출 비중의 감소이다. 1992년의 경상이전지출은 10.1%에서 2021년 결산에서는 57.9%로 계속 증가하고 있다. 약 30년 사이에 5배 이상 증가하였다. 반면에 같은 기간 동안 자본지출은 52.2%에서 20.2%로 감소해, 30%포인트나 감소하고 있다. 자본지출 비중의 감소를 경상이전지출로 대체되어 지방재정의 경제적 역할이 변화하고 있음을 알 수 있다.

경상이전비 비율이 증가하고 있는 것은 서비스공급방식의 전환에 의한 민간위탁비와 사회복지비 증가가 주요한 원인이다. 1990년대에 세출의 절반 이상을 자본지출에 사용했고, 이의 재원을 지방채에 의존하지 않았다는 것은 주목할 만한 사실이다. 이는 현세대 부담, 즉 조세 부담이 과중했다는 것을 의미하기도 한다.

표4-8	세출의 성질별 분류			(단위: 억 원, %)
구분	1992	2002	2012	2021
인건비	18.9	12.6	13.7	6.6
물건비	12.4	10.9	6.7	3.6
경상이전	10.1	19.6	38.1	57.9
자본지출	52.2	42.8	31.4	20.2
융자 및 출자	1.7	0.4	0.1	0.1
보전재원	1.7	0.9	1.4	0.5
내부거래	1.2	12.4	8.1	10
기타	1.7	0.4	0.5	1
세출결산 합계	159,266	547,919	1,195,374	3,768,978

출처: 행정안전부, 지방재정연감(http://www.mospa.go.kr/)

경상이전과 자본지출의 변화에 주목하는 이유 중의 하나는 세입변화에 대한 대응능력의 차이에 있다(남황우, 2013: 14-16). 자본지출은 사업규모나 지출시기를 조정해 외부충격을 흡수할 수 있는 여지가 있다. 반면에 경상이전은 법령이나 조례에 근거해 지출되고 매년 반복되는 것이 보통이다. 기초생활보장비를 포함한 사회복지비의 대부분은 경상이전에 속해 세입에 경직적인 특징을 갖고 있다.

지출구조가 자본지출에서 경상이전 쪽으로 중심이 이동하고 있다는 것은 그만큼 재정의 탄력적 운영을 저해할 뿐만 아니라, 지방자치단체가 재정압박에 시달리기 쉬운 구조로 변화했다는 것을 의미한다. 이러한 구조하에서 세입감소는 곧 재정적자, 부채 그것도 악성부채의 누적으로 이어질 가능성이 높아졌다는 것을 의미한다(남황우, 2014).

제4절 ◦ 지방재정시스템의 의미와 과제

지방재정은 지방자치단체의 경제활동을 말하며, 우리는 일생에 걸쳐 경비를 분담하고 다양한 행정서비스를 제공받으면서 생활하고 있다. 재정은 다양하고 복잡한 제도에 근거해 운영되며, 대부분의 제도는 서로 연계되어 있고, 그 영향은 지방자치단체의 여건에 따라 상이하다. 본 장은 지방재정시스템을 염두에 두면서 세입을 중심으로 지방재정제도를 기술하고, 지출구조의 변화를 살펴보았다. 그 결과는 다음과 같이 요약할 수 있다.

지방자치단체 종류에 따라 세원배분과 사무배분은 동일하다. 지방세는 다양한 세목으로 구성되어 있으나, 주민의 부담은 경제상황이 동일하다면 거주지에 관계없이 동일하다. 지방의 사무는 크게 고유사무, 위임사무로 구성되어 있으나 지방자치단체 간에 차이가 없다. 한편 지방자치단체 간 과세력에는 큰 격차가 존재해, 대부분의 지방자치단체는 자체수입으로는 재정수요를 충당할 수 없다. 이러한 제도와 여건하에서 각 지방자치단체가 주어진 재정수요에 대처하기 위해서는 국세수입의 지방이전은 피할 수 없는 현실이다.

지방교부세와 국고보조금은 재원이전의 수단이다. 지방교부세는 일반보조금으로 일정한 기준에 따라 배분함으로써 각 지방자치단체의 기본적 행정서비스 제공을 보장하면서 수평적 재정조정기능을 수행하고 있다. 국고보조금은 특정보조금으로 부담금, 교부금, 장려적 보조금 등으로 구성되어 있으며 각각 상이한 목적을 갖고 운영되며 수직적 재정조정의 역할과 중앙의 재정정책과 지방의 경제활동을 연동화시키는 고리의 역할을 하고 있다.

현행 지방재정시스템은 지역 간 형평성을 중시하고 있는데 그 의미와 과제는 다음과 같다. 첫째, 정부 간, 지방자치단체 간 이해관계의 대립이다. 예를 들어 다수의 소규모보조금을 포괄보조금으로 개편하게 되면 주민의 선호를 보다 적절히 반영할 수 있지만, 중앙의 조직과 인원에 영향을 미치고 지방자치단체 내에서는 예산확보를 둘러싼 부서 간 갈등이 수반될 것이다. 또한 세원의 지방이양은 수도권을 비롯한 대도시재정에 유리하게 작용하고 비수도권 인구소멸지역에 돌아가는 수혜는 크지 않다. 반대로 지방교부세 교부율을 인상하면 비수도권 인구소멸지역에 수혜가 집중된다. 지방재정은 정부 간, 지방자치단체 간 이해관계가 첨예하게 대립하는 체제 속에서 운영되고 있는 것이다.

둘째, 각 지방자치단체는 많은 재원을 확보해야 지역의 후생수준을 높일 수 있다. 자체수입과 지방교부세는 자신의 노력으로 증가시킬 수 있는 여지가 거의 없다. 각 지방자치단체는 보조금 특히 매년 예산으로 결정되는 보조사업을 획득하기 위해 치열한 쟁탈전을 전개할 수밖에 없는 구조임을 읽을 수 있다.

셋째, 지방자치단체 간 경쟁과 정책혁신을 촉진할 유인이 결여되어 있다는 점이다. 지역 간 형평성을 강조하는 재정시스템은 거주지에 관계없이 부담이 동일하고 행정서비스 수준에 현저한 차이가 발생하지 않는다는 점에서 높이 평가할 수 있다. 그러나 부담과 수혜가 직결되어 있지 않아, 자원배분을 왜곡하고 주민이 스스로 지방자치단체를 통제할 유인이 작동하기 어렵다. 또한 지방자치의 장점으로 거론되는 효율성 개선을 위한 지방자치단체 간의 경쟁과 정책혁신을 촉진할 유인도 작동하기 어렵다는 문제점이 내재되어 있다.

세원을 중앙에 집중시켜 이를 지방에 재분배하는 재정시스템은 중앙집권적

행정체제와 경제활동의 수도권 집중이 결합되어 제도화된 것으로 이해할 수 있
다. 지방재정시스템은 지역주민이 원하는 행정서비스를 효율적으로 공급하면서
주민이 스스로 책임을 질 수 있도록 설계되어야 한다. 이러한 시점에서 볼 때, 각
지방자치단체의 자율과 책임을 제고할 수 있는 제도를 추가·보완하여야 할 것으
로 생각된다.

참 고
문 헌

남황우, 2014, 도시행정학 중 제3장 지방재정시스템.

남황우, 2013, 지방재정압박에 대한 세입 면에서의 대응방안, 지방재정공제회, 지방재정, 제12호.

법제처, 국가법령정보센터(http://law.go.kr).

행정안전부, 2023, 2023년도 지방교부세 산정해설.

Musgrave, Richard A, 1959, *The Theory of Public Finance: A Study in Public Economy*, McGraw－Hill.

Urban Administration

제**5**장

도시공공서비스

도시공공서비스

제1절 ╱ 도시공공서비스 공급의 중요성과 공급환경 변화

　　시민들은 도시생활을 영위함에 있어 여러 주체를 통해 다양한 서비스를 제공받고 있으며, 이 서비스들은 시민들의 겪는 도시문제 해결과 삶의 질 향상에 중요한 역할을 수행해 왔다. 이는 시민들에게 두루 이익을 가져다주는 서비스라는 점에서 공공성을 내포하고 있었기에 주로 중앙정부나 도시정부와 같은 정부부문에 의해 공급과 생산이 이뤄져 온 바 있다.[1] 즉 시민들의 행복 증진을 목적으로, 그들을 대상으로 하여, 정부부문에 의해 도시공공서비스가 제공되어 왔던 것이다.

　　한편, 시민의 수요가 크지 않았던 시기에는 정부가 직접 도시공공서비스를 공급, 생산하는 것이 어렵지 않았다. 그러나 20세기를 거쳐 21세기로 진입하면서 이는 요원한 일이 되었다. 늘어나는 도시 인구, 복잡한 도시환경 변화와 함께 시민들의 도시공공서비스 수요가 폭발적으로 증가하였으며, 이에 따라 기존처럼 정부가 전적으로 시민들이 원하는 모든 도시공공서비스에 대한 공급 책임을 지고, 이들 서비스를 직접 생산하는 것이 사실상 어려워졌기 때문이다. 늘어나는 수요에 대응하지 못하는 정부에 대한 시민들의 불만은 점차 커졌으며, 이를 해결하기 위한 정부의 고심은 깊어졌다. 이에 중앙정부와 도시정부는 도시공공서비스의 기

---

[1] 공급은 공공서비스에 대한 공급을 누가 결정하고 책임질 것인지, 생산은 공공서비스를 누가 생산하는 것이 바람직한지에 대한 것이다(이종수 외, 2022; 김인, 2021).

능과 유형, 전달체계 등을 좀 더 정교하게 파악함으로써 도시공공서비스를 효율적으로 제공할 수 있는 방안을 고심하기 시작했다. 뿐만 아니라 도시공공서비스의 공급과 생산 주체를 구분하고, 시민들이 이들 서비스의 제공 과정에서 주체적 역할을 수행할 수 있도록 독려함으로써 도시공공서비스의 효율성을 제고시키고자 하였다. 이 과정에서 기존과 다른 도시정부의 역할이 요구되었으며, 그 결과 도시정부는 도시공공서비스 제공에 대한 전반적인 책임을 지면서도 보다 효율적인 제공이 이뤄질 수 있도록 다채로운 경영, 관리전략을 마련하고 있다.

제2절 도시공공서비스의 개념과 특징

1. 도시공공서비스의 개념

사바스(Savas, 1982)가 공공서비스 공급과 생산의 주체, 방식에 대해 본격적으로 논의를 시작한 이후, 추가적인 공공서비스의 영역, 개혁 방안 등을 포함한 여러 확장된 논의가 이뤄져 온 바 있다. 그 논의의 한 가운데에는 도시라는 지역의 주민을 대상으로 한 도시공공서비스와 관련된 논의도 있다. 그간 도시공공서비스의 개념은 학자들마다 조금씩 다르게 정의되어 왔다. 주요 개념을 살펴보면 다음과 같다. 김일태(2014), 김천권(2014), 박병식 외(2019)의 논의를 종합하면 도시공공서비스를 "도시정부의 총괄적인 공급 책임하에서, 시민이 어려움을 겪고 있는 도시문제를 해결하고 삶의 질을 높이기 위해, 도시정부와 민간부문 등이 함께 생산하여 시민들에게 제공하는 비배제성 또는 비경합성의 성격을 지닌 재화와 서비스"라고 개념화해 볼 수 있다.[2] 구체적으로 풀어서 설명하면, 도시공공서비스란 도시정부가 시민을 위하여 비배제성 또는 비경합성이라는 공공성·준공공성을 가진

---

2 물리적 성격에 따라 엄격하게 구분할 경우, 도시공공서비스라는 용어는 재화와 서비스 중 서비스적인 면만을 설명한다고 할 수 있을 것이다. 그러나 도시공공서비스를 설명하는 국내외 대부분의 연구는 도시공공서비스를 재화와 서비스 모두를 포괄하는 개념으로 설명하고 있다(김인, 2021: 22).

서비스 공급(Provision)의 총괄적인 책임을 지며, 도시정부가 직접 또는 민간 등 다른 주체를 통해 그 서비스를 효율적으로 생산(Production)하여 시민들에게 제공하는 것이라는 점을 개념화한 것이다. 또한 임재현(2023), 박종화 외(2023)는 중앙정부와 도시정부, 민간 등의 기타주체라는 좀 더 확장된 범위의 공급 주체들에 초점을 맞추어 도시공공서비스를 개념화하고 있다. 중앙정부가 도시정부와 함께 도시라는 공간과 도시민을 대상으로 한 여러 공공서비스를 공급하고 있는 현실을 반영하여 도시공공서비스 공급주체의 범위를 확장한 것이다. 위에서 언급한 모든 연구는 도시공공서비스의 기본적인 개념을 확립하는 데 있어 그 공헌이 충분히 크다. 뿐만 아니라 비배제성, 비경합성이라는 경제학적 관점을 중심으로 도시공공서비스가 내포하는 공공성을 탐구하고 구체화하였다는 점에서도 의의가 충분하다. 다만 지금까지의 논의로 점차 복잡해지는 도시공공서비스의 내용을 충분히 담고 체계적으로 설명할 수 있는지를 고민할 필요가 있다. 도시공공서비스에 대한 수요가 점차 복잡·다양해지고, 그에 따라 이 서비스의 성격 역시 기존의 비배제성·비경합성의 제한적 토대에서만 이해하기 어려워졌다. 현 시대의 도시공공서비스 개념을 체계적으로 이해하기 위해서는 앞선 이해를 바탕으로 하여 좀 더 진전된 논의가 이뤄질 필요가 있다.

위 배경에서 도시공공서비스의 개념을 본격적으로 논해보기로 한다. 도시공공서비스를 이해하기 위해서는 우선 공공서비스를 파악해 볼 필요가 있다. 김정인(2024), 이종수 외(2022)에 따르면 공공서비스는 "정부가 국민들에게 공급하는 유·무형의 재화와 서비스"를 말한다. 이를 도시공공서비스의 관점에 이해하자면, "중앙 및 도시정부가 시민들에게 공급하는 유·무형의 재화와 서비스의 통칭"이 도시공공서비스의 기본적인 개념이라고 할 수 있겠다. 한편, 그간 많은 연구에서 도시공공서비스를 비배제성, 비경합성을 모두 가지고 있거나 둘 중 하나라도 가지고 있는 서비스로 규정한 바 있다. 그러나 이종수 외(2022)는 도시공공서비스를 포함한 보편적인 공공서비스가 비배제성과 비경합성으로만 설명되기에는 한계가 있다고 말한다. 배제성과 경합성을 가진 사적재라 하더라도 가급적 많은 시민의 소비가 이뤄질수록 시민의 전반적인 삶의 질 향상에 기여하게 되는 가치재(Merit Good)의 성격을 가지고 있을 경우, 정부는 이러한 서비스의 소비를 더 권장할 필요가 있으며 그에 따라 이들 역시 공공서비스 영역에 포함되어야 한다고 설명하고 있다 (이종수 외, 2022: 638). 김인(2021)은 이 논의를 도시공공서비스의 영역으로 확장하고 있다. 즉, 도시공공서비스의 성격을 설명함에 비배제성, 비경합성뿐만이 아닌 가치재적 성격을 가진 사적재가 포함될 필요가 있으며, 이러한 성격을 종합한 것이 곧 도시공공서비스의 공공성이 될 수 있다고 설명한다(김인, 2021: 24-25). 또한 중앙정부를 공급자에 포함하여 도시공공서비스 주체를 다양한 관점에서 이해하는 것, 도시공공서비스의 생산에 있어 민간 등 정부 외 주체들의 활력을 충분히 이용하는 것 역시 계승해 나가야 할 부분임을 강조하고 있다(김인, 2021; 박종화 외, 2023).

　도시공공서비스 개념에 대한 초창기의 논의부터 현재의 확장된 논의 내용을 종합한 도시공공서비스의 개념은 결국 다음과 같이 표현된다. 도시공공서비스란 "중앙정부와 도시정부의 총괄적인 공급 책임하에서 시민이 어려움을 겪고 있는 도시문제를 해결하고 삶의 질을 높이기 위해 정부와 민간 등의 정부 외 부문이 함께 생산하여 시민들에게 제공하는, 비배제성, 비경합성, 가치재적 성격 등의 공공성[3]을 갖춘 유·무형의 재화와 서비스"라고 할 수 있다.

2. 도시공공서비스의 유형

(1) 경합성과 배제성에 따른 유형

　이재원·허형조(2021), 김인(2021), 김일태(2014), 나성린 외(2022) 등에 따르면 경합성(Rivalry)과 배제성(Excludability)이라는 경제적인 기준에 따라 도시공공서비스를 아래의 네 가지로 유형화 볼 수 있다.

　우선 집합재적 성격의 공공서비스이다. 집합재는 소비에서 비경합성과 비배제성이 강하여 시장의 수요가 제대로 표출되지 않아 수요곡선이 형성되지 않는 공공서비스를 의미한다. 공공서비스의 집합적인 소비가 가능하므로 집합재라 불

3　김정인(2024), 유민봉(2021)은 공익(Public Interest)을 실현하는 것이 곧 공공성을 실현하는 것이라고 설명한다. 즉, 공익의 관점에서 공공성을 설명하는 것이다. 이 측면에서 볼 때 공공성은 '시민사회의 여러 구성원에게 두루 관계되는 이익'인 공익을 의미하며, 공공성을 갖추었는지 여부 역시 공익성이 있는지를 확인함으로써 알 수 있게 된다.

린다. 사회적인 필요성은 높지만 경합과 배제가 이뤄지지 않아 대가 없이 소비가 가능하기 때문에 합리적인 경제인인 시민은 서비스에 무임승차를 하게 된다. 집합재는 중앙정부와 도시정부가 시민들로부터 조세 재원을 징수하여 직접 서비스를 공급하게 된다. 경찰, 전염병 예방, 국방 등이 집합재의 주요 사례이다.

다음으로 공유재적 성격의 공공서비스이다. 이는 상대방이 소비하면 다른 사람의 소비가 불가능하거나 소비가 가능한 양이 줄어드는 경합성이 있으며, 가격을 지불하지 않았을 때에도 소비를 배제할 수 없는 형태의 공공서비스를 의미한다. 천연자원과 녹지, 공원, 하천 등이 이에 속한다. 비용부담이 없고 소비를 방지할 방법이 없어 과다소비와 자원고갈이라는 '공유지의 비극'이 야기된다는 문제가 있으며, 이에 따라 중앙과 도시정부부문에서 사용에 대한 규칙과 공급비용 부담을 담당해야 할 필요가 있다. 뿐만 아니라 도시사회의 공동체 역시 자발적으로 이 서비스에 대한 관리 역할을 수행할 필요가 있다.

이어서 살펴볼 도시공공서비스는 요금재적 성격의 공공서비스이다. 요금재는 소비에서의 경합성이 작지만 소비에 대한 가격 지불이 이뤄지지 않으면 소비를 배제할 수 있는 공공서비스이다. 터널의 통행, 도로, 가스와 상하수도, 전기 등과 같은 사회기반시설 서비스에 대해 요금을 내고 이용하는 것이 대표적인 사례이다. 공급의 책임은 정부가 진다. 그러나 요금을 지불하는 시민들에 한해 서비스를 누릴 수 있다는 점에서 정부보다는 민간이 이 서비스를 생산하는 것이 적합하다는 의견이 존재한다. 나아가 공급 역시 민간이 하는 것이 바람직하다는 주장도 있다. 정부나 산하 공기업이 이 서비스를 공급·생산할 경우 비효율성으로 인한 정부실패 문제가 나타날 수 있기 때문이다. 그러나 민간이 이 공공서비스를 공급·생산할 때 독점의 폐해가 나타날 수 있으며, 요금 지불이 어렵지만 서비스는 꼭 필요한 시민들에 대한 사회적 배제 문제 역시 발생할 수 있다는 점을 검토해야 한다.

마지막으로 시장재적 성격의 공공서비스이다. 시장재적 공공서비스는 경합성과 배제성을 가지고 있어 시장에서 해당 서비스를 공급하기 쉽고 시민 개개인도 쉽게 서비스를 구매할 수 있기 때문에 정부 개입의 필요성이 크지 않은 편이다. 시민들이 시장에서 구매하는 음식, 자동차, 주택 등이 주요 사례이다. 전통적으로 정부개입의 필요성이 최소화되어 시장재를 도시 공공서비스의 영역으로 다루지 않는 경우가 많았으나, 시민 계층 간 형평성이 중요해지는 현실에서 저소 득층 등 사회적 약자에 대한 시장재적 서비스 공급·생산에 정부가 개입해야 된 다는 의견이 강조되고 있다(이종수 외, 2022: 638). 예를 들어 주택 관련 서비스의 경 우, 경합성과 배제성이 있는 서비스이나 저소득층의 주거 안정을 위해 도시 및 중앙정부, 해당 분야 관련 공기업이 적극적으로 나서고 있으며 가치재적인 성격 을 충분히 포함하고 있다. 이에 따라 해당 서비스는 도시공공서비스의 범주에 들어가게 된다.

그림 5-1 배제성·경합성을 기준으로 한 도시공공서비스 유형

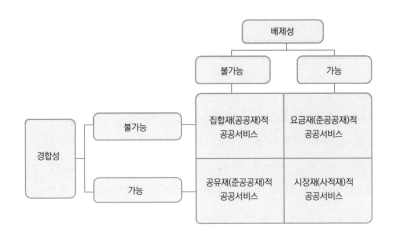

출처: 이재원·허형조(2021)

(2) 사회적 기능 따른 유형

도시공공서비스가 하는 사회적 기능이 어떠한지에 따라 도시공공서비스를 아 래의 네 가지로 분류해볼 수 있다(Lucy et al., 1977; 최창호 외, 2022; 김인, 2021).

첫째, 일상적 서비스(Routine Service)이다. 시민의 일상생활에서 불가피하게 필 요한 영역에 대해 제공되는 도시공공서비스로, 시민 대부분에게 제공되는 서비스

를 의미한다. 상·하수도와 쓰레기의 수거와 처리, 도로의 신설 및 개·보수 등이 이 서비스 영역에 속한다. 시민들에게 사용료를 징수하여 일부 시민은 서비스 이용에 제한이 있을 수 있다.

둘째, 보호적 서비스(Protective Service)이다. 모든 시민을 대상으로 그들을 안전하게 지키고 재산을 보호하며, 공공의 질서를 유지하는 것을 돕는 도시공공서비스를 의미한다. 경찰, 소방, 홍수관리 등의 서비스를 그 예로 들 수 있다. 보호적 서비스는 크게 바람직하지 않은 사건이 발생하지 않도록 사전에 예방하는 것을 목표로 하는 서비스, 바람직하지 않은 사건이 발생한 이후 구제책을 마련하는 서비스의 두 가지로 분류해볼 수 있다.

셋째, 발전적 서비스(Developmental Service)이다. 시민의 물리적, 지적, 심리적인 잠재력을 향상시키는데 기여하는 도시공공서비스를 의미한다. 교육, 도서관, 공원, 위락시설, 체육시설 등을 제공하는 서비스가 주요 사례이다. 발전적 서비스는 거의 대부분 시민에게 제공되나, 시민들의 선호에 따라 서비스의 사회적 기능 수준이 다르게 나타날 수 있다.

넷째, 사회보장적 서비스(Social Minimum Service)이다. 시민들에게 인간생활의 최소한의 수준을 보장하는 도시공공서비스를 의미한다. 의료, 식량, 직업훈련, 공공주택 등을 제공하는 것을 사례로 들 수 있다. 이들은 시민 간 소득의 재분배 기능을 수행하며, 시민들 중 특정 저소득층의 실질적인 최저 소득을 보장한다는 특징이 있다.

(3) 공익성·필수성에 따른 유형

도시공공서비스가 공익적인지 사익적인지, 시민이 생활을 영위하는 데 있어 필수적인지 선택적인지에 따라서 도시공공서비스의 유형을 분류해 볼 수 있다(김일태, 2014; 이효, 1992; 최창호 외, 2022). 도시공공서비스를 공익성과 필수성에 의해 분류하는 것은 서비스를 공급, 생산할 때 그 주체와 방식을 결정하는 데 있어 도움을 주기 때문이다. 지금부터 앞선 기준에 따라 도시공공서비스를 유형화해 보도록 한다.

첫째, 공익적·필수적인 도시공공서비스이다. 소방, 의무교육, 도로, 공원 등의 도시공공서비스는 시민들이 집단적으로 소비하기 때문에 사회적인 편익이 높으며, 시민이 도시생활을 영위함에 있어 기초적, 필수적이라 할 수 있다. 이와 같은 성격의 서비스는 도시정부를 포함한 정부가 직접 공급·생산하는 것이 바람직하고, 비용은 조세를 통해 조달하는 것이 적합하다.

둘째, 공익적·선택적인 도시공공서비스이다. 시민회관, 아동복지시설, 경로당 등이 그 예시로, 시민들이 집합적으로 소비하여 공익이 높은 서비스라는 특징이 있다. 그러나 시민생활에 있어 필수적인 서비스로 분류하기에는 특정 계층 또는 도시 내 특정 지역을 수혜 대상으로 한다는 점에서 한계가 있으며, 정부가 직접 생산하는 것이 다소 비효율적일 수 있다. 이러한 특성 때문에 정부가 직접 생산하지 않고 정부 외 부문에 속하는 공공기관, 즉 공기업이나 준정부기관이 생산하는 것이 바람직하며, 응익원칙에 따라 실제 서비스를 이용하는 시민들이 비용을 담당하게 하는 것을 우선적으로 고려하게 된다.

셋째, 사익적·필수적인 도시공공서비스이다. 공공임대주택, 장애인 복지시설 등이 그 예시로, 시민생활에 있어 필수성이 높지만 서비스의 편익이 특정 개인에게 한정된다는 점이 특징인 도시공공서비스이다. 이 경우 역시 정부보다는 공기업이나 준정부기관이 서비스를 생산, 제공하는 것이 바람직하며, 필수적인 도시공공서비스라는 점을 고려하여 서비스 비용부담에 있어 응능원칙을 우선적으로 고려할 필요가 있다.

마지막으로 사익적·선택적 도시서비스이다. 민영 주차장, 각종 스포츠 시설, 문화센터 등을 예시로 들 수 있으며 시민생활에 있어 필수적이거나 기초적인 서비스가 아니라는 점, 편익이 개인에게 귀속되는 공익성이 낮은 서비스라는 점에서 도시공공서비스의 영역으로 분류되지 않는다. 이러한 도시서비스의 공급은 시장에 맡기는 것이 바람직하며, 시장에서 민간이 서비스를 생산하고 서비스를 이용하는 개인이 비용을 부담하게 된다.

그림 5-2 공익성·필수성을 기준으로 한 도시공공서비스의 유형

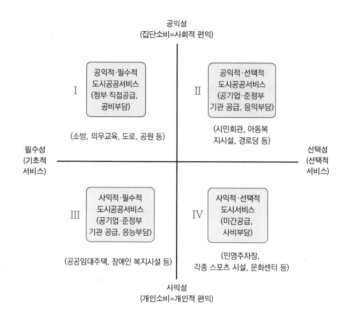

출처: 이효(1992), 김일태(2014), 최창호 외(2022)의 설명과 사례를 수정하여 재작성

3. 도시공공서비스의 전달체계

지금부터 수요와 공급의 관점에서 도시공공서비스가 어떻게 탄생하고 시민들에게 전달되는지에 대해 알아보도록 한다.

도시공공서비스의 수요 측면부터 살펴보기로 한다. 도시에서 이뤄지는 전체 도시서비스의 수요는 시민의 욕구로부터 발생하게 된다. 시민이 원하는 욕구 수준과 실제 달성된 욕구 수준에서 차이가 나타나고, 시민들은 차이를 메꿔줄 수 있는 서비스를 원하게 된다. 즉, 도시서비스에 대한 수요가 발생하게 되는 것이다. 이러한 수요는 민간부문에 의해 충족되는 것이 바람직할 수도, 공공부문에 의해 충족되는 것이 바람직할 수도 있다. 만약 민간부문이 아닌 공공부문에 의해

욕구가 충족되어야할 경우, 이는 곧 중앙정부와 도시정부가 나서서 해결해야 하는 공공부문의 서비스 수요가 된다. 즉, 도시공공서비스의 수요가 되는 것이다. 한편, 시민의 도시공공서비스 수요를 판단하는 과정에서 시민, 중앙정부, 도시정부 등 주체 간의 복잡한 협의와 합의절차가 수반된다.

도시공공서비스의 다른 한 축인 공급에 대해서 살펴보기로 한다. 앞서 언급한 시민의 도시서비스 수요에 대응하기 위해 노동, 자본, 기술과 같은 요소를 투입하고 수요에 상응하는 도시서비스를 제공하게 된다. 투입 요소들은 개별적으로 투입되기도, 적절한 배합에 따라 투입되기도 한다. 도시서비스의 공급 역시 어떤 주체에 이뤄지는 것이 바람직하며 마땅한지에 대해 검토가 필요하다. 이러한 전제하에 민간부문이 책임을 지고 공급하는 것이 맞는지, 공공부문이 책임을 지고 공급하는 것이 맞는지를 검토하여 적합한 공급 주체를 찾게 된다. 만약 공공부문에 의해 공급되는 것이 바람직할 경우, 그것이 곧 도시공공서비스의 공급이라 할 수 있으며 앞서 살펴본 수요 측면과 마찬가지로 도시공공서비스의 공급은 중앙정부에 의한 공급과 도시정부에 의한 공급으로 구분될 수 있다.[4] 정부가 이들 서비스의 공급을 책임지기는 하나, 그 생산에 있어서는 반드시 정부만이 아닌 공기업, 기업, 시민 등 여러 부문과 협동하여 생산하는 방식을 적극적으로 검토하게 된다.

도시공공서비스의 수요와 공급의 과정이 전개되고 난 이후에는 시민들이 도시공공서비스에 대해 얼마나 만족하는지, 아직도 시민들의 욕구가 충족되지 못하고 남아 있는지를 파악하게 된다. 즉, 도시공공서비스의 수요와 공급의 합치수준과 서비스의 질을 판단하는 것이다. 만약 도시공공서비스의 합치수준과 서비스의 질이 낮다고 판단될 경우 다시금 적합한 도시공공서비스를 제공하기 위한 방안을 강구하게 되며, 이를 통해 기존에 비해 품질이 향상된 도시공공서비스가 시민들에게 재차 공급된다.

---

4 박종화 외(2023)에 따르면 도시공공서비스의 제공에 있어 중앙정부, 도시정부만이 아닌 공기업, 민간부문 등의 역할도 크다. 공기업과 민간부문은 도시공공서비스 제공에 있어 중앙·도시정부와 협동적인 관계를 맺으며, 서비스의 생산에 있어 중요한 역할을 하게 된다. 본 도시공공서비스 전달체계 부분에서는 생산이 아닌 공급에 초점을 맞추고 있기 때문에 공기업, 민간부문 등에 의한 생산문제를 별도로 논의하지 않는다. 도시공공서비스의 생산과 관련하여서는 후술할 제3절에서 본격적으로 다루도록 한다.

그림 5-3 수요와 공급 측면에서 본 도시공공서비스의 전달체계

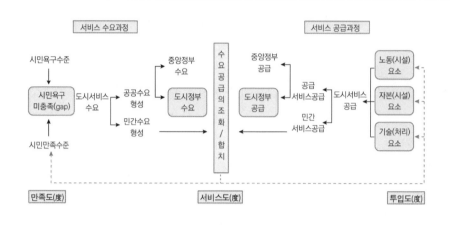

출처: 최창호 외(2022)의 내용 수정·보완하여 저자 재작성

　　한편 도시공공서비스 전달에 있어서 도시정부가 점차 중요해지고 있는 현실에 대해 살펴보는 것이 필요하다. 도시공공서비스에 대한 시민의 욕구가 다양·복잡해지고 그 수가 급증하고 있다. 이와 같은 복잡한 수요 증가 현상에 정부가 적절히 대응하기 위해서는 도시공공서비스의 수요와 공급에 대해 보다 정교하게 파악해야만 한다. 또한 도시공공서비스 공급과 생산에 있어서 합리적인 방식을 선택, 결정해야만 한다. 도시공공서비스가 특정 공간상에 입지한 시민들을 대상으로 하며, 시민과의 대면접촉을 통해 전달되는 경우가 많다는 점, 그리고 시민의 수요가 복합·다면적이고 동태적이어서 시민과의 면밀한 상호작용이 수반되어야 한다는 점을 고려할 때, 결국 가두관료(Street-Level Bureaucrats)로서의 도시정부의 적극적인 역할 수행이 필요하다. 중앙정부와 민간부문 등의 다른 도시공공서비스 공급·생산 주체들이 도시정부처럼 도시공공서비스의 수요를 적절히 파악하는 것은 매우 어렵기 때문이다. 따라서 도시정부는 도시공공서비스 공급과 생산의 방향, 수준, 방법 등을 결정하는 데 있어 보다 적극적인 역할을 수행할 필요가 있다.

제3절 ◦ 도시정부의 공공서비스 공급을 위한 경영전략

1. 도시공공서비스 공급 전략의 기본방향

도시공공서비스는 전통적으로 중앙정부가 제공하였다(박종화 외, 2023). 국민 모두에게 동일하게 또는 공평하게 제공되어야 할 도시공공서비스의 경우 중앙정부가 책임과 권한을 가졌다. 예를 들어, 복지나 보건서비스의 경우 어느 지역에 거주하는지와 관계없이 동일하거나 공평하게 제공되어야 하는 만큼 중앙정부가 권한과 책임을 갖는다. 기초생활수급자나 노인복지 등과 같은 도시공공서비스는 중앙정부가 도시정부에 위임하여 서비스를 제공한다.

도시화와 지방자치제 도입으로 도시문제 해결을 위해 도시정부가 도시공공서비스를 공급하기 시작했다. 도시화가 진행됨에 따라 지역별로 발생하는 문제가 다르고, 수요가 다양해졌기 때문이다. 지역별로 다른 문제와 다양한 수요에 대응하기 위하여 중앙정부는 도시정부에 사무를 위임하거나 도시정부는 스스로 지역의 수요에 대응하기 위하여 도시공공서비스를 발굴하기도 하였다. 지방자치법에 근거하여 도시정부는 주민들의 복지증진, 산업 진흥, 지역개발과 환경보전, 교육과 여가(체육, 문화, 예술), 재난 등과 관련된 도시공공서비스를 직접 제공하고 있다.

도시정부는 지역사회의 복리증진을 위해 필요한 도시공공서비스를 지방공기업을 통해 공급하기도 한다. 지방공기업이 제공하는 도시공공서비스는 요금재(Club Goods)적 특성을 가지며, 지역성, 공공성, 공동으로 소비하는 특성, 기업성의 특성을 띤다(정창훈·김선문, 2024). 먼저, 지방공기업이 제공하는 도시공공서비스는 지역 내에서 생산·공급된다. 특정 지역에서 발생하는 수요에 대응하기 위하여 지방공기업을 설치하여 도시공공서비스를 제공한다. 둘째, 지방공기업이 생산하는 서비스는 공공성의 특성을 갖는다. 특정 개인이나 조직이 요구하는 문제나 수요에 대응하는 것이 아니라 지역사회 전반의 복리증진과 관련된다. 셋째, 공공성의 특성을 갖는 만큼 지방공기업이 제공하는 서비스는 특정지역에 거주하는 시민들이 공동으로 소비하는 특성을 갖는다. 마지막으로, 지방공기업은 기업 방식으로 운영되며 따라서 지방공기업을 통해 공급되는 서비스는 수익을 창출할 수 있는 특성을 갖는다. 수익을 확보하기 위하여 사용자에게 요금을 부과하는 방식으로 제공된다. 지방공기업을 통해 생산 및 제공되는 서비스는 일반적으로 교통, 도시개발, 상·하수도 등이다.

　도시화로 인해 도시문제는 복잡해지고 다양해지고 있으며, 도시민들이 요구하는 행정수요는 점차 확대되고 있다. 지방자치제 도입과 발전으로 도시정부는 자체적으로 문제 해결을 위해 도시공공서비스를 발굴하여 공급하거나 교통과 주택, 지역개발 등의 수요에 대응하기 위하여 지방공기업을 설치하여 문제와 수요에 대응하고 있다. 그럼에도 불구하고 증폭하고 있는 시민들의 행정수요에 대응하는 데에는 도시정부가 직면하고 있는 여러 한계가 있다(김일태, 2014). 먼저, 도시정부는 정부가 갖는 일반적인 특성으로 인해 복잡하고 다양해진 도시와 시민들의 수요에 대응하기 어렵다. 다수의 수요에 초점을 맞추고, 획일적으로 서비스를 공급하거나 단체장의 임기에 따른 성과에 집중하거나 정책을 지속하기 어려운 상황에 놓이는 등 정부실패 현상으로 인해 도시정부는 행정책임을 다하는 데에 한계를 갖는다. 둘째, 중앙과 지방 간의 행정기능 및 재정의 배분 구조는 증폭하는 행정수요에 도시정부가 자율적으로 대응하기에는 어려움이 따른다. 도시정부는 중앙정부의 사무를 처리해야 하거나 법령에서 제한하는 경우가 존재하는 등 도시공공서비스를 발굴하여 공급하는 데에 행정적인 한계가 존재하거나 자율적으로 사용할 수 있는 자주재원이 충분하지 않아 확대되고 있는 도시민의 행정수요를 적절하게 대응할 수 없다(김병준, 2022). 셋째, 행정수요는 계속해서 증가하고 있다. 과거에는 도시정부에게 요구하지 않았던 문제나 수요에 대해서 도시정부의 책임의 범위로 포함하고 있다. 우리사회가 발전함에 따라 환경과 복지, 문화와 여가, 재난, 이주민 등의 분야에 대해서도 도시정부에서 대응해야 할 행정수요로 여기고 있다.

　도시문제가 복잡해지고, 다양해지고 있는 만큼 시민들의 수요는 확대되고 있다. 그러나 다양한 도시민의 수요를 대응하기 위한 도시정부의 행·재정 능력이나 자율성 등은 한계가 있다. 따라서 환경변화에 대응하고, 다양해진 행정수요에 효

과적으로 대응하기 위하여 도시정부는 전략적으로 도시공공서비스를 공급할 필
요가 있다.

전략적인 도시공공서비스 공급을 위해 Nadler & Hibino(1992)가 제시한 현상
타파의 사고방식을 도시관리에 적용한 김일태(2014)의 도시경영전략의 기본방향을
참고할 만하다. 첫째, 미래의 모습을 고려하여 바람직한 도시상을 설정하고, 그에
따른 해결책을 모색한다. 둘째, 도시관리의 목표를 명확히 하는 것이 가장 중요하
고, 그에 따른 정책수단을 찾아야 한다. 셋째, 도시 내외의 환경과 상호작용하는
하나의 시스템으로서 도시를 이해하여야 한다. 도시 내외 환경을 포괄적으로 고
려하여 도시문제의 해결책을 모색한다. 넷째, 도시문제는 과거 또는 다른 도시정
부와는 같은 방식으로 해결할 수 없다. 다섯째, 도시공공서비스의 생산과 소비과
정에 많은 사람이 참여하도록 하고, 자율성을 최대한 부여한다. 여섯째, 도시문제
해결에 필요한 정보만을 수집하고 분석한다. 즉, 필요한 정보만을 수집함으로써
능률적으로 도시정부를 운영해야 한다. 마지막으로 도시정부는 지속적으로 혁신
한다.

2. 체계적이고 효율적인 도시공공서비스 공급전략

행정수요가 증가하고 있지만, 도시정부는 행·재정적 한계가 있는 만큼 도시
경영전략의 기본방향을 고려하여 도시공공서비스를 생산·공급하는 것이 필요하
다(김일태, 2014). 첫째, 도시정부는 지향하는 도시상을 고려하여 대응할 수 있는 행
정수요를 한정할 필요가 있다. 도시정부를 둘러싼 환경의 변화로 행정수요는 급
증하지만, 도시정부는 행·재정적 한계가 있을 뿐만 아니라 도시의 문제를 해결하
는 유일한 기관이 아니기 때문이다. 즉, 도시정부가 갖는 한계가 있는 만큼 목표
를 명확히 설정하고, 그것을 기초로 행정수요를 범위를 정한다. 둘째, 도시문제를
해결하기 위해 도시정부와 상호작용하는 다른 행위자를 도시공공서비스 전달과
정에 참여하는 것도 필요하다. 도시정부는 모든 도시문제나 행정수요를 대응할
수는 없기 때문이다. 이전에는 정부가 도시문제를 해결하는 주요기관이었지만, 도
시문제가 복잡해지고 도시화가 진행됨에 따라 행정수요는 다양해져 다양한 기관

의 참여나 협력이 요구된다. 복잡해지고 다양해진 도시문제와 행정수요에 대응하기 위해 도시정부는 시민들의 이타적이고 자발적인 참여, 민간기관의 자율성과 혁신 등을 활용하는 것이 필요하다. 셋째, 도시공공서비스의 수요자인 시민들의 정기적인 평가가 필요하다. 도시공공서비스는 지역사회의 문제를 해결하거나 시민들의 수요에 대응하기 위해 생산·공급되기 때문이다. 도시공공서비스에 대한 시민들의 정기적인 평가를 통해 도시정부는 정치적인 책임을 달성할 수 있을 것이다. 도시정부의 공공서비스 공급 전략에 대해서 좀 더 세부적으로 살펴보자.

(1) 행정수요 관리 전략

도시정부는 추구하는 도시상을 고려하여 행정수요를 명확하게 규정할 필요가 있다. 도시화 등 환경의 변화로 행정수요는 복잡·다양해지고 있고, 그 수 또한 증가하고 있다. 그러나 도시정부가 갖는 행·재정적 역량 및 자율성은 한정되어 있다. 따라서 도시정부는 공공성과 효과성, 효율성 등을 고려하여 도시정부가 대응할 수 있는 행정수요를 명확히 하고, 민간의 역량과 활력을 활용하여 도시정부에게 요구되는 행정수요를 대응할 필요가 있다(김일태, 2014).

먼저, 잠재적인 행정수요 중에 도시정부는 공공성을 고려하여 도시정부가 담당할 수 있는 행정수요와 그렇지 않은 행정수요를 구분하여야 한다. 문화와 여가, 복지, 재난, 환경 등 최근 들어 도시정부에게 대응하도록 요구되는 문제나 수요는 공공성 여부를 검토한다. 민간재로 공급이 가능한 서비스는 도시정부가 대응하여야 할 행정수요에서 제외하고, 도시정부의 행정수요를 관리하는 것이 필요하다.

둘째, 도시정부에 요구되는 행정수요 중에 민간부문과의 협력을 통해 대응하는 것도 필요하다. 공공성(공공재나, 공동이용재, 혹은 요금재)의 성격을 띠는 행정수요 중에 민간의 활력을 활용할 수 있는 것은 민간과의 협력을 통해 대응하는 것이 더 나을 수 있다. 민간의 활력을 통해 혁신적으로 문제가 해결될 수도 있고, 만족도가 높아질 수도 있다. 민간이 갖는 자원을 통해 도시문제를 대응하는 것이 좀 더 효과적이거나 효율적일 수 있다. 뿐만 아니라 도시정부가 담당해야 할 행정수요를 축소함으로써 행정비용을 줄일 수도 있고, 도시정부의 재정이 더 필요한 곳에 투자될 수도 있다.

셋째, 시민들의 자발적이고 이타적인 참여를 통해 지역사회의 수요를 대응함으로써 행정수요를 줄일 수 있다. 시민들이 도시정부의 도시공공서비스 생산 및 공급과정에 참여함으로써 시민들의 요구에 더 부합하게 될 수도 있고, 도시정부의 행정수요를 줄임으로써 행정비용을 절약할 수도 있다.

공공성을 고려하여 도시정부의 행정책임을 명확히 하고, 민간기관이나 시민들의 참여를 통해 행정수요를 관리함으로써 도시정부가 효과적이고 효율적으로 도시공공서비스를 공급을 하는 것을 살펴보았다. 다음에서는 도시정부가 민간의 활력을 통해 도시공공서비스를 생산 및 공급하는 방법에 대해서 살펴보자.

(2) 민간 활력 이용 전략

중앙 또는 도시정부는 합의된 규칙이나 절차에 따라 도시공공서비스를 제공한다. 그 과정 중에 시간이나 비용 측면에서 비효율이 발생하거나 혁신적인 방법보다 관습적인 방식을 따르는 경우가 발생한다. 예를 들어, 도시공공서비스 전달과 관련된 법령이나 조례, 규칙 등 모든 규정을 준수해야 하는 만큼 관련 규정을 찾아보고, 없을 경우에는 관련 규정을 제정하는 작업이 필요하다. 관련 규정을 준수하거나 제정하는 작업은 꽤 많은 시간을 필요로 하고, 관련 규정에서 요구하는 사항을 준수하여야 하는 만큼 시대변화에 대응하는 문제 해결을 위해 새로운 시도를 하기는 쉽지 않다.

한편, 도시문제를 해결하기 위해 도시공공서비스를 제공하기 시작할 때는 민간영역의 사업자나 기술이 충분하지 않아서 중앙이나 도시정부가 공급을 전담하게 된다. 충분한 시간이 흐른 뒤에는 민간시장에 충분한 기술이 보급되고 사업자가 다양해진 후에는 경쟁이나 유연함을 장점으로 하는 민간영역에서 담당하는 것이 합리적인 공공서비스도 존재한다. 이러한 이유로 도시정부가 공공서비스를 제공할 때 효율성 또는 효과성을 제고하기 위한 방법으로 민간의 활력을 이용하기도 한다. 공공서비스 전달의 일부나 전부를 민간부문에 위탁하거나, 공공서비스를 민간부문과 협력, 또는 시민들의 참여를 통해 도시공공서비스를 전달한다.

1) 민영화(Privatization)

민영화는 도시정부의 도시공공서비스 공급 권한을 전부 또는 일부를 민간부문에 이양하는 것을 말한다(Beck & Watterson, 2022).[5] 도시공공서비스의 공급 권한이 도시정부에서 민간부문으로 이전하게 됨으로써 민간부문에서 도시공공서비스를 생산하고 공급하게 된다. 민영화의 주요 이유로는 도시공공서비스 공급에서 효율성의 증진이나 비효율을 줄이기 위함이다(Morgan & England, 1988; Hefetz & Warner, 2004). 공공기관에서는 도시공공서비스 생산과 공급에 독점적 권한을 갖기 때문에 도시공공서비스를 생산하는 데에 필요한 비용을 줄이거나 동일한 비용으로 질 높은 서비스를 생산하려는 등 생산성 향상을 위한 노력을 하지 않을 수 있다. 따라서 시장에서의 경쟁을 통해 생산성 향상이나 비용의 감소 등의 노력으로 서비스 제공에 효율성을 확보할 수 있다.

도시공공서비스를 민영화하는 것의 장점은 무엇이 있는지 살펴보자(임재현, 2023). 먼저, 시민들은 기업들의 경쟁으로 좀 더 저렴한 가격으로 도시공공서비스를 이용할 수 있거나 같은 가격으로 높은 질의 서비스를 제공받을 수 있게 된다. 도시공공서비스 공급 권한을 특정 기관이 독점적으로 보유하지 못하는 만큼 도시공공서비스 공급에서 다양한 기관 간에 경쟁이 발생하고, 경쟁을 통해 혁신적인 도시공공서비스가 제공되거나 비용이 절감될 수 있기 때문이다. 둘째, 도시공공서비스 공급에서 민간부문의 경영 노하우(Know–how)나 전문성을 활용할 수 있게 된다. 민간부문의 축적된 노하우나 전문성이 도시공공서비스 생산과 공급에 적용됨으로써 질 좋은 서비스를 제공받을 수 있게 된다. 셋째, 변화하는 도시지역의 수요에 대응성을 높일 수 있다. 공공기관은 절차를 따라야 하는 만큼 변화하는 수요에 대응하는 것이 어렵고, 이윤극대화 등 변화하는 수요에 대응하기 위한 동기요인이 적다(정창훈·김선문, 2024). 반면, 민간부문은 규정준수에 더 유연하다. 또한

---

5 Privatization은 정부가 공공서비스를 제공할 때 민간의 활력을 이용하는 모든 행태를 설명하는 용어이다(Beck & Watterson, 2022). 민영화뿐만 아니라 공공문제를 해결하거나 공공서비스를 제공할 때 민간부문과의 협력(보조금을 제공하거나 위탁 등 포함)을 포함한다. 본 글에서는 공공부문의 공공서비스 공급 권한을 민간부문으로 이전하는 것을 민영화로 정의하고, 공공기관이나 기업의 민영기업화가 가장 대표적인 예가 될 수 있다. 공공기관과 민간부문이 공공서비스 공급에 함께 하는 형태인 민간위탁과 민관협력은 따로 설명하고자 한다.

민간부문은 수익을 창출하는 것이 동기요인인 만큼 수요 대응에 따른 수익창출에 관심을 갖는다. 넷째, 도시정부의 재정 운용의 효율성이나 효과성을 높일 수 있다. 민영화되기 이전에 특정 분야에 할애하였던 도시재정을 더 이상 활용하지 않으므로 재정부담을 줄일 수도 있고, 다른 분야에 투자할 수도 있게 되어 도시재정을 효율적으로 이용할 수 있다.

　　그러나 민영화에는 단점 또한 존재한다. 도시공공서비스의 공급비용이 상승하게 되어 시민들은 더 비싼 가격에 서비스를 이용하게 될 수도 있다(정창훈·김선문, 2024). 민간기관은 이윤극대화를 추구하는 만큼 도시공공서비스의 이용 가격이 상승할 수 있다. 독과점으로 도시공공서비스가 공급될 경우에는 민간기관이 가격조정의 영향력이 증가하여 비싼 비용으로 도시공공서비스를 이용하게 될 여지가 있다. 둘째, 도시공공서비스가 수요에 비해 적게 공급될 수도 있다(임재현, 2023). 원자재 가격의 상승으로 생산비용을 낮추려고 하거나 이윤추구를 위하여 민간기관에서는 수요에 비해 적게 공급하는 경우도 발생한다. 셋째, 민영화함으로써 특정 수요에 대한 도시정부의 대응력이 감소할 가능성도 존재한다(임재현, 2023). 특정 수요에 대한 도시공공서비스의 권한을 민간기관이 갖게 됨으로써 그 분야에 대한 기술이나 지식, 전문성 등이 민간기관에 축적하게 되고, 민간기관에 대한 도시정부의 의존성은 높아지게 될 수 있다. 특정 수요가 대규모로 발생하여 도시정부가 개입하여 도시정부서비스를 공급하여야 하는 시기에는 문제가 될 수도 있다. 넷째, 도시공공서비스 공급에서 배제의 문제가 발생할 수 있고, 그에 따라 도시공공서비스 이용의 격차가 발생할 수 있다(Satz, 2019). 민간부문은 요금이나 비용 등을 통해 도시공공서비스를 이용하는 고객이나 소비자를 배제할 수 있다. 또는 요금이나 비용으로 도시공공서비스 질의 차이를 설정함으로써 비용부담 가능 정도에 따라 시민들은 도시공공서비스 이용의 격차가 생길 수 있다.

　　도시공공서비스가 민영화를 통해 공급 권한이 도시정부에서 민간기업으로 이전된 사례는 영국과 일본의 철도, 미국과 일본의 전기 등의 사례가 있다. 미국에서는 수도나 하수, 가스, 전기, 또는 폐기물 처리와 같은 도시공공서비스를 공공부문에서 직접 공급하거나 민간부문이 직접 제공할 수 있다. 텍사스주에서는 지방정부법을 통해 수도나 하수, 가스, 또는 전기 등을 지방정부에서 직접 공급하거나 민간부문을 통해 공급하도록 하고 있다(Local Government Code of Texas). 2002년부터 텍사스주의 지방정부는 전기를 직접 공급하거나 시장을 통해 공급하고 있다(Prentis, 2014). 영국에서는 항공과 가스와 석유, 통신 등 국가에서 제공하는 공공서비스가 민영화되었으며, 수도, 낙후 지역의 재개발이나 버스 등이 도시공공서비스도 민간부문에 의해서 제공되고 있다(Beck & Watterson, 2022; Lawrance, 2023). 일본은 전기와 철도가 민영화되어 시민들에게 공급되고 있다. 일본은 지역별(10개 권역)로 민간 전력회사가 전기를 공급하고 있으며(이주원·신지숙, 2011), 도시지역 내 철도교통은 국철의 민영화와 더불어 다양한 민간기업이 서비스 공급에 참여하고 있다(모창환·남경태, 2006).

2) 민간위탁(Contracting)

민간위탁은 도시공공서비스에 대해서 도시정부와 민간부문(기업이나 비영리조직) 간의 사업 계약을 말한다(Kelman, 2002). 공공기관이 도시공공서비스에 대한 책임이나 권한을 갖고, 민간기관이 도시공공서비스의 생산과 공급만을 담당하는 방식이다(박종화·윤대식·이종열, 2023). 즉, 민간부문이 도시정부를 대신하여 도시공공서비스를 생산하고, 도시정부는 민간부문이 생산하는 도시공공서비스를 구매하는 방식으로 시민에게 공급된다. 도시정부는 도시공공서비스를 직접 공급하는 것이 아니라 외부에 있는 민간기관이 생산하는 서비스를 구매하여 시민들에게 공급한다. 이러한 점 때문에 서비스 구매계약(Purchase-of-Service Contract)이라고 부르기도 한다.

민간위탁 방식으로 도시공공서비스를 공급하는 가장 큰 이유는 비용절감에 있다(김인, 2011; Jang, 2006). 특정 서비스를 제공하는 민간기관과 계약을 맺어 저렴하게 도시공공서비스 생산과 공급을 위탁할 수 있다. 예를 들어, 특정 공공서비스를 생산하고 공급하는 데에 필요한 인력을 고용하는 비용을 보전할 수 있는 민간기관이 있는 경우에 민간위탁을 통해 도시공공서비스를 공급한다. 둘째, 기존의 민간기관을 통해 도시공공서비스를 제공함으로써 새로운 시설을 설치하거나 시설의 리모델링 비용을 줄일 수 있을 때 민간위탁을 통해 도시공공서비스를 공급한다. 셋째, 특정 분야에 여러 민간기관이 경쟁함으로써 동일한 가격에 더 좋은 도시공공서비스를 제공할 수 있거나 좀 더 저렴한 비용으로 도시공공서비스를 공급할 수 있을 경우에 민간위탁을 활용한다.

민간위탁을 통해 제공되는 도시공공서비스는 아동이나 어르신을 위한 돌봄서비스, 노인이나 장애인을 위한 복지관의 운영, 체육시설의 운영 및 관리, 폐기물 처리 등이 있다(김인, 2010, 2011; DeHoog & Salamon, 2002; Jang, 2006). 예를 들어, 도시지역에서 운영되고 있는 사회복지관이나 청소년시설은 지방자치단체에서 설치하고, 비영리조직 등의 민간기관이 사회복지관이나 청소년시설을 운영 및 관리하는 방식으로 도시공공서비스가 제공되고 있다(김인, 2011; 김경우, 2023). 미국의 경우에는 쓰레기를 위해 민간기업에 위탁으로 처리하거나(Satz, 2019) 테니스장이나 골프 코스 등의 스포츠 시설이나 호수나 공원 등의 시설 등의 유지나 관리, 운영 등을 민간기관에 위탁하여 공공서비스를 제공하기도 한다(Jang, 2006).

3) 민관협력(Public-Private Partnership or Collaboration)

공공기관과 민간부문이 공동으로 도시공공서비스를 제공하는 데에 참여하는 방식을 민관협력(Public-Private Partnership 또는 Collaboration)이라고 부른다. 민관협력은 도시공공서비스를 제공하기 위하여 도시정부가 민간부문인 기업이나 비영리조직과 협력하는 형태를 설명한다(Gazely & Brudney, 2007; Hodge & Greve, 2007). 도시공공서비스를 공공과 민간이 공동으로 생산하여 제공하는 방식, 공공부문에서 자금을 제공하고 민간부문이 서비스 제공 역할을 맡는 방식, 공공과 민간이 자금과 서비스 제공을 공동으로 역할을 맡는 방식도 있다(손희준, 2019).

민관협력은 공공기관이 도시공공서비스의 생산과 전달을 민간부문에 위탁하는 방식과 같이 주인-대리인(Principal-Agent) 관계로 나타나지 않는다(Gazely & Brudney, 2007). 공공기관과 민간기관은 공유하고 있는 도시문제를 해결하기 위한 도시공공서비스 전달과정에 민관협력 과정에 자발적으로 참여하는 만큼 수평적인 관계를 갖는다. 공공기관과 민간부문은 공동으로 마주한 문제를 해결하기 위하여 목표와 전략 등을 함께 설계한다. 수립된 목표와 전략을 실행하기 위한 방법으로 도시공공서비스를 공급하기 위해 각 기관이 보유하고 있는 지식이나 정보, 전문성, 기술, 자원 등을 제공한다. 도시정부가 민간기관에 자금을 지원하고,

민간기관은 도시공공서비스를 생산하여 제공하거나, 민간기관이 금융자원과 기술을 지원하고 도시정부는 토지를 제공하거나 개발권 허가 방식을 통해 주택이나 기반시설 등의 도시공공서비스를 공급하는 방식으로 나타난다. 민관협력을 통해 제공되는 도시공공서비스는 사회복지, 재난관리, 주택과 도시기반시설 등 다양하다(Hodge & Greve, 2007).

　　민관협력을 통해 도시공공서비스를 제공하는 이유로는 공동의 문제를 해결하기 위해 필요한 정보나, 전문지식, 기술, 자원 등이 공공이나 민간조직 등 하나의 기관이 보유하지 못했기 때문으로 볼 수 있다(Gazely & Brudney, 2007). 예를 들어, 도시계획이나 주택사업을 위해서 토지수용이나 개발권 허가 등의 권한은 도시정부가 갖고, 주택이나 도시기반시설의 건설기술이나 자금은 민간부문에서 보유하는 사례를 생각해 볼 수 있다. 또 다른 예는 도시정부의 이주민정책이 될 수 있다. 이주민정책은 도시정부에서 마주하는 새로운 문제인 만큼 도시정부 내에는 이주민과 관련한 전문지식이나 인력을 보유하고 있지 못하다. 따라서 도시정부는 이주민을 위한 도시공공서비스를 제공하려고 할 때, 이주민을 지원하는 전문지식이나 기술을 보유한 민간부문과 협력한다. 도시정부는 이주민을 위한 도시정책을 민간부문과 함께 수립하고, 도시공공서비스에 필요한 재정을 제공한다.

4) 공동생산(Co-Production)

　　공동생산은 도시정부의 공공서비스 전달과정에 시민들이 직접 참여하는 것을 말한다(Brudney & England, 1983). 도시공공서비스 전달과정에 참여하는 것은 시민들이 도시공공서비스의 설계와 공급 등에 도시정부에서 일하는 공무원들과 협력하는 것을 포함한다. 시민들이 도시공공서비스의 공급과정에 참여함으로써 설계와 생산, 공급에서 발생하는 비용을 줄일 수 있을 뿐만 아니라 서비스 품질을 제고할 수 있다는 점에서 장점이 있다. 도시공공서비스의 설계과정에 시민들이 참여함으로써 시민들의 수요를 보다 정확하게 반영할 수 있을 뿐만 아니라 공급하는 데에 필요한 도시정부 공무원의 인건비를 줄일 수 있다는 점에서 효율적이라고 할 수 있다.

　　도시공공서비스의 계획 및 공급과정에 시민들은 다양한 방식으로 참여한다

(Bovaird, 2007). 시민들은 개인적으로 참여하기도 하고, 조직을 구성하여 집단적으로 참여하기도 한다. 계획을 수립하는 데에 참여하기도 하고, 공급 과정에 직접 참여하여 도시공공서비스 전달자로서 참여하기도 한다. 시민이 개인 또는 집단적으로 참여하는 형태는 다음과 같이 살펴볼 수 있다. 먼저, 시민 또는 시민조직은 도시공공서비스 계획 수립과정에 자문을 하거나 의견을 제시(Feedback)하는 역할로 참여한다. 계획수립이나 전달과정에 자문이나 의견을 제시함으로써 시민들의 수요가 좀 더 정확하게 반영되거나 품질이 개선되기도 한다. 시민들은 도시공공서비스의 수요자인 만큼 정확한 수요를 전달한다는 측면에서 자문 또는 의견을 제시하는 역할로 참여하며, 정보제공의 차원에서 도시공공서비스 수립과정에서의 비용을 절감시키고 대응성을 높일 수 있다. 둘째, 시민들이나 시민조직은 공공서비스 계획을 수립하는 역할을 맡기도 한다. 도시정부가 주도하는 지역의 환경개선 사업이나 지역방범활동, 지역축제나 스포츠·예술·여가활동 등의 프로그램을 설계하는 과정에 주요 행위자로 참여한다. 시민들이나 시민조직이 이와 같은 도시공공서비스 계획을 주도적으로 수립하여 도시정부의 참여를 이끌어 내기도 한다. 개별 시민이나 시민조직은 지역사회에 대한 정보를 잘 알고 있고, 누가 어떠한 것을 원하는지, 도시공공서비스를 공급하기 위해 필요한 자원은 누구에게 있고 어디에 있는지 등에 대한 정보를 잘 알고 있기 때문에 도시공공서비스 전달에 있어 장점이 있다. 셋째, 시민들과 시민조직은 도시공공서비스를 전달하는 행위자로 참여한다. 시민이나 시민조직이 아동이나 어르신 돌봄서비스를 직접 제공하거나 도시정부에서 설계한 돌봄서비스 공급자로 참여하는 것이 대표적인 예가 될 수 있다. 또 다른 사례로는 시민 개인이 지역사회에서 모집하는 자율순찰대에 참여하거나 시민들이 자율방법조직을 조직하여 방범활동을 하는 것이다.

시민들이 도시공공서비스 전달과정에 참여하는 형태를 설명하면서 제시한 예에서도 볼 수 있듯이 다양한 도시공공서비스가 공동생산의 방식으로 제공되고 있다(Bovaird, 2007). 예로 언급한 것 외에도 문화·예술, 보건·복지, 치안, 도시계획, 폐기물 처리, 재난관리 등 다양한 분야에서 공동생산의 방식으로 도시공공서비스가 제공되고 있다. 예를 들면, 시민들은 청소년들의 스포츠 리그를 운영하여 코치나 심판 등으로 참여하거나 도시정부의 분리수거 서비스에 자발적으로 참여하여 폐기물을 분리수거하여 배출하고 있는 것도 공동생산의 예로 볼 수 있다. 또는 전자기기 활용이 어려운 어르신들을 지원하기 위하여 ICT 기술에 친숙한 사람이나 전문가가 도우미로 활동하는 것도 공동생산의 예로 볼 수 있다.

(3) 주민만족도 관리 전략

세 번째로 고려해 볼 수 있는 도시정부의 경영전략은 주민들의 만족도를 관리하는 것이다(김일태, 2014). 주민들은 도시공공서비스의 수요자로서 도시공공서비스에 대한 주민들의 만족도를 관리함으로써 도시정부의 행정책임을 성공적으로 수행할 수 있을 것이다. 만족도 관리는 도시정부로 하여금 도시공공서비스를 개선할 수 있게 하거나 주민들로부터 도시공공서비스 생산과 전달과정에 신뢰를 얻거나 불만을 낮출 수 있게 된다. 만족도 관리 과정을 통해 주민들로부터 도시공공서비스에 대한 의견을 얻게 되고, 주민들은 도시정부로부터 도시공공서비스 생산 및 전달에 대한 정보를 수집할 수 있게 되기 때문이다. 만족도 관리를 통해 도시정부는 도시공공서비스에 대해서 정치적인 책임을 달성할 수 있게 된다.

가장 먼저 고려해 볼 수 있는 주민만족도 관리 전략은 도시정부가 주민들로부터 도시공공서비스에 대한 의견을 수렴하는 것이다. 도시공공서비스에 대해서 직접 만족도 조사를 실시하거나 모니터링제도를 운영하는 것이 가장 대표적인 예가 될 수 있다. 주민들은 도시공공서비스에 대해서 만족도 평가나 모니터링제도를 통해 주민들은 도시공공서비스에 대해서 의견을 제시할 수 있게 된다. 주민들로부터 도시공공서비스에 대한 의견을 수집함으로써 도시정부는 서비스의 질을 개선하거나 공급방식을 변경하는 등 생산과 공급의 개선에 도움이 되는 정보를 얻을 수 있게 된다. 즉, 주민만족도 조사나 모니터링을 통해 도시정부는 공공서비스 품질을 개선할 수 있게 되고, 궁극적으로 조직의 운영쇄신과 발전 등을 도모할 수 있게 된다. 주민들은 도시공공서비스의 수요자로서 이용한 서비스에 대한 만족도 평가에 참여해 수요자로서의 권리를 누리는 것뿐만 아니라 도시공공서비스 개선에 참여함으로써 시민으로서의 효능감을 느끼고, 도시정부의 쇄신을 이끌어 내는 데에 기여할 수 있게 된다.

둘째, 도시정부에 대한 만족도 제고를 위해 도시정부는 적극적으로 도시정부의 운영상황에 대한 정보를 공유하는 것이 필요하다. 가장 대표적으로 도시정부의 도시공공서비스를 홍보하는 것이다. 도시공공서비스는 시민들을 위한 것인 만큼 도시정부에서 시민들을 위해 무엇을 하는지 알리는 것이 필요하다. 홍보를 통해 시민들은 도시공공서비스에 대한 정보를 얻을 수 있게 된다. 더불어 도시정부 운영상황에 대한 정보 공유로 시민들이 도시정부의 행정과정에 대해 알게 됨으로써 시민들의 도시정부에 대한 이해도를 높일 수 있게 되고, 도시정부는 도시공공서비스 전달과정에 대해 시민들로부터 지지나 공감을 얻게 될 수 있다. 또한 도시정부의 조직운영과 재정운용의 어려운 점을 시민들과 공유함으로써 도시공공서비스에 대한 만족도에 영향을 주기도 한다. 마지막으로 도시정부의 행정과정에 시민참여를 유도하게 되어 행정의 투명성 확보를 통한 신뢰도 증진 등을 꾀할 수도 있다.

3. 전략적 도시경영을 위한 기반의 조성

도시정부가 대응해야 할 행정수요와 효율적인 도시공공서비스 전달과정에 대해서 살펴보았다. 앞에서 살펴보았던 도시정부의 경영전략이 수행되기 위하여 필수적으로 고려되어야 할 몇 가지 선결 조건을 제시해 보고자 한다.

첫째, 도시정부의 전략적인 경영을 위해서는 리더십은 가장 중요한 전제 조건이라고 할 수 있다. 도시정부에 요구되는 문제와 수요는 증가하고 있지만, 행·재정 자원은 한정되어 있기 때문이다. 즉, 도시정부에서 대응해야 할 수요는 무엇이고, 자원을 어떻게 배분해야 할지 등에 대해서 명확한 방향제시가 필요하다. 또한 도시문제를 해결하기 위한 수단의 선택은 결과의 차이에 영향을 주는 만큼 도시정부는 전략적으로 수단을 선택해야 한다. 명확한 방향의 제시와 수단의 전략적 선택은 시민들의 요구에 효율적·효과적으로 대응하는 리더가 갖추어야 할 필수적인 역량이다.

둘째, 도시공공서비스를 효율적, 효과적으로 공급할 수 있도록 유용한 도시정보가 공유하고, 모든 시민이 활용할 수 있도록 제도적으로 뒷받침하는 것이 필요하다. 도시정부는 행정정보를 투명하게 공유하는 제도적 기반으로서 데이터 플랫폼을 개발하여 운영하고 있다. 인공지능 기술이 급속하게 개발되어 보급되어 시민들이 행정정보를 활용하여 도시공공서비스 전달과정에 참여[6]하고 있는 만큼 도시정부에서 운영하고 있는 데이터 플랫폼을 통해 유용한 행정정보를 투명하게 공유하는 것이 필요하다. 2010년대부터 도시정부는 사회 연결망 서비스(Social Network Service)를 통해 다양한 도시정보를 투명하게 공유하고 있다. 시민들은 사회 연결망 서비스를 통해 도시정부와 소통하며 도시공공서비스 전달과정에 참여한다(Song et al., 2015). 도시정부는 도시공공서비스를 이용할 수 있도록 유용한 정보를 공유하거나 공동생산 등을 통해 행정과정에 참여할 수 있도록 전략적으로 정보를 제공하는 것이 필요하다. 무엇보다 공공정보를 공유하고 이용하는 것으로부터 누구도 소외되지 않도록 지원하는 제도가 마련되거나 운영될 필요가 있다.

셋째, 효율적이고 효과적인 도시경영을 전략적으로 수행하기 위해서는 시민 참여 및 민관협력의 문화가 조성·발전되어야 한다. 앞에서 제시한 도시정부의 경영전략에서 민간부문의 참여와 협력은 필수적이다. 다양하고 복잡해진 도시문제를 해결하기 위해서 도시정부는 민간부문과 협력하고, 시민들의 참여를 독려해야 하는 만큼 시민들이 도시정부의 행정과정에 기꺼이 참여하고, 민간부문이 도시정부와 협력하기를 원하는 참여와 협력의 문화가 조성될 필요가 있다. 도시공공서비스 공급을 위해 협력하고 있는 관계임에도 불구하고, 관과 민의 조직문화의 차이로 어려움이 발생하거나 상호신뢰하지 못하는 경우도 발생한다. 도시공공서비스를 공급하기 위해 협력하는 관계인 만큼 공동의 목표를 달성하기 위한 파트너로서 인식하고, 협력하는 조직문화를 조성하는 것이 필요하다.

넷째, 도시공공서비스를 전략적으로 제공하기 위해서는 도시정부가 다양한 방식의 광역행정체계를 구축하는 것이 필요하다. 도시화, 교통·통신의 발달 및 대규모 도시개발 등으로 행정구역을 넘어선 도시공공서비스 생산과 전달이 요구되고 있다(박종화 외, 2023). 우리나라의 도시정부는 폐기물 처리, 대중교통, 도서관 등 도시공공서비스를 인근 도시정부와 협의나 계약, 공사나 조합의 설치 등의 방

---

6 대학생과 고등학생 등이 공공데이터를 활용하여 제작한 웹사이트를 통해 코로나19 팬데믹에 대응할 수 있었다(머니투데이, 2020, 고딩도 개발한 마스크 재고 알림 앱, 숨은 비결은, 2020.03.17. https://news.mt.co.kr/mtview.php?no=2020031617244594710).

식으로 공급하고 있다. 대규모 도시개발로 인해 생활권과 행정구역이 일치하지 않는 지역도 많고 환경, 복지, 교통, 상·하수도, 폐기물 등의 도시공공서비스는 도시정부가 협력을 통해 공급하도록 요구되고 있다. 전략적인 도시공공서비스 공급을 위해서 더 다양한 광역행정체계를 고안하는 것이 필요해 보인다.

참 고
문 헌

권기헌, 2014, 「행정학 강의」, 박영사.

김경우, 2023, 설립주체 및 운영주체에 따른 공공서비스 제공의 차이에 관한 연구, 「한국행정연구」, 32(1), 57-88.

김병준, 2022, 「지방자치론」 (제4판), 법문사.

김인, 2010, 지방정부 노인복지관 서비스 공급방식에 따른 서비스 수준 비교 분석, 「지방정부연구」, 14(4), 5-39.

김인, 2011, 지방정부 공공서비스 민간위탁의 경쟁, 유인, 성과평가가 서비스 질에 미치는 영향, 「한국행정논집」, 23(2), 605-633.

김인, 2021, 「도시공공서비스론」, 윤성사.

김일태, 2014, 도시공공서비스와 도시경영, 서울시립대 도시행정학과(편), 「도시행정론」 (pp. 101-131), 박영사.

김정인, 2024, 「인간과 조직을 위한 행정학」 (전면개정판), 법문사.

김천권, 2014, 「현대 도시행정」, 대영문화사.

나성린·전영섭·홍성훈·허은정, 2022, 「공공경제학」 (제5판), 박영사.

모창환·남경태, 2006, 일본철도민영화 정책평가, 「한국정책학회보」, 15(4), 33-63.

박병식·이시경·이창기·최준호, 2019, 「현대도시와 행정」 (개정판), 대영문화사.

박종화·윤대식·이종열, 2023, 「도시행정론」 (제6판), 대영문화사.

손희준, 2019, 「새 지방재정론」, 대영문화사.

유민봉, 2021, 「한국행정학」 (제7판), 박영사.

이재원·허형조, 2021, 「행정과 경제」, 윤성사.

이종수·윤영진·곽채기·이재원·윤태범·이민창 외, 2022, 「새행정학 3.0」, 대영문화사.

이주원·신지숙, 2011, 한국과 일본 전력회사의 경영성과관리 비교, 「유라시아연구」, 8(3), 119-147.

이효, 1992, 도시서비스 전달과 생산성에 관한 연구, 「지방행정연구」, 7(4), 57－90.

임재현, 2023, 「도시행정론」 (개정판), 대영문화사.

정창훈·김선문, 2024, 「지방공기업론」, 대영문화사.

최창호·강형기·이민규, 2022, 「지방자치학」 (제4판), 삼영사.

Beck, M. & Watterson, A., 2022, Privatization and Multi－Fatality Disasters, *International Journal of Environmental Research and Public Health*, 19, 1－12.

Bovaird, T., 2007, Beyond Engagement and Participation: Users and Community Coproduction of Public Services, *Public Administration Review*, 67(5), 847－860.

Brudney, J. L., & Englamd, R. E., 1983, Toward a Definition of the Coproduction Concept, *Public Administration Review*, 43(1), 59－65.

DeHoog, R. H., & Salamon, L. M., 2002, Purchase－of－Service Contracting, In L. M. Salamon (Ed.), *Tools of Government: A Guide to The New Governance* (pp. 319－339), Oxford University Press.

Gazely, B., & Brudney, J. L., 2007, The Purpose of Government－Nonprofit Partnership, *Nonprofit and Voluntary Sector Quarterly*, 36(3), 389－415.

Hefez, A., & Warner, M., 2004, Privatization and Its Reverse, *Journal of Public Administration Research and Theory*, 14(2), 171－190.

Hodge, G. A., & Greve, C., 2007, Public－Private Partnerships: An International Performance Review, *Public Administration Review*, 67(3), 545－558.

Jang, H S., 2006, Contracting Out Parks and Recreation Services, *International Journal of Public Administration*, 29, 799－818.

Kelman, S. J., 2002, Contracting, In L. M. Salamon (Ed.), *Tools of Government: A Guide to The New Governance* (pp. 282－318), Oxford University Press.

Morgan, D. R., & England, R. E., 1988, The Two Faces of Privatization, *Public Administration Review*, 48(6), 979－987.

Lucy, W. H., Gilbert, D., & Birkhead, G. S., 1977, Equity in Local Service Distribution, *Public Administration Review*, 37(6), 687－697.

Nadler, G., & Hibino, S., 정성호 역, 1992, 「사고의 혁명: 새로운 패러다임을 창조

하는 현상타파 사고의 7가지 원칙」, 동아출판사.

Prentis, E. L., 2014, Deregulation and Privatization: Texas Electric Power Market Evidence, *Review of Business and Finance Studies*, 5(2), 117−126.

Satz, D., 2019, Some Ignored Problems with Privatization, In *Privatization* (pp. 9−29), Chatham House Publishers.

Savas, E. S., 1982, Privatizing The Public Sector: How to Shrink Government, New York University Press.

Song, M., Kim, J. W., Kim, Y., & Jung, K., 2015, Does the provision of emergency information on social media facilitate citize participation during a disaster?, *International Journal of Emergency Management*, 11(3), 224−239.

Local Government Code of Texas, Title 13 Water and Utilities, Chapter 552 Municipal Utilities. https://statutes.capitol.texas.gov/Docs/LG/htm/LG.552.htm

박계현·조성훈, 2020. 3. 17, 고딩도 개발한 마스크 재고 알림 앱, 숨은 비결은, 『머니투데이』. https://news.mt.co.kr/mtview.php?no=2020031617244594710

Lawrence, M. (2023. June 28) The Wrethched state of Thames Water is one of the best arguments for public ownership we have, *Guardian*. https://www.theguardian.com/commentisfree/2023/jun/28/thames−water−public−owner−ship−water−privatisation−england−and−wales−executives−shareholder

제3부

도시행정의 실제

Urban Administration

제6장

정보화 사회와 도시행정

06
Chapter

정보화 사회와 도시행정

제1절 ⌒ 지식 정보화 사회가 도시에 미치는 영향

ICT의 발달로 인한 지식 정보화 사회(박종화 외, 2013; 박병식 외, 2009)의 구현은 도시에서 생활하는 사람들의 일상생활뿐만 아니라 도시공공서비스의 공급방식을 넘어 도시정부의 역할과 기능 및 형태까지 영향을 미치는 등 도시 전반에 걸쳐 영향을 미치고 있다(송석휘, 2021). 이러한 지식 정보화 사회의 구현은 기술의 발전이 지식정보화 사회로의 진입을 불가피하게 만든다는 기술결정론적 관점과 함께 다양화·유연화·고도화되고 있는 사회적 수요(Needs)에 능동적으로 대응할 수 있기 위해서는 지식정보화 사회의 구현이 불가피하다는 사회결정론적 관점에서 설명이 가능하다(방석현, 1994).

지식정보화 사회는 물리적 도시공간을 사이버(Cyber) 공간과 유비쿼터스(Ubiquitous) 공간으로 확장하면서(박병식 외, 2009) 최근에는 도시정부를 가상공간에 구축하는 메타버스 기술의 활용과 더불어 고도화된 지식 정보화 기술을 활용, 새로운 방식의 공공서비스의 전달방식과 함께 빅 데이터에 기반한 인공지능(AI)기술을 도시 전체에 구현하는 단계로 진화하고 있다.

이처럼 지식 정보화 사회는 전자정부(E-Government)와 함께 모바일 정부(Mobile

Government)의 등장으로 인해 도시정부의 형태 및 새로운 방식의 행정서비스 전달을 가능하게 만들었고 전자 거버넌스(E-Governance) 및 전자민주주의(E-Democracy)의 등장으로 도시의 지배구조 및 도시에서의 직접민주주의 실현 가능성을 높이고 있다. 최근에는 유비쿼터스 도시(Ubiquitous City)를 넘어 스마트 시티(Smart City)[1]를 지향, 도시를 보다 현명하고 똑똑한 장소로 만드는 등 정보화 기술이 도시에 미치는 영향이 도시 차원으로 확장되고 있다.

이러한 점에서 지식정보화 사회가 도시에 미치는 영향은 도시의 정치 및 행정영역뿐만 아니라 도시를 구성하고 있는 모든 구성요소의 속성까지도 변화시키고 있다는 점에서 지식 정보화는 도시에 대한 기존의 개념과 속성뿐만 아니라 도시 운영 패러다임의 변화를 가져올 수 있는 잠재력을 가지고 있다.

제2절 ☞ 지식 정보화 사회와 도시행정의 진화과정

지식정보화 사회의 기원을 정확하게 확인하기는 용이하지 않지만, 사람의 손을 활용한 문서화 작업에서 벗어나 1960년대~1970년대 복사기나 팩스 등과 같은 초기의 사무자동화(OA)시대로부터 그 기원을 찾을 수 있다. 1980년대 우리나라의 경우, 1980년대 이후에 행정전산망사업으로 DB 구축과 행정전산망 사업을 본격 추진하였고 1996년 이후에는 미국이 추진한 전자정부의 영향을 받아 전자정부를 본격적으로 추진하였으며 2001년 이후 전자정부의 고도화를 천명하는 등(김성태, 2003) 전자적으로 행정업무처리가 가능한 시기로 진화하였다.

그리고 이러한 진화는 최근에 이르러 모든 정보를 통합, 유용하게 활용할 수 있는 빅 데이터 구축과 함께 구축된 빅 데이터를 활용하여 스스로 학습하고 필요한 데이터를 생성·가공하여 인공지능(AI)을 활용 할 수 있는 시대가 본격 도래하

---

1 스마트 시티의 등장은 단순히 지식 정보화 기술을 도시의 물리적 차원에서 적용하는 수준을 넘어 도시에 거주하는 사람들이 지식, 창조 및 혁신을 통해 지식기반의 창조적 학습도시를 구현하는 스마트 어바니즘 운동으로 진화해야 한다고 주장한다.

고 있다. 이처럼 지식정보화 사회의 고도화가 도시행정 전 영역에 활용되기 위해서는 무엇보다도 도시정보관리시스템의 구축이 전제되어야 한다.

(1) 도시정보관리시스템

1999년 클린턴 행정부에 의해 정부개혁의 일환으로 등장한 전자정부의 성공을 위해서는 무엇보다도 정보관리를 위한 정보시스템의 구축이 가장 중요하다는 점에서 정보시스템의 구축과 운영은 도시정부 역시 소홀할 수 없는 부분이다.

1) 도시정보관리의 의미

도시정보관리의 필요성은 지역 또는 지방을 중심으로 이루어지는 지역정보화와 지방정보화의 일환으로 일본은 1980년대 중반부터 지역의 균형발전을 위한 지역개발 전략의 일환으로 우리나라의 경우는 1990년대에 들어서면서 지역균형발전의 수단으로 본격 추진되기 시작하였다(이윤식, 2009; 김성태, 2003). 정보관리(Information Management)는 다양한 형태로 존재하는 각종 정보를 효율적이고 효과적으로 수집, 분류, 처리하여 활용할 수 있도록 정보를 체계적으로 관리하는 것으로 정보관리의 중요성이 나날이 높아지고 있다.

과거에 비해 도시의 규모가 커지고 도시의 구성요소들이 다양, 복잡해짐에 따라 도시정부가 당면한 도시행정수요를 적시에 분석·예측하고 해결방안을 도출하는 데 정보관리의 필요성이 그 어느 때보다도 높다는 점에서 도시정보관리(Urban Information Management)는 도시정부의 행정수요를 적시에 분석, 예측하고 이를 기반으로 다양한 도시문제를 효과적으로 해소하는 데 활용할 수 있도록 각종 도시정보를 체계적으로 관리하는 시스템을 의미한다. 최근에는 축적된 방대한 규모의 빅 데이터를 활용, 보다 정확하고 빠르면서도 향상된 통찰력으로 합리적인 의사결정이 가능, 정보자원관리가 의사결정의 패러다임을 바꾸고 있다고 주장한다(동아일보, 2012; 문명재·최선미 외, 2019).

이러한 의미의 도시정보관리는 도시정부 차원의 정보관리에 주안점을 두고 정보의 획득과 소유, 정보의 활용, 정보관리에 중점을 둔 협의의 개념에서 서적 및 문서관리, H/W, S/W의 도입, 시스템 개발 및 운영, 기술지원을 포함하는 정보시스템 관리와 이를 위한 조직구조와 절차 및 정보인력관리까지를 포함하는 광의의 개념으로 구분할 수 있다(김성태, 2003).

2) 도시정보관리의 주요내용

도시정부는 도시운영 및 관리에 필요한 각종 다양한 정보를 체계적으로 수집, 분류, 처리, 활용하고 있는데, 도시정보관리는 크게 소프트웨어인 도시정보와 이를 지원하는 정보기술, 기기, 설비 및 인적 서비스까지 포함하는 하드웨어로 구분할 수 있다. 도시정보 수집대상 정보의 내용과 분류방법은 도시정부의 규모나 특성에 따라 상이할 수 있으나 주로 인구 등에 대한 도시주민정보, 산업·경제, 교통, 환경, 주택 및 토지 등과 같이 도시기반시설을 포함하고 있는 도시정보와 도시정부의 각종 행정사항에 관한 내부관리정보로 구성되어 있다.

도시주민정보와 관련해서는 인구관련 정보와 도시주민들의 생활과 관련된 복지, 보건위생, 교육, 세무 및 공공서비스 사용과 관련 된 요금시스템 등을 포함하고 있고, 도시지역 관리를 위한 도시정보에는 도시생활과 관련하여 기반시설적인 방재, 공해, 주택, 토지, 교통 및 공원관리 등에 관한 정보를 담고 있다. 도시정보관리와 관련 내부정보관리는 도시정부의 관리 및 운영을 담당하고 있는 공무원 인사관리정보, 도시정부의 재정정보, 그리고 각종 공문서를 관리하는 문서관리시스템으로 구성되어 있다.

이러한 도시정보를 효과적으로 수집, 관리하고 이를 활용하기 위해서는 정보기술과 정보기기, 그리고 지원설비와 전담부서 및 운영인력의 지원이 필수적이다. 서울시의 예를 들면, 수집된 행정정보와 다양한 도시정보는 빅 데이터 통합저장소에 저장되고 열린 데이터 광장, 빅 데이터 활용시스템, 빅 데이터 캠퍼스 및 Virtual Seoul 분야에서 다양한 형태로 개발 및 활용되는 형태의 도시정보관리시스템을 구축·운영하고 있다(〈그림 6-1〉 참조).

그림 6-1   서울시 도시정보관리시스템

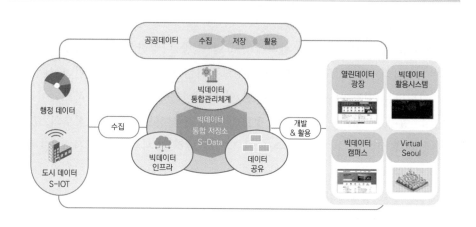

출처: 서울시 내부자료, 서울시 빅데이터담당관, 2022

3) 도시정보의 활용 방안

이렇게 구축된 빅 데이터의 도시정보는 다양하게 활용되고 있는데, 우선 데이터 기반의 혁신성장을 위한 생태계를 제공하여 도시에 데이터 경제를 구현할 수 있다. 두 번째로는 도로, 전기, 수도, 가스 등 사회간접시설 간 연결망 구축과 공사 및 통신사 및 스마트카드를 연결하여 다양한 이동성을 가능하게 하는 등 정보화 사회를 도시 전체에 구현하기 위한 스마트 도시구현의 기반이 되고 있다. 그리고 이러한 도시정보들은 문화, 환경, 복지, 일자리, 안전 등 도시정부가 담당하는 도시행정서비스를 지능형 행정서비스화하는데 활용할 수 있다.

4) 도시정보관리의 정책변화와 성공요인

미국 연방정부 차원의 정보자원관리 정책변화를 살펴보면 1950년대의 수작업 문서관리에서 1960년대와 1970년대의 자동화기술 통제단계, 1970년대 말 1990년대 초 정보를 주기적으로 단순 관리하던 시대를 거쳐 1990년대 초 이후에는 성과를 높이기 위한 정보자원관리시대로 변화하고 있음(한국전산원, 1997)을 볼 때 도시정보관리 역시 정보자원을 단순한 문서관리차원에서 조직의 목표를 달성하기 위한 유용한 자원으로 활용하는 단계로 진화하고 있다.

이러한 도시정보관리가 성공하기 위해서는 여러 가지 조건이 충족되어야 한다(Lewis et al., 1995; Kressiein & Marchand, 1986; Caudle, 1996). Lewis et al.(1995)은 정보기술에 관해 책임을 가진 고위정보관리자, 정보시스템 및 기술에 대한 계획, 정보기술관리에 대한 보안, 정보처리와 정보통신 및 사무자동화를 포함한 정보기술에 대한 종합적·통합적 접근방식, 정보기술관리자문위원회, 문서업무의 처리절차와 개발방법 및 시설 및 정보의 목록과 조직 전반에 걸친 기술표준 등 통합모델의 정립, 데이터 및 응용시스템의 통합으로 사용자 간에 데이터 공유와 함께 데이터 구조 및 데이터에 대한 관리기능을 강조한다. Caudle(1996: 83)은 정보자원관리에 대한 최고 관리층의 관심과 지원, 의사결정에 있어서 정보자원관리의 전략적 이용, 조직목표 및 성과와 정보자원관리의 연계, 정보자원관리의 효용평가, 정보자원관리를 활용한 업무프로세스에 대한 지속적 개선과 함께 정보자원관리자와 이용자 간 상호보완적 관계설정을 강조한다.

5) 행정정보시스템(PMIS)과 경영정보시스템(MIS)의 차이

도시정부를 포함하여 공공영역에서 구축·운영하는 정보관리시스템은 대표적인 행정정보시스템(PMIS: Public Management Information System)으로 행정정보시스템은 민간영역에서의 정보자원관리시스템인 경영정보시스템(MIS: Management Information System)과는 다음과 같은 점에서 차이점을 가지고 있다(Bozeman & Bretschneider, 1986: 481). 우선 추구하는 목표와 관련하여 행정정보시스템은 정치적인 효율성과 정책의 책임성을 강조하지만, 경영정보시스템은 경제적인 능률성이나 이윤만을 추구한다는 점을 들 수 있다. 두 번째는 운영방식과 관련하여 행정정보시스템은 공공부문의 성격상 점증주의적이고 상황적응적이며 사회의 다양한 이해관계자와의 외적 연계 속에서 운영되는 반면에 경영정보시스템은 총체적이거나 합리적인 측면에서의 활용이 강조된다.

세 번째는 정보자원관리 최고관리자의 자격조건과 관련, 행정정보시스템의 경우, 정치적으로 중립적이어야 하므로 집행부의 최고위층을 배제하는 반면에 경영정보시스템의 경우는 경영정보의 적극적 활용이라는 측면에서 최고책임자의 임명이 보다 유연하다. 마지막으로 생산성 측면에서 행정정보시스템은 사회적으로 필요한 경우 노동력 절감이나 인력대치 효과가 낮아도 운영이 필요한 반면에 경영정보시스템은 생산성 제고를 가장 중요한 가치로 간주한다(〈표 6-1〉 참조).

표6-1	행정정보시스템과 경영정보시스템의 비교	
구 분	행정정보시스템(PMIS)	경영정보시스템(MIS)
목 표	정치적인 효율성과 정책의 책임성	경제적인 능률성이나 이윤
운영방식	점증주의적이고 상황적응적, 다양한 이해관계자와의 외적 연계	총체적이거나 합리적인 측면
책임자	집행부의 최고위층은 배제	최고책임자 임명 유연
생산성	사회적으로 필요한 경우, 노동력의 절감이나 인력대치 효과가 낮아도 운영 필요	생산성 제고를 가장 중요한 가치로 간주

출처: Bozeman, Barry & Bretschneider, Stuart, 1986, Public Management Information System: Theory & Prescription, Public Administration Review 46 재작성.

정보자원관리 방식을 공공부문과 민간부문으로 구분하고 비교하는 것이 행정정보시스템이 사회 환경에 미치는 영향이나 행정정보시스템과 환경 간의 상호작용을 고려하고 있지 않다는 비판을 받기도 하지만, 도시정부 차원의 정보자원관리방식으로서 행정정보시스템을 이해하는 데 유용한 정보를 제공하고 있다. 그 사례인 서울시의 행정정보시스템 구축 현황은 다음과 같다(〈그림 6-2〉 참조).

| 그림 6-2 | 서울시 행정정보시스템 구축 현황 |

출처: 서울특별시 포털, 2023

　　도시정부 차원에서 행정정보시스템 구축형태는 중앙–지방 간 권력관계에 따라 다양한 형태로 이루어지는데, 분권형 도시정부의 경우 해당 도시의 지역적 특성이나 여건을 반영, 행정정보시스템의 구축 및 운영 역시 개별 도시정부별로 독자적으로 이루어지고 있다. 주로 지방자치의 역사와 전통이 강한 영국 및 독일 등 유럽의 도시정부들이 여기에 해당 되는데, 최근에는 행정의 완결성과 통합성이 강조되면서 중앙정부 차원에서 도시정부별로 구축된 행정정보시스템을 통합·운영하려는 중앙정부 차원의 노력이 이루어지고 있다.

　　반면에 중앙–지방 간 권력관계가 제한된 분권형이나 대리인형의 경우는 도시정부의 행정정보시스템 구축과 운영이 주로 중앙정부 차원에서 이루어진다는 점에서 정보자원관리의 통합성이나 활용이 용이한 반면에 개별 도시정부의 특성을 반영하는 데에는 한계가 있다. 제한된 분권형 행정정보시스템의 형태는 주로 중앙집권형 국가형태에서 분권화를 추구하는 일본이나 우리나라 도시정부들이 해당되며(〈그림 6-3〉 참조), 대리인형의 행정정보시스템을 운영하는 나라는 주로 강력한 중앙집권국가의 전통을 유지하고 있는 중국이나 북한의 도시정부들이 해당한다.

그림 6-3 우리나라 중앙정부-지방정부 간 행정정보시스템 구축 형태

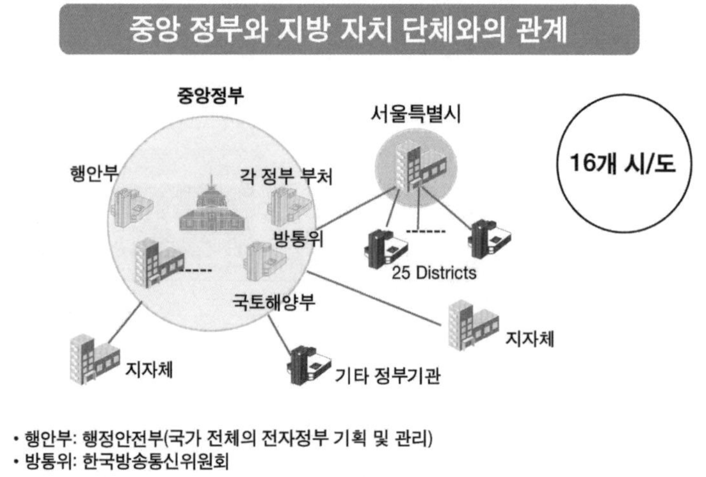
중앙 정부와 지방 자치 단체와의 관계
중앙정부
서울특별시
16개 시/도
행안부
각 정부 부처
방통위
25 Districts
국토해양부
지자체
지자체
기타 정부기관
• 행안부: 행정안전부(국가 전체의 전자정부 기획 및 관리)
• 방통위: 한국방송통신위원회

출처: 서울특별시, Smart Seoul, Smart Government, 서울시 정보화담당관실, 2012

행정정보시스템의 구축과 운영을 통한 우리나라의 지역정보화 추진은 1997년 행정자치부로 이관, 도시정부를 포함한 지방자치단체가 추진주체로 전환되었고 1998년 이후부터는 행정기관과 민간과의 연계를 통한 정보화가 본격 추진되면서 행정정보가 지역정보의 중요한 요소로 간주되었다(이윤식, 2009). 이처럼 민간과 공공부문의 정보를 아우르는 지역정보화의 본격 추진은 최근에 이르러서는 지역

정보의 활용을 통해 지역 및 지방의 당면문제를 해결하고 더 나아가 지방 및 지역발전을 위한 정보기반 및 정보관련 응용서비스를 제공하는 광의의 개념으로 진화하고 있다.

(2) 도시정부와 전자정부

도시정보관리의 기반으로서 행정정보시스템의 구축과 운영은 새로운 형태의 정부형태 및 정부운영방식을 도입할 수 있는 기반이 되었고 더 나은 정부를 만들기 위해 정보통신, 특히 인터넷을 이용한 정부형태(OECD, 2003, 2011)로서의 전자정부가 공공부문, 특히 도시정부에도 본격적으로 등장하였다. 도시정부에 대한 전자정부의 등장은 정부의 효율성 제고, 정부의 대 시민 서비스 제고 및 시민들의 참여 증대라는 사회적 수요를 실현할 수 있는 정부형태로서 1990년대 이후 전 세계적으로 널리 확산되었다. 하지만 이러한 전자정부의 개념이나 형태, 발전 단계는 국가별 정책우선순위나 목표, 최종정책결정자의 의지 및 각국의 사회경제적 배경에 따라 매우 다양한 모습을 가지고 있다(OECD, 2011; UN, 2023).

1) 전자정부의 도입배경과 의미의 변화

전자정부의 용어는 1993년 미국에서 처음 사용된 이래로 클린턴(Clinton) 정부의 정보고속도로 사업과 행정부문 성과를 제고하기 위한 정부혁신 사업의 일환으로 전자정부의 비전과 전략이 구체화되면서 성과지향적인 정부를 구현하기 위해 관료중심의 정부를 기술 중심으로 전환하겠다는 방침을 천명하고 있다. 전자정부의 출현이 전자서비스를 정부부문에 도입, 정부의 비효율을 줄이고 생산성을 높이겠다는 취지에서 시작되었지만 최근에는 이러한 공공부문의 비효율 제거 측면 못지않게 다양한 행정수요에 대한 대응성 제고를 통한 행정서비스의 고도화뿐만 아니라 다양한 정보를 활용, 새로운 산업 창출이라는 데이터 경제가 강조되면서 지역경제 활성화 및 균형발전 수단으로 전자정부의 도입 의미가 확장되고 있다.

2) 전자정부의 개념

전자정부의 개념은 관점이나 활용 분야나 범위에 따라 매우 다양하게 정의되고 있다. 기술결정론적 관점에서는 전자정부를 기술적인 측면 위주로 이해, 전자정부의 개념을 "대부분의 행정업무를 온라인 정보기술을 활용하여 신속, 정확하게 제공하는 정부형태"라고 이해, 전자정부를 컴퓨터와 데이터 통신을 중심으로 한 디지털화와 네트워크 구축에 초점을 두고 있어 전자정부를 정보기술의 발전 관점에서만 이해하는 한계를 가지고 있다.

반면에 사회결정론적 관점에서의 전자정부는 "업무처리절차의 개선을 통해 행정의 효율성을 극대화할 수 있도록 업무를 재설계 한 정부형태"로 이해하면서 전자정부는 행정의 비능률을 제거, 행정의 효율성을 극대화해야 하는 사회적 기대 충족에 초점을 맞추고 있어 경제적 측면에서만 접근하는 한계를 보이고 있다. 이 밖에도 경제발전의 관점에서는 전자정부를 통해 경제발전의 전략적 수단으로 간주, 전자정부를 "공공부문의 정보통신 인프라를 구축, 국가차원의 첨단정보산업을 육성하고 이를 통해 경제 활성화와 국가경쟁력 회복수단"으로 이해하나 산업 측면에만 초점을 맞춘 한계가 있다(〈표 6-2〉 참조).

표6-2 전자정부에 대한 관점과 전자정부의 개념

관점	개념	특징과 한계
기술결정론적 관점	대부분의 행정업무를 온라인 정보기술을 활용하여 신속, 정확하게 제공하는 정부형태	•특징: 기술적인 측면위주로 이해 •한계: 정보기술 발전으로만 이해
사회결정론적 관점	업무처리절차의 개선을 통해 행정의 효율성을 극대화할 수 있도록 업무를 재설계한 정부형태	•특징: 행정의 효율성을 극대화해야 한다는 사회적 기대 반영 •한계: 경제적 측면의 사회적 기대를 충족하는 수단으로만 이해
경제발전의 수단 관점	공공부문의 정보통신 인프라를 구축함으로써 국가차원의 첨단정보산업을 육성하고 이를 통해 경제 활성화와 국가경쟁력 회복 수단	•특징: 경제 활성화를 위한 전략적 수단으로 간주 •한계: 전자정부를 통한 행정서비스 고도화나 이용 소홀

전자정부에 대한 관점에 따라 전자정부에 대한 이해를 달리하는 것처럼 전자정부에 대한 개념 역시 다양하게 정의되고 있다. 예를 들면, 미국의 NPR보고서에

서는 전자정부를 "효율적이고 고객대응적인 과정을 통해서 시민들이 정보 및 서비스에 보다 폭넓게 적시에 접근하도록 해주는 정부"(한국전산원, 1997)로 이해하고 있고 미국의 IITF(Information Infrastructure Task Force)에서는 "공통의 정보통신기반 위에 하나로 연결된 각종 행정서비스를 언제, 어디서나 어떤 방법으로든 제공하는 정부"라고 정의한다.

영국은 전자정부를 "공공부문 전반에 전자상거래 응용기술을 적용하여 보다 나은 대 시민, 기업 서비스, 보다 효과적인 정부 정보자원의 활용을 달성하고 궁극적으로는 정부활동의 근본적 혁신을 추구하는 정부"라고 정의하고 있다(CITU, 2000). 이러한 전통적인 의미에서의 전자정부에 대한 이해는 참여와 서비스 지원까지를 포함한 새로운 개념으로 등장하고 있다.

예를 들면 오스트리아는 전자정부를 "전통적 의미에서의 단순한 정보제공뿐만 아니라 정치적 참여와 행정서비스 지원까지 내포하는 정부형태"로 이해하고 있다는 점에서 정보제공뿐만 아니라 행정내부의 프로세스와 국민 참여를 포괄하는 광의의 개념으로 정의 한다(ITA, 2003).

우리나라의 경우에는 "전자정부 구현을 위한 행정업무 등의 전자화 촉진에 관한 법률"(2001)에서는 전자정부를 "전자기술을 활용하여 행정기관의 사무를 전산화함으로써 행정기관 상호 간 또는 국민에 대한 행정업무를 효율적으로 수행하는 정부"로, 정부혁신지방분권위원회(2003)는 전자정부를 "정보통신기술을 기반으로 하여 행정, 입법, 사법 등 정부 내 업무의 전자적 처리와 유기적 연계로 행정의 효율성과 투명성을 제고하며 국민과 기업이 원하는 정보와 서비스를 언제, 어디서나 쉽게 접근하고 이용하게 할 수 있게 함은 물론 참여민주주의에 대한 국민의 요구에 적극 부응하는 정부"로 규정, 우리나라 역시 전자정부를 광의의 개념으로 정의하고 있다.

전자정부에 대한 개념과 관련하여 초기에는 주로 효율성을 달성하는 정부혁신의 수단으로 이해되었으나 최근에는 공공부문의 효율성을 제고하는 수단을 넘어 국민의 삶의 질 향상과 민주주의의 이념을 실현하는 수단으로서의 의미가 강조(김성태·구민영, 2006)되고 있다(〈표 6-3〉 참조).

| 표6-3 | 전자정부의 개념 |

구 분	전자정부의 개념
미국의 NPR보고서	효율적이고 고객대응적인 과정을 통해서 시민들이 정보 및 서비스에 보다 폭넓게 적시에 접근하도록 해주는 정부
미국의 IITF (Information Infra structure Task Force)	공통의 정보통신기반 위에 하나로 연결된 각종 행정서비스를 언제, 어디서나 어떤 방법으로든 제공하는 정부
영국 CITU(2000)	공공부문 전반에 전자상거래 응용기술을 적용하여 보다 나은 대 시민, 기업 서비스, 보다 효과적인 정부 정보자원의 활용을 달성하고 궁극적으로는 정부활동의 근본적 혁신 추구 정부
오스트리아 ITA(2003)	전통적 의미에서의 단순한 정보제공뿐만 아니라 정치적 참여와 행정서비스 지원까지 내포하는 정부
대한민국 "전자정부 구현을 위한 행정업무 등의 전자화 촉진에 관한 법률"(2001)	전자기술을 활용하여 행정기관의 사무를 전산화함으로써 행정기관 상호 간 또는 국민에 대한 행정업무를 효율적으로 수행하는 정부
정부혁신 지방분권위원회(2003)	정보통신기술을 기반으로 행정, 입법, 사법 등 정부 내 업무의 전자 처리와 유기적 연계로 행정의 효율성과 투명성을 제고하며 국민과 기업이 원하는 정보와 서비스를 언제, 어디서나 쉽게 접근하고 이용하게 함은 물론 참여민주주의에 대한 국민의 요구에 적극 부응하는 정부

이러한 전자정부에 대한 개념을 기반으로 도시정부의 전자정부는 "고도의 정보 인프라와 정보기술 및 다양한 정보를 기반으로, 도시정부 행정의 효율화를 높이고 다양한 행정수요에 대한 대응성을 높여 궁극적으로 시민들의 삶의 질을 향상시키고 도시에서 민주주의 이념을 실현하는 지식정보화 기반의 정부형태"로 이해할 수 있다.

이처럼 다양하게 소개되고 있는 전자정부의 형태는 정부시스템 및 서비스의 통합과 연계를 통해 효율적인 대민서비스를 전달하여 시민과 쌍방향적인 소통을 지향하는 "통합된 정부(Connected Government)" 또는 "Government 2.0" 단계로 전자정부가 단순히 전자적으로 행정서비스를 전달하는 수준에서 벗어나 시민중심의 서비스와 시민의 참여기회를 확대함으로써 보다 투명하고 효율적인 정부를 구현하고 공공서비스 전달과 정책형성에서 네트워크 형태의 정부구현을 통해 서비스의 가치창출에 초점을 두는 전자정부의 모델로 진화하였다(OECD, 2008). 이러한 형태는 정부가 보유하는 각종 데이터를 일반에 공개함으로써 정책운용의 효율을 기하는 한편 이를 이용한 다양한 정보 서비스를 촉진하는 단계의 "Government 3.0"으로 진화하고 있다.

3) 전자정부 이론

이처럼 다양한 의미 및 형태를 가진 전자정부의 도입을 설명하는 이론 역시 전자정부의 개념과 의미를 이해하는 데 유용할 뿐더러 전자정부가 도시정부를 포함하여 공공부문에 확산되는 이유를 이해하고 설명하는 데 유용한 시사점을 제시할 수 있다.

① 이해관계자 이론(Stakeholder Theory)

전자정부의 구축 및 운영과 관련하여 이해관계자 이론(Stakeholder Theory)은 전자정부는 유력한 이해관계자들이 도시정부 운영에 있어 효율성과 효과성을 극대화하기 위한 전략관리 차원에서 전자정부가 도입되었다는 Scholl(2001)의 이론이다. 이해관계자 이론은 전자정부의 추진은 도시정부 운영에 있어 경제적 효율성 극대화를 추구하는 수단으로 전자정부를 이해하고 있다는 점에서 도시정부의 관리 측면에 초점을 맞추고 있다.

② 네트워크 이론(Network Theory)

네트워크 이론(Network Theory)은 협력이 당면한 사회문제를 해결하는 데 중요하며 이러한 협력 네트워크를 효율적이고 효과적으로 구축하는 수단이 전자정부라는 Bardach(2002)의 이론이다. Bardach의 이론은 복잡하게 얽혀있는 사회문제를 해소하기 위해서는 사회 각 부문 간의 협력이 필수적이고 전자정부가 이를 독려하기 위한 유용한 수단으로 간주하고 있다.

③ 혁신확산이론(The Diffusion of Innovation Theory)

혁신확산이론(The Diffusion of Innovation Theory)은 혁신적인 사례들이 사회구성원

들 사이에 일정한 통로를 거쳐 확산되는데, 전자정부가 이러한 혁신사례들을 사
회구성원 사이에 전파하는 통로역할을 한다는 Lazer(2002)의 이론이다. Lazer의 이
론은 사회혁신 사례들을 전파하고 공유하기 위한 사회적 통로로서 전자정부를 이
해하고 있다는 점에서 사회적 지식의 파이프라인으로서 전자정부의 유용성에 초
점을 맞추고 있다.

④ 기술수용이론(Technology Acceptance Theory)

기술수용이론(Technology Acceptance Theory)은 전자정부를 새롭게 개발, 등장하는
기술들을 수용하는 채택자로서의 역할에 초점을 맞추어 이해하는 Davis(1989)의
이론이다. Davis는 전자정부를 새로운 기술을 정부나 도시정부 차원에서 적극적
으로 수용한 신기술 채택의 결과로 이해하고 있다는 점에서 정부 및 도시정부를
신기술에 대한 Early Adopter와 같은 존재로 인식하고 있다.

⑤ 웹 신뢰이론(Web Trust Theory)

웹 신뢰이론(Web Trust Theory)은 다양한 정보가 오용되고 있는지 또는 정보공
개 등으로 인해 개인의 프라이버시가 침해되었는지에 대한 신뢰 문제를 해소하기
위해 방안으로 전자정부가 등장했다는 Yildiz(2003)의 이론이다. 도시정부의 전자
정부는 시민들이 개인들의 정보에 대한 개인정보보호를 확인하고 이를 통해 정부
에 대한 신뢰를 확보하기 위한 수단으로 전자정부를 이해하는 이론이다.

⑥ 제도적 이론(Institutional Theory)

제도적 이론(Institutional Theory)은 법이나 제도적인 규정이 전자정부의 구축 및
운용을 불가피하게 만들고 있다는 Yildiz(2003)의 또 다른 이론으로서 제도적인 이
론은 전자정부와 관련된 법규가 전자정부를 탄생시키는 주원인으로 간주하고 있
다는 점에서 전자정부를 다소 소극적이고 피동적인 관점에서 이해하는 이론이다.
이러한 제도적인 이론은 강압적 이론(Coercive Theory), 모방이론(Mimic Theory), 그리
고 규범적 이론(Normative Theory)으로 세분화하고 있다.

강압적 이론(Coercive Theory)은 선출직의 도시정부 장에 의해 임명된 고위공무
원이 선출직 도시정부 장의 기대나 기타 유력한 도시정부의 이해관계자들로부터

의 압력으로 인해 전자정부를 추진한다는 이론으로서 전자정부의 필요성보다는 강압적인 분위기로 전자정부가 등장한다는 이론이다. 모방이론(Mimic Theory)은 전자정부의 필요성이나 유용성을 고려치 않은 채 선출직 도시정부의 장이 다른 도시정부나 외국의 사례를 흉내 낸 결과라는 이론이다. 규범적 이론(Normative Theory)은 도시정부의 전자정부가 도시정부 운영에 있어서 효율성과 효과성뿐만 아니라 대응성을 높이고 도시정부 운영의 투명성과 책임성을 달성할 수 있는 유용한 수단이라는 관점에서 도시정부의 전자정부를 설명하고 있다.

4) 도시정부의 전자정부 추진방식

도시정부의 전자정부 추진은 중앙정부 주도의 집중식과 도시정부를 포함한 지방정부 중심의 분권식, 그리고 집중식과 분권식의 장점을 결합한 연합식으로 유형화할 수 있다. 우선 중앙정부 주도의 집중식의 경우, 도시정부의 전자정부는 표준화를 통한 비용절감과 시스템 호환성을 높이기 위해 중앙정부의 강력한 주도 하에 전자정부를 추진하는 방식으로 일본과 우리나라의 경우가 여기에 해당된다.

도시정부 중심의 분권식 전자정부 추진방식은 획일화된 중앙정부 주도의 집권식에 비해 전자정부를 분권화와 호환성의 관점에서 접근하는 입장으로서 지역적 획일성과 폐쇄성을 극복하고 지역의 특수성과 유연성, 연계성과 생존성을 강화하기 위한 수단으로 전자정부를 추진하는 방식으로 독일이나 영국같은 유럽 국가의 도시정부가 해당된다.

전자정부에 대한 두 가지 추진방식의 장점만을 결합한 연합식은 도시정부가 독자적인 전자정부를 추진할 수 있도록 하되, 표준화를 통해 효율성과 호환성을 제고함으로써 정부 간 연계성을 높이는 전자정부 추진방식이다. 주로 오랜 지방자치의 전통을 가지고 있지만, 연방정부 형태의 국가시스템을 보유한 핀란드, 스위스 같은 유럽 국가가 해당된다(〈표 6-4〉 참조).

| 표6-4 | 도시정부의 전자정부 추진방식 |

구 분	특 징
중앙정부 주도의 집중식	•표준화를 통한 비용절감과 시스템 호환성을 높이기 위해 중앙정부의 강력한 주도하에 전자정부 추진 •New Fordism적 관점: 모든 문제의 원인이 통제의 실패라는 전제하에, 새로운 통제수단으로서의 실효성을 갖기 위한 중앙정부 주도의 전자정부 추진 필요 •우리나라, 일본 등
지방정부 중심의 분권식	•지역의 특수성과 유연성, 연계성과 생존성을 강화하기 위한 수단으로 지방정부 주도하에 전자정부 추진 •Post Fordism적 관점: 모든 문제의 원인이 획일성에서 비롯, 도시정부의 다양성과 유연성 확보 필요 •독일이나 영국 등
연합식	•도시정부가 독자적인 전자정부를 추진하되, 표준화를 통해 효율성과 호환성 제고 차원에서 전자정부 추진 •필란드, 스위스 등

5) 도시정부의 전자정부 유형과 전자정부의 발전모형

① 전자정부의 유형

전자정부의 도입을 설명하는 다양한 이론과 추진방식을 토대로 전자정부의 유형과 추진모형은 정부를 포함한 도시정부가 전자정부를 추진하는 용도나 목표를 기준으로 전자정부를 유형화할 수 있다. 정부 및 도시정부가 추진하는 전자정부의 유형화는 내부 또는 외부지향적인지, 전자정부가 추구하는 이념, 시민들의 참여정도를 기준으로 4가지로 유형화할 수 있다.

우선, 내부지향적으로 공공조직 내부관리의 효율성을 중요시하되 시민들의 참여는 크게 강조되지 않는 전자정부 모형인 관료모형(Bureaucratic Model), 두 번째는 적용대상이 주로 내부지향적이면서 외부지향적이지만 시민참여는 기대에 미치지 못하고 정보활용을 통해 도시정부의 효율성을 강조하는 정보관리모형(Information Mannagement Model)으로 관료모형과 정보관리모형은 주로 후진국에서 나타나는 전자정부 모형이다.

세 번째는 시민참여모형(Citizen Participation Model)으로 전자정부의 적용을 시민참여에 주안점을 두고 있는 외부지향적인 전자정부 모형으로서 투명성과 민주성이 강조되고 있고 마지막으로 거버넌스 모형(Governance Model)은 조직의 내·외부를 적용대상으로 삼되, 도시정부 운영의 주체로서 시민들의참여와 민주성이 전자정부의 주요 이념으로 강조되는 전자정부 모형이다. 시민참여모형과 거버넌스 모형은 주로 선진국의 도시정부가 채택하고 있는 전자정부 모형이라고 할 수 있다. 도시정부의 전자정부 모형과 관련하여 우리나라의 도시정부는 초창기의 관료모델이나 정보관리모형에서 벗어나 시민참여모형과 거버넌스 모형으로 전자정부가 고도화되고 있다.

② 전자정부의 발전모형

하지만 도시정부의 전자정부의 발전모형은 각국이 처한 정치, 경제, 사회시스템 및 기술발전 정도에 따라 상이한 형태나 모습을 띠고 있다(Ronaghan, 2002; UN,2004; 김석주, 2003; Stower, 2004). Ronaghan은 웹 사이트를 구축하고 이를 통해 각종 통계자료를 제공하는 단계지만, 상호접촉이나 정부서비스 실행은 이루어지지 않는 1단계를 출현단계(Emerging Presence)로, 정보에 대해 주기적인 update가 이루어지고 보고서나 리포트 등 다양한 정보가 제공되며 검색엔진을 통해 필요한 정보를 확인할 수 있는 제고단계(Enhanced Presence)를 2단계로 구분한다.

상호작용단계(Interactive Presence)는 메시지 포스팅이나 데이터에 대한 다운로드 및 온라인으로 서류제출이 가능한 단계로서 인터넷을 통해 상호작용이 이루어지는 단계를 3단계로, 온라인을 통해 비자나 각종 증명서 신청이 가능하고 세금 및 각종 요금 처리 등, 온라인을 통해 공공서비스의 실행이 이루어지는 단계를 4단계인 실행단계(Transactional Presence)로, 그리고 포탈을 통해 모든 기관의 접근이 가능한 완벽한 통합단계(Seamless of Fully Integrated Presence)를 마지막 단계로 정의하고 있다.

UN(2004) 역시 5단계 모델을 제시하고 있는데, Ronaghan의 5단계 모델과 유사하지만 Ronaghan이 제안한 마지막 5단계인 통합단계를 네트워크 실현단계(Networked Presence)로 대체하고 있다. 네트워크 실현단계에서는 참여 및 토론을 통한 정책결정을 강조하면서 이를 위해 쌍방향 의사소통과 사회참여를 독려하면서 웹 기반 토론방, 온라인 상담시스템 운영이 이루어지는 단계로 제안하고 있다.

Stower(2004)는 전자정부의 발전단계를 4단계로 제시하고 있는데, 정보 등을 단순 제공하고 여기에 접근하여 필요한 정보를 내려 받을 수 있는 수준인 정보제공단계(Presence)를 1단계로, 상호토론과 멀티미디어를 통한 환류가 가능한 상호작용과 의사소통단계(Interaction and Communication)를 2단계로, 온라인으로 데이터베이스를 이용할 수 있고 온라인 양식을 활용, 행정서비스 및 e-commerce 거래를 지원할 수 있는 실행단계(Transaction)를 3단계로 그리고 온라인 지도 작성과 GIS 응용, 온라인 허가시스템과 무선을 통한 서류 지원 등이 가능한 전환단계(Transformation)를 4단계로 구분하고 있다. 이 밖에도, 김석주(2003)의 보고서에서는 Accenture, 서삼영, 오강탁 및 Gartner Group 등이 제시하는 전자정부 발전단계를 보여주고 있다(〈표 6-5〉 참조).

표6-5 전자정부의 발전단계 모형

구 분	전자정부 발전단계
Ronaghan (2002)	•1단계: 출현단계(Emerging Presence) •2단계: 제고단계(Enhanced Presence) •3단계: 상호작용단계(Interactive Presence) •4단계: 실행단계(Transactional Presence) •5단계: 완벽한 통합단계(Seamless of Fully Integrated Presence)
UN (2004)	•1단계: 출현단계(Emerging Presence) •2단계: 제고단계(Enhanced Presence) •3단계: 상호작용단계(Interactive Presence) •4단계: 실행단계(Transactional Presence) •5단계: 네트워크 실현단계(Networked Presence)
Stower (2004)	•1단계: 정보제공단계(Presence) •2단계: 상호작용·의사소통단계(Interaction & Communication) •3단계: 실행단계(Transaction) •4단계: 전환단계(Transformation)

6) 전자정부가 도시행정에 미치는 영향

전자정부가 도시정부 자체의 운영과 행정서비스 전달방식뿐만 아니라 도시의 운영방식에서도 적지 않은 영향을 미치고 있다. 도시정부 자체의 운영 측면에서 전자정부는 전통적인 관료제 형태의 조직설계 및 운영에 정보통신기술이 접목되면서 조직설계와 관리, 인력활용 및 업무처리방식 등에 영향을 미치고 있다. 전자정부의 도입은 기존의 전통적 관료제 정부구조를 네트워크형 정부구조로 변화시키고 있고 조직운영 차원에서도 자율성에 기반을 둔 팀제나 수평적 조직, 프로세스 조직과 함께 Wiring Government(O'Looney, 1998)와 같은 네트워크 조직의 등장과 가상공간에 도시정부를 구현하는 가상관료제(Fountain, 2001)를 실현할 수 있다.

전자정부의 출현은 재택근무, 원격근무 및 유연근무를 가능케 함으로써 도시정부 차원에서 일하는 방식이나 근무형태의 변화를 가져오고 도시운영 및 도시문제와 관련하여 중요한 의사결정과정에 시민들의 실질적 참여기회를 높여 도시정부와 시민들 간의 새로운 관계형성을 기반으로 도시정부의 역할이나 기능 및 운영방식에도 영향을 미친다.

전자정부는 또한 도시정부의 자원관리에도 광범위하게 영향을 끼친다. 우선, 전자정부는 도시정부의 인력운영이나 관리와 관련하여 전체 공무원을 대상으로 최적의 인재를 적재적소에 배치할 수 있어 인력운영의 활용을 극대화할 수 있고 도시정부의 행정수요에 기반하여 인력운영을 탄력적으로 운영할 수 있다. 여기에 덧붙여 지식 정보화 기술을 활용 인력운영의 효율성을 높이고 직원들에 개개인에 대한 체계적인 경력관리시스템을 구축, 도시정부 직원의 역량과 전문성을 지속적으로 높여 도시정부의 경쟁력을 제고할 수 있다.

전자정부는 또한 예산관리 및 재정운영의 정확성과 예측 가능성을 높여 예산운용의 효율성과 유연성을 제고할 뿐만 아니라 실시간으로 예산 및 재정운영 상황을 확인할 수 있어 도시정부 운영의 투명성과 책임성을 높일 수 있다는 점에서 전자정부는 도시정부에 대한 시민들의 신뢰 회복에도 기여할 수 있다.

제3절 정보화 사회와 도시의 새로운 모습들

정보화 사회의 지속적인 발전은 전자정부를 넘어 스마트 도시(Smart City)나 모바일정부(Mobile Government)의 등장을 가져와 새로운 유형의 도시뿐만 아니라 새로운 도시정부 형태를 가능케 했을 뿐만 아니라 지식정보화 기술을 기반으로 메타버스(Metaverse)를 활용한 행정서비스를 구현하고 있다는 점에서 고도화된 정보화는 다양한 영역에서 도시를 새롭게 만들어 가고 있다.

(1) 스마트 도시(Smart City)

최근 전 세계적으로 컴퓨터와 스마트폰 간의 네트워크화 형태가 보편화되면서 영리함, 똑똑함, 편리함 및 현명함을 내포한 스마트의 개념이 각광받고 있다. 스마트폰이 연령과 지역, 계층을 넘어 전 세계적인 네트워크 구축 및 각종 서비스 향유의 새로운 수단으로 등장하면서 정치, 경제, 사회, 문화 및 노동시장에서부터 새로운 자기인식과 존재가치에 대한 변화를 경험하고 있다.

이러한 점에서 정보기술의 발전과 사회정보화가 도시 공간 및 도시생활 전반에 걸쳐 사회혁신의 기폭제로 활용, 도시들이 당면한 물리적 도시개발의 어려움이나 각종 도시문제를 새로운 기술로 해결하고자 하는 스마트 시티(Smart City)가 전 세계 도시의 새로운 담론으로 등장하고 있다는 점에서(Wade & Pfaffli, 2016; Britt & Brandvoice, 2023; UNDP, 2024) 스마트 시티(Smart City)란 "첨단 정보통신기술을 이용, 도시의 주요기능을 네트워크화한 똑똑한 도시"라고 이해 할 수 있다.

스마트 시티(Smart City) 구현과 관련하여 스페인 바르셀로나는 도시 내에서 태양광이나 지속가능한 친환경에너지를 생산하고, 3D 프린팅 기술과 스마트 팜 기술을 활용, 도시에서 필요한 각종 물자를 공급받고 탄소 배출을 완전히 없앤 자동차 주행, 수자원 및 재활용 쓰레기를 처리하는 데 인공지능 기술 활용 방안을 개발, 자급자족도시를 천명하고 있다.

핀란드 헬싱키는 혁신적 아이디어를 가지고 있는 사람들이 모이는 오프라인 모임인 '이노베이터 클럽'을 조성, 혁신적 아이디어 공유기회를 확대하고 '로봇 재활용 시스템(ZRR)'을 구축해 인공지능이 탑재된 로봇이 재활용 쓰레기를 자동으로 분류·수거하는 장치를 개발하고, 로봇기술을 쓰레기 처리에 활용하는 등 친환경 도시계획 분야, 에너지 분야 및 자원재활용 분야에 스마트한 기술을 접목하는 스마트 시티(Smart City) 구현을 지향하고 있다.

서울시 역시 정보통신기술을 도시개발사업 분야, 교통 분야를 넘어 환경 분야, 건강관리 분야 및 도심주차관리 분야 등으로 확대하여 도시의 제반문제를 관리하고 해결하기 위해 다양한 분야나 영역에서 스마트 시티(Smart City) 구현을 추진하고 있다.

하지만 이러한 스마트 시티(Smart City)가 성공적으로 구현되기 위해서는 사회구조가 클러스터에서 플랫폼으로의 진화, 개방형 혁신분위기와 open data 구축, 자율과 협력기반의 일하는 방식의 변화, 사회적 지배구조의 재편, 스마트한 시티즌에 기반한 스마트한 커뮤니티의 조성이 필수적이라고 할 수 있다.

(2) 모바일 정부(Mobile Government)

2013년 전 세계를 통틀어 휴대폰 보급대수가 53억 명에 달하는 등 연령과 경제력 차이를 극복하고 디지털 격차를 해소할 수 있는 정보화 수단으로서 스마트폰이 컴퓨터를 대신해서 더 많이, 더 빨리, 더 광범위하게 보급되면서 스마트폰을 중심으로 전 세계가 급속하게 네트워크화되고 있다. 이처럼 스마트폰을 중심으로 급속하게 확장되고 있는 네트워크를 정부영역에서 활발하게 활용하는 "Mobile Government"가 새로운 정부형태로 등장하고 있다(OECD, 2011; The World Bank, 2023).

이러한 모바일 정부는 무선기기를 활용, 원활한 통합과 연결이 가능하다는 점을 들어 하루 24시간, 연중무휴의 서비스가 가능하고 서비스 공간은 고객이 위치하고 있는 물리적 공간이면 가능할뿐더러 필요한 서비스를 한 번에 접속할 수 있다는 점에서 전통적 정부 및 전자정부와 다른 특징을 보이고 있다(〈표 6-6〉 참조).

| 표6-6 | 모바일 정부의 특징 |

구분	전통적 정부	전자정부	모바일정부
원칙	관료주의적 절차	IT를 이용한 프로세스 리엔지어링	무선기기와의 원활한 통합 및 연결
서비스 시간	하루 8시간, 주 5일	하루 24시간, 주 7일	하루 24시간, 연중 무휴
서비스 공간	직접방문, 팩스, 전화	인터넷 이용이 가능한 가정, 사무실	고객이 위치한 물리적 공간
서비스 형태	관련기관 방문	웹 포털 접속	필요한 서비스에 한번에 접속

출처: OECD, 2011, "Mobile Government" 재인용, OECD 대한민국 정책센터

"Mobile Government"가 전자정부의 대체제인지, 보완제인지에 대한 논의가 존재하기는 하지만 모바일정부의 등장은 모바일기기의 급속확산, 공공부문에서 모바일 기술의 수용 확대, 시민들의 사용 편의성과 상호 운용성 제고, 시민들에 좀 더 다가가려는 정부의 의지 및 저렴한 모바일 서비스 등이 그 배경이라고 할 수 있다(Khuram et al., 2023). 이러한 점에서 최근에 등장한 모바일정부는 정보제공 및 교육서비스, 민원제기 및 문제보고와 같은 인터엑티브 서비스, 거래서비스 및 거버넌스와 시민참여 영역에 광범위하게 활용되면서 편리성과 접근성 확대 차원에서 시민에게 그리고 서비스 개인화와 편리성 및 민주주의 구현이라는 차원에서 정부에도 긍정적인 효과를 가져다 줄 것을 기대하고 있다는 점에서 서울시 차원에서도 "모바일 서울"을 통해 다양한 행정서비스가 제공되고 있다.

(3) 메타버스(Metaverse) 행정서비스

최근 새로운 경향 중 하나로 디지털 기술로 구현되는 가상현실을 꼽을 수 있는데(송석휘, 2023), 가상현실의 가속화 현상은 "탈현실화"라는 현실도피 흐름으로 이는 기후위기, 탈세계화 및 정체성 위기, 그리고 신냉전과 같은 복잡하고 어려움으로 가득 찬 현실로부터 도피하려는 움직임과 밀접한 관련을 맺고 있다(김대식, 2022). 이처럼 현실세계를 가상의 공간에서 구현하는 플랫폼으로서 메타버스의 활

용이 민간부문뿐만 아니라 공공부문에 걸쳐 급속하게 확산되고 있는 추세이다(이 재호·김준형, 2021; 이승환, 2021; Geraghty et al., 2022).

물론 메타버스의 활용이 초기단계로서 메타버스의 활용사례들이 많지는 않지만 국내외의 공공영역이나 민간영역을² 구분하지 않고 활용이나 적용 가능성이 모색되고 있고 지방정부 차원에서 서울시의 경우도 예외도 아니다(서울시, 2022).

이러한 메타버스의 출현은 1992년 닐 스티븐슨의 소설 "스노우 크래쉬"에서 가상세계를 대체하는 용어로 등장한 이래로 가상세계에 대한 관심 증폭과 현실감과 실체감을 통해 몰입도와 초개인화가 가능한 기술의 발달 및 가상경제와 실물경제의 융합을 통한 새로운 시장에 대한 시대적 요구와 맞물려 메타버스가 다시 주목을 받고 있는 상황이다(문아람, 2021; 이승환, 2021; 성영조·이영석 2022).

메타버스 기술은 교육, 엔터테인먼트, 의료, 업무 및 생산·제조, 그리고 국방 분야 등에 광범위하게 적용될 수 있을 뿐만 아니라 지방정부 차원에서도 공공서비스 분야, 생산 활동, 홍보 분야 등을 포함해서 그 적용이 본격적으로 모색되고 있다. 서울시 역시 최근 메타버스를 활용하여 세무, 경제, 교육 및 행정 분야뿐만 아니라 메타버스 서울시장실, 시민참여 공모전 등에 메타버스 기술을 적용하고 있고(서울특별시, 2022), 미국의 산타모니카시와 중국의 상하이 등에서 메타버스의 활용 가능성을 모색(Geraghty et al., 2022)하고 있다는 점에서 지방정부차원으로의 확장 가능성을 보여주고 있다.

이처럼 메타버스의 활용이 보다 확산되고 보편화되는 경우, 메타버스 기술은 분산되고 개방된 사회로의 진화를 통해 보다 탈중앙화된 사회의 구현과 함께 가상공간과 현실공간과의 교류와 협력 가능성을 높일 뿐만 아니라 가상공간 차원에서도 보다 활발한 교류와 협력의 지평을 넓힐 수 있다는 점에서 사람들 사이의 새로운 관계형성을 촉진하는 계기가 만들어지고 이러한 변화는 조직이나 사회생활과 같은 우리의 일상생활뿐만 아니라 도시의 모습이나 형태에도 적지 않은 변화를 가져올 것으로 전망된다(송석휘, 2023).

---

2 민간영역에서 디지털 플랫폼을 이용하여 경영관리, 홍보, 영업 및 마케팅 분야에 적극적으로 활용하기 시작했다(모토그래프, 2022, "메타버스 속에서 업무를, 디지털 플랫폼 올라탄 현대모비스", 2022. 10. 31).

참고 문헌

김대식, 2022, 메타버스 사이언스: 또 하나의 현실, 두 개의 삶, 디지털 대항해시대의 인류, 동아시아.

김석주, 2003, 우리나라 전자정부 발전방안에 대한 모색: 현황과 향후 추진방향을 중심으로, 정보통신정책연구, 20(2), 정보통신정책연구원.

김성태, 2003, 전자정부론: 이론과 전략, 법문사.

김성태·구민영, 2006, 우리나라 전자지방정부 평가: 전자정부 균형발전 모형을 중심으로, 한국행정학회 춘계학술대회.

동아일보, 2012. 3. 22, 빅 데이터, 의사결정 패러다임을 뒤집다.

문명재·최선미 외, 2019, 미래의 급격한 기술발전과 공공서비스 패러다임 변화, 국회미래연구원.

문아람, 2021, 메타버스 시대 사회변화와 이슈, 그리고 기회, 서울시립대학교 대도시행정세미나.

박병식 외, 2009, 현대도시와 행정, 대영문화사.

박종화 외, 2013, 도시행정론: 이론과 정책, 대영문화사.

방석현, 1994, 행정정보체계론, 법문사.

서울특별시, 2010, Smart Seoul, Smart Government, 서울특별시 정보화담당관실.

서울특별시, 2022, 메타버스 서울 1단계 구축 용역 착수보고, 서울특별시.

서울특별시, 2023, 도시를 하나로, 세계를 하나로, 서울특별시 정보화담당관실.

성영조·이영석, 2022, 메타버스, 우리의 일상을 바꾸다, 경기연구원 이슈 & 진단, No. 503.

송석휘, 2021, AI와 BIG DATA 활용이 서울시 인사관리에 미치는 영향 연구, 서울시립대학교.

송석휘, 2023, 서울시 도시행정에서의 메타버스 활용방안 연구, 서울시립대학교.

행정자치부, 2001, 전자정부 구현을 위한 행정업무 등의 전자화 촉진에 관한 법률.

OECD, 2008, 전자정부를 통한 시민참여 증진, Issue Brief, 16, 1−5.

OECD, 2011, 모바일 정부: 반응하는 정부와 연결된 사회를 위한 모바일 기술, OECD 대한민국 정책센터.

이승환, 2021, 로그인(Log In) 메타버스: 인간×공간×시간의 혁명, Issue Report, 소프트웨어정책연구소.

이윤식, 2009, 신행정정보체제론, 대영문화사.

이재호·김준형, 2021, 메타버스의 행정활용에 있어서의 도전과 과제, 한국행정연구원 이슈페이퍼.

정부혁신지방분권위원회, 2003, 참여정부의 전자정부.

한국전산원, 1997, 미국의 정보자원관리 관련 법계 분석과 시사점.

Bozeman, Barry & Bretschneider, Stuart, 1986, Public Management Information System: Theory and Prescription, *Public Administration Review*, 46.

Britt, Matthew & Brandvoice, Honeywell, 2023, August 18, What are Smart Cities and Why do We need Them?, *Forbes*.

Caudle, Sharon L, 1996, Strategic Information Resource Management Fundamental Practices, *Government Information Quarterly*, 13, 83−97.

CITU, 2000, *E−government: A Strategic Framework for Public Services in the Information Age*, England.

Farooq Khuram et al., 2023, Establishing Sustainable Mobile Government, *The World Bank*.

Fountain, J., 2001, *Building the Virtual State: IT and Institutional Change*, Washington D.C: Brookings Institute.

Geraghty, Lina et al., (2022), The Future of Cities: Cities and the Metaverse, *National League of Cities: Center for City Solutions*, 3−22

Institute of Technology Assessment, 2003, *Public Administration 2010*.

Lewis, Bruce R., et al., 1995, The Information Resource Management Construct, *Journal of Management Information System*, 12, 199−223.

Marchard & Kresslein, 1986, *Implementing IRM in a State Agency: A Guide for a Guide for Commissioners and Senior Executives*, The Institute of

Information Management, USC.

O'Looney John, 1998, *Oursourcing State and Local Government Services: Decision—making Strategies and Management Methods*, Greenwood Publishing Group.

Ronaghan S. A., 2002, *UN Benchmarking e—Government Reports*, UN.

Stower, 2004, Delivery of e—Service: Technologies and Examples by Stages of e—Government.

The World Bank, 2023, *From e—government to m—Government*, The World Bank.

UN, 2004, *Global e—Government Readiness Report*, UN.

UN, 2023, *UN E—Government Survey*, UN.

UNDP, 2024, Smart Cities, Singapore Global Center.

Wade, Michael R, & Pfaffli, Machel Peter, 2016, What is a Smart City Anyway, *IMD Business School*.

Urban Administration

제**7**장

도시계획

07 도시계획

제1절 ☞ 도시계획의 개념과 의미

1. 도시계획의 개념

도시계획은 도시화와 자본주의의 진전에 따른 각종 사회병리 현상에 대응하기 위해서 도입되었다. 도시계획제도의 태동은 19세기 중반 영국의 공중위생법(Public Health Act, 1848)에서 시작되었다. 공중위생법은 도시화, 산업화 과정에서 발생한 비위생적인 생활환경은 물론 무분별한 토지이용, 공해 문제를 해결하기 도입되었다. 당면한 도시문제를 해결하기 위해 도시기능을 공간적으로 배치하여 적절한 수준의 도시서비스를 공급할 목적으로 시작된 것이다. 한마디로 말해, 도시계획은 도시문제(urban problem)를 해결하기 위한 계획(urban planning)이라고 할 수 있다. 초기에는 물리적 계획(physical plan)의 성격을 띠었으나, 오늘날에는 도시의 사회경제적인 요소까지 고려하는 종합계획(comprehensive plan)의 면모를 보이고 있다. 최근에는 전략계획(strategic plan)의 필요성을 주장하는 견해가 설득력을 얻고 있다. 이는 현대 도시문제가 도시 내에 존재하는 다양한 요인의 상호작용에 의해 복잡하고 다양하게 발생하는 데 기인한다. 따라서 도시문제를 제대로 이해하고 대응하기 위해서는 눈에 보이는 단순한 물리적 현상뿐만 아니라 문제 발생의 메커니즘과 관련된 정치·경제와 사회·문화적인 측면까지를 살펴볼 필요가 있다.

이처럼 도시계획은 도시라는 공간을 대상으로 도시가 원활히 기능하고 미래에 더욱 발전할 수 있도록 계획하고 실천하는 것이다. 모든 계획은 현재의 문제를 해결하고 미래의 목표를 성취하기 위한 행동 지침을 결정하고, 그 지침에 따라 미래를 변화시키고자 하는 행동 목표를 가지고 있다.

우리나라의 경우, 「국토의 계획 및 이용에 관한 법률」에서 도시계획의 개념을 다음과 같이 규정하고 있다. 즉 "도시계획은 국토의 이용·개발 및 보전을 위한 계획의 수립 및 집행 등에 관하여 필요한 사항을 정함으로써 공공복리의 증진과 국민의 삶의 질을 향상"시키기 위해 필요하다고 명시하고 있다(법 제1조). 또한 도시계획은 "특별시·광역시·시 또는 군의 관할 구역에 대하여 수립하는 공간구조와 발전 방향에 대한 계획으로서 도시기본계획과 도시관리계획으로 구분"하고 있다(법 제2조의 2).

도시문제는 다양한 요인에 의해 발생하는 현상이므로 이를 다루는 도시계획 또한 종합적 접근이 필요함에도 불구하고 초기에는 토목직과 건축직 공무원들이 도시계획행정을 주도해 왔다. 즉 공학적 기준을 적용한 도시계획시설을 건설함으로써 도시계획의 궁극적인 목표를 달성하고자 했다(김원, 1993: 363). 그러나 1970년대 이후에는 물리적인 시설보다는 사회적 맥락(social context)을 강조하는 경향이 두드러졌다. 이른바 도시의 사회·경제성이 강조된 것이다.

2. 도시계획의 특징과 도시행정과의 관계

도시계획은 본질적으로 다음과 같은 특징을 가지고 있다. 첫째, 도시계획은 과정지향적이다. 흔히 도시계획(urban planning)과 도시계획안(urban plan)을 구별하는 근거로 도시계획이 도시계획안이라는 최종 성과품을 도출해 내는 과정을 의미한다는 점을 들고 있다. 이는 도시계획안 그 자체보다는 계획안이 어떻게 만들어졌는지에 관한 과정이 훨씬 더 중요하다는 것을 의미한다. 둘째, 도시계획은 목표지향적이다. 도시계획은 실현 가능한 구체적인 목표를 정하고 실천에 옮긴다는 점에서 목표지향적이다. 셋째, 도시계획은 미래지향적이다. 도시계획은 앞으로 다가올 미래의 변화를 예측하여 새로운 가치를 창조하기 위해 실천에 옮긴다는 점에

서 미래지향적이라고 할 수 있다. 넷째, 도시계획은 환류(Feedback) 과정의 특성을
가진다. 도시계획의 미래지향적 특성은 불확실성을 크게 하므로 환류 과정을 통
해 불확실성과 위험요인을 감소시킬 필요가 있는 것과 무관하지 않다.

한편, 도시계획은 공공복리의 증진과 도시민의 삶의 질을 향상시키는 데 그
목적이 있으므로 도시행정의 필수적인 요소라 할 수 있다. 도시생활에 필요한 교
통, 주택, 환경, 위생 분야에 대하여 도시계획을 통해 더 나은 도시환경을 조성하
고자 도시계획사업을 추진하는 것이 그 예이다. 도시계획사업이란 도시의 개발,
정비, 보전을 위해 수립한 도시관리계획을 집행하기 위한 일련의 사업을 말한다.
도시계획사업을 추진하는 경우, 강제성을 수반한 수용권이 필요한데, 보통 수용권
의 행사는 업무 성격상 정부나 공공기관에 의해 발동된다. 또한 주민의 공공복리
를 증진시키기 위해 도시계획시설의 설치가 필요한 경우에도 사회적 비용과 사회
적 편익을 형량하여 정부나 공공기관이 추진하는 것이 보통이다. 이처럼 도시계
획사업과 도시계획시설 등은 도시민의 삶에 커다란 영향을 주며, 도시행정의 중
요한 부분이 되고 있다. 다만, 도시행정은 도시계획에 비해 집행적인 성격이 강하
다고 할 수 있다.

제2절 도시계획제도의 변천과 역할

1. 도시계획제도의 변천

우리나라 최초의 근대적 도시계획은 1934년 제정된 조선시가지계획령이라고
할 수 있다. 여기에는 교통, 위생, 보안, 경제 등에 관한 중요 시설계획을 하도록
되어 있으며, 용도지역제로서 주거지역 등의 용도지역과 풍치지구 등의 지구 지
정도 부분적으로 포함하고 있다.

우리나라 도시계획제도는 1960년대 들어서야 독자적인 도시계획제도를 구축

하기 시작했다. 이 시기는 우리나라에서 산업화, 도시화가 본격적으로 시작된 사회적 상황과 무관하지 않다. 이 무렵에 만들어진 주요 도시관련 법제는 도시계획법, 건축법 등이 있다. 도시계획법과 건축법을 통해 처음으로 도시계획구역 안에 주거·상업·공업·녹지지역 및 각종 지구 지정이 가능하게 되었다. 또한 지방도시계획위원회가 설치되고, 도시계획 입안권자가 건설부 장관에서 시장·군수로 변경됐다. 1960년대 도시계획제도는 산업화, 도시화에 대응하기 위한 사전적 준비작업의 성격이 강하며 우리나라 도시계획제도의 법적 토대를 구축한 시기로 볼 수 있다.

1981년 도시계획법이 전면 개정되면서 20년 장기의 도시기본계획 수립을 제도화하여 도시기본계획에 부합되게 시장, 군수가 도시관리계획을 입안하도록 하였다. 또한 연차별 집행계획수립을 제도화하고 주민참여제도를 신설하였으며 시가화조정구역제도를 도입했다. 이 시기는 도시기본계획의 제도화기에 해당한다고 할 수 있다.

1990년대에 들어 도시의 광역화가 급격히 진행되며 도시계획구역 외부 지역에 대한 개발압력이 증가하였고, 이를 기존의 제도 속에서 무리하게 풀어나가는 과정에서 난개발문제가 발생했다. 국토난개발을 막기 위해 정부는 2002년 도시계획법과 국토이용관리법을 통합하여 「국토의 계획 및 이용에 관한 법률」을 제정했다. 기존에 도시지역은 「도시계획법」으로, 비도시지역은 「국토이용관리법」으로 이원적 관리를 해오던 것을 통합했다.

2000년대 중반부터는 마을 만들기, 문화, 생태, 건강 등에 대한 관심이 증대하며 이에 부합하는 도시환경 조성을 위한 도시재생이 대두되었다. 도시재생은 도시 쇠퇴의 원인 해소와 지속가능성을 담보하기 위한 국가 차원의 능동적 처방이라고 할 수 있다(도시재생사업단, 2012: 10). 여기에 인구 증가와 경제 성장의 둔화, 삶의 질을 추구하는 라이프 스타일이 확대되면서 도시정책의 패러다임이 도시재생으로 변화된 것이다.

2010년대 중반 이후에는 인공지능(AI), 사물인터넷(IoT), 빅 데이터 등 첨단 정보통신기술이 경제·사회 전반에 융합되어 혁신적인 변화가 나타남에 따라 도시 분야에서도 스마트 시티(smart city) 개념이 등장하였다. 초연결(hyper-connectivity)과 초지능(super-intelligence)을 가능케 하는 IT 기술의 발달로 도시 경쟁력을 증진시키고 시민의 삶의 질을 향상시키는 스마트 도시 개념이 부상하고 있다. 우리나라에서는 스마트 시티법에 해당하는 「스마트 도시 조성 및 산업 진흥 등에 관한 법률」에서 "스마트 도시란, 도시의 경쟁력과 삶의 질의 향상을 위하여 건설·정보통신기술 등을 융·복합하여 건설된 도시기반시설을 바탕으로 다양한 도시서비스를 제공하는 지속가능한 도시"라고 규정하고 있다(법 제2조 제1항). 스마트 도시계획이 교통, 환경, 에너지, 토지이용 등 다양한 분야에서 첨단 기술을 활용하여 도시문제를 해결하고 시민의 삶의 질을 높이고자 한다는 점에서 정보통신기술과 도시계획과의 관계는 수단과 목적의 관계라고 할 수 있으며, 상호 간의 긴밀한 연계가 필요하다(이승일, 2019: 12). 스마트 도시계획을 위해서는 실제 도시를 대상으로 하는 도시시스템에 대한 이해와 빅 데이터·인공지능 기반의 도시통합모델(Urban Integrated Model)을 구축하여 공간과 시설, 개인과 사회, 경제와 환경 등에 내재된 복잡하고 다양한 인과관계를 시간의 변화 속에서 규명하는 노력이 요구된다(이승일, 2019: 15).

2. 도시계획제도의 역할

도시계획제도는 사회 공동체를 위한 도시계획 활동의 방식과 기준 등을 정하여 놓은 제도이다. 도시계획 활동의 대상은 도시 생활공간이며, 도시계획은 토지를 직접적인 대상으로 하여 이용을 제어하거나 미래를 내다보면서 공공의 입장에서 토지이용을 계획하는 활동이라 할 수 있다.

도시계획은 토지이용계획 도면이나 도시설계안 등 계획 대상에 대한 기술적 측면에서만이 아니라, 과학적 방법을 거쳐서 객관성 있게 만들어지며, 그 과정에서 합리성이 강조되는 방향으로 발전해 오고 있다. 도시계획은 세대 간 및 공동체 내부의 형평성을 전제로 한 공정성이 담보되어야 한다. 초기에는 도시계획을 공리주의적 입장에서 바라보았고 물리적 형태로 출발했으나, 사회구조가 변화함에 따라 도시계획제도의 역할도 변화하고 있다. 특히 교통·통신의 발달로 도시생활이 광역화되고, 도시 간에 기능적 연관성이 높아지면서 도시계획제도를 광역

차원에서 재검토할 필요가 커지고 있다. 또한 정치적으로 민주화가 진행되어 중앙집권적 정치·행정구조가 분권화되고 있을 뿐만 아니라, 국가 못지않게 시민사회도 성숙하고 있어 정부, 시장, 시민사회가 함께 도시계획제도를 운용하는 민주적이고 협력적인 거버넌스가 요구되고 있다.

그림 7-1 도시계획 거버넌스 변화

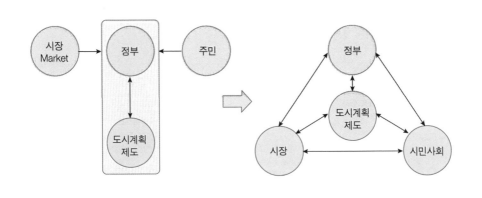

출처: 대한국토도시계획학회편(2008: 109)

제3절 현행 도시계획제도의 주요 내용

1. 도시기본계획

도시기본계획은 물리적, 공간적 측면에서 특정 도시의 장기적인 목표를 설정하고, 목표 달성을 위한 실행 수단을 제시하는 계획이다. 도시기본계획은 과거 도시의 미래 청사진을 제시하던 계획에서 도시를 계획하는 활동에 관한 정책을 다루는 계획이자, 도시발전을 위한 핵심 전략을 시민들과 함께 도출하여 주요 목표를 설정하는 계획으로 진화하고 있다.

우리나라의 도시기본계획은 「국토의 계획 및 이용에 관한 법률」에서 "특별시·광역시·시 또는 군의 관할구역에 대하여 기본적인 공간구조와 장기 발전 방향을 제시하는 종합계획으로서 도시관리계획 수립지침이 되는 계획"으로 규정하고 있다. 우리나라 도시계획제도상의 도시기본계획은 '도시 공간구조와 발전 방향을 제시하는 종합계획'의 성격을 지니면서, 동시에 '도시관리계획 수립의 지침계획'의 기능을 수행한다. 우리나라의 도시기본계획 수립과정은 〈그림 7-2〉와 같다.

그림 7-2 도시기본계획의 수립 및 승인절차

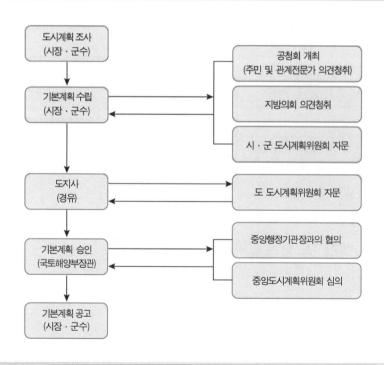

2. 도시관리계획

도시관리계획은 「국토의 계획 및 이용에 관한 법률」에 근거한 우리나라 도시계획제도 중 하나를 지칭한다. 도시관리계획의 목적은 토지이용을 사회적으로 정의롭고, 다음 세대에 부담을 주지 않도록 하면서 바람직한 곳에 적정한 규모로 토지이용이 이루어지도록 유도하기 위한 데 있다. 도시에서 개별 토지에 토지이용 변화가 일어나는 것은 단순히 토지소유자 개인의 노력에 기인한 것이라기보다는 공공의 투자나 공공서비스의 영향이 크기 때문에 공공이 개입하여 토지를 규제·관리할 필요가 있다. 도시관리계획은 5가지로 명시되어 있으며 이들 계획은 토지소유자의 토지이용에 대한 자유를 제한하는 구체적 수단으로 작용한다.

도시관리계획은 ① 용도지역·용도지구의 지정 또는 변경에 관한 계획, ② 개발제한구역·시가화조정구역·수산자원보호구역·도시자연공원구역의 지정 또는 변경에 관한 계획, ③ 기반시설의 설치·정비 또는 개량에 관한 계획, ④ 도시개발사업 또는 정비사업에 관한 계획, ⑤ 지구단위계획구역의 지정 또는 변경에 관한 계획이다.

① 용도지역: 건축물의 용도·건폐율·용적률·높이 등을 제한하여 토지를 경제적·효율적으로 이용하고 공공복리의 증진을 도모한다.
② 용도지구: 용도지역의 제한을 강화 또는 완화하여 적용함으로써, 용도지역의 기능을 증진시키고 미관·경관·안전 등을 도모한다.
③ 용도구역: 토지의 이용 및 건축물의 용도·건폐율·용적률·높이 등에 대한 용도지역 및 용도지구의 제한을 강화 또는 완화하여 따로 정하는 것이 필요한 지역에 지정한다.
④ 도시계획시설: 기반시설 중 도시관리계획에 의해 설치되는 시설이다.
⑤ 도시개발사업계획과 정비사업계획: 도시개발사업이나 정비사업을 수행할 구역 내의 용도지역·지구, 주요 기반시설 등을 도시관리계획으로 결정해 주는 역할을 수행한다.
⑥ 지구단위계획: "도시계획 수립 대상 지역 안의 일부에 대하여 토지이용을

합리화하고 그 기능을 증진시키며 미관을 개선하고 양호한 환경을 확보하여, 당해 지역을 체계적·계획적으로 관리하기 위하여 수립하는 도시계획"이다. 기정 용도지역에 의한 건축물, 시설물의 용도·종류 및 규모, 건폐율, 용적률 등에 대한 제한을 구체화하고 있다.

우리나라의 도시관리계획 수립과정은 〈그림 7−3〉과 같다.

그림 7-3 도시관리계획 입안 및 결정절차

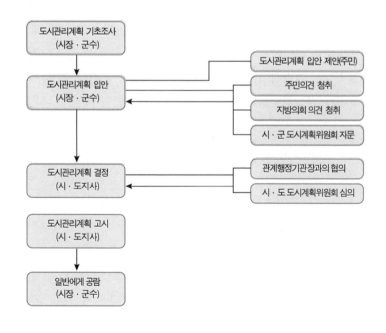

제4절 ⟨ 도시계획시설사업

1. 도시계획시설 개념과 특성

도시계획시설은 "시민의 경제·사회활동을 원활하게 지원하기 위하여 도시정부가 직접 설치하거나 민간이 도시정부의 지원 또는 자력으로 설치하되 도시 전체의 발전 및 여타 시설과의 기능적 조화를 도모하기 위해 기반시설 중 도시관리계획에 의하여 설치되는 물리적 시설"로 정의된다. 도시계획시설은 장래의 도시에 필요한 기반시설을 예측하여, 그 위치와 규모를 사전에 결정함으로써 도시발전에 필요한 기반시설을 원활히 공급하기 위해 기반시설을 도시계획으로 결정한 것이다.

도시계획시설은 기반시설에 포함되어 있는 시설 중 도시관리계획으로 결정된 시설을 말한다. 이 중 도시관리계획으로 결정해야 하는 시설을 의무시설이라고 하며, 주로 시설의 규모가 큰 시설들로 공공재적 성격을 지닌 시설들이 포함된다. 민간 부분에 의해서 공급이 가능한 시설로 개별 법이나 건축법에 의해서 설치할 수 있는 시설을 임의시설이라고 하며, 시설규모가 작거나 민간재적 성격을 지닌 시설들이 이에 포함된다.

기반시설의 도시계획시설 결정 근거가 되는 시설규칙에 모든 기반시설의 정의와 결정·구조 및 설치 기준이 제시되지 않고 개별 법에 위임되어 있다. 이는 시설의 전문성 및 필요성을 감안하여 개별 법에 의거하여 도시관리계획을 입안한후 도시관리계획 결정을 통해 시설의 설치가 용이하도록 하기 위한 것이다.

| 표7-1 | 도시관리계획 결정 의무시설과 임의시설 |

구분	의무시설	임의시설
교통	도로, 철도, 항만, 공항(도심공항터미널 제외), 주차장(행정청이 설치하는 주차장 및 1천㎡ 미만 제외), 자동차정류장(전세버스운송사업용 여객자동차터미널 제외), 궤도, 삭도, 운하	공항(도심공항터미널), 자동차 및 건설기계검사시설, 자동차 및 건설기계운전학원, 주차장(비행정청이 설치하는 주차장, 1천㎡ 미만), 자동차정류장(전세버스운송사업용 여객자동차터미널)
도시공간	광장(건축물부설광장 제외), 공원, 녹지, 유원지	공공공지, 광장(건축물부설광장)
유통 및 공급	유통업무설비, 수도, 전기공급설비(발전소, 변전소, 송전선에 한함), 가스공급설비(액화석유가스충전시설, 가스공급시설 제외), 유류저장 및 송유설비(유류저장시설 제외), 공동구	방송·통신시설, 시장, 열공급설비, 전기공급설비(발전소, 변전소, 송전선 제외), 가스공급설비(액화석유가스충전시설, 가스공급시설), 유류저장 및 송유설비(유류저장시설)
공공문화체육	학교(특수학교, 유치원 제외), 운동장	공공청사, 문화시설, 체육시설, 도서관, 연구시설, 사회복지시설, 공공직업훈련시설, 청소년수련시설, 학교(특수학교, 유치원)
보건위생	화장장, 공동묘지, 납골시설(민간납골시설 제외), 도축장(500㎡ 미만 제외)	장례식장, 종합의료시설, 도축장(대지면적 500㎡ 미만)
방재	하천, 유수지	저수지, 방화설비, 방풍설비, 방수설비, 사방설비, 방조설비
환경기초	하수도, 수질오염방지시설, 폐기물처리시설(재활용시설 제외)	폐차장

2. 도시계획시설 지정과 미집행시설

국토교통부가 발행한 2023년 도시업무편람에 따르면, 도시·군관리계획으로 결정된 도시계획시설의 종류는 교통시설(8개), 공간시설(5개), 유통·공급시설(9개), 공공·문화체육시설(8개), 방재시설(8개), 보건위생시설(3개), 환경기초시설(5개) 등 총 46개이다. 사업주체는 시장·군수 또는 시장·군수로부터 시행자 지정을 받은 자이며, 비용은 원칙적으로 시행자가 부담하여야 한다.

도시계획시설은 대부분 사유지가 그 대상이며, 도시계획시설 결정에 따라 재산권 행사가 제한되므로 적절한 수요 예측에 기반한 시설 결정이 요구된다. 그럼에도 불구하고 과도한 도시계획 결정이 관행적으로 이루어졌고 장기간 집행하지 않는 시설들이 발생하고 있는 실정이다.

이러한 장기미집행시설로 인한 토지소유자의 권리보호를 위해 「국토의 계획 및 이용에 관한 법률」을 근거로 하여, 10년 이상 미집행시설에 대해 대지소유자에게 매수청구권을 부여하고 있다. 매수청구권은 토지소유자가 당해 시장·군수에게 매수청구서를 제출하고, 당해 시장·군수는 매수청구가 있는 날부터 2년 이내에 매수여부를 결정하여 토지소유자에게 통지하고, 2년 내에 매수하지 않을 경우 일정한 건축물의 건축을 허용한다.

3. 도시계획시설사업

(1) 도시계획시설사업의 개념과 의의

「국토의 계획 및 이용에 관한 법률」에 따르면, 도시계획시설사업은 도시계획시설을 설치·정비 또는 개량하는 사업을 의미한다. 도시계획시설은 의미상 '시민의 공동생활과 도시의 경제·사회활동을 지원하며, 삶의 질을 향상시키는 데 필요한 공공시설물로서 민간의 자율적인 활동만으로는 효율적으로 설치되기 어려운 시설이기 때문에 정부가 직접 설치하거나 민간이 정부 지원을 받아 설치하는 물리적 시설'로 규정하고 있다.

도시계획시설의 공급은 대부분 공공에 의해서 이루어지고 있으며, 점차 민간에 의한 공급이 증가하는 추세에 있다. 도시계획시설은 기본적으로 공공재적 성격, 사회복지적 성격, 외부효과 발생, 서비스의 효율적 생산, 공평한 배분 등을 특성으로 갖기 때문에 공공의 개입은 필수적이다. 또한 도시계획시설은 주변 지역에 미치는 영향이 크므로 시설의 설치에는 사회적 합의가 필요하다.

그림 7-4 도시계획체계와 도시계획시설사업

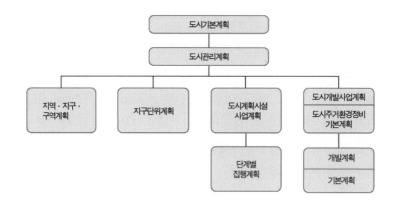

(2) 도시계획시설사업의 법적 근거

「국토의 계획 및 이용에 관한 법률」에서는 도시계획을 구체적으로 실현하기 위한 도시계획시설사업의 시행에 관하여 규정하고 있다. 이 법에서는 도시계획을 통한 도시의 발전목표 제시와 이의 실현에 필요한 행정수단을 종합·조정하는 계획법이자 사업법적 성격을 부여하고 있다. 도시관리계획에서 결정된 도시계획시설에 대해서는 단계별 집행계획을, 도시개발법에 의한 개별 도시계획시설사업에 대해서는 개발계획을 수립토록 하고 있다. 우리나라의 도시계획시설사업 시행절차는 〈그림 7-5〉와 같다.

그림 7-5 도시계획시설사업의 시행절차

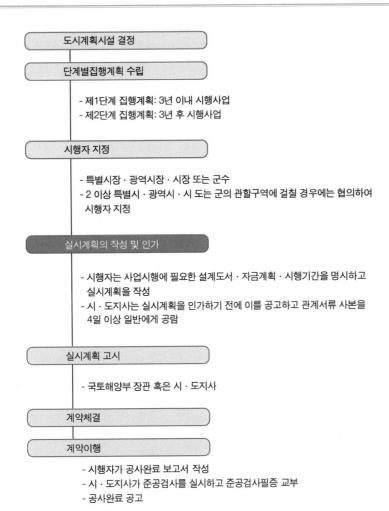

> 도시계획시설 결정

> 단계별집행계획 수립

- 제1단계 집행계획: 3년 이내 시행사업
- 제2단계 집행계획: 3년 후 시행사업

> 시행자 지정

- 특별시장 · 광역시장 · 시장 또는 군수
- 2 이상 특별시 · 광역시 · 시 도는 군의 관할구역에 걸칠 경우에는 협의하여 시행자 지정

> 실시계획의 작성 및 인가

- 시행자는 사업시행에 필요한 설계도서 · 자금계획 · 시행기간을 명시하고 실시계획을 작성
- 시 · 도지사는 실시계획을 인가하기 전에 이를 공고하고 관계서류 사본을 4일 이상 일반에게 공람

> 실시계획 고시

- 국토해양부 장관 혹은 시 · 도지사

> 계약체결

> 계약이행

- 시행자가 공사완료 보고서 작성
- 시 · 도지사가 준공검사를 실시하고 준공검사필증 교부
- 공사완료 공고

(3) 도시계획시설사업의 집행상의 문제점

도시계획시설사업은 사업계획 수립 주체와 사업 집행 주체가 다르게 되어 있어 문제가 되고 있다. 도시기본계획을 바탕으로 한 종합적이고 구체적인 중기사

업계획을 채택하지 못하고 각 부서별로 그 해의 사업 우선순위에 따라 투자계획이 수립되고 있다. 예를 들어, 소관 부서가 투자 우선순위에 따라 투자계획을 수립하고 있는 데 비해, 도시계획국은 계획수립과 용도지역·지구의 지정 및 변경 등만을 다루고 있어 다른 부서에서 집행하고 있는 사업을 종합하지 못하고 있다.

4. 도시계획시설사업의 시행

(1) 도시계획시설사업의 시행 절차

도시계획시설의 결정이 이루어지면 도시계획시설부지로 예정된 토지에 대해서는 건축·토지형질 변경 등의 개발행위를 제한한다. 도시계획시설 결정 후 장기간 도시계획사업이 시행되지 않아 토지소유자는 불이익을 받을 것을 예방하기 위해 국토계획법에서는 단계별 집행계획을 수립하도록 하여 도시계획시설사업의 시행시기를 미리 정한다. 또한 재정문제로 인한 장기미집행 도시계획시설의 발생을 방지하기 위하여 단계별 집행계획에 재원조달계획·보상계획 등을 포함한다.

(2) 도시계획시설 결정 현황과 문제점

전국의 도시계획시설 결정 면적은 2021년 기준으로 7,032.3㎢이다. 미집행 면적은 589.5㎢로 총 미집행 도시계획시설은 8.4% 수준이며, 사업비는 139.4조 원으로 추정된다. 미집행시설의 78.5% 정도가 10년 이상 장기 미집행도시계획시설에 해당된다(〈표 7-2〉 참조).

그동안 전국적인 도시화 추세, 기존 도시 확장에 따른 시설수요의 지속적 증가 및 지방자치단체의 재원 부족으로 인해 장기 미집행시설 문제가 사회문제가 되어 왔다. 도시계획집행이 장기화되어 사유지 소유자의 재산권 행사가 제약을 받기 때문이다.

이 문제 해결을 위해 최근 정부는 시·군으로 하여금 도시계획시설 결정 고시일부터 2년 이내에 단계별 집행계획과 재정계획을 수립하도록 하여 미집행 도시계획시설 실효 최소화를 위해 적극적으로 노력해 왔다. 또한 많은 시·군이 장기 미집행 도시계획시설 일몰제를 통해 도시계획시설로 지정되었으나 시행계획이 없고 개발 가능성이 낮아 장기간 미집행된 공원, 도로, 녹지 등의 시설 부지를 자동으로 폐지했다. 장기 미집행 도시계획시설 일몰제란 국민의 재산권 보호와 공공의 이익을 균형 있게 실현하기 위하여 시설부지 지정 후 20년간 사업을 시행하지 않는 경우 시설 결정 효력을 상실하게 하는 제도로서 지난 2020년 7월부터 시행하고 있다. 그 결과, 도시계획시설 결정 면적이 큰 폭으로 줄었고 미집행시설 규모도 줄어 집행 비율이 90%를 넘어서게 되었다.

표7-2 미집행 도시계획시설 현황(2021년 기준)

구분	결정	미집행시설		
		계	10년 미만	10년 이상
규모(㎢)	7,032.3㎢	589.5㎢	126.9㎢	462.5㎢
		(100%)	(21.5%)	(78.5%)
소요액	–	139.4조원	32.2조원	107.2조원
		(100%)	(23.1%)	(76.9%)

주: 미집행면적은 사업에 착수하지 않은 도시·군계획시설 결정면적
출처: 국토교통부, 2021 도시계획현황

제5절 ⌒ 도시계획의 미래와 향후 방향

1. 도시계획의 미래

(1) 도시계획을 둘러싼 환경의 변화

도시계획은 본질적으로 당면한 도시문제를 해결하고 더 나은 시민의 삶을 위해 존재한다. 도시계획은 도시를 둘러싼 환경변화의 영향을 받는 동시에 시민의 일상과 사회의 정치·행정과 경제, 사회문화 등 거의 모든 영역에 영향을 준다.

우리나라는 1990년 이전까지 급격한 도시화에 따른 개발 수요에 대응하여 양적인 부족 문제를 해결하기 위한 공급 지향적 도시계획을 추진해 왔다. 그러나 최근 들어 도시화가 진정되고 소득수준이 높아지면서 보다 나은 수준의 도시환경에 대한 시민들의 욕구가 커지고 있다. 이는 도시환경의 질적인 측면을 중시하는 새로운 도시계획 패러다임의 등장 배경이 되고 있음을 의미한다. 또한 지방화와 분권화가 진행되고, 서로 다른 이해집단 간의 합의 형성과정이 중요해짐에 따라 우리나라 도시계획은 또 다른 도전과제를 맞이하고 있다.

그런가 하면 급속한 정보통신기술의 발달은 도시민의 일상은 물론 도시 인프라와 도시정책 모든 분야에 광범위한 영향을 끼치고 있다. 디지털 사회로의 급속한 진전과 스마트 시티의 등장으로 4차 산업혁명이 견인하는 새로운 도시의 미래가 도래하고 있는 셈이다. 특히 스마트 기술의 발달로 도시 활동의 기본 전제인 공간적 제약이 사라지면 현행 도시계획의 근간이 되는 공간 구조뿐만 아니라 도시 내에서 이루어지는 활동과 이동패턴은 무의미해질 수 있다. 이러한 피할 수 없는 시대적 흐름 속에서 더 나은 도시를 만들기 위한 새로운 도시계획의 틀(형식)과 전략(내용)에 대한 도전이 학계와 실무계에 필요한 시점이다.

(2) 미래 도시와 새로운 도시계획

새로운 도시계획의 등장은 미래 도시의 키워드를 반영하는 것이기에 관점에 따라 다르게 예측할 수 있을 것이다. 두 가지만 든다면, 기후변화와 위기를 반영하는 친환경 생태도시(eco city), 디지털 사회를 반영하는 스마트 도시(smart city)가 미래 도시계획의 핵심 이슈가 될 것으로 보인다.

친환경 생태도시(eco city)는 단지 내 환경적 자연 자원 조건만을 고려하는 것이 아니라 지역사회의 사회경제적인 요소와 공동체적 요소와 기후변화로 인한 위기 요소까지 고려한 지속가능한 도시조성의 개념으로 앞으로 도시의 개발과 관리에서 핵심 이슈로 정착할 가능성이 큰 도시계획의 키워드다. 시가지의 토지이용에 있어서 적절한 기능의 혼합 배치와 이동거리 단축에 의한 토지자원의 절약과 자동차에 의한 환경의 파괴를 막아보자는 데서 등장한 뉴어바니즘(new urbanism), 대도시 지역의 무분별한 외부 확산을 억제하고 도심지역에서의 인구 및 산업의 회귀를 촉진하고 도심부 재활성화를 모색하기 위한 도시재생(urban regeneration)과도 무관하지 않다.

스마트 시티 등장은 각종 정보망의 네트워크가 어떻게 형성되어 있는가에 달려있으며, 첨단기술과 IT의 발전은 건설, 가전, 문화와의 융합을 통해 창의적이고 혁신적인 스마트 도시 개발(smart city development)로 이어지고 있다. 창조적 혁신도시(creative innovation city)란 문화, 정보, 미디어 분야를 중심으로 관, 산, 학, 연 간의 효과적인 융합이 시너지효과를 일으킬 수 있는 새로운 산업기반을 갖춘 미래형 도시를 말한다. 복합도시 개발(multi-functional city development)은 탈산업화, 디지털 사회의 촉진으로 고밀도의 입체적이고 복합적인 토지이용과 밀접한 관련이 있다.

문제는 스마트 도시(smart city)의 등장에 따른 스마트 도시계획의 필요성과 대응 과제이다. 서울과 같은 글로벌 대도시는 컴퓨터와 소프트웨어의 거대한 지하세계를 구축하고 있다. 도시를 움직이는 것은 단순한 기술혁신이 아니다. 도시를 건설하고 관리하는 방식의 대전환이 이루어지고 있다. 인간이 수천 년 동안 쌓아올린 유산에 더해지는 디지털 업그레이드는 새로운 종류의 도시, 이른바 스마트 시티 시대를 예고하고 있다. 스마트 시티는 첨단 정보통신기술을 활용하여 오래된 도시문제와 새로운 도시문제를 다룬다. 스마트 시티는 더 적은 자원으로 더 많은 성과를 내도록 기술을 활용하여 도시의 효율을 배가시키는 재능을 가지고 있다. 빅 데이터와 생성형 AI는 오랫동안 해결하지 못한 도시문제를 정확하게 진단하고 해결책을 제시하며, 시민들은 상향식 도시 재창조의 플랫폼이 된 AI가 장착된 스마트폰을 이용하여 도시와 지역의 문제를 해결하는 데 참여할 것이다. 개방된 공공데이터, 오픈소스 하드웨어, 무료 네트워크는 어떤 것보다도 훨씬 더 스마트한 미래 도시를 디자인하는 데 힘을 실어줄 것이다.

스마트 도시계획은 도시의 미래에 장밋빛 전망만 던져주는 것은 아니다. 앤서니 타운센드는 스마트 도시계획이 지켜야 할 것으로 개방성, 시민참여, 포용성을 들고 있다(스마트시티, 2018). 도시학자 제인 제이콥스(Jane Jacobs)는 자신의 책 「위대한 미국 도시의 죽음과 삶」에서 "도시는 모두가 함께 만들었기 때문에, 그리고 그렇게 모두가 함께 만들었을 때만, 모든 사람에게 무언가를 제공할 능력을 가진다."라고 했듯이, 도시에 살고 있는 시민 모두가 스미트 시티가 제공하는 편익을 누리면서도 책임감을 가지고 적극적으로 시정에 참여하는 시민 정신(civic virtue)이 요구된다고 할 수 있다.

데이터 중심의 도시관리는 미래 도시정부가 재정적 측면에서 거부할 수 없는 매력을 제공한다. 빅 데이터가 미래의 도시에 무엇을 요구하는가? 도시 상황이 우리에게 말해주는 것에 근거한 거버넌스 형성과 정책 수립이다. 우선 도시정부를 데이터 주도의 운영조직으로 재창조하는 일이 중요하다. 오늘날 도시정부는 가장 실용적이고 효과적인 정부 단위이다. 스마트 시티 계획에는 시민 리더십을 위한 새로운 모델이 담겨야 한다. 각 도시는 고유한 특성과 개성을 지니지만, 모든 도시가 필요로 하는 것이 있다. 이는 재사용이 가능한 공유 솔루션들로 충족될 수 있다. 지역이나 도시 차원에서 먼저 만들어 시행한 후, 전국으로 확산시키는 것이다(build locally, spread nationally). 지하철시스템, 간선급행버스시스템(BRT), 자전거 공유제도의 확산이 그 예이다. 웹상의 앱은 아이디어 확산의 통로이며, 오픈소스 도시와 시민카드 발급은 도시에 대한 소속감을 높이는 데 도움이 된다.

우리 삶을 바꿀 정책은 어디에 있나? 대부분의 도시문제는 다른 도시에서 누군가에 의해 이미 시도되었거나 해결된 것이다. 제42대 미국 대통령을 지낸 빌 클린턴(Bill Clinton)은 21세기의 과제는 효과를 보이고 있는 솔루션을 찾아내어 확장(scale up)하는 것이라고 주장한다. 이렇게 볼 때, 스마트 시티의 표준으로서 도시운영시스템의 구축이 중요하다. 도시를 연구하는 물리학자 제프리 웨스트(Jeoffrey West)는 "도시에 대한 과학이 없다면, 모든 도시는 각기 개별적 차원에서 문제를 다루어야 할 것이다."라고 주장한 바 있다(스케일, 2018). 그러나 도시는 시민, 장소, 정책들이 뒤얽힌 자기들만의 매듭이 있다. 한마디로 스마트 시티를 위한 킬러 앱은 없는 것이다. 설사 스마트 시티가 공통의 템플릿으로 정교하게 만들어졌다 하더라도 개별 도시에 적합하게 맞추어져야 한다. 이는 표준적인 것과 고유한 것 간의 균형이 이루어져야 한다는 것을 의미한다.

다가오는 미래는 다양한 아이디어와 도구, 데이터를 실시간으로 교환하는 웹과 같은 스마트 시티 네트워크가 지배할 것이다. 스마트 시티가 21세기 도시화의 도전적 과제들에 대한 만능 해결책인가? 인간지능과 인공지능의 역사적인 융합의 여정에서 버그 문제는 어떻게 해결할 것인가? 교통시스템 자동화에서 생긴 고장

문제, 도시 규모의 스마트 시스템에서 발생하는 문제가 그 예다. 도시는 인류가 지금까지 창조해 온 가장 복잡하고 정교한 구조물이며 도시와 정보시스템 간의 예기치 못한 상호작용이 많이 발생할 수도 있다. 스마트한 미래 도시의 최대 적은 코드 라인 수(lines of code), 즉 상호작용에 의해 발생하는 복잡성이라고 말한 고성능 네트워크 전문가 케네스 두다(Kenneth Duda, 2019)의 주장에 주목하는 이유이기도 하다. 그렇다면, 점점 현실화되고 있는 스마트 시티도 21세기 도시화의 과제들을 모두 해결하는 만능 해결책이 될 수 없다고 볼 수 있다.

2. 새로운 도시계획의 방향

미래 도시, 새로운 도시과학, 스마트 도시계획 등을 토대로 미래의 도시계획 방향을 제시하면 다음과 같다. 먼저, 장기적인 도전과제를 다룸에 있어서 실시간 데이터와 미디어를 어떻게 활용할 것인가를 파악하는 것이 중요하다. 스마트 시티의 현실은 초 단위로 변하기 때문에 정태적인 모델과 비전은 정확하지도 않고 오래가지도 못한다. 빠른 변화를 따라가려면 지금의 계획 수립과정보다 더 기민하고 유연한 과정이 되어야 한다. "앞으로의 계획은 과거보다 더 자주 수정되어 갈 것이고, 마스터플랜은 마스터 전략에 자리를 내어 줄 것이다."라는 주장이 나오는 것도 이러한 이유 때문이다.

그다음 도시계획 결정과정의 투명성과 결과에 대한 책임성이 강화될 것이다. 빅 데이터의 가치가 미래를 예측하는 데 있다고 말하기도 하지만, 단기적으로 보자면 과거의 정책과 결정이 도시를 실제로 어떻게 변화시켰는지에 대한 세밀한 정보를 알려준다는 데 더 큰 의미가 있다. 이는 빅 데이터가 거시적 수준에서 도시 운영전략에 영향을 주는 동시에 정책의 파급효과에 대해 더 잘 알게 해준다는 것을 의미한다. 따라서 어떤 도시정책의 결정도 투명성과 책임성을 피할 수 없게 될 것이다. 도시를 관리하는 전략은 도시에 무엇이 필요하고 무엇을 성취해야 하는지를 끊임없이 규명해가는 정치적 과정이기에 인공지능(알고리즘)이 주도할 수 있는 것은 아니다.

마지막으로 도시에 대한 새로운 과학적 아이디어와 도시의 관리와 계획에 대한 데이터 중심의 접근이 확대됨에 따라 새로운 도시과학(urban science)이 출현할 것이다. 도시혁신 전문가인 피터 허쉬버그(Peter Hirshberg)는 데이터에 대한 열정이 상승세를 타서 도시에 대한 새로운 과학적 관심을 부채질하고 있다고 말한다. 도시에 대한 새로운 과학이 태동하고 있다. 2010년 무렵 물리학자, 수학자 등 자연과학자들이 주도하고 있는 미국의 산타페 연구소(Santa Fe Institute)의 도시성장에 관한 경험적 연구는 도시연구의 새로운 지평을 열고 있다. 도시의 과학적 모델을 연구하는 선도적인 연구기관, 그들은 도시의 규모와 복잡성에 착안하여 도시를 하나의 복잡계로 보고 있다. 새로운 도시과학이라는 이름으로 물리학, 수학, 컴퓨터과학으로부터 우수 인재를 끌어들이고 있다. 진정한 도시과학(urban science)을 위해서는 새로운 이론이 정립되는 데 필요한 데이터를 생성·구축하는 한편, 우리가 신뢰할 수 있는 지식을 생산할 만한 질문들을 제기해야 한다.

경실련 도시개혁센터, 2015, 도시계획의 위기와 새로운 도전, 보성각.

국토교통부, 2021, 도시계획 현황, 국토교통부.

대한국토도시계획학회 (편), 2008, 도시계획론, 보성각.

도시행정학회, 2022, 도시행정의 이론과 실제, 대영문화사.

서울시립대학교 도시행정학과, 2014, 도시행정론, 박영사.

서울연구원, 2017, 성숙도시 서울, 도전받는 공간, 서울연구원.

앤서니 타운센드 (지음), 도시이론연구모임 (옮김), 2018, 스마트 시티, 엠아이디.

웨스트, 2018, 스케일(SCALE): 생물·도시·기업의 성장과 죽음에 관한 보편법칙, 김영사.

이승일, 2019, 스마트 도시계획, 커뮤니케이션북스.

이영은, 2006, 대안적 패러다임 모색, 한국적 도시계획 패러다임 모색, 주택도시연구원.

플로리다, 2018, 도시는 왜 불평등한가(The New Urban Crisis), 매일경제신문사.

Urban Administration

제**8**장

주택 및 토지정책

08 주택 및 토지정책

Chapter

제1절 ⌒ 주택정책

1. 주택의 의미와 특성

(1) 주택의 개념과 의미

우리 생활의 터전인 주택은 기본적으로 삶의 안식과 내일을 위한 재충전을 제공해주는 피난처(Shelter)이자 안식처이다. 하지만 현대사회에서 주택이란 이러한 단순한 개념을 넘어 경제적 재화, 사회적 신분의 상징이나 복지수준을 대표하는 지표 등의 다차원적인 성격을 갖고 있다.

주택을 개인(가구)의 입장과 공공(정부)의 입장에서 볼 경우에 따라 나누어 주택이 의미하는 점을 살펴보고자 한다.

개인의 입장에서 주택의 의미를 보자면 첫째, 전술한 바와 같이 피난처와 안식처로서 기능하며 규모, 쾌적성, 주거의 질 등을 대변하고 있다. 이러한 물리적 시설물로서의 주택은 그곳의 거주자들에게 은신처 역할뿐만 아니라, 토지의 이용과 각 가구에게 필요한 사회적 서비스나 도로, 전기, 상하수도 등이 공급이 되는 물리적 단위이다. 둘째, 경제재이다. 흔히들 보통사람들이 살아가면서 주택은 생애 최고최대의 구매대상이 될 것이며 투자와 소득공제의 수단이 되기도 하고 보유 이후 가격상승 기대와 투기심리를 자극하는 대상이 되기도 한다. 이처럼 주택은 시장에서 거래되는 내구소비재임과 동시에 투자재로서의 특성을 지니며, 일반 가구의 평균소득에 비하여 주택가격은 상당한 비중을 차지하는 고가의 상품이다. 셋째, 주거입지의 기능이다. 즉 학교, 직장, 시장, CBD 등과의 접근성이나 주변 여건 등을 나타낸다. 넷째, 프라이버시나 사회적 지위로서의 기능이다. 내 집에 삶으로서의 뿌듯함이나 어디, 어떤 집에 사는가에 따른 그 지역에서의 사회적 위치를 대변하기도 한다. 다섯째, 법적 권한과 책임의 보유이다. 주택을 보유하게 됨으로써 의무적으로 등기도 하고 세금도 납부해야 하지만 재산권 보유를 통해 사용권, 이전권 등 많은 권한도 향유하게 된다.

공공의 입장에서 주택이 주는 의미를 보자면 첫째, 정부로서는 주택은 토지 개발 및 토지이용계획의 주 대상이다. 보통 도시계획구역 내 주택부문이 약 30% 정도를 차지한다. 둘째, 공공의 세원확보책이다. 건조환경 중 상당한 부분을 차지하는 주택을 통해 지방정부는 세금을 거둬들일 수 있게 된다. 셋째, 고용창출의 대상이다. 주택 등 건설산업은 파급효과(고용창출효과)가 커서 그 어느 나라에서도 중요시할 수밖에 없다. 넷째, 주택은 국가경제의 한 부분을 차지한다. 주택은 고정자본, 스톡(stock)의 한 부분이며, 이는 부를 창출하는 정책수단의 한 부분이다. 다섯째, 사회복지의 기준이다. 거시적 지표인 주택보급률이나 자가소유율 등 정부정책적 입장에서 사회복지의 주요한 대상이 된다. 이처럼 주택은 사회재 혹은 집합재이다. 주택은 사회조직의 한 기초단위로서 기능을 하는 가정을 보호하고, 동시에 교육, 보건위생 등과 같이 사회 구성원 모두에게 주어져야 할 집합재로서의 성격이 있다.

(2) 주택의 특성[1]

다음과 같은 주택의 특성을 살펴보면 주택의 개념과 의미를 보다 더 명확하게 알 수 있게 된다.

첫째, 주택은 위치가 고정되어 있다. 일반재화는 한 국가 내 지역 간이나 국가 간 이동이 가능하고, 수출입이 자유로운 반면에 주택은 이동이 불가능하다. 그러므로 주택을 단순한 재화로서 파악하기보다 주택이 자리잡고 있는 위치, 입지,

---

1 하성규(2004), 「주택정책론」, 박영사, pp. 4-5.

주변환경, 지역사회 등과 밀접한 관련을 지니고 있다.

둘째, 주택은 내구성이 강한 재화이다. 하나의 물리적 시설 및 투자로서 수명이 길어 그 내구성면이 다른 어떤 재화보다 장기간 사용된다.

셋째, 주택은 주변환경으로부터 큰 영향을 받기도 하고 동시에 영향을 미치기도 한다. 주변환경의 수준에 따라 주택가격과 주택수요는 영향을 받는데 이러한 관계를 외부성(externalities)이라 한다.

넷째, 주택은 정부정책에 영향을 받는다. 정부는 주택부문에 개입하여 주택가격의 통제, 주택거래행위의 간섭, 공공주택의 공급, 주택금융 및 세제상의 지원과 조정 그리고 각종 주택관련기관에 대한 행정규제 등을 실시하고, 주택은 그와 같은 영향을 받는다.

다섯째, 주택은 비동질성의 특성이 있다. 동일한 수준의 주택이라 해도 그 위치에 따라 가격과 유용성에 차이가 있으며, 동일한 지구 내 주택이라 해도 디자인, 규모, 점유형태에 따라 수요자의 다양한 선호와 서비스 수준에 따라 천차만별의 비동질적 주택이 존재할 수밖에 없다.

여섯째, 주택은 외인성(exogeneous)의 영향을 받는다. 주택은 지역시장에서의 영향을 받는데, 예를 들면 해당 지역시장 내의 주택공급의 증대와 감소, 인구의 이동, 소비자 선호와 유형, 주택점유형태상의 추이 등의 영향을 들 수 있다. 그러므로 주택정책 및 주택공급계획은 중앙정부 주도하에서 이루어지기보다는 지역별로 상향 조정이 이루어지는 것이 보편적이다.

일곱째, 주택은 그 생산과정이 길다. 주택이 하나의 물리적 거처로서 서비스를 제공받기 위해서는 택지의 마련, 건축행위, 건축에 따른 행정절차의 요구, 노동집약적 과정 등 생산과정이 매우 길다.

여덟째, 주택은 다른 재화에 비해 거래과정이 복잡하고 거래비용이 많이 요구된다. 나라마다 차이가 있으나 주택을 거래하려면 주택거래의 전문지식과 자격을 갖춘 공인중개사의 개입이 필요하며, 해당 행정기관에서의 세금징수, 권리이전에 따른 절차가 필수적이다.

2. 주택시장과 주택문제

(1) 주택시장

1) 주택소요와 주택수요

주택소요(housing need)는 인간의 존엄성을 유지하는 데 필요한 최소한의 주택으로 정의된다. 주택거주자의 지불능력이나 지불의향과는 무관하게 열악한 주택에 거주하는 주민을 위하여 설명되는 주택정책의 대상이 되는 개념으로 주택에 대한 사회적, 복지적, 정책적 의미를 담고 있다. 그러므로 소득처럼 부담능력을 나타내는 변수와 관계없이 인구증가, 가구분화, 주택멸실 등 비경제적 요인에 의해 내재되고 있는 잠재적 수요를 의미한다.

한편, 주택수요(housing demand)는 주택을 구입하고자 하는 욕구로 정의된다. 시장경제체제에서 설명되는 주택입주자의 지불능력과 소득 및 주택가격 등 여러 요인의 관계에서 성립되는 경제학적 개념으로 경제적 유인에 의도된 주택구입능력(housing affordability)이 고려된 것을 뜻한다고 볼 수 있다.

2) 주택시장

주택시장이란 일반적으로 화폐가 매매나 교환의 주 매개체로서 사용되는 경우에 주택 및 주거서비스의 잠재적 매수자들과 매도자들의 상호작용(거래)이 일어나는 곳을 의미한다. 주택시장에서의 거래란 주택소유권에 대한 당사자 간 권리의 교환을 뜻한다. 이는 주거용부동산인 주택이라는 재산이 우리가 실생활에서 흔히 소비하는 일반소비재와는 달리 소유권과 사용권이 분리 가능하고 법적 구속력을 갖추기 위해 등기하여야 한다.

주택의 특성으로 말미암아 주택은 일반재화와 달리 주택시장 자체가 상당히 국지화되어 있다. 이처럼 주택은 고정된 위치의 토지를 바탕으로 생산되기 때문에 토지를 이동시킬 수 없듯이 주택도 공간이동이 불가능하다. 따라서 주택의 거래는 일반 상품들의 거래와 달리 상품(주택)을 이동시키는 것이 아니라 사람이 이동하게 된다. 흔히들 이동식주택(Mobile Home)은 예외라고 하지만 미국의 모빌 홈들을 보면 전기나 상하수도 연결문제로 인해 결국 집단화하게 되어 단지가 형성되기 때문에 굳이 예외로 볼 필요는 없을 것이다.

주택시장은 하부시장(하위주택시장)이 발달되어 있다. 예를 들어, 신규유무에 따라 신규(분양)주택시장과 중고(재고)주택시장으로 나눌 수 있다. 또한 주택형태(기능)별로 단독주택시장, 아파트시장 등으로 구분할 수 있으며 소유구분에 따라 소유주택시장과 임대주택시장으로도 구분되기도 하고 지역에 따라서 서울시 주택시장, 전농동 주택시장, 대치동 주택시장 등으로 구분할 수도 있다. 특히 지역의 규모가 작아질수록 해당 주택시장의 성격을 규정하기가 용이해진다. 물론 이와 같은 구분요소들은 다시 결합시켜 전농동 아파트시장이나 대치동 아파트임대시장, 서울시 신규(분양)아파트시장 등으로 재분류도 가능하다.

주택은 국토의 효율적 이용 등 공익을 위해 재산권 행사가 일반재화에 비해 매우 자유롭지 못하다. 주택은 도시계획, 토지이용규제, 재생사업 등으로 인하여 권리행사가 제한되는 경우가 적지 않다. 또한 주택시장은 독특한 특성들을 가지고 있어 완전한 (가격 등) 정보를 얻기 어렵고 설사 완전한 정보의 구득이 가능하다고 하더라도 시간과 비용이 너무 많이 드는 경향이 있다. 이러한 점들을 감안해 볼 때 주택시장의 특성을 잘 이해하기 위해 완전경쟁시장의 조건들과 비교한다면 좋을 것이다(〈표 8-1〉 참조).

	주택시장	완전경쟁시장
표8-1 주택시장과 완전경쟁시장의 비교		
가격	•가구소득에 비하여 고가 •동일시장, 비동일가격	•동일시장, 동일가격 형성
대체상품	•완전대체 불가능	•대체 가능
거래자	•지역에 한정되므로 특정의 판매자와 구매자가 존재	•다수의 판매자, 구매자
상품의 질	•이질적 상품	•동종, 동질의 상품
상품의 이동	•이동이 불가능, 사람이 이동해야 함	•이동이 가능, 자유로움 (생산요소의 완전한 이동)
교환과정	•각종 법률 및 규정의 영향을 많이 받음 •중개인의 역할이 필요함	•대체로 법률, 규정 등의 영향이 많지 않음
정보의 구득	•제한적이며 비용과 시간이 많이 소요	•완전정보입수 가능
시장의 범위	•지역시장, 특정공간상에 존재	•전국시장, 지역시장, 국제시장이 존재
시장의 종류	•크게 구분하여 자가주택시장과 임대주택시장 •신규주택시장과 중고주택시장 등	•상품의 종류, 품질 등에 따라 매우 다양하게 존재 •중고제품시장은 제한적임

출처: 하성규(2004), p. 88, 〈표 5-1〉.

(2) 주택문제

흔히들 인간의 3대 기본욕구(basic needs)를 의(衣)·식(食)·주(住)라 한다. 서양(영미권)에서는 이를 Food, Shelter, and Clothing[(식(食)·주(住)·의(衣)]라 하여 그 순서가 조금 다르긴 하다. 이는 그 중요도를 인식하는 데 있어 문화의 차이가 다소 반영된 결과로 보인다. 여하간 사람들은 먹고, 입고, 안식할 곳이 있어야 한다. 나라마다 다르기는 하지만, 우리나라를 포함하여 소득수준과 경제규모가 일정수준 이상인 국가들은 상기 3가지의 기본욕구 중 먹는 것의 문제와 입는 것의 문제는 대부분 해결되었다고 볼 수 있겠으나, 사람들의 안식처인 주거문제는 더욱 복잡하여 중요한 사회문제가 되고 있다. 주택이 단순히 피난처와 안식처로서의 의미를 초월하여 사회적 지위, 재산가치, 소득계층 간의 구분의 지표로 인식됨으로써 주택문제는 더욱 복잡한 양상을 띤다. 특히 주택문제는 해당 국가의 경제발전의 수준, 사회문화적 특성에 따라 달리 나타나고 있다. 하지만 대부분의 국가가 공통적으로 경험하였거나 보유하고 있는 주택문제는 다음과 같다.[2]

1) 주택의 불균형적 배분

선진국의 경우 전체 가구 수에 비해 주택재고(housing stock)의 수가 많음에도 불구하고 주거수준은 지역 간·소득계층 간 불균형을 보이고 있다. 후진국의 경우는 가구 수에 비해 주택의 절대수가 부족하여 지역에 따라서 심각한 주택부족난이 발생하고, 저소득층의 주거지역은 불량화·노후화되어 있는 실정이다.

2) 불량주택의 상존

정부가 주택보조금제도와 공공임대주택정책을 실시하는 국가에서도 도시불량주택은 상존하고 있다. 도시불량주택은 국가마다 규모, 위치 및 물리적 수준이 다양하게 나타나고 있지만, 정부가 규정한 정상주택의 수준에도 못 미치는 수준미달의 불량무허가주택의 수가 전체 주택 수에서 차지하는 비중이 매우 높게 나타나고 있다. 특히 유럽선진국의 도시에는 유지·관리의 소홀로 인한 노후화된 주택, 그리고 정부의 계속적인 주택보수의 투자가 미흡하여 발생하는 불량화된 공공임대주택이 많이 나타나고 있다.

3) 주택가격의 상승과 주택구입능력(affordability)

많은 국가가 경험하고 있는 것으로서 다른 물가상승에 비하여 더 높은 주택가격의 상승, 주택가격의 인플레이션으로 인한 임차가구의 주택구입의 어려움 등이 있다. 주택가격의 상승이 크지 않다고 해도 가구의 소득에 비해 주택가격이 큰 비중을 차지함으로써 주택구입이 어려운 가구가 많다. 주택가격의 상승과 함께 임대료의 상승도 임차가구에게는 큰 부담이 되고 있어 저소득가구의 주택구입문제와 함께 임대료 지불능력의 부족문제가 제기된다.

---

2 KRIHS(2003), 「도시정책」, 제2부 주택정책, 국토연구원, pp. 392-394.

4) 주거지분리와 차별

도시생태학자와 지리학자들에 의해 논의된 소득계층별 주거지 분리와 분화 현상이 주택공급과 수요 면에서 나타나고 있다. 민간부문은 이윤을 극대화할 수 있는 중·고소득계층을 주대상으로, 그리고 공공부문은 저소득층을 주대상으로 주택을 공급하고 있다. 이에 따라 발생하는 주거지의 소득계층별 분리현상은 도시계획 및 도시관리적 측면에서 큰 문제로 나타나고 있다. 한편 주거지 분리와 함께 특정 계층(예: 유색인종)의 사회적 차별문제가 미국 등 서구국가들의 공간상에 나타나고 있다. 주택공급에 있어 제도적 요인의 영향이 아니더라도 도시공간상의 주거지분화와 차별현상은 새로운 주택정책적 과제가 되고 있다.

5) 주택금융과 주택보조금 수혜대상

주택금융은 해당 국가의 경제성장 및 금융, 재정정책에 따라 그 제도적 특징을 찾아볼 수 있다. 주택부문에 국가가 얼마나 많이 투자를 해야 하고, 적정투자 규모가 무엇인지, 그리고 주택융자금, 금리, 저당대출(mortgage)의 범위는 어떻게 설정해야 할 것인지 등 주택금융과 관련된 부문은 매우 복잡한 양상을 띠고 있다. 이와 더불어 주택금융의 수혜대상계층을 누구로 할 것인가, 그리고 주택금융이 주택정책 목표달성에 얼마나 기여하는가 하는 점도 주택금융의 핵심과제가 되고 있다. 최근 과연 주택금융제도가 시급히 주거안정을 요하는 저소득계층에게 혜택을 주고 있느냐에 대한 논란이 많다. 특히 주택금융을 통한 수혜대상의 선정, 민간건설업의 육성, 저당대출 및 주택자금의 융자금리결정 등이 주요한 문제로 인식되고 있다.

6) 지역주택시장과 불공정거래

주택시장은 수많은 지역시장으로 구성되어 있다. 주택은 그것이 지니는 본래의 특성인 위치의 고정성, 완제품으로서의 지역 간·국가 간 수출입의 불가능으로 인해 필요한 지역·위치에 입지하여야만 가치가 부여된다. 따라서, 주택은 지역시장이 매우 중요하게 인식되고 있다. 한편 수많은 지역시장의 존재로 인하여 지역 간의 주택가격차, 주택거래 불안정, 주택관련정보의 소수인에 의한 독점과 불공정

거래행위 등이 발생한다. 이러한 문제들과 관련된 주택의 투기와 독점현상으로 인한 지역별 주택정책 집행상의 어려움을 경험하는 국가가 많다.

7) 특수집단의 문제

노년층, 지체부자유자, 부모를 잃은 가정 등 어려움이 많은 특수 그룹에 대한 주택문제가 대두되고 있다. 특히, 선진국의 경우 65세 이상의 무주택노령가구와 신체적으로 어려움이 많은 지체부자유자 가정의 경우, 주택의 디자인, 위치, 그리고 정부보조 등의 배려가 강조되고 있다. 사회복지적 차원에서 이러한 문제를 지닌 가구에 대한 정책적 뒷받침이 단지계획, 주택금융 및 주택 디자인의 계획단계에서부터 고려되어야 할 것이다.

8) 도시빈민과 사회주택

빈민들의 주거안정문제는 선·후진국을 막론하고 매우 중요한 사회정책의 대상이 되고 있다. 선진국의 경우 도시빈민들을 위한 사회복지적인 공공부조나 생활보조금이 지급되고 있으며, 보다 적극적인 지원책으로 사회주택을 공급하고 있다. 국가마다 차이는 있으나, 유럽선진국은 많은 공공임대주택을 공급해 왔다. 그러나 최근 사회주택의 수혜대상선정, 공공주택의 유지, 보수정비 등의 어려움 때문에 공공임대주택 공급확대 혹은 감소에 대한 논의가 계속되고 있다.

9) 불량촌재개발

도시빈민들의 집단거주지인 도시불량촌을 어떻게 재개발할 것인가는 불량촌에 살고 있는 주민의 주거안정문제와 아울러 도시환경정비 및 개선의 문제와 깊은 관련을 지니고 있다. 도시영세민의 주거안정을 위한 재개발정책을 통해 집단이주(relocation), 현지개량 및 지구수복(upgrading and rehabilitation), 공공임대주택의 공급 등 다양한 수법이 동원되고 있다. 하지만 오늘날 개발도상국의 도시에서 흔히 볼 수 있는 불량촌의 철거재개발과 집단이주 등의 정책이 빈민들의 삶의 터전을 파괴하며, 원주민에게 더욱더 주거불안을 안겨 준다는 비판을 받고 있다.

(3) 주택시장에 대한 정부개입 이유

나라마다 개입의 정도는 달라도 대부분의 국가는 주택시장에 개입을 하고 있다. 정부는 왜 주택시장에 개입을 하게 되는 것인가? 그 이유는 주택은 장기간 효용을 창출하는 내구소비재이며 주택가격은 소득에 비해 상대적으로 고가(高價)여서 상당한 목돈이 필요하고 주택공급은 비탄력적이라 급격히 주택수요가 증가할 때 주택의 추가공급이 이루어지기보다는 주택가격의 상승이 초래되고 결과적으로 저소득층에 과밀과 고임료를 강요하게 된다. 이러한 주택시장의 불완전성으로 말미암아 국민의 배분적 주거복지에 상당한 저하를 초래하기 때문이다. 또한 정부가 나서서 주택부족문제 등을 해결하고 시장의 실패를 교정하고자 정부의 개입이 행해진다. 주택 및 주거서비스는 일반적인 재화 및 서비스와 구분되는 특성을 가지고 있다. 주택은 인간이 생존하는 데 필요한 기본욕구인 '의식주'의 한 부분이며, 이 이유 때문에 사회후생에 큰 영향을 미치는 재화이다. 따라서 대부분의 국가에서는 주택 및 주거서비스 시장에 정부가 개입하게 되는 것이다.

그 이유를 좀 더 세부적으로 든다면 다음과 같다.

① 주택보급률의 향상과 가격 안정화 등 주택부족문제 해결
② 시장의 불완전성, 규모의 경제, 외부효과, 공공재의 존재, 소득분배의 불공평, 불확실성 등으로 인한 시장의 실패(시장의 효율성 상실) 방지
③ 이질성, 내구성, 高價, 높은 거래비용 등으로 인해 타상품과 같은 시장 mechanism에 의존한 주택공급의 어려움 보완
④ 부동성, 긴 생산기간, 도시지역의 저조한 택지공급 등에 의한 주택공급의 비탄력성 보완
⑤ 주거수준개선, 불량주택개선 등에 의해 연쇄적 주택불량화로 예상되는 사회적 비용 저감 의도
⑥ 소형주택건설의무비율 적용 및 공공·민영 임대주택 건설공급을 통해 빈민계층에게 복지적 차원에서 주거권 보장 의도

3. 주택정책

(1) 주택정책과 주택행정의 개념

영어로 house, home, housing이란 단어가 있다. house가 구조물(집, 주택)을 의미한다면 home은 가족의 결속과 거주의 평안함 등을 함의하고 있는 가정이란 뜻이다. 그리고 housing은 house를 home으로 전환시키는 과정이며 그래서 우리가 주택정책을 house policy가 아니라 housing policy라고 쓰게 되는 것이다. 주택정책을 한 마디로 정의하기는 힘들지만 그래도 간단히 설명해보자면 전술한 바와 같이 house를 home으로 전환시키는 과정과 정부가 주택시장에 개입하는 방법론이 주택정책이며 이와 같은 주택정책을 통한 절차와 가이드북이 주택행정이라고 할 수 있다.

이와 같은 기초하에 지금부터는 주택정책의 유형, 수단, 기능, 역할, 향후 방향과 과제 등에 대해 알아보자.

(2) 주택정책의 유형과 수단

1) 주택정책의 유형

주택정책의 유형은 자유경제유형, 계획경제유형 및 혼합경제유형 등 크게 3가지로 구분될 수 있다.

① 자유경제유형: 미국이 대표적인 나라로 모든 건설이 민간에 의해 이루어지지만 정부가 주택시장에 세제, 금융 등 각종 제도를 통해 간접적으로 지원하는 형식을 취한다. 미국은 저소득층용 임대주택 재고가 전체 주택의 약 1% 정도로 매우 낮으며 현재는 공급이 완전히 중단되어 100% 민간주도형이다.

② 계획경제유형: 사회주의 국가들에 해당되며 주택정책을 정부주도형으로 수행한다. 주택은 상품이 아닌 배급품으로 간주되지만 정부재원부족과 소유개념 미비로 인한 관리소홀이 심각하여 결과적으로 주택문제 해결에 실패한다고 볼 수 있다. 싱가폴이 완벽한 계획경제유형의 국가로 단언할 수는 없지만 그래도 신축하는 주택의 90% 이상을 공공에 의해 공급하고 있으니 본 유형에 가깝다.

③ 혼합경제유형: 상기 2가지 유형을 적절히 혼용하고 있는 경우이다. 대부분의 유럽 선진국들과 우리나라도 이 유형에 해당된다.

2) 주택정책의 수단

흔히들 3대 주택정책 수단을 얘기한다.

① 규제(regulation): 공급가격과 대상, 지역별/평형별 배분, 위치, 규모, 개발밀도 등
② 정부에 의한 직접 공급(provision): 영구임대주택 등의 건설
③ 지원 및 보조금 등(subsidies etc.): 보조금 지급, 주택금융활성화(건설자금 대출), 세금감면·면세 등

(3) 주택정책의 기능

자본주의 국가들에서 주택문제는 적정수준의 주택공급이 이루어지지 못할 뿐 아니라 공급된 주택도 계층 간 및 지역 간에 형평성이 있게 분배되지 못하고 있다는 데 기인한다. 이러한 문제를 해결하기 위해 정부의 시장개입은 일반적으로 크게 2가지 목적을 달성하기 위한 것으로 볼 수 있다. 하나는 저소득층이 구입가능하고 인간이 기본적으로 필요로 하는 주거서비스를 갖춘 주택을 공급확대하는 것이며, 다른 하나는 공급되는 주택이 형평성과 사회정의의 차원에서 공평한 분배를 실현하도록 하는 데 있다. 이러한 목적의 정부개입은 2가지 측면, 즉 주택수요적 측면과 주택공급적 측면으로 구분하여 설명된다.[3]

주택수요측면의 정부지원과 보조방안으로서 주택을 필요로 하는 가구의 주택수요를 충족시키는 것이다. 수요측면의 지원방식은 가구의 주택구매력을 증대시키는 것이 목적이 된다. 그러나 주택수요측면의 공공지원책은 몇 가지 문제점을 내포하고 있다. 먼저 주택공급이 비탄력적인 상황하에서는 주택가격 및 임대료의 상승을 초래할 수 있다. 주택공급이 증대되지 않은 상황하에서의 주택수요의 지원은 기존 주택소유자, 토지소유자, 주택건설업자에게만 경제적 혜택을 줄

---

3 KRIHS(2003), 상게서, 국토연구원, p.410.

수도 있다.

공급측면의 정부의 지원과 보조방안으로는 신규주택을 건설·공급하는 주택업자 및 주택산업체를 지원하는 방식이다. 공공의 지원으로 인해 주택공급가격을 저렴하게 하고, 주택건설에 따른 제도적인 지원으로 인해 주택공급물량을 증대시키고자 하는 방안이다. 이러한 주택공급의 확대로 인하여 수요자에게는 선택의 폭을 넓히고 주택가격의 안정, 가수요 및 투기의 예방에 효과를 거둘 수 있다. 이는 수요측면의 공공지원이 지니는 문제점을 해결할 수 있다는 장점이 있지만 이또한 문제점을 내포하고 있다. 왜냐하면 주택공급이 정부의 지원과 보조를 받는다해도 주택공급이 지닌 비탄력성이라는 특성 때문에 단기적으로는 주택수요를 충족시키지 못하는 경우가 발생할 수 있다. 물론 장기적으로 보면 공급측면의 정부지원과 보조가 주택가격을 안정시키는 효과를 거둘 수 있지만, 주택공급이 크게 증대되지 않을 경우 기존 주택소유자나 주택건설업자에게만 이윤이 돌아가게 될 수도 있다.

(4) 주택정책에 있어 공공과 민간의 역할[4]

자유주의 경제하에서 원칙적으로 모든 경제주체가 자유롭게 생산활동을 하며, 자유롭게 시장에서 사고 싶은 것을 사서 소비한다. 이러한 경제는 전체적으로 계획에 의해 작동되는 것이 아니기 때문에 무질서와 불안의 요소가 있으나 결과적으로는 가격의 자유로운 움직임에 의하여 장기적으로 자원의 합리적 배분이 이루어진다는 데 그 특징이 있다.

이처럼 주택도 시장경제하에서는 경제주체가 자유롭게 생산활동을 할 수 있도록 보장되어야 하며, 주택가격의 자유로운 움직임도 당연한 결과이다. 하지만 시장경제하에서의 거의 모든 국가는 주택시장에 개입하고 있으며, 때로는 강력한 제재와 조정이 따르기도 한다. 이는 시장의 결함으로 지적되는 지나친 독점력의 형성으로 효과적인 경쟁을 방해하고 부와 소득의 분배가 불공평하며, 공공재의 공급은 민간기업에게 기대할 수 없다는 데 기인한다.

---

4 KRIHS(2003), 상게서, 국토연구원, pp. 411-412.

자본주의 국가들 중에 주택정책적 측면에서 2가지 형태의 접근, 즉 공공부문 지향적 접근과 민간부문 지향적 접근으로 나눌 수 있다. 공공부문 지향적 접근의 장점으로서는 공공기관이 주택소요계층에게 직접적으로 임대주택을 공급함으로써 사회복지 및 서민주거안정을 도모하여 사회계층 간의 갈등을 최소화할 수 있다는 점이다. 한편 민간부문 지향적 접근은 자본주의 시장원리를 존중하며, 민간주택산업을 육성하게 된다. 이러한 접근은 소득의 불균형적 배분으로 인한 계층 간 갈등을 심화시킬 우려가 있으며, 대도시의 경우 불량주거지의 형성 등 주택을 통한 사회적 형평성을 유지하는 데 한계가 있다.

표8-2 주택공급에 있어 공공부문과 민간부문 역할의 비교

구분	공공부문	민간부문
공급 목표	소득재분배·사회복지·주택자원의 배분적 형평성	경제적 효율성·이윤추구·소비자 선호
공급과정	주택소요에 우선	주택수요·경쟁원리 존중
주요 공급대상	저소득층·무주택자·도시영세민	모든 소득계층(중·고소득층에 치중)
주택점유 형태	임대우선·부분적 분양	분양과 임대
공급자와 소비자 (수혜자)와의 관계	협동관계(공급자와 수혜자) 경쟁관계(기관 간·수혜대상자 간)	경쟁관계(기업 간·공급자와 소비자 간)
국가로부터의 지원	직접적 지원과 보조(금융·조세 등)	직·간접적 지원(금융·조세 등)

표8-3 공공부문 지향적 접근과 민간부문 지향적 접근의 비교

구분	공공부문 지향적 접근	민간부문 지향적 접근
장점	•주택소요계층에게 직접적 주택제공 •불량주거지 형성의 예방 •사회계층 간 혼합 •공공서비스 제공에 있어 경제성 확보	•민간주택산업의 육성 •주택관련 행정비대화 관료화 예방 •민간임대주택산업의 육성 •경쟁원리의 존중

단점	• 민간주택산업의 위축 • 주택관련 행정의 비대화, 관료주의화 • 공공주택 수혜대상의 선정의 공평성, 기준설정의 어려움 • 노동시장의 영향 • 민간임대주택의 위축	• 주택소요계층에 대한 공공의 역할 미흡 • 불량주거지 형성의 우려 • 사회계층간 주거지 분리 심화 • 소득계층간 주거수준 격차 심화
대표적인 나라	• 스웨덴 등의 북유럽 국가	• 미국, 캐나다 등
사상·제도적 배경	• 사회복지 • 사회민주주의	• 자유방임주의, 신자유주의 • 시장경제원리

(5) 향후 주택정책의 방향과 과제

1인당 소득수준과 경제규모가 점차 증대되어가는 자본주의 시장경제를 근본으로 하는 우리나라와 같은 국가에서는 주택시장 진입가능계층과 주택시장 소외계층이 있기 마련이며 이와 같이 주택정책도 대상을 이원화해서 적용해야 할 것이다. 전자를 위해서는 소득상승과 주거소비상승을 유도하는 방향으로 나가야 함이 타당하며 후자를 위해서는 정부가 보다 적극적인 주거복지정책을 수립해서 지원해 나가는 것이 요구된다.

향후 정부가 노력해 나가야 할 주택정책의 방향과 과제가 적지 않지만 여기서는 간단히 몇 가지만 소개해 보고자 한다. 첫째, 주거수준의 향상 노력이 필요하며 높아진 소득수준에 맞는 1인당 거주면적 확대나 주거의 질 개선이 필요하다. 둘째, 선분양제도 개선이나 가격 자율화 등 주택시장에 자율성 부여가 요구된다. 셋째, 모기지 및 유동화 제도 등 주택금융제도를 보다 선진화할 필요가 있다. 넷째, 선진적 주택 관련 세제로 개선해 나가야 한다. 다섯째, 사회(적) 주택, 공동체주택 등 보다 다양한 주거유형에 대한 다양한 사회적 요구에 발맞춰서 관련 지원이 필요하다. 여섯째, 영구임대주택 공급과 같은 극저소득층을 위한 보다 현실적인 주거안정대책의 마련이 절실하다. 일곱째, 불량주거지역의 거주자들인 정책 비수혜집단을 위한 주거복지정책이나 차상위계층에게 시장진입이 가능하게 하도록 하는 임대주택정책 등 다양한 주택정책의 수립도 필요하다. 마지막으로 저출산, 초고령사회, 4차산업혁명 관련 기술 등 시대 변화에 부응하는 주택정책 수립이 요구된다.

제2절 ⟨ 토지정책

1. 토지의 개념과 특수성

(1) 토지의 개념

토지는 물리적으로 지표의 딱딱한 부분으로 인간의 생활과 활동에 이용되는 땅을 의미한다. 토지는 농지, 대지, 공장용지 등 생산용 토지로 이용되기도 하고, 때로는 재산증식의 수단이 되기도 한다. 이런 관점에서 토지를 생산요소로서의 토지, 소비재로서의 토지, 재산으로서 토지로 구분하는 학자도 있다(이정전, 2009: 408-412). 생산요소용 토지로는 농산물을 생산하는 농지, 제품을 생산하는 공장부지, 주택을 짓기 위한 대지, 자동차가 통행하는 도로 등을 들 수 있다. 소비재용 토지는 공원과 같이 생산에 이용되지는 않지만 자연 그대로의 상태에서 사람들에게 혜택을 주는 토지를 의미한다. 마지막으로 토지는 재산증식을 위한 수단으로 쓰일 수 있는데, 이 경우 토지가 투기의 대상으로 전락할 가능성이 크다.

(2) 토지의 특수성

토지라는 재화는 토지이용의 다양성, 공급의 제한성, 영속성, 비이동성과 이질성, 공공성이라는 특수성을 가지고 있다. 먼저, 토지는 그 이용이 매우 다양하다는 점이다. 토지이용의 다양성은 토지소유자의 자유로운 의사결정이 가장 효율적인 토지이용을 가져온다. 이는 토지소유자가 소유한 토지에 대해 가장 잘 알기 때문이다. 그러나 다른 한편으로는 토지이용 양태가 다양하다는 특성으로 인해 부정적인 외부효과를 줄이기 위한 토지이용규제를 어렵게 하기도 한다. 그 결과 토지이용의 다양성은 토지이용을 소유자에게 맡겨야 한다는 주장과 더불어 부정적 외부효과를 차단하기 위한 정부 개입의 필요성을 동시에 보여주고 있다. 이러한 토지의 양면적인 속성은 토지관리를 어렵게 한다.

둘째, 토지공급이 제한적이라는 점이다. 토지는 다른 재화와는 달리 공급이 제한되어 있으며, 토지의 공급 확대에도 많은 시간이 든다. 이로 인해 토지수요가 증가하면 곧 가격상승으로 이어지는 경향이 있다. 이러한 속성은 상황에 따라 지가 급등 현상을 초래하기도 한다. 이는 토지수요가 증가하면 적시에 적정한 규모로 적소에 공급할 수 있도록 유연한 토지관리체계를 갖추어야 할 필요가 있다는 정책적 시사점을 준다.

셋째, 토지는 물리적으로 영속성을 갖는다. 토지의 영속성 때문에 발생하는 문제는 정확한 가치 추정을 어렵게 한다는 점이다. 또한 미래는 온갖 불확실성으로 싸여 있기 때문에 최선의 용도를 알기가 매우 어려울 수밖에 없다. 개발과 보전을 둘러싸고 현 세대의 이익을 추구하는 토지이용과 미래세대의 이익을 고려하는 토지이용이 갈등을 빚는 경우가 이에 해당한다.

넷째, 토지는 이동시킬 수 없는 재화이기 때문에 외부효과 문제를 발생시킨다. 마을 옆에 있는 공장이 있을 경우가 그 예이다. 또한 토지의 비이동성으로 토지시장이 국지화되는데, 이는 지점별로 토지 특성에 맞는 활동들이 모여 토지이용 행위가 이루어지기 때문이다. 이러한 요인들은 토지시장을 불완전 경쟁시장으로 만든다. 또한 토지는 다른 지점의 토지와 설혹 같은 용도의 토지라 하더라도 최소한 위치상으로는 다르다는 특성을 가지는데, 이를 가리켜 토지의 이질성이라고 한다. 이처럼 토지는 지점에 따라 특성화된 이질적 재화이기 때문에 정보가 많고 복잡하여 시장논리의 핵심인 수요-공급의 논리를 적용하기가 곤란하다.

마지막으로 토지의 공공성을 들 수 있다. 근대경제학의 창시자인 마셜(Marshall)이 지적한 것처럼, 토지가치는 토지의 생산력, 공공서비스, 주변의 토지용도로 결정된다. 오늘날 농지를 제외한 대부분의 토지가치는 공공서비스의 영향을 많이 받는다. 도로, 수도, 전기, 지하철, 버스, 학교, 공원 등 공공서비스나 공공시설의 공급 여부에 따라 토지가치가 거의 결정된다는 것은 상식에 가깝다. 결국 높은 토지가치는 국민의 세금으로 유지된다고 할 수 있다. 이러한 특성으로 인해 토지가격 상승으로 발생하는 이익은 개인의 투자나 노력으로 인한 것이 아니기 때문에 사회에 환수해야 한다는 주장의 근거가 되기도 한다.

2. 자본주의 체제하에서 토지재산권, 시장, 토지문제

자본주의 사회에서 토지는 헌법으로 보호받고 있는 사유재산권이다. 토지재산권은 민법상 토지소유권을 포괄하는 개념이며 재산적 가치를 갖는 토지에 대한 모든 권리가 보호된다. 우리나라 헌법은 토지재산권에 관한 규정을 두고 있다. 우리 헌법은 사유재산제를 제도적으로 보장(헌법 제23조 제1항)하고 있는 동시에 재산권을 공공복리에 적합하게 행사하도록 하는 의무(헌법 제23조 제2항)와 공익상 필요시 토지소유권을 제한할 수 있도록 규정(헌법 제121조, 제122조)을 두고 있다. 민법에서는 토지재산권을 보호하는 입장에서 규정하고 있으며, 사적 이익을 전제로 하는 토지소유권은 소유물인 토지를 배타적이고 포괄적인 지배권으로 사용·수익·처분할 수 있는 권리로 인정하고 있다. 반면 공법에서는 공익을 보호하는 관점에서 사익을 제한하는 규정을 두고 있다.

한편 시장경제 체제하에서는 수요와 공급에 의해 결정된 시장가격에 기초하여 토지교환이 일어난다. 시장이란 '재화가 교환될 수 있는 가격을 결정하기 위해 구매자와 판매자를 맺어주는 제도'로 정의할 수 있으며, 시장에서 교환이 이루어지는 토지소유권 등 토지재산권 시장을 토지시장으로 설명할 수 있다(노태욱 역, 2000: 21-38).

토지문제는 토지라는 재화의 특수성과 국가나 사회에 특수한 사회적 맥락이나 제도적 환경과 밀접한 관련이 있다. 보편적인 토지문제로 지가 앙등과 토지투기의 문제, 난개발과 환경파괴의 문제, 토지 소유의 극심한 편중과 분배 불평등의 심화를 거론한다(이정전, 2009: 3-30). 토지문제를 자본주의 시장경제체제와 결부시켜 설명하는 경우도 있다. 토지소유권과 토지이용권 등 토지재산권 또한 자유시장경제 체제하에서 자유로운 교환이 가능하고, 교환과정을 통하여 이윤의 극대화를 추구하게 되며, 이러한 과정에서 토지문제가 필연적으로 발생할 수밖에 없다고 본다. 결국 자본주의 시장경제하에서는 토지 재산권의 자유로운 행사 및 거래에 따라 지가 급등과 토지 투기, 난개발과 환경 파괴, 토지 소유의 편중과 분배 불평등과 같은 토지문제를 겪을 수밖에 없다는 것이다.

3. 토지시장과 토지문제에 대한 정부개입

재화의 배분과 이용은 시장기구를 통해 이루어질 때 가장 효율적이라고 할 수 있다. 그러나 토지의 경우 토지자원이 갖는 양면적이고 복합적인 특성과 토지시장의 구조적인 결함은 시장기구를 통한 토지자원의 최적 배분을 어렵게 한다. 즉, 시장실패가 존재하는 것이다. 시장실패는 토지시장에 대한 정부개입의 당위성으로 이어진다. 그러나 시장기구를 통한 토지자원의 최적 배분이 어렵다고 하여 시장경제 체제에서 시장 메커니즘을 무시할 수는 없는 노릇이다. 시장기구의 구조적 취약점을 보완하여 시장기능의 활성화를 돕는 정책 방향이 바람직한 이유이다.

근대사회가 형성되면서 개인의 토지재산권 보장이 국가에 의해 이루어졌다. 그러나 20세기 들어 서구에서는 토지의 사유화로 인한 사회문제가 커지면서 토지소유권에 대한 제약이 필요하다는 인식이 확산되었다. 토지소유권을 보호하고 토지를 효율적으로 이용할 수 있게 개인의 토지재산권을 두텁게 보호하는 한편, 토지의 공공성 확보를 위해 토지소유자의 권리를 부분적으로 제한하는 것이 필요하다는 인식이 보편화된 것이다. 우리나라에서는 이러한 사회적 합의 내지는 가치 체계를 토지공개념으로 표현하는 경향이 있는데, 토지공개념은 우리 헌법의 이념에도 부합되며 법적 근거도 있다. 역사적으로 볼 때, 토지재산권은 천부적 자유권이 아닌 법률에 의해 규정될 수 있는 사회적 구속성이 내재된 권리라는 견해라 할 수 있다. 이렇게 볼 때, 토지공개념[5]이란 특별한 제도나 개념이라기보다는 나라마다 차이는 있을지언정 이미 토지제도와 정책을 통해 공개념적 요소를 반영하고 있는 것을 의미한다(허재영, 1993: 317).

토지문제가 사회적 이슈로 대두될 때마다 토지공개념이라는 용어는 정책당국이나 전문가들에 의해 빈번하게 사용되고 있지만, 그 의미는 다양하고 때로는 모호하게 해석되기도 한다. 그럼에도 불구하고 토지공개념은 "토지의 소유권은 인정하되, 그 이용은 공공복리에 적합하게 이루어져야 한다"라는 의미로 이해할 필요가 있다.

---

5 우리 사회에서 토지공개념이란 용어를 처음으로 사용한 것은 1970년대 후반 신동식 당시 건설부 장관이라는 주장이 있다(허재영, 1993: 317).

4. 토지정책과 토지행정

토지정책이란 일의적으로 정의하기는 어렵지만, 간단히 말하자면 토지문제에 대한 정부의 공적 개입이라 할 수 있다. 이는 토지 특성과 토지문제를 규명하고, 정부개입의 범위와 한계를 정하는 것을 의미한다. 그러나 구체적인 토지정책은 토지의 범위와 용도, 토지의 가치, 정부개입의 범위와 한계에 따라 달라지므로 광의, 협의, 최협의로 구분할 수 있다.

광의의 토지정책은 토지의 소유, 이용, 개발, 관리영역에서 효율성 및 형평성의 제고와 국민 행복 증진을 목표로 하는 정부의 활동을 의미한다. 이때 토지관리에는 거래, 가격, 정보관리 등이 포함된다. 협의의 토지정책은 국토·도시·주택정책에서 분류되지 않은 정책영역으로 볼 수 있다. 즉 토지정책은 국토정책, 도시정책, 주택정책 등과 관련되기 때문에 이와 공통된 부분을 제외한 나머지인 셈이다. 이렇게 보면 토지의 등기·지적, 토지 관련 정보의 구축과 관리, 토지투기 억제와 토지공급 확대, 지역·지구제에 의한 토지이용규제를 협의의 토지정책으로 볼 수 있다. 최협의 토지정책으로는 토지정책을 추진하는 부서의 전담 업무가 여기에 해당한다고 볼 수 있으며, 개발이익 환수, 토지비축, 부동산 산업 등이 그 예이다.

한편 토지행정은 토지정책의 목표를 달성하기 위한 정책수단의 운용이라 할 수 있다(류해웅 외, 1995: 23). 다시 말해 토지행정은 토지정책의 목표를 실현하기 위해 행정주체가 권한을 가지고 업무를 기획하고 집행·관리하는 활동이다. 토지행정은 기능적인 관점에서 다음과 같이 분류된다.

① 계획행정: 국토 공간의 개발과 정비계획, 토지이용계획 등
② 규제행정: 토지소유 제한, 토지이용 규제, 토지거래 규제, 개발이익 환수 등
③ 집행·관리행정: 토지개발과 공급, 공적 토지취득과 보상, 국공유지 관리, 토지정보 관리, 토지 관련 조세의 부과·징수

토지행정은 보통 중앙정부(국토교통부)와 지방자치단체가 주도하고 행정부에 설치된 위원회와 공공기관이 보조기능을 수행한다. 토지행정은 수행 방법에 따라 ① 중앙정부가 계획하고 직접 시행하는 경우, ② 계획은 중앙정부가 수립하고 지방자치단체가 시행하는 경우, ③ 지방자치단체가 계획하고 집행하는 경우로 구분할 수 있다. 일반적으로 ①의 사무는 국가사무라 하고 ③의 사무는 자치사무라 한다. 이에 반해 ②의 사무는 국가사무와 자치사무의 집합이기도 하나 때로는 지방자치단체에 위임하여 집행되기도 하는데, 이를 위임사무라 한다. 지방자치단체가 행하는 토지행정은 국가행정에 비해 자치행정, 생활행정의 성격이 강하다.

5. 도시와 토지이용

(1) 토지이용규제

토지이용규제는 국가의 공권력에 의해 개인의 토지이용과 개발행위를 통제하는 각종 조치를 말한다. 이러한 토지규제는 토지소유자에 의해 공공성이 침해되거나 비효율적으로 토지가 이용되는 것을 방지하기 위한 것이다. 토지이용규제를 통해 토지용도 간의 경합을 균형 있게 배분하는 것과 토지이용상의 혼재를 방지함으로써 한정된 토지를 효율적으로 활용하고 토지의 공공성을 제고하는 것이 목적이다. 토지이용규제의 수단으로는 일반적으로 토지이용계획, 개발행위허가, 토지구획규제, 건축규제, 용도지역·지구제, 각종 인·허가 등을 들 수 있다. 이 가운데 가장 대표적인 토지이용규제 수단은 용도지역·지구제이다. 우리나라는 미국이나 일본처럼 용도지역·지구제를 토지이용규제의 근간으로 삼고 있다.

용도별 토지이용을 규제하는 방법을 가리켜 용도지역·지구제라 한다. 용도지역·지구제는 지역 특성에 맞는 용도를 지정하여 다른 용도를 배제함으로써 해당 지역의 재산 가치를 보호하려는 주된 목적과 부적절한 토지 용도를 공간적으로 분리함으로써 공해나 재해, 교통혼잡, 건물과밀을 방지하려는 부차적 목적을 위해 고안된 제도이다.

오늘날의 용도지역·지구제는 부정적 외부효과 차단을 통한 토지이용의 효율성 제고, 집적이익의 증대, 위생 및 안전상 필요한 최저기준의 설정, 공공서비스를 위한 토지의 원활한 공급, 재산권 보호 및 편익 분배의 조정 등을 달성하기 위한 정책수단으로 이용된다.

표8-4	용도구역의 종류와 지정목적

구분	지정목적
시가화조정구역	도시의 무질서한 시가화 방지 도시의 계획적, 단계적 개발을 도모하기 위해 일정기간 시가화 유보
개발제한구역	도시의 무질서한 확산 방지 도시주변의 자연환경을 보전하여 도시민의 건전한 생활환경 확보
수산자원보호구역	수산자원의 보호, 육성
도시자연공원구역	도시의 자연환경 및 경관 보호 도시민에게 건전한 여가·휴식공간 제공

용도지역·지구제는 구획된 공간 내에서 허용되는 토지이용행위를 유형별로 정의하고, 건축물이나 시설물의 제한을 설정하여 규제목적을 달성하도록 설계되어 있다.

우리나라 용도지역·지구제는 용도지역, 용도지구, 용도구역으로 구분된다. 전 국토에 대해 토지 용도를 제한하는 용도지역제와 특정 목적에 따라 용도지역의 용도나 건축물의 형태에 제한을 가함으로써 용도지역제를 보완하는 용도지구제로 구분된다. 도시지역의 용도지역은 주거지역, 상업지역, 공업지역, 녹지지역으로 나뉜다. 용도지역은 밀도와 주택 형태에 따라 다시 세분화된다. 용도지구의 지정목적은 특정 용도의 토지이용 순화 및 환경 조성, 시가지 경관 조성 및 유지, 전통 건조물 및 문화재의 보존, 자연경관의 보전, 기타 특수목적의 환경보호 및 안전으로 구분할 수 있다. 한편 용도구역은 인구 및 산업의 도시집중과 그에 따른 무질서한 시가화를 방지하고 계획적, 단계적으로 시가지를 조성하기 위하여 지정된다. 개발제한구역, 시가화조정구역, 수산자원보호구역, 도시자연공원구역 등 4가지가 있다.

(2) 용도지역·지구제

우리나라는 「국토의 계획 및 이용에 관한 법률」에서 용도지역·지구를 규정하고 있다. 용도지역은 크게 도시지역, 관리지역, 농림지역, 자연환경보전지역으로 나누어진다. 도시지역은 주거지역, 상업지역, 공업지역, 녹지지역으로, 관리지역은 계획관리지역, 생산관리지역, 보전관리지역으로 세분화되고 있다. 용도지역은 다시 세분되어 현재 21개 지역으로 분류되고 있는데, 지정목적은 〈표 8−5〉와 같다.

표8-5 용도지역의 종류와 지정목적

용도지역			지정목적
도 시 지 역	주거 지역	제1종 전용주거지역	단독주택 중심의 양호한 주거환경을 보호
		제2종 전용주거지역	공동주택 중심의 양호한 주거환경을 보호
		제1종 일반주거지역	저층주택을 중심으로 편리한 주거환경을 조성
		제2종 일반주거지역	중층주택을 중심으로 편리한 주거환경을 조성
		제3종 일반주거지역	중고층주택을 중심으로 편리한 주거환경을 조성
		준주거지역	주거기능에 일부 업무·상업기능 보완
	상업 지역	근린상업지역	근린지역에서의 일용품 및 서비스 공급
		일반상업지역	일반적인 상업 및 업무기능 담당
		중심상업지역	도심, 부도심의 업무 및 상업기능 확충
		유통상업지역	도시 내 및 지역 간 유통기능의 증진
	공업 지역	준공업지역	경공업, 기타 공업 수용 및 일부 주거·상업기능 보완
		일반공업지역	환경을 저해하지 아니하는 공업 배치
		전용공업지역	중화학 공업, 공해성 공업 등의 수용
	녹지 지역	자연녹지지역	녹지공간의 보전을 해치지 않는 범위 안에서 제한적 이용
		생산녹지지역	농업적 생산을 위해 개발 유보
		보전녹지지역	도시의 자연환경, 경관, 산림 및 녹지공간 보전

관리지역	보전관리지역	주변 용도지역과 관계를 고려할 때 자연환경보전지역으로 지정하여 관리하기가 곤란한 지역
	생산관리지역	주변 용도지역과 관계를 고려할 때 농림지역으로 지정하여 관리하기가 곤란한 지역
	계획관리지역	도시지역으로의 편입이 예상되는 지역 또는 제한적 이용 및 개발지역으로 계획적 체계적인 관리가 필요한 지역
농림지역		농림업의 진흥과 산림의 보전
자연환경보전지역		자연환경, 수자원, 해안생태계, 상수원 및 문화재의 보전과 수산자원의 보호 육성 등

용도지역에 따라 건축물 등의 용도규제와 더불어 건축물의 형태와 규모 등도 규제하고 있다. 규제의 종류로는 용적률, 건폐율, 건축물이 있는 대지의 분할 제한, 건축물의 높이 제한 등 다양하다.

그러나 우리나라 용도지역·지구제는 다음과 같은 문제점을 갖고 있다. 먼저, 현상 위주로 토지이용행위를 규제하는 데 치중한 나머지 변화에 소극적이라는 점이다. 용도지역·지구제의 실시는 규제지역의 지가하락을, 규제지역 밖의 지가상승을 초래하여 결과적으로 토지개발비용을 크게 상승시킬 우려가 있다. 용도지역·지구제는 심각한 형평상의 문제를 야기할 수 있다. 이는 지역·지구 지정으로 인해 해당 지역이 경제적 불이익을 당하는 데 비해, 주변지역은 상대적으로 지가가 상승하여 경제적 이익을 보기 때문이다.

(3) 용도지역·지구제의 비판 및 최근 경향

그동안 사전 확정주의, 용도 순화주의 등의 한계를 보이고 있는 용도지역·지구제의 문제점을 개선하여 좀 더 효율적으로 운영하려는 시도가 다수 있었다. 포용지역지구제(inclusive zoning), 인센티브지역지구제(incentive zoning), 성과지역지구제(performance zoning), 계획단위규제(PUD: planned unit development), 개발권양도제(TDR: transfer of development right) 등이 그 예다. 이를 총칭하여 유연한 용도지역·지구제(flexible zoning)로 부른다.

그림 8-1   미이용 용적이전을 통한 건축물 보전(예)

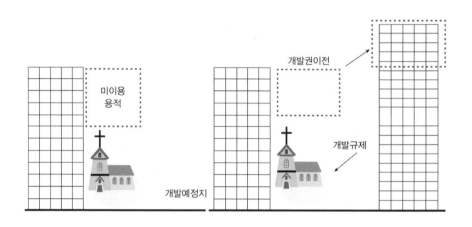

표용지역지구제는 동일 용도로의 순화보다는 업무와 주거, 주거와 상업, 일
반주택과 저소득층 주택의 혼합을 수용하는 방식을 말한다. 인센티브지역지구제
는 민간업자의 공익 공헌도에 맞추어 공적규제를 완화하여 특정 개발을 유도하는
방안이다. 성능지역지구제는 토지용도에 따른 규제가 아니고 실제 토지이용에 기
초하여 발생하는 결과, 즉 주변에 대한 영향을 기준으로 규제하는 방식을 말한다
(예: 산업공원). 계획단위규제(PUD)는 일정규모 이상의 단지를 개발함에 있어서 일반
적인 규제를 적용하지 않고 단지 전체의 관점에서 밀도규제의 완화, 용도의 혼합
등 유연한 토지이용규제를 시도하는 방식을 말한다(대한국토도시계획학회, 2008:
417-421). 개발권양도제(TDR)는 개발권 개념을 이용하여 토지이용규제에 따른 우발
이익(windfall)과 우발손실(wipe-out)을 연계하여 처리함으로써 토지이용의 효율을 방
해하는 형평의 문제를 완화해 보려는 수단이다(이정전, 2009: 493-500).

6. 우리나라 토지정책의 유산과 과제

(1) 우리나라 토지정책의 경로와 특성

1960년대 이전 우리나라의 토지정책은 일제식민지 시대의 토지정책이 그대로 이 땅에 적용된 시기이다. 해방 후 정부는 농민에게 농지를 분배하기 위해 제헌헌법에서 정한 경자유전(耕者有田)의 원칙에 따라 농지개혁을 단행하였으며, 이를 제외하면 특별한 토지정책은 없었다. 1960년대는 국가와 국민이 모두 농지에만 관심을 기울여 토지정책은 지극히 초보 단계에 그쳤으나, 경제개발 5개년 계획이 시행되면서 토지정책은 국토의 이용과 관리에 관심이 집중되었다. 60년대 후반에 들어와 부동산투기가 나타남에 따라 세제를 통한 투기억제정책이 등장했다(김용민, 2005: 97-100).

1970년대는 개발지향적 토지이용에 따라 토지보전과 투기억제를 위한 정책이 전개된 시기로, 전반에는 토지이용규제와 토지공급의 촉진에 초점을 두었으나 후반에 들어서는 지가안정과 투기억제에 중점을 두었다.

1980년대는 지가상승과 토지투기가 지속됨에 따라 시장을 안정시키고 투기를 억제하기 위한 대책이 여러 차례 발표되었다. 이 시기에는 지가안정과 거래질서의 확립, 토지수요관리의 능률화, 토지이용의 적정화에 토지정책의 중점이 두어졌다.

1990년대는 토지공개념제도의 시행과 거품 논쟁으로 지가가 처음으로 하락하였고, 1997년 외환·금융위기 이후 부실 금융이 사회문제가 되자 부동산시장을 활성화하기 위해 다양한 정책이 나타난 시기다. 이 시기의 토지정책은 다른 시기와는 달리 경제활성화를 위한 토지거래의 촉진에 정책적 목표를 두었으며, 특히 지가는 전국적으로 변동을 보이는 것이 아니라 국지적으로 상승하는 현상을 보이기 시작했다.

2000년대에 들어와 국토의 난개발이 사회문제로 되자 토지정책은 난개발 방지에 주안점을 두어 정부는 국토이용관리체제를 "선계획·후개발"로 전환했다. 이 시기의 토지정책은 국지적으로 나타나는 지가상승을 억제하기 위해 거래규제 강화에 주안점을 두었다. 최근의 토지정책은 토지세제의 개편, 토지거래의 투명화 등 전반적으로 토지정책 선진화의 기반을 구축했으나, 부동산가격의 급등에 따라 토지정책에서도 단기 처방식 대응정책이 남발하여 정책적 일관성이 훼손되었다는 한계가 있었다. 이렇게 볼 때, 토지문제의 인식에 대한 국민의 패러다임 전환에는 실패했다고 할 수 있다.

우리나라의 부동산정책의 특징은 다음과 같다. 첫째, 과거 우리나라 부동산정책은 토지 부분에 집중되어 있었으나, 1980년대 대규모 공동주택의 공급이 이루어지면서 단순히 토지정책만으로는 부동산시장의 문제를 해결할 수 없게 되자, 이후 부동산정책은 토지뿐만 아니라 주택을 포함하는 건축물로까지 대상이 확대되었다.

표8-6 해방 이후 전국 지가 폭등기

구분	제1차 폭등기	제2차 폭등기	제3차 폭등기
기간	1964~1971	1975~1979	1988~1990
정점	1969	1978	1989
지가변동률(%)	주요 도시 땅값 50↑	전국 땅값 30.6↑	전국 땅값 26.7↑

출처: 손낙구(2005: 2)

둘째, 규제 강화 등의 투기억제와 경기부양을 위한 활성화가 반복되었다. 부동산가격의 변동이 상승시기에는 각종 투기억제 및 가격 안정대책이, 하락 및 침체기에는 경기활성화 대책이 발표되었다는 점이 이를 뒷받침한다.

셋째, 부동산시장에 정부가 깊이 개입하여 즉각적이고 직접적인 가격안정을 정책목표로 하고 있다.

IMF에 의하면 1970~2002년까지 총 14개국에서 20회 정도 부동산 가격의 버블붕괴가 발생하였던 것으로 보고되고 있으나, 이러한 가격 상승과 하락을 경험한 나라들은 대부분 가격을 안정시키기 위한 정책수단을 택하는 대신, 거시경제 차원에서의 금리조정 등을 시행하였다. 반면에 우리 정부는 토지가격이 급등할 때는 투지억제대책, 규제와 세금, 공급정책 등을 통해 거래 동결 및 시장을 진정시키고, 반대로 경기가 침체하면 경기부양 수단으로 규제 완화를 택했다(국정브리핑 특별기획팀, 2007 참조).

(2) 지가급등과 토지투기의 반복

우리나라 토지정책의 궤적을 보면, 서너 차례의 지가급등과 그때마다 지가안정과 투기억제를 목적으로 하는 강력한 규제를 경험했다. 이와 같은 정책경로에서 토지신화 또는 강남불패신화라는 신조어가 탄생한 것은 지가상승에 대한 믿음과 이를 억제하려는 정책의 무용론이 확산되고 있음을 뜻한다. 부동산시장의 급등에 따른 단기처방식 대응정책은 부동산에 대한 일반국민의 의식을 변화시키고 있다.

국토연구원이 2007년 4월에 발표한 토지에 대한 국민의식조사 결과를 보면, 토지에 대한 사적 소유권 의식이 과거에 비해 증가하고 토지를 이용한 자산증식에 대한 부정적 견해가 감소하고 있는 것으로 나타났다. 재산증식을 위해 부동산을 사고파는 것이 사회적으로 문제되지 않는다고 생각하는 사람이 많아지고 있는 현실을 반영한 것으로, 일반국민들의 부동산에 대한 투자선호가 증가하고 있음을 보여주고 있다.

이를 종합해 볼 때, 우리나라 토지제도는 전반적으로 공익보다는 사익을 존중하는 방향으로 제도를 시행하고 있다는 인식이 절반을 넘고 있어 향후 토지정책 패러다임 구축에 많은 시사점을 주고 있다.

(3) 정책의 일관성 부재

지가안정과 투기억제를 목적으로 강력한 규제책을 펴 왔지만, 경기가 침체되면 경기부양책으로 선회했다. 부동산시장의 급등에 따라 단기처방식 대응정책을 남발하여 정책의 일관성을 훼손했다. 정책의 일관성 결여는 정책신뢰를 떨어뜨리는 결과를 초래했다. 우리나라의 경우 정치상황이나 경제상황에 따라 정책이 혼용되고 있어 국민의 혼란을 가중시키고 있다.

그림 8-2 지가 등락기의 토지정책

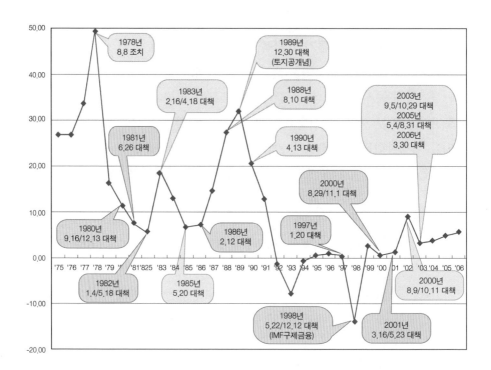

출처: 국정브리핑 특별기획팀, 「대한민국 부동산 40년」, 한스미디어, 2007

1960년대 이후 우리나라의 토지정책은 토지이용계획을 중심 수단으로 하여 토지정책의 기조를 유지하였지만, 1970년대 이후 지가의 급등을 경험하면서 토지정책의 기조가 정책의 일관성을 잃고 정권의 안정을 위한 수단으로 변질되기 시작했다. 이처럼 토지정책은 양자의 방법을 변용하면서 정책의 일관성이 심하게 훼손되어 왔으며, 정부정책에 대한 신뢰가 무너져 정책의 실효성을 담보하기가 점점 어려워지고 있는 실정이다.

(4) 소유 중심의 토지정책

영국·프랑스·독일 등 유럽 국가에서는 근본적으로 건축부자유원칙에 바탕을 둔 이용우선의 토지관을 보여주고 있다. 유럽식의 토지관은 좁은 국토에서 많은 인구가 살면서 자연스럽게 형성된 사회규범과 18~19세기 계몽사상의 영향으로 토지이용에 관한 한 공동체 이익우선의 사고가 정착되어 온 데서 연유한다고 할 수 있다. 영미법 계통의 법 관념을 따르는 영국과 미국은 상대적 토지소유권을 인정하면서 이용우선의 원칙을 정립함으로써 토지소유권 행사를 견제하는 장치를 구축하는 데 성공했다. 한편, 대륙법 계통의 법 관념을 따르는 독일과 프랑스는 절대적 토지소유권을 인정하면서도 이용우선의 원칙과 건축부자유원칙을 정립함으로써 절대적 토지소유권 인정에 따른 부작용을 해소하는 기반을 구축했다. 반면, 한국과 일본은 협소한 국토공간에 대한 충분한 고려 없이 미국식의 사권(私權) 우선의 토지관과 건축자유원칙을 채택하여 소유 중시의 토지관을 형성했다. 이는 계획적 토지이용을 어렵게 함은 물론 좁은 국토에 더불어 사는 공존의 공간으로서 국토라는 관념 형성에 커다란 장애요인이 되어 왔다(서순탁 외, 1999).

표8-7 각국의 토지소유권 관념과 특징

	영국	독일	프랑스	미국	일본	한국
토지소유권 개념	상대적 소유권	절대적 소유권		상대적 소유권	절대적 소유권	
토지소유와 이용과의 관계	이용우선				소유우선	
건축자유 여부	건축부자유의 원칙			건축자유의 원칙		

출처: 野村總合硏究所, 地價와 詳細都市計劃, 1991, p.339에서 한국을 추가한 것임

(5) 토지정책의 유산을 넘어

우리나라 토지정책의 역사가 우리에게 남긴 불행한 유산을 극복하는 것이 우리 사회가 당면한 과제이다. 보다 선진화된 토지정책 패러다임을 구축하기 위해서는 본질적이고 근본적인 접근이 필요하다. 먼저, 토지의 특성과 자본주의 사회에서의 토지의 수요·공급 측면의 특이성과 토지시장의 구조적 성격에 대한 이해

를 전제로 당면한 문제뿐만 아니라 미래의 토지문제까지를 염두에 둔 정책방향 설정과 관리전략이 필요하다.

여기에 토지이용의 효율성과 이익분배의 형평성이라는 상충적인 정책목표의 동시 추구, 공공성과 수익성의 동시 추구, 토지재산권의 보호와 제약의 동시 인정 등은 시장기구에만 의존하거나 정부개입에만 의존하여 토지문제를 해결하는 데 는 이론적으로도 실제적으로도 한계가 있다는 인식이 전제되어야 한다. 우리의 토지문제를 해결하기 위해서는 무엇보다 시장친화적인 토지공개념제가 필요하다. 시장친화적인 토지공개념은 반복되는 지가급등과 토지투기, 정책의 일관성 부족, 소유중심의 토지정책을 시정하는 데 유용하며 종국에는 토지나 주택에 대한 국민 의 의식 변화를 소유에서 이용 중심으로 변화시키는 데 기여하기 때문이다.

국정브리핑 특별기획팀, 2007, 「대한민국 부동산 40년」, 한스미디어.

국토개발연구원, 1989, 토지공개념 연구위원회 최종보고서.

서순탁·정우형, 1999, 개발권분리구상에 관한 시론적 연구, 국토연구원.

성장환·조영태, 2006, 토지임대-건물분양 방식 고찰, 「국토도시 Brief」, 제1호, 한
　　국토지공사 국토도시연구원.

손낙구, 2005, 「통계로 보는 부동산투기와 한국경제」, 진보정치연구소.

이정우, 1991, "한국의 부: 자본이익과 소득불평등", 「경제논집」, 제30권 제3호(9월
　　호), 서울대학교 경제연구소.

이정전, 2009, 「토지경제학」, 박영사.

정희남 외, 2003, 토지에 대한 개발이익환수제도의 개편방안, 국토연구원.

정희남·김창현, 1997, 거시경제정책이 토지시장에 미치는 영향, 국토개발연구원.

최혁재·최수, 2002, 토지이용규제 손실 보전수단으로서의 개발권양도제 도입 및
　　활용방안 연구, 국토연구원.

한국토지주택공사, 2004, 도시계획운영에 따른 손익조정체계로서의 개발권양도제
　　에 관한 연구.

한국토지주택공사, 2014, 토지은행의 역할 재조명과 기능개선방안 연구.

田中啓一, 1990, 都市空間整備論, 有斐閣.

Brindley, T., Rydin, Y., & Stoker, G., 1989, *Remaking Planning*, Unwin and
　　Hyman Ltd.

Healey, P., 1992, "The Reorganisation of State and Market in Planning", *Urban
　　Studies*, Vol. 29, pp. 411-434.

Healey, P., 1992, "Development Plans and Markets", *Planning Practice and Research*, 7(2), pp. 13−20.

Noguchi, Yukio, 1990, "Japan's Land Problem", *Japanese Economic Studies*, Vol. 18, No. 4(Summer), pp. 48−64.

Urban Administration

제 **9** 장

도시환경행정

09

Chapter

도시환경행정

제1절 ☞ 도시환경문제의 이해

1. 도시 환경문제

(1) 도시환경문제의 원인

기후변화, 대기오염, 해양오염, 플라스틱 쓰레기의 문제, 생물다양성의 급격한 감소 등 현대사회는 다양한 환경문제를 경험하고 있다. 이러한 현대사회의 환경문제는 산업화이후에 나타난 현상이며, 환경문제가 발생한 것은 과다한 자원의 사용, 인구증가, 무분별한 개발로 인한 생태계 파괴 때문이라는 표면적인 분석이외에 근본적인 원인에 관해 다양한 해석이 존재한다. 먼저, 환경문제가 발생한 근본적인 원인은 인간과 자연과의 관계를 바라보는 관점의 변화 때문이라고 주장하는 해석이 있다. 정신과 물질을 분리해서 보지 않았던 전근대사회를 지나 데카르트(Descartes)의 정신과 물질의 이분법적 사고방식이 인류사회에 소개된 이후, 자연을 단순히 물질로만 바라보게 된 인간이 자연을 착취하고 파괴하는 현상이 더욱 쉽게 일어났다고 보는 것이다(진교훈, 1998; 이시경, 2016, pp. 50-51에서 재인용). 한편, 환경문제가 발생한 원인을 시장실패 때문이라고 보는 해석도 있다. 즉 개인이나 기업의 환경을 개선하려는 노력에 대해 시장이 제대로 된 상을 주지 못해 쾌적한 환경을 공급하지 못하고, 환경을 오염시키는 행위에 대해서는 적절한 벌을 주는 데 실패하기 때문에 환경오염이 심각해진다는 것이다(이정전, 2011). 이외에도 현재의 환경문제가 사회문제 즉 인간이 다른 인간을 차별하는 것에서부터 비롯되었다는 주장(사회생태론), 가부장적 사회가 자연을 억압해서 환경문제가 발생하게 되었다는 주장(에코페미니즘), 모든 개체가 상호연결되어 있는 생태적 거미줄 같은 전일적 자연에 관한 이해의 부재로 인해 환경문제가 발생하게 되었다는 주장(심층생태주의) 등 다양하다(Dryzek, 2005).

한편 환경문제의 원인이 무엇인가에 대한 논의와는 별도로 지금의 환경문제의 중요성을 이해할 필요가 있다. 사실 인류의 역사를 보면, 환경문제라고 하는 것은 인간이 집단을 이루어 사회를 구성한 이래 인간사회와 분리될 수 없는 문제였다. 그러나 전근대사회 즉 고대나 중세시대의 환경오염과 현대사회의 환경오염은 매우 큰 차이점을 보여주는데, 현대사회의 환경오염은 생태계의 회복 가능성을 넘어 발생하고 있다는 데서 인류 사회가 큰 위기감을 느끼고 있다(환경행정연구회, 2022). 대표적인 사례가 해수면 상승, 극한 기상 현상 및 열대성 질병의 확산 등을 동반한 기후변화이다(명수정, 2024). 기후변화처럼 한 지역에 국한된 환경오염문제가 아니라 전 지구적으로 발생하여 모든 인간과 비인간 존재의 생존에 부정적 영향을 심각하게 미치는 최근의 현상들을 극복하기 위해서는 전 지구적, 국가적 그리고 도시에서 발생하는 환경문제를 이해하고 더 나아가 해결해야 할 필요가 있다.

이 장에서는 지구적 차원과 국가적 차원의 환경문제 발생과 관련한 논의는 하지 않고, 이 책의 목적에 맞게 도시차원의 환경문제에 초점을 맞추고자 한다. 도시환경문제는 왜 발생하는가? 앞에서 설명한 인간과 자연과의 관계에 관한 이분법적 사고라든지 시장실패라든지 하는 환경문제 발생의 근본적인 원인에 관한 고민도 필요하지만, 도시환경문제는 '도시'라는 공간적 요인과 '사람'이라는 인적 요인이 합쳐져서 만들어지는 문제라는 것을 이해할 필요가 있다. 즉, 도시환경문제는 도시 내 인구의 팽창으로 인한 도시 밀집과 도시 확산(sprawl)으로 인해 발생한다(Angelo & Wachsmuth, 2020). 그 이유는 도시에 인구가 많이 모여 살고 그러한 도시가 확장되면 될수록, 그 도시에서 사용하는 에너지원을 포함한 다양한 자원의 사용량이 많아지고, 이를 사용한 후 배출하는 오염물질(대기오염물질, 온실가스, 폐기물 등)이 크게 증가하여 도시 내 토양, 대기, 수질 등을 오염시키기 때문이다.

(2) 도시환경문제의 특성

현대사회의 환경문제를 이해하고 해결해야 하는 우리가 왜 도시환경문제에 관해 먼저 이해하고 해결해야 하는 노력을 기울여야 할까? 이는 도시환경문제의 특성을 살펴보면 이해할 수 있다. 21세기 들어 가장 먼저 주목해야 할 도시환경문제의 특성은 도시라는 공간에서 발생한 환경문제가 그 공간과 국가의 경계를 넘어 지구적 차원에 영향을 미친다는 것과 반대로 지구적 차원의 영향이 다시 도시라는 공간에 영향을 미치는 '경계초월성'이다.[1] 이 경계초월성은 도시와 에너지 사용의 상관관계를 보면 잘 알 수 있다. 도시가 기후변화와 대기오염 같은 환경문제를 일으키는 가장 큰 원인 중 하나는 에너지 자원을 거대한 규모로 사용한다는 것에 있다. 도시는 인위적 건조 환경을 끊임없이 만들어 내고 에너지사용을 확대하는 방식의 경제 및 생활양식을 추구함으로써, 전 세계 최종 에너지 소비량의 4분의 3 이상을 사용하고 있고(Worldwatch Institute, 2017), 전 세계 이산화탄소 발생의 약 70%에 대한 책임이 있다(IPCC, 2022). 한편 다양한 환경문제의 원인에 도시가 차지하는 책임이 막중한 반면, 역설적이게도 도시는 환경문제의 가장 큰 피해자이기도 하다. 예를 들어, 기후변화의 영향으로 인해 폭염, 홍수 및 가뭄 등의 극한의 상황과 해수면 상승 등이 빈번하게 발생함으로 인해, 인구가 밀집되었거나 연안지역에 위치한 도시들이 가장 큰 피해를 입고 있다(Rosenzweig et al., 2014).

이 밖에도 도시환경문제의 특성으로 볼 수 있는 것은 도시의 환경문제는 서로 상호 관련성이 높다는 것이다(이시경, 2000). 예를 들면, 도시 내에 콘크리트 면적을 더 증가시킴으로 인해 녹지공간이 부족하게 된 경우 도시 열섬효과가 더 강화되고 불투수율이 증가해 도시 내 물 순환이 악화되어 도시가 더 더워지거나 홍수와 같은 재난이 악화되는 상황이 발생한다. 마지막으로 이야기할 수 있는 도시환경문제의 특성은 도시 정부가 실행하는 다양한 환경정책이 서로 부딪힐 경우도 존재한다는 것이다. 예를 들어, 폐기물을 처리하는 매립지가 부족한 경우 이를 해

---

1 일찍이 학자들은 이것을 광역화의 특성(이시경, 2000)이라고 부르기도 했지만, 광역화의 특성은 특정 지역에서 발생하는 환경오염이 다른 지역으로 확산되는 측면에서 광역화(이시경, 2000)를 언급하고 있기 때문에, 지역 및 국가 경계를 넘어 영향을 서로 주고받는 측면을 설명하기 위해서 이 장에서는 경계초월성이라고 명명하였다.

결하기 위해 소각을 확대하면 도시 내 대기 질이 악화될 가능성이 있으며, 자원 재활용을 위해 폐기물 재처리과정에서 수질오염 혹은 토양오염이 발생할 가능성이 존재할 수 있다(박종화, 윤대식, 이종열, 2013).

제2절 ⸱ 도시환경행정 관련 패러다임의 변화

도시에서 발생하는 혹은 도시로 인해서 발생하는 환경문제를 해결하기 위해 도시는 역사적으로 다양한 환경 패러다임을 발전시키면서 이 문제에 대응해 오고 있다.[2]

1. ~1980년대

19세기 후반 산업화의 영향으로 도시환경의 질이 급속하게 하락함에 따라, 서구권 도시들을 중심으로 도시환경문제를 해결하는 방안에 대한 고민이 시작되었다. 그중 가장 큰 영향력을 미쳤으며 실제 도시 건설까지 이어졌던 도시환경 패러다임은 1898년 에베네저 하워드(Ebenzer Howard)가 주창한 '전원도시(garden city)'이다. 전원도시는 도시 내 거주하는 인구가 3만 명 내외이고 도시 내 경제활동을 통해 자족을 이루는 장소이며, 녹지가 도시 경계에 위치하게 해 도시팽창을 억제하고 다른 전원도시들과 철도로 연결되어 "도시들의 사회"가 형성될 수 있도록하는 도시를 의미한다(임재빈, 2022, p. 8).

한편 1973년 미국의 수학자인 조지 댄치그(George B. Dantzig)와 토마스 사티(Thomas L. Saaty)가 도시의 에너지 소비를 최적화하려면 어떤 압축 비율을 가져야하는가에 대한 답을 제시하면서 압축도시란 용어를 사용하였다. 압축도시는 도시

---

2 도시환경문제대응과 관련한 패러다임의 역사적 흐름은 크게 Seto et al.(2021)의 논의에서 차용했다는 것을 밝힌다.

중심부를 복합·고밀도로 개발함에 따라 도시의 다른 지역의 녹지를 보존하고 환경오염과 교통 혼잡 등의 문제를 해결할 수 있는 방식으로 만들어진 도시를 말한다(변병설, 정경연, 2021). 이와 관련하여 1980년대 중반 이후 압축도시를 국가차원의 정책으로 추진한 네덜란드의 사례는 주목할 만하다. 네덜란드는 미국이나 캐나다의 경우보다 몇 배나 높은 도심 내 고밀도 중심의 압축도시 건설을 추진함으로 인해 교외지역에 쇼핑센터나 대형 오피스 개발이 거의 이루어지지 않아 도시 외곽에 아름다운 녹지대를 유지하고 있다고 평가받았다(Beatley, 2013).

2. 1990년대

1990년대에는 지속가능한 도시가 도시환경문제 해결의 핵심 패러다임(Angelo & Wachsmuth, 2020)이 되었는데, 지속가능한 도시는 1980년대에 등장한 지속가능한 발전(sustainable development)이라는 개념으로부터 연관되어 나왔다고 볼 수 있다. 세계환경개발위원회(World Commission on Environment and Development, WCED)는 1987년에 발간한 「우리 공동의 미래」라는 보고서에서 지속가능한 발전을 "미래 세대가 자신들의 필요를 충족시킬 능력을 저해하지 않으면서 현 세대의 욕구를 충족시킬 수 있도록 보장해 주는 능력"(Dryzek, 2005, p. 222)이라고 정의하였다. 1992년 브라질 리우데자네이루에서 개최된 지구정상회의에서 이 개념이 정치적 입지를 얻은 후, 전 세계에 그 개념과 관련한 정책적 이행이 확산되어 왔다(Dryzek, 2005). 도시와 관련하여서도 지속가능한 발전이 중요한 의제로 등장하면서 지속가능한 도시라는 개념이 등장하여 현재까지도 활발하게 사용되고 있다. 전 세계에서 지속가능한 도시의 실현을 가장 먼저 시작했다고 볼 수 있는 유럽에서 1991년 결성된 '도시 환경 전문가 그룹'이 발간한 「유럽의 지속가능 지역사회」 보고서에서 지속가능한 도시를 만들기 위한 4대 원칙을 제시하고 있다. 이 원칙들은 지속가능한 도시가 무엇인가와 어떻게 그 도시를 만들 수 있는지에 관한 방향성을 제시하고 있는데, 바로 도시 관리의 원칙, 정책 통합의 원칙, 생태 시스템 사고의 원칙, 그리고 협력과 동반의 원칙이다(Beatly, 2013). 먼저 도시 관리 과정에는 환경, 사회, 경제 문제를 해결할 수 있는 다양한 수단이 필요한데, 이들이 모두 충족될 때 도시의 지속가능성을 위한 통합적 해결의 필수요건이 구비된다고 본 것을 도시관리의 원칙이라고 한다. 한편 정책 통합의 원칙에서의 통합은 수평적으로는 사회적, 환경적, 경제적 차원의 지속가능성이 시너지 효과를 만들어 내도록 하고, 수직적으로는 중앙정부, 광역 및 지방정부 간 정책들의 통합성과 일관성이 존재해야 하는 것을 말한다. 생태 시스템 사고의 원칙은 도시를 변화와 발전의 지속적 과정으로 특징 지어진 복잡한 시스템으로 강조하는 것이 생태적 사고이며, 도시에 투입되는 에너지, 자연 자원, 폐기물 생산 등을 관리, 회복, 자극, 종결하는 과정을 일련의 연결 작용으로 통합하여 파악할 필요가 있다는 것을 강조하고 있다. 마지막으로 협력과 동반의 원칙의 의미는 서로 다른 계층, 조직 이해관계자 간의 협력이 지속가능한 도시를 만들 수 있게 한다는 뜻이다(Beatly, 2013). 따라서 지속가능한 도시는 이러한 네 가지 원칙이 적용되는 도시라고 볼 수 있다.

한편 1970년대에 등장한 개념인 생태도시는 그 당시보다도 1990년대에 생태학적 패러다임이 널리 퍼지게 됨에 따라 활발하게 활용되기 시작하였다. 생태도시는 간단하게 정의하자면 인간과 환경 간의 관계를 인식한 다음 환경적으로 보다 더 나은 곳으로 만든 도시이다(김귀곤, 1994). 또한 도시에 자연생태계의 속성을 부여하여 도시를 하나의 "유기적 복합체"로 보고, 다양한 도시 활동과 공간구조가 "자연생태계의 속성인 다양성, 자립성, 순환성, 안정성" 등의 원리를 반영하여 만들어지고, 그에 따라 "인간과 자연이 공존할 수 있는 도시"(변병설, 정경연, 2021, p. 111)이기도 하다. 다른 도시 개념과 생태도시의 가장 큰 차이는 다른 개념에서는 도시를 시설물들과 인간 사회의 단순한 결합체라고 보는 시각이 일반적이라면, 생태도시의 정의에서도 알 수 있듯이, 생태도시는 그것을 하나의 유기적 복합체로 본다는 점에서 근본적인 인식 차이가 있다고 할 수 있다(강상준 등, 2010, p. 32).

3. 2000년대 이후

2000년대 이후는 크게 기술발전, 순환경제, 기후변화 관점에서 도시환경문제 해결에 접근한 도시 환경 패러다임들이 나타났다고 볼 수 있다. 먼저 기술발전의 관점에서는 스마트 시티 개념이 등장하였는데, 복잡해진 도시환경문제를 기술발전으로 해결할 수 있다는 믿음을 바탕으로 한 개념이라고 볼 수 있다. 스마트 시티는 도시 내 수많은 센서를 통해 받아들인 데이터를 기반으로 도시의 의사결정과 기능을 측정, 관리, 개선하는 것이 특징이며, 도시생활의 질, 효율성, 지속가능성을 개선하는 것을 목표로 한다(Seto et al., 2021, p. 15). 이 스마트 시티 개념과 지속가능한 도시 및 생태도시의 개념을 결합하여 지속가능 스마트 시티 혹은 스마트생태도시 같은 개념이 나타나기도 하였다.

한편 2000년대 들어 등장한 순환도시 패러다임은 순환경제 개념과 관련성이 있다. 순환경제는 1990년 영국 환경경제학자 데이비드 피어스(David Pearce)와 케리터너(Kerry Turner)의 논문에서 처음 언급되었지만 이 용어는 2010년대에 엘렌맥아더재단(Ellen MacArthur Foundation)이 활성화시킨 이후 전 세계적으로 널리 사용되고있다. 순환경제는 자연을 자원의 이름으로 취하여 제품을 만들고 사용 후 폐기하는 현재의 경제 시스템이 지닌 문제점을 지적하며, 고부가가치 물질을 복원(restoration), 재생(regeneration), 그리고 재활용(recycling)하는 것을 촉진하는 대안 경제모델이다(Bolger & Doyon, 2019). 순환 도시는 이러한 순환경제의 의미를 도시에 적용한 개념인데, 도시 내에서 먼저 보존, 효율성 향상, 자원 공유, 서비스화 및 가상화의 가능성을 최대한 활용한 후, 도시 내 자원 순환을 가능한 한 느리게 하고, 그렇게 했음에도 불구하고 필요한 자원과 에너지는 가능한 한 지역 생산을 통해가능하도록 하는 도시를 의미한다(Paiho et al., 2020).

기후변화의 관점에서는 저탄소도시(혹은 저탄소녹색도시), 기후적응도시, 에너지자립도시, 탄소중립도시, 그리고 기후회복력도시 등의 개념이 등장하였다. 저탄소(녹색)도시는 도시의 경제 및 활동이 화석연료사용을 탈피하여 이루어지는 도시를 말하고, '탄소'에 중점을 두며 에너지 효율성, 재생에너지 사용 및 녹색 교통에 중점을 두는 도시라는 것을 강조한다(Seto et al., 2021). 기후적응도시는 기후변화의 부정적 영향에 관한 잠재적 위험(risk) 관련 취약성을 평가하여 문제를 극복할 수 있는 적응능력을 강화하여 기후변화의 위험으로부터 안전하게 만든 도시이다(김정곤, 2012). 에너지자립도시도 궁극적으로는 기후변화대응과 관련이 있는데, 기후에 영향을 미치는 온실가스를 사용하지 않도록 화석에너지 사용으로부터 탈피하는 도시를 의미한다. 구체적인 방법으로는 에너지 및 자원의 생산과 사용에 있어 순환

형신지대사의 원리가 강조되며, 재생에너지의 활용, 에너지절약 및 에너지 효율을 적용하는 도시이다(김강민, 이태희, 오덕성, 2012).

　탄소중립도시는 2000년대 초반에도 논문이나 연구보고서에 언급되었지만 최근 들어 탄소중립[3]이 전 세계적으로 중요한 화두가 되면서 훨씬 더 많이 주목받고 있는 도시 환경 패러다임이다. 이 개념을 이해하는 것과 관련하여, 탄소중립도시는 과거에 시작된 지속가능한 도시 개념의 연장이면서도 에너지자립과 관련된 도시(이상문, 2014)라는 입장에서, 역사적 맥락에서 보면 "지속가능하고 스마트한 도시의 진화"(Seto, 2023, p. 16)로 볼 수 있다는 입장까지 다양한 견해가 있다. 탄소중립도시가 저탄소도시와 같은 의미인가에 관하여 학자들은 같은 혹은 유사한 의미라고 주장하는 학자들(변병설·정경연, 2021)과[4] 송재민 등(2022), Seto et al.(2021), 그리고 Seto(2023)처럼 같은 의미가 아니라고 주장하는 학자들이 있다. 후자에 속하는 학자들은 탄소중립도시는 이산화탄소와 같은 온실가스를 감축하는 도시에서 더나아가 구조적 변화가 수반되는 도시의 탈탄소화를 강조하는 개념이라고 주장한다. 구조적 변화는 도시가 탄소중립을 달성하기 위해서는 도시에 공급되는 모든 자원의 공급망에서 온실가스 배출을 감축하고, 근본적으로 에너지와 물질에 관한 수요를 줄이고, 도시에너지 공급을 탄소중립적인 전기, 연료 및 물질로 공급을 바꾸는 구조적인 탈탄소화 변화를 의미한다(Seto, 2023).

　한편 기후변화의 영향이 심각해지고 그에 대한 적응과 회복력이 중요한 주제가 됨에 따라 기후회복력도시라는 개념도 자주 소개가 되고 있다. 기후회복력은 기후변화로 인한 재해의 충격으로부터 회복하여 사회 시스템을 재조직화하는 능력이며 학습과 적응을 통해 재해를 경험하기 전보다 더 나은 상태로 돌아갈 수

---

3 1997년에 기후변화의 심각성을 인지한 국제사회가 온실가스 배출의 책임이 큰 선진국 중심으로 온실가스 감축을 강제하는 교토의정서를 채택한 이후, 2015년 파리에서 선진국과 개발도상국 모두 기후변화대응에 참여하는 파리협정을 채택하였다. 파리협정은 산업화 이전 대비 지구 평균 온도 상승을 2℃보다 훨씬 아래 (well below)로 유지하고, 나아가 1.5℃로 억제하기 위해 노력해야 한다는 것을 목표로 하였다(대한민국 정책브리핑, 2021). 한편 기후변화에 관한 정부간 협의체(Intergovernmental Panel on Climate Change, IPCC)는 2100년까지 지구 평균온도 상승 폭을 1.5℃ 이내로 억제하기 위해서는 전 세계가 2050년 경에는 탄소중립을 달성하여야 한다는 경로를 제시했다. 탄소중립(net zero)은 배출되는 탄소와 흡수되는 탄소량을 같도록 만들어 탄소의 '순배출이 0'이 되게 만드는 것을 의미한다(대한민국 정책브리핑, 2021).

4 이와는 대조적으로 도시차원에서 이산화탄소 배출을 제로로 만드는 것은 불가능하기 때문에 탄소제로도시는 저탄소도시와 같은 의미로 봐야한다는 주장(강상준, 정주철, 권태정, 2010)이 있다.

있는 능력(한국환경정책·평가연구원, 2016)이라고 정의된다. 또는 기후변화에서 기인하는 위험 및 취약성을 인식한 다음, 견고성, 중첩성, 신속성 및 대응성을 갖추어 이전보다 더 나은 상태로 돌아갈 수 있도록 하는 경제적, 사회적, 정치적, 그리고 기술적 능력(서울특별시의회, 2014)으로 정의되기도 한다. 기후회복력도시란 이런 능력들을 갖춘 도시를 의미한다고 할 수 있다.

과거부터 지금까지의 도시환경문제 해결과 관련한 패러다임의 흐름을 살펴보면 1980년대 이전과 그 이후들을 비교해볼 때 다양한 변화를 겪었다는 것을 알수 있다. 과거에는 도시가 직면한 수질오염, 대기오염, 토양오염 등과 같은 '오염으로부터 탈피'하는 것을 목적으로 도시환경행정 패러다임을 만들고 관련 정책들을 이행했다면, 시간이 흐름에 따라 '지속가능성'과 도시 내 생태계 혹은 도시 내물질대사의 '순환성'을 강조하는 방향으로 변화된 것을 알 수 있다. 이후 기후변화의 영향이 심각해짐에 따라 도시의 기후변화대응과 관련하여 온실가스를 줄이기 위한 '완화'에 초점을 맞추다가 이후 '적응', '탄소중립', '회복력' 등의 패러다임을 발전시키고 있다. 이처럼 도시환경문제를 해결하기 위한 패러다임들은 하나의 패러다임이 도시환경행정의 수립과 이행에 계속 적용되는 것이 아니라 시간의 흐름에 따라 새로운 패러다임이 계속 등장하고 있고, 이들은 그 의미가 중복되기도 하지만 완전히 새로운 영역을 소개하기도 한다는 것을 알 수 있다.

제3절 ✐ 도시환경정책 원칙과 수단

1. 도시환경정책 원칙

환경정책은 아무런 원칙 없이 정책을 수립하고 이행하는 것이 아닌 특정한 원칙하에서 만들어지고 이행된다. 환경정책의 기본 원칙은 대표적으로 오염자부담원칙(polluter pays principle), 사전예방원칙(precautionary principle)과 수익자부담원칙(beneficiary pays principle)이 있다. 오염자부담원칙은 누군가 오염을 유발했다면 그 오염을 사회 전체가 부담하게 할 것이 아니라 오염을 유발한 원인자가 오염 예방, 통제 및 저감과 관련한 비용을 부담해야 한다는 원칙이다(환경행정연구회, 2022). 사전예방원칙은 깨끗하고 쾌적한 환경은 한번 훼손되면 다시 회복되기 어려운 불가역성 문제가 있기 때문에 환경오염의 발생을 미리 예방한다는 원칙이며, 예방적 투자가 사후적 복구보다 더 경제적이라는 측면에서 그 정당성을 가지고 있다(환경행정연구회, 2022). 한편 환경문제가 발생하였을 때 그 해결과 관련하여 공공재정을 투입하여 정부나 공공기관들이 관련 비용을 부담하는 것을 일반적 공동부담의원칙이라고 하고, 환경정책을 이행했을 때 그 혜택을 받는 수혜자들이 이와 관련한 비용 등을 부담하는 것을 수익자부담원칙이라고 한다(환경행정연구회, 2022). 수익자부담원칙은 앞에서 이야기한 오염자부담원칙이 오염 원인자가 모든 비용을 책임져 막대한 비용을 지불할 경우 그 해당 오염 원인자에게 너무 가혹할 수 있다는 비판으로 인해 등장한 원칙이다(환경행정연구회, 2022). 도시환경정책의 원칙도 이러한 일반적인 환경정책 원칙들을 따른다.

2. 도시환경정책 수단

환경정책의 수단들은 크게 직접개입, 직접규제(지시 및 통제), 경제적 유인책(간접개입) 그리고 홍보 및 환경교육 등으로 나눌 수 있다(이정전, 2011). 도시환경정책의 유형도 이와 크게 다르지 않다. 도시정부의 이러한 환경정책의 수립 및 이행은 지방자치단체 차원의 환경계획을 수립하고 이행하거나 환경정책관련 조례와 규칙을 제정하는 것 등을 통해 이루어진다. 지방자치단체 차원의 환경계획 수립 및 이행과 관련한 내용은 환경정책기본법에 따라 지방자치단체는 관할 구역의 지역적 특성을 고려하여 국가의 환경계획에 따라 그 지방자치단체의 환경계획을 수립하고 이를 시행해야 하는 것에 관한 것이다. 이렇게 지방자치단체의 환경계획을 수립하고 이행할 때 전 국토의 지속가능성을 담보하기 위하여 지방자치단체가 자체의 환경계획을 수립할 때 국토기본법에 따른 국토계획과의 연계방안을 강구하도록 되어있다.[5] 한편 상위 법률이 정하는 범위 내에서 도시 정부가 환경정책 관련 조례와 규칙을 제정해 중앙정부의 위임사무와 도시 정부의 자치사무를 이행한다. 그러나 때로는 상위 법률이 존재하지 않더라도 도시 정부가 필요하다고 판단될 때는 도시환경행정과 관련한 조례 및 규칙을 자체적으로 제정할 수 있다(서울시립대 도시행정학과, 2014). 예를 들어, 서울특별시의 경우, 도시 정부 자체적으로 제정한 서울특별시 녹색서울시민위원회 설치 및 운영조례와 서울특별시 도시공원의 어린이 놀이 환경 조성에 관한 조례 등이 있다. 서울의 사례에서처럼, 도시의 특성에 맞추어 도시 정부가 필요하다고 판단할 때는 자체적으로 관련 조례나 규칙을 정해 도시환경행정을 이행해 나갈 수 있다.

(1) 직접개입

직접개입은 중앙 정부 및 도시 정부가 시민들에게 직접 쾌적하고 깨끗한 환경을 제공하는 방식인데, 예를 들어 중앙 정부 및 도시 정부가 생태계 보호, 새로운 녹지 조성, 오염된 환경 복원, 그리고 쓰레기 및 오폐수 처리 등의 환경정책을 이행하는 것을 의미한다(이정전, 2011).

(2) 직접규제

직접규제는 지시·통제 정책이라고 부르기도 하는데, 정부가 환경오염 유발을 방지하기 위해 기준 및 규정을 만들어 개인 혹은 기업이 준수하도록 강제하고 이를 어길 경우 법적·행정적 제재를 가하는 것을 말한다(이정전, 2011). 도시 차원

---

5 환경정책기본법 제4조 2항과 3항.

에서 직접규제의 사례는 수도권에서 시행되어 온 대기오염물질 총량 관리제도, 공해차량 운행제한 제도(Low Emission Zone, LEZ), 대기오염물질 배출 허용기준, 그리고 방류수 허용기준 등이 있다(황인창, 백종락, 2020). 직접규제의 장점은 인간의 건강과 관련하여 허용 가능한 수질기준 혹은 대기기준 등 환경목표를 달성하는 것이 중요한 경우 확실한 효과를 기대할 수 있다는 것이며, 단점은 과다한 행정비용이 발생하거나 경제적 효율성이 낮다는 것이다(황인창, 백종락, 2020).

(3) 간접규제

간접규제는 경제적 유인책이라고 부르기도 하는데, 환경세, 부과금제도, 보조금제도, 그리고 배출권거래제도 등이 있다(이정전, 2011). 환경세는 환경오염행위에 관하여 세금을 부과하는 것이고, 이어서 설명할 배출부과금과 크게 다르지 않다. 한편 부과금제도에는 배출부과금, 제품부과금, 그리고 사용료가 있다. 부과금제도는 오염자부담원칙에 따라 오염 원인자가 환경오염에 관한 책임을 지게 할 목적으로 만든 규제제도이다. 부과금제도의 한 종류인 배출부과금은 오염 원인자가 오염물을 배출할 때 오염 배출단위당 일정액을 지불하게 하는 제도이다. 예를 들면, 도시의 건물 부문에서 배출되는 온실가스를 규제하기 위해 건물 온실가스 총량제도가 활용되고 있는데, 온실가스 배출 허용 총량을 넘어 온실가스를 배출한 경우 그 양에 비례해 부담금을 부과하는 것이다(황인창·백종락, 2020). 제품부과금은 제품의 생산부터 폐기까지 각 단계에서 오염을 발생시키는 제품에 대해 일정액을 부과하는 제도를 말한다. 사용료는 오염물질을 처리하는 서비스에 관한 대가로서 부과되는 것으로 쓰레기처리비나 하수도세 같은 것들이 있다(환경행정연구회, 2022). 도시에서 쓰레기를 처리하는 것과 관련된 쓰레기 수거료는 이처럼 사용료라고 볼 수 있는데, 이 쓰레기 수거료와 부과금의 한 종류인 제품 부과금은 관련이 있다. 쓰레기 수거료는 최종 배출자에게 쓰레기 수거 및 처리에 관련된 비용을 부담시키는 것인 반면, 해당 제품을 생산하는 생산자에게 그 제품의 사용 후 수거 및 처리 관련한 비용을 부담하게 하는 것을 제품 부과금이라고 한다(이정전, 2011).

배출권거래제는 할당 가능한 배출권의 범위를 정한 다음 오염 원인자에게 그 범위 내에서 오염 물질을 배출하게 하거나 그 범위보다 덜 배출하였다면 그 부분에 관하여 판매할 수 있도록 하는 제도이다(환경행정연구회, 2022). 도시에서는 건물과 수송부문의 에너지 사용량이 가장 크기 때문에 이들의 온실가스 배출량 역시 가장 크다. 이러한 온실가스 배출량을 감소시키고 대기오염문제도 해결하기 위해 도시정부는 배출권거래제도와 같은 시장메커니즘을 활용하고 있다(황인창, 백종락, 2020).

경제적 유인책에 기댄 간접 규제는 환경정책의 목적을 상대적으로 더 저렴한 비용으로 효율적으로 달성할 수 있도록 하는 것이 장점이다. 이런 특성으로 인해 직접 규제와 달리 간접 규제는 기업들이 기술혁신을 위해 자발적으로 노력하게 만들 수 있다. 한편 간접 규제의 단점은 제도가 복잡하고 규제효과가 즉각적이지 않다는 것이다(서울시립대 도시행정학과, 2014).

(4) 홍보 및 환경교육

도시환경정책수단의 마지막 분야는 홍보 및 환경교육이다. 예를 들어, 탄소중립도시를 만들어 가려는 도시정부의 목표가 정부 노력만으로 이루어지지는 않을 것이다. 도시 내 온실가스 배출을 줄이기 위해 도시 정부가 화석연료를 사용하는 것에 관한 직접 규제 혹은 경제적 유인책 등의 정책수단을 활용한다고 하더라도, 시민들이 에너지를 더 많이 소비하고, 도시 내 녹지의 비율을 높이는 데 관심이 없고, 기후변화의 영향에 적응하고 회복력을 키우는 데 관심이 없다면 그 도시는 결코 탄소중립 혹은 기후변화적응도시가 될 수 없을 것이다. 그렇기 때문에 탄소중립도시를 만든다는 도시 정부의 정책적 목표를 달성하는 데 가장 중요한 파트너는 도시시민일 것이다. 따라서 환경 관련 홍보나 환경교육을 통해 도시 내 시민의 환경의식을 높이는 것은 시간이 오래 걸리는 일이기는 하지만, 중요한 정책수단인 것을 잊지 말아야 한다(이정전, 2011). 도시에서의 시민의 환경의식은 과거처럼 도시 정부 주도의 일방적 홍보나 교육을 통해 높아지는 방식이 아니라, 현재는 시민, 학교, 시민단체, 전문가그룹, 기업, 중간지원조직, 그리고 도시정부 간 다양한 상호작용을 통해 환경의식이 서로 함께 높아져 간다고 볼 수 있다.

제4절 ✐ 도시환경행정 조직 및 거버넌스

1. 도시환경행정 조직

도시환경행정의 책임은 누가 지는 것이 맞을까? 혹은 현재 도시환경행정의 책임은 누구에게 주어져 있는가? '도시'라는 단어가 있기 때문에 우리는 당연히 도시환경행정의 책임은 환경문제가 발생한 해당 도시정부에게 있다거나 책임이 주어져 있다고 생각한다. 그러나 수질오염이나 대기오염과 같은 환경문제는 한 도시지역에서만 그 피해가 국한되는 것이 아니기 때문에, 그 도시정부만 도시환경행정의 책임을 져야한다면 그 도시의 경계를 넘어서까지 발생하는 환경문제가 제대로 해결되지 못할 가능성이 발생한다.

도시환경행정의 조직을 어떻게 구성할 것인가는 이런 측면과 매우 밀접하게 연결되어 있는 주제이다. 도시환경행정을 이행하는 조직은 두 가지 방식으로 구성될 수 있다. 먼저 지방자치단체와 지방에 설치된 중앙정부의 특별환경행정기관이 함께 도시 및 지역의 환경행정을 책임지는 방식이 있다. 이 방식은 다양한 환경행정을 분야별로 체계적으로 수행할 수 있고, 관련 전문성을 확보할 수 있다는 장점이 있다(이시경, 2000). 하지만 일관성이 부족하고 종합적인 방식으로 도시환경행정을 수립하고 이행할 수 없다는 단점이 있다. 또 다른 방식은 도시 및 지역과 관련 있는 환경행정을 일괄적으로 그 지역 지방자치단체가 책임지는 방식인데, 종합적으로 도시 및 지역 환경행정을 수립하고 이행할 수 있는 장점이 있다. 그러나 이 방식은 분야별로 체계적으로 도시환경행정을 수행할 수 없고 전문성을 확보할 수 없다는 단점이 있다(이시경, 2000).

현재 우리나라의 도시환경행정과 관련한 업무는 광역 및 기초자치단체와 유역환경청, 지방환경청, 수도권대기환경청 및 홍수통제소 등이 맡고 있다. 도시 정부를 포함한 지방자치단체는 환경행정과 관련하여 자치사무와 위임사무를 함께 처리하고 있다. 지방자치단체의 자치사무는 관할구역 내 지역 환경 보전대책 수

립 및 시행, 생활폐기물의 수집 및 처리, 오수·분뇨·축산폐수 처리, 소음·진동
및 자동차 배출가스 규제 등이다. 한편 지방자치단체가 환경부 장관으로부터 위
임받은 사무는 산업단지 내외의 환경오염물질 배출업소관리와 환경개선부담금의
부과 및 징수 등이다(환경행정연구회, 2022). 지방자치단체는 환경 관련 사무를 수행
하기 위해 환경담당 행정조직을 운영하고 있는데, 광역자치단체는 독립적 행정조
직인 '국'을 설치해 운영하고 있고, 기초자치단체는 독립적 행정조직을 가지고 있
지 않고, 환경정책 관련한 '과'를 설치해 운영하고 있다(환경행정연구회, 2022).

　　한편 도시정부의 환경담당 행정조직의 변천사를 살펴보면 도시의 환경문제
가 어떻게 분화되어 왔고, 도시정부가 그에 따라 관련 행정조직을 어떻게 분화
및 확장해 왔는지 알 수 있다. 서울특별시의 예를 들면, 1940년대는 수도과에서
상수도 관리를 책임졌고, 1950년대는 상수도와 폐기물관리를 다루는 수도과와 위
생과가 있었고, 1960년대에서 1980년대는 상수도, 폐기물관리, 하수도, 공원녹지,
대기, 수질 등을 다룬 보건과, 환경과, 청소과, 공원과, 녹지과, 조경과 등이 도시
환경행정의 책임을 졌다. 그리고 1990년대에는 상수도, 폐기물관리, 하수도, 공원
녹지, 대기, 수질, 토양, 지하수, 소음진동, 유해화학물질, 환경분쟁조정, 환경영향
평가 등의 환경정책영역을 환경과, 대기과, 수질과, 재활용과, 공원과, 계획과, 녹
지과, 하수과, 치수과 등에서 다루게 되었다. 2000년대 이후에는 상수도, 폐기물
관리, 하수도, 공원녹지, 대기, 수질, 토양, 지하수, 소음진동, 유해화학물질, 환경
분쟁조정, 환경영향평가, 악취, 석면, 에너지, 기후변화대응 등의 도시환경행정 분
야를 다루는 데 환경과, 에너지과, 자원순환과, 교통과, 저공해과, 물관리과, 클린
도시과, 조경과, 공원과, 자연생태과, 환경협력과, 대기과, 기후과, 교통과, 산지방
재과 등이 조직되어 운영되었다(서울특별시, 2017). 최근 들어 서울특별시는 기후환
경본부하에 기후환경정책과, 친환경건물과, 친환경차량과, 대기정책과, 녹색에너
지과, 자원순환과, 자원회수시설과, 생활환경과를 두고 도시의 기후변화대응 및
환경오염대응을 위한 도시환경행정을 이행하고 있다. 이처럼 도시는 현대적 도시
화의 초창기에 깨끗한 물 공급, 폐수 처리 및 쓰레기 처리에 초점을 맞추었지만
시간이 흐름에 따라 미세먼지 및 기후대응 등과 같은 새롭게 부각되는 환경문제
에 대응하는 방식으로 조직을 구성하여 도시환경행정을 이행하고 있다는 것을 알

수 있다. 또한 조직적 측면에서 도시환경행정 관련하여 다른 어떤 분야보다 기후 대응에 관한 조직이 크게 확장된 것을 알 수 있다. 서울특별시 이외에도 전국의 많은 도시 및 지역 정부에서는 기후관련 부서를 따로 두고 지역의 기후대응정책 을 펼치고 있다.

　한편 지방자치단체와는 별도로 도시 및 지역환경행정을 책임지는 지방환경 관서가 있는데 유역환경청, 지방환경청, 수도권대기환경청 및 홍수통제소가 바로 그들이다. 「환경부와 그 소속기관 직제」와 「환경부와 그 소속기관 직제 시행규 칙」은 유역환경청, 지방환경청, 수도권대기환경청 및 홍수통제소가 하는 사무와 조직 구성을 자세하게 정해놓고 있다. 유역환경청은 통합관리사업장의 배출시설 등·방지시설의 허가사항 이행관리, 생태계 보호지역 관리, 환경영향평가관련 협 의, 환경기초시설의 운영 및 관리 실태조사에 관한 사항, 영향권별 환경보전계획 의 수립·시행, 대기관리권역별 대기환경관리 기본계획의 수립, 시·도 시행계획 승인 및 추진실적 평가에 관한 사항 등을 다룬다. 유역환경청은 환경관리과, 자연 환경과, 환경평가과, 자원순환과, 측정분석과로 구성된 환경관리국, 유역계획과, 상수원관리과, 수질총량관리과, 수생태관리과로 구성된 유역관리국, 하천계획과, 하천공사과로 구성된 하천국과 그 밖에 화학안전관리단, 대기환경관리단, 환경감 시단으로 구성된다.

　지방환경청은 생태계 보전지역의 관리 및 자연환경보전·이용시설의 설치· 운영 등 자연환경에 관한 사항, 환경영향평가에 대한 협의 및 사후관리에 관한 사항, 수계관리 및 수질오염 총량관리에 관한 사항, 환경기초시설의 운영 및 관리 실태조사에 관한 사항, 통합관리사업장의 배출시설·방지시설의 허가사항 이행관 리에 관한 사항 등을 다룬다. 이러한 사무를 원활하게 이행하기 위하여 지방환경 청은 각 지방환경청에 따라 서로 다르게 환경관리과, 자연환경과, 환경평가과, 자 원순환과, 측정분석과, 하천계획과, 하천공사과, 하천관리과, 수질총량관리과, 수 질관리과, 환경감시과, 화학안전관리단 및 화학물질관리과 등의 조직을 구성하고 있다.

　한편 수도권대기환경청은 기획과, 대기총량과, 조사분석과, 자동차관리과로 구성되어 있다. 대기총량과는 사업장 대기오염물질 총량관리제도를 운영하고 사업자의 배출허용총량 준수여부 확인 및 점검 등의 사무를 이행하고 있다. 조사분석과는 대기오염물질 배출원 및 배출량을 조사하고 대기오염측정망을 설치 및 운영, 채취시료에 대한 분석 등의 사무를 이행한다. 자동차관리과는 운행차 배출가스 저감 사업 및 보증기간 경과장치 성능유지 사업 관련 국고보조금 교부·집행·정산 등에 관한 사항, 배출가스 저감장치 부착, 저공해엔진 개조·교체 및 노후경유차·건설기계 조기 폐차지원 등 배출가스 저감 사업 추진에 관한 사항 등을 관장한다. 홍수통제소는 홍수 및 갈수의 통제 및 관리 등의 사무를 관장하는 예보통제과, 수위 및 강수량 등 관측장비의 운영 및 현장 품질관리 등을 관장하는 전기통신과, 홍수 및 갈수의 예보에 관한 기술개선 및 발전, 하천유량관리시스템의 구축·운영 그리고 기상자료의 수집·가공·분석 및 제공에 관한 사무를 관장하는 수자원정보센터 등으로 구성되어 있다.

그렇다면 지방자치단체와 지방환경관서 간에 사무는 어떻게 조율되고 있는가? 예를 들면, 대기오염물질과 폐수 배출시설이 설치된 사업장들이나 비산먼지를 발생시키는 사업장에 관해 환경단속을 실시할 때 유역환경청, 지방환경청 그리고 각 지방자치단체가 업무를 분담하여 이행하고 있다. 지방자치단체 소속 환경업무를 담당하는 공무원이 대부분의 단속업무를 진행하고, 유역환경청이나 지방환경청의 공무원들은 특별지도나 특별 점검 같은 업무를 진행하는 방식으로 서로의 역할을 분담하고 있다(김명제, 윤정호, 김동우, 이상혁, 손승우, 2022). 그러나 처음부터 이렇게 서로의 역할이 나누어져 있었던 것이 아니라, 1984년에는 시·도가 환경오염물질 배출업소에 대한 지도 및 단속을 전담하였었지만, 이후 환경부가 감시업무를 시작하였고 2002년 10월 이후부터는 공단 내외의 오염물질 배출과 관련된 관리는 지방자치단체에게 주어졌고 현재는 지방자치단체와 환경부가 함께 지도 및 점검을 하고 환경청은 특별단속을 하는 방식으로 변화하였다(김명제, 윤정호, 김동우, 이상혁, 손승우, 2022). 이처럼 환경행정업무와 관련하여 중앙정부와 지방정부 간 여러 차례 위임과 회수가 반복되어 왔다는 것을 알 수 있다. 이는 지방자치단체 중심의 도시 및 지역 환경행정의 단점이 될 수 있는 부족한 인력을 효율적으로 이용하고 관련활동을 상시에 실시하기 위한 고민에서 비롯된 현상이라고 볼 수 있다(김명제, 윤정호, 김동우, 이상혁, 손승우, 2022).

이상에서 살펴본 것처럼, 우리나라의 도시환경행정 조직은 지방자치단체와 중앙정부의 특별 지방행정기관으로 이원화한 형태를 취하고 있다. 한편, 지방자치가 강화됨에 따라 지방자치단체가 도시 및 지역 환경행정을 일괄적으로 책임을 질 수 있도록 해야 한다는 목소리가 높아짐에 따라, 점점 더 이 방향으로 나아가고 있다.

2. 도시환경행정 거버넌스

(1) 도시 내 도시환경행정 거버넌스

복잡해지는 도시환경행정의 목표를 제대로 달성하려면 더 이상 정부 단독의 역할만으로는 불가능하다는 인식이 널리 확산되었다. 도시 정부와 더불어 비정부 행위자 즉 기업, 법인, 대학, 연구기관, 비정부조직(non-governmental organizations, NGOs) 그리고 시민과 같은 다양한 행위자의 역할이 중요하게 되었다. 특히, 중앙정부 차원에서 기후변화대응과 관련한 적절한 정책을 마련하지 못하거나, 도시 차원에서 정치적 지도자를 선출하는 선거로 인해 기후변화대응 전략을 수립하고 이행하는 정책의 연속성이 지속되지 않는 경우 도시정부나 비정부 행위자들의 역할이 더욱 중요해지기도 한다(Romero-Lankao et al., 2018). 다양한 행위자 간에 만들어진 도시환경정책과 관련한 의사결정과정은 지휘-통제의 의사결정방식에 익숙한 도시정부의 정책을 "보완"하는 역할을 하며, "협력적이고 자발적이며 지역적으로 포괄적인 의사결정 프로세스"(이태동, 2023, p. 148)를 가지는 특성이 있다.

도시환경행정에 참여하는 다양한 행위자 중 전문가의 역할은 매우 크다고 볼 수 있다. 왜냐하면 도시환경행정에서 복잡한 과학적 사실에 관한 지식은 매우 중요한데(이태동, 2023), 과학적 근거에 관한 배경지식이 부족한 도시정부 공무원들이 가지는 한계(Briley et al., 2015)를 보완해 줄 수 있기 때문이다. 한편 도시정부 공무원과 전문가들 간의 논의과정에서 서로 간에 개방적인 태도가 매우 중요하다. 이런 개방적인 태도는 도시정부 공무원들과 연구기관 혹은 대학의 연구자들 간의 상호 학습 및 관계 구축을 통한 신뢰 형성 등으로 연결된다. 도시정부 공무원들과 연구자들 간의 신뢰에 기반을 둔 지속적인 의사소통으로 인해 관련 정책을 달성할 수 있게 되고, 연구에서 살펴보지 못했던 영역에 관한 새로운 통찰력도 만들어지게 된다(Frantzeskaki & Kabisch, 2016). 이처럼 도시정부 공무원들과 연구자들 간의 관계는 도시환경행정과 관련한 정책을 수립하고 이행하는 데 중요하다.

도시환경행정 거버넌스에 있어 시민의 역할 또한 매우 중요하다. 매년 지구환경에 관한 보고서를 작성하는 것으로 유명한 월드워치연구소의 2016년 보고서에서는 지속가능한 도시는 "자치(self-governance)를 북돋우는 참여적 유기체"라면서 "지속가능한 도시의 시민들은 개개의 유권자로서 그리고 이해당사자 집단의 일원으로서" 도시를 더욱 환경적으로 지속가능하게 할 수 있는 그들의 역할에 관해 다양한 가능성을 발견할 수 있다고 언급하였다(Worldwatch Institute, 2017, p. 146). 환경문제는 외부성이 크다는 특성이 있는데, 이는 규제 대상이 광범위하고 모호한 경우가 많고, 오염과 파괴를 유발하는 특정 기업이나 개발업자만이 환경문제에 책임이 있는 것이 아니라 시민이 타는 자동차에서 대기오염이 발생하고, 시민이 버리는 생활하수에서 수질오염이 발생하듯이 시민이 환경문제를 발생시키는 원인자이며 피해자인 측면이 있다(이시경, 2000). 따라서 도시 내 환경문제의 해결은 시민들이 문제를 해결하고자 하는 의지와 노력에 달려있다고 볼 수 있다. 특히, 기후변화대응과 관련하여 시민의 역할을 매우 중요하다. 도시 내 에너지절약, 에너지효율성이 높은 제품 사용, 재생에너지 생산 및 활용과 같은 기후변화 완화 노력과 기후적응 노력은 시민이 할 수 있는 역할이 큰 부분이다. 또한 앞에서 도시 정부와 전문가집단의 상호협력에 관하여 언급하였는데, 시민들도 기후변화대응과 관련하여 전문적인 지식을 축적하는 주체로서 역할을 할 수 있다(김아라, 고재경, 유가영, 2021).[6] 도시환경행정 거버넌스의 중요한 주체로서 시민이 도시의 지속가

---

6 시민과학은 "일반 시민이 전문적인 과학자 및 과학기관과의 협력 혹은 지도 및 지시하에 수행하는 과학적 작업"으로 옥스퍼드 영어사전(2014)은 정의하고 있다(김아라, 고재경, 유가영, 2021, p. 398). 우리나라는 2011년 한국 생물다양성 관측 네트워크를 만들어 전국의 시민과학자들이 생물다양성을 모니터링하고 있고, 미국은 미국 기상청(National Weather Service, NWS)과 국립 환경 정보 센터(National Center for Environmental Information, NCEI)에서 운영하는 시민과학자 중심의 기상 관측 프로젝트가 유명하며 약 9,000명 정도의 시민과학자가 활동하고 있다(김아라, 고재경, 유가영, 2021). 베르겐대학교에서는 TRACKS 라는 프로그램을 만들어 방글라데시의 폭우 피해가 높은 지역의 시민들을 시민과학자로 선정해 관련 정보를 수집하게 할 뿐만 아니라 기후 적응 프로그램의 설계, 수행 및 결과 평가까지 참여하도록 하였다(김아

능성을 이루어가기 위해서는 무엇보다 시민 스스로 타인의 의견을 경청하고 자신의 견해를 나누는 방식의 훈련을 통해 상호 간 의견을 조율하고 합의하는 시민으로서의 덕목을 함양시켜야 한다(김민경, 윤여창, 2018).

한편 환경과 관련한 비정부조직들은 도시환경행정과 관련한 의사결정과정에 활발히 참여함으로써 도시정부의 환경행정에 관한 의견을 제시하고, 환경오염을 유발하는 기업들을 감시하고, 도시민들이 관련 의사결정과정에 참여할 수 있도록 한다. 또한 도시에서 환경 관련 비정부조직들은 지역사회, 시민, 기업, 도시 및 중앙정부 사이에서 중재자의 역할을 하기도 하고, 시민들을 교육하기도 하고, 시민들과 함께 다양한 프로그램을 만들어 도시의 지속가능성을 높이기 위한 노력을 진행한다(Beatley, 2013). 예를 들어, 비정부조직들이 도시정부와 협력하여 도시 내 대규모 유휴지를 활용하여 도시농장을 설립하거나 도시녹화 프로그램을 진행하여 지역 사회의 일자리를 창출하는 프로그램들을 계획한 미국의 디트로이트와 필라델피아 등의 사례는 이러한 환경 관련 비정부조직들의 노력을 보여주고 있다(구형수 등, 2021).

한편 기업의 도시환경행정 참여와 관련해서는 ESG라는 개념을 주목할 필요가 있다. ESG는 환경(Environmental), 사회(Social), 지배구조(Governance)의 영문 첫 글자를 따와서 만든 단어로 기업의 기업 활동과 관련한 지속가능성을 달성하기 위한 세 가지 요소를 이야기한다(한국도시행정학회, 2024). 도시에서 활발한 경제활동을 하고 있는 다양한 기업은 도시에서 도시숲 조성이라든지, 재생에너지 활용 등과 같은 ESG 경영 실천을 표방하고 있다. 이처럼 기업의 ESG 개념의 적극적인 활용으로 인해 도시환경의 질을 악화시키는 주범으로서의 기업이 아니라 기업도 도시의 지속가능성의 중요한 주체라는 것을 다시 한번 인식시키고 있다.

(2) 도시의 경계를 넘어서는 도시환경행정 거버넌스

도시환경행정을 특정 도시 단위에서만 이해하는 것은 현실과 맞지 않다. 한 국가 영역 내의 도시와 도시 간의 환경문제는 도시의 경계를 넘어 그 영향을 공유할 뿐만 아니라 국경선 너머 다른 도시들과도 환경문제 발생의 영향을 공유한

라, 고재경, 유가영, 2021).

다. 대기오염과 기후변화가 대표적인 예라고 볼 수 있다. 전 세계의 수많은 도시는 국경 내 도시 간 자발적인 환경거버넌스를 만들어 공동의 환경문제에 함께 대응하고 있다. 또한 국경을 넘어 발생하는 도시와 도시 간 초국경적 환경문제에 대응하기 위해 도시정부들은 다양한 도시 간 국제협력 네트워크를 만들어 움직이고 있다. 즉 도시가 위치한 그 나라의 국경의 경계를 넘어 도시환경행정 거버넌스를 가능하게 하고 있다. 이와 관련한 대표적인 사례 중 하나는 도시 간 기후변화대응에 관한 다양한 국제 도시기후네트워크인데, 그중 하나인 C40 도시기후리더십(C40 Cities Climate Leadership) 그룹은 2005년 런던에서 회의를 한 이후 기후변화문제에 대응하기 위한 초국경적인 협력을 함께 모색해 왔다. 특히 C40 회의는 2년마다 열리는 시장회담을 통해 우수 사례들을 서로 공유함으로써 각 도시들이 어떻게 기후변화에 대응할 것인가를 모색하는 데 도움을 준다(이태동, 2021). 또한 지속가능성을 위한 세계지방정부협의회(International Council for Local Environmental Initiatives, ICLEI)의 기후보호도시(Cities for Climate Protection, CCP) 프로그램은 도시정부 수준에서 기후대응을 할 수 있는 다양한 정책적 및 제도적 전략들을 모색해 왔다. 도시정부가 이러한 초국경적 도시기후네트워크에 소속되었다는 사실 자체가 이미 그 해당 도시가 기후변화대응에 상당히 적극적으로 움직이고 있다는 것을 보여준다. 또한 이 네트워크에 포함되어 있음으로 인해 도시정부의 기후변화대응 목표를 달성하기 위한 동기를 가지게 되며, 관련 정책 수립 및 이행을 격려받게 된다(이태동, 2021).

제5절　도시환경행정의 과제, 발전방향 그리고 성찰

1. 도시환경행정의 과제

환경부와 지방자치단체 및 지방환경관서로 함께 구성된 현재의 도시환경행정의 흐름은 지방자치 시대가 가속화됨에 따라 환경부와 같은 중앙정부의 권한이 상당 부분 지방자치단체로 이관이 되어 가는 경향을 보여주고 있다. 이런 방향성을 보이고는 있지만 도시환경행정의 권한이 온전히 지방자치단체에게 주어져야 한다는 주장을 하거나 그렇게 할 경우 문제가 커진다는 주장이 여전히 대립하고 있다. 전자를 주장하는 사람들은 도시 및 지방정부가 그 도시 및 지역에 적합한 환경행정을 실시하지 않는다면, 그 지역의 특수한 상황을 반영할 수 없다고 이야기한다. 예를 들어 대기오염 관리의 경우 서울에서는 교통 부문, 경기도는 산업단지, 인천은 항만이 가장 많은 대기오염물질을 배출하는데, 그 지역별 특성을 고려하지 않고 일률적으로 중앙정부의 평균적인 수준의 대기오염 관리제도를 이행한다면 지역의 다양한 특성에 맞춘 대기오염 관리에 실패하게 될 가능성이 있다는 것이다(김고운, 조항문, 김운수, 이지혜, 2018). 또한 이 입장을 지지하는 사람들은 지방자치단체는 법령의 범위에서 그 사무에 관하여 조례를 제정할 수 있다는 지방자치법 제28조 조항이 존재하기 때문에, 현실적으로 지방자치단체인 도시정부가 도시환경행정을 자율적으로 추진하는 것은 어려운 부분이 있어 이를 수정해야 한다고 주장한다. 반면 도시 및 지역 환경행정의 권한이 모두 지방자치단체로 이관되는 것에 반대하는 사람들은 전문성 부족, 재정 부족, 그 지역 특유의 개발에 대한 압력 등으로 인해 오히려 그 지역 환경의 질을 악화시키는 상황이 발생할 가능성이 있다고 주장한다.

향후 도시환경행정의 과제는 지방자치단체의 환경행정 관련 권한은 커지고 있지만 여전히 중앙정부의 권한이 강한 측면으로 인해 실제 도시 및 지역 환경행정의 실질적 이행이 어려운 점을 해소하는 방향과 도시 및 지역 환경행정의 전문성을 강화하고 지역 환경의 질을 보장할 수 있게 하는 방향, 이 두 방향의 목적을 동시에 달성하는 것일 것이다. 이를 위해서는 도시환경행정과 지방자치제도와의 상호 연관성을 깊이 있게 고민할 필요가 있고, 둘의 영역을 강화하는 방향으로 도시 차원에서 다양한 환경 정책적 실험을 할 필요가 있다.

2. 도시환경행정의 발전방향

도시환경문제를 해결하기 위해서는 도시행정의 서로 다른 분야 간의 '연계성과 통합성'이 매우 중요하다(서울시립대 도시행정학과, 2014). 교통, 재정, 경제, 문화, 주택, 도시계획, 토지 등 도시행정의 다른 영역과 도시의 환경문제를 함께 연결하여 바라볼 때, 문제 해결의 보다 더 근본적인 실마리가 보일 것이다. 예를 들어 도시 내 기후변화대응의 경우, 도시공간구조를 어떻게 만드느냐에 따라 도시민들의 통행 시간 및 거리, 통행량, 통행 수단의 선택 등이 달라지고 그에 따라 교통 부문의 에너지 수요가 달라지기 때문에 공간계획은 "매우 강력한 근본적 배출 저감 도구"(송재민 등, 2022, p. 7)라고 볼 수 있다. 다행스러운 점은 이러한 연계성과 통합성이 제도화되기 시작했다는 점이다. 2023년에 시행된 「국토계획 및 환경계획의 통합관리에 관한 공동훈령」에 따르면, 지방자치단체에서 수립하는 각 지방자치단체 종합계획, 도시기본계획, 도시관리계획 등이 각 지방자치단체의 환경계획과 계획기간이 일치되어야 한다. 또한 이 훈령의 지방자치단체 국토계획과 환경계획을 통합 관리하는 내용에는 자연생태계의 관리·보전 및 훼손된 자연생태계 복원, 국토환경의 연결성 강화를 위한 체계적 관리, 에너지 절약형 공간구조 개편 및 신·재생에너지 사용 확대를 통한 에너지 효율성 증대, 깨끗한 물 확보와 물 부족, 수해 등에 대비한 대응, 대기질 개선을 위한 대기오염물질 감축, 기후위기에 대응하는 저탄소 국토 조성, 폐기물 배출량 감축 및 자원순환경제로 전환 등이 포함되어 있다. 이처럼 도시 관련 정책과 환경정책의 일부가 통합 관리될 수 있는 가능성이 열리기 시작하였다. 그러나 아직은 초기단계여서 앞으로 다양한 시행착오를 거치면서 도시행정의 여러 영역에서 환경적인 측면이 반영되어 가리라고 생각된다. 이런 부분에서 발생 가능한 시행착오를 줄일 수 있는 방안이 무엇인가를 고민하는 것은 앞으로 도시환경행정이 담당해야 할 영역이다.

한편 도시환경행정의 성공을 위해서는 중앙정부와 도시 정부, 도시 정부와 도시 정부, 도시 내 시민, NGOs, 전문가, 기업 간 거버넌스도 매우 중요하다. 도시환경행정의 의사결정과정에서 다양한 이해관계자의 참여와 이러한 다양한 행위자로 구성된 네트워크는 도시의 환경행정 특히 기후변화대응에 있어 "자원 제공자", 비슷한 문제에 직면한 다른 도시와의 상호 작용을 촉진하는 "촉진자", 기후변화에 관한 "담론을 보다 광범위하게 형성하는 주체"로서 기능한다(Romero-Lankao et al., 2018, p. 594). 이러한 다양한 행위자 간의 협력 네트워크의 구축은 도시환경의 질과 관련한 복잡하고 과학적인 정보를 효과적으로 해석하여 도시환경행정의 최종의 목표를 보다 더 쉽게 달성할 수 있도록 도와줄 것이다. 이제까지 도시는 환경과 관련한 거버넌스를 구축하고 실행하기 위하여 많은 노력을 해왔다. 다양한 이해관계자가 도시환경행정 거버넌스 체제에서 목소리를 내고 그들의 의견을 정책결정과정에 반영하여 왔다. 그러나 형식적인 면에서는 도시환경행정 거버넌스를 이루어 왔으나, 실질적인 측면에서는 아직 가야할 길이 멀다고 할 수 있다. 따라서 도시환경행정 거버넌스가 내용적 측면에서 보다 더 실체가 있으려면, 다양한 행위자 간에 투명한 정보의 공유, 정책결정과정 참여에서의 서로에 대한 존중, 그리고 거버넌스 작동 후 효율적인 피드백 과정의 확립 등이 필요하다. 도시환경행정은 이러한 측면을 강화시키는 방향으로 발전하여야 할 것이다.

마지막으로 현재 도시를 환경적 측면에서 가장 크게 위협하고 있는 요소는 기후변화일 것이다. 「UN 세계도시화전망(World Urbanization Prospects)」 보고서는 2050년이 되면 전 세계 인구의 70% 이상이 도시에 거주할 것이라고 전망한다. 도시화가 고도로 진행된다는 의미는, 환경의 관점에서 보면, 도시에 더 많은 인구가 모이게 되어 더 많은 자원을 쓰게 되고 더 많은 식량을 소비하며 더 많은 오염을 배출할 가능성이 크다는 뜻이다. 즉 빠르게 확장되는 도시화로 인해 온실가스 배출이 크게 증가하여 기후위기를 더욱 가속화시킬 가능성이 있다. 또한 대부분의 인구가 도시에 모여 있게 되며, 그들 간 경제적 불평등은 더욱 확대될 것이고 도시민의 많은 수가 고령층일 확률이 높기 때문에, 기후변화의 영향에 취약한 인구수가 더 늘어난다는 의미이기도 하다. 도시환경행정은 이러한 가속화된 도시화가 기후변화영향에 관한 대응 및 그와 관련한 취약계층 보호에 관한 관심을 놓치지 않고 관련 정책들을 발전시켜 나아가야 할 것이다.

3. 도시환경행정의 발전을 위한 성찰

도시환경행정이 발전하고 성숙하기 위해서는 도시가 무엇인가?라는 질문으로 다시 돌아가 볼 필요가 있다. 우리가 흔히 도시를 생각할 때, 도시는 사람, 빌딩, 자동차, 도로, 그리고 가능한 다른 형식의 개발에 자주 노출되곤 하는 녹지로 구성된 어떤 장소라고 생각한다. 물론 완전히 틀린 생각은 아니지만, 이는 도시를 우리 눈에 보이는 어떤 것만으로 특징을 지어서 결론을 내린 것으로 볼 수 있다. 도시는 이러한 보이는 존재들 말고도 보이지 않는 어떤 것들이 작용하는 공간이다. 도시는 다양한 물질과 에너지가 서로 활발하게 유통되고 교환되는 장소이며, 이런 의미에서 도시는 도시 생태계라고 부를 수 있을 것이다(Wilson, 2023; Worldwatch Institute, 2017). 그렇다고 도시 생태계를 '생태계'라는 말만 보고 거대한 숲이나 바다를 상상하는 오류는 우리 중 누구도 하지 않을 것이다. 그렇다면 도시 생태계는 우리가 인식하고 있는 자연 생태계와 무엇이 다를까? 앞에서 언급한 인공적인 구조물 이외에도 가장 큰 차이는 외부의 에너지원과 물질 자원에 의존하는가 아닌가일 것이다. 자연 생태계는 물질과 에너지를 대체로 자급자족하는 반면, 도시 생태계는 계속 존재하기 위해서 많은 경우에 외부에서 에너지원을 공급받고(물론 재생에너지 기술을 이용해 에너지를 자체적으로 생산하기도 하지만) 물질 자원을 받아들인다. 예를 들면 우리 도시들은 도시의 빌딩이 제 기능을 다하고, 자동차 등을 움직이게 만들기 위해서는 국경 너머 중동이나 다른 나라의 유전에서 석유를 가지고 와야 하고, 우리가 소비하는 식품들은 많은 경우 해외에서 수입된다(Worldwatch Institute, 2017). 한편 국가 내의 경계에서 보면, 도시를 유지하기 위한 전기는 다른 지역에서 발전하는 화력 및 원자력 발전소에서 주로 송전선과 송전탑을 통해서 도시로 공급되고, 식품은 농촌지역이나 어촌지역에서 도시로 공급되어 우리의 식탁을 풍성하게 해 준다.

도시는 도시가 아닌 지역(농촌, 산촌, 어촌 등과 자연 생태계)의 강력한 지원 없이는 존재할 수 없는 곳이다. 즉 도시는 도시가 아닌 지역으로부터 도시 내로 가지고 오는 다양한 자원을 사용하여 운영되는 장소이다. 인류가 도시화를 진행하고 산업화를 가속화시킨 이래, 도시가 비도시 지역으로부터 자원을 가져와 사용하는

것은 정당한 행위로 인식되어 왔다. 그래서 도시가 타 지역으로부터 자원을 가져
와 사용함으로써 석유, 석탄, 광물 등이 타 지역에서 채굴되어 그 지역의 환경오
염을 유발하는 것, 도시로 오는 중간 과정에서 또 다른 타 지역에 미치는 영향,
도시 내에서 그 자원이 사용되고 난 이후 타 지역으로 폐기물로 버려지거나 혹은
대기오염 및 온실가스 배출로 그 해당 도시지역뿐만 아니라 타 지역의 지속가능
성을 훼손시키고, 그 타 지역의 인간과 생태계의 다른 구성원들의 삶을 훼손하게
되는 점을 간과해 왔다.

　　도시가 다양한 환경위기에 대응하여 살아남기 위해 지속가능성과 회복탄력
성을 강조하여 지속가능한 도시, 탄소중립도시, 기후적응도시, 기후회복력도시 등
등의 개념들을 소개하고 관련 정책들을 이행했거나 진행하고 있다. 이런 다양한
도시와 환경을 연계하는 패러다임들은 그 의미가 매우 소중함에도 불구하고, 앞
에서 설명한 것처럼 한 가지 중요한 사실을 간과하고 있었다. 즉 도시 내 지속가
능성과 회복탄력성에 초점을 맞추다보니 도시와 도시가 아닌 지역 간의 상호적인
지속가능성과 회복탄력성은 관심을 덜 기울여 온 것이다. 도시환경행정의 수립과
이행은 바로 이 도시와 도시가 아닌 지역 간의 환경적 혹은 생태적 상호 관련성
을 항상 염두에 두면서 진행되어야 한다. 즉 도시가 비도시 지역에 환경적으로
덜 부담을 주는 방식으로 기능하는 것에 관해 도시환경행정은 상시적으로 고민해
야 한다. 도시환경행정을 책임지는 구성원 모두, 즉 중앙 및 도시 정부 정책입안
자, 시민, 전문가, 기업, NGOs 등이 도시를 이렇게 바라보고 사유할 수 있을 때
도시환경행정이 달성하려고 하는 목표 즉 도시의 지속가능성과 회복탄력성 등이
이루어질 수 있을 것이고 더 나아가 비도시 지역의 지속가능성 및 회복탄력성도
가능해질 것이다.

참고문헌

강상준, 정주철, 권태정 (2010). 도시유형에 따른 저탄소 도시계획요소 간의 상대적 중요도. 환경정책, 18(1), 27−52.

김강민, 이태희, 오덕성 (2012). 기후변화대응 에너지 자립형 도시의 계획체계의 상관관계 및 상대적 중요도 분석. KIEAE Journal, 12(4), 21−30.

김고운, 조항문, 김운수, 이지혜 (2018). 서울시 환경행정, 현장장밀착형 분권화 필요: 대기·에너지 등 분야별로 차별화전략 수립. 서울: 서울연구원.

김귀곤 (1994). 생태도시로 전환을 위한 서울시 공원녹지 정책의 역할. 환경조경학회지, 22(3), 192−204.

김민경, 윤여창 (2018). 지속가능한 사회 구현을 위한 시민참여의 조성: 정부의 질과 사회자본. 국정관리연구, 13(2), 221-251.

김명제, 윤정호, 김동우, 이상혁, 손승우 (2022). 데이커 기반 환경감시를 위한 환경정보시스템 분석 및 시사점 도출. 환경정책, 30(2), 173−198.

김아라, 고재경, 유가영 (2021). 기후변화 적응분야의 시민과학 활용 동향과 시사점. 한국기후변화학회지, 12(51), 397-407.

구형수, 조판기, 김민정 (2021). 유휴 국·공유재산을 활용한 축소도시의 ESG 경영전략. 국토정책 Brief, 846. 서울: 국토연구원.

대한민국 정책브리핑. (2021). 2050 탄소중립. https://www.korea.kr/special/policyCurationView.do?newsId=148881562

명수정. (2024). 기후·에너지 위기와 도시의 탄소중립. 과학기술과 인문학의 융합 도시의 미래: 진단과 처방 (한국도시행정학회 총서, 박광국, 채원호 편저) (pp. 86−113). 서울: 박영사.

박종화, 윤대식, 이종열 (2013). 도시행정론: 이론과 정책 (제4판). 서울: 대영문화사.

변병설, 정경연 (2021). 도시계획론. 서울: 박영사.

이상문 (2014). 도시환경정책의 방향과 과제. 도시문제, 49(551), 27−31.

이시경 (2000). 도시환경론. 서울: 대영문화사.

이시경 (2016). 환경정책가치론. 대구: 계명대학교출판부.

이정전 (2011). 환경경제학 이해. 서울: 박영사.

임재빈 (2022). 서울대도시권 신도시 아이디어 전개에 관한 연구: 역사적 제도주의 관점
　　　에서, E. 하워드의 전원도시운동을 중심으로. 한국지역개발학회지, 34, 1−26.

서울시립대학교 도시행정학과 (2014). 도시행정론. 서울: 박영사.

서울특별시 (2017). 서울시 도시환경. https://seoulsolution.kr/ko/content/3194

서울특별시의회 (2014). 서울시 기후변화 대응을 위한 기후회복력 연구. 서울: 서
　　　울특별시의회 사무처.

송재민 외 (2022). 탄소중립 도시계획 추진 방향. 도시정보, 478, 5−22.

한국도시행정학회 (2024). 과학기술과 인문학의 융합 도시의 미래: 진단과 처방
　　　(한국도시행정학회 총서, 박광국, 채원호 편저). 서울: 박영사.

한국환경정책·평가연구원 (2016). 기후변화 취약계층 이용시설의 기후회복력 강화
　　　방안. 세종: 한국환경정책·평가연구원.

황인창, 백종락 (2022). 온실가스와 미세먼지 저감 위한 경제적 수단 도입 방안. 서
　　　울: 서울연구원

환경행정연구회 (2022). 환경정책론 (개정판). 서울: 윤성사.

Beatley, T. (2013). 그린 어버니즘: 유럽의 도시에서 배운다 (이시철 번역). 서울:
　　　아카넷. (원전은 2000년에 출판)

Dryzek, J. S. (2005). 지구환경정치학 담론 (정승진 번역). 서울: 에코리브르.

Rosenzweig, C., Stephen A. H., William D. S., & Shagun, M. (2014). 기후변화와
　　　도시: 도시기후변화연구네트워크 제1차 평가보고서 (김은정 번역). 안양:
　　　국토연구원. (원전은 2011년에 출판)

Wilson, B. (2023). 어반 정글 (박선령 번역). 서울: 매일경제신문사 (원전은 2023년
　　　에 출판)

Worldwatch Institute. (2017). WWI 2016 지구환경보고서: 도시는 지속가능할 수 있을
까? (황이방, 김종철, 이종욱 번역). 서울: 환경재단. (원전은 2016년에 출판)

Angelo, H., & Wachsmuth, D. (2020). Why does everyone think cities can save
the planet? *Urban Studies*, 57(11), 2201−2221. https://doi.org/10.1177/
0042098020919081

Bolger, K., & Doyon, A. (2019). Circular cities: exploring local government strat−
egies to facilitate a circular economy. *European Planning Studies*,
27(11), 2184−2205. https://doi.org/10.1080/09654313.2019.1642854

Briley, L., Brown, D., & Kalafatis, S. E. (2015). Overcoming barriers during the
co−production of climate information for decision−making. *Climate Risk
Management*, 9, 41-49. https://doi.org/10.1016/j.crm.2015.04.004

Frantzeskaki, N., & Kabisch, N. (2016). Designing a knowledge co−production
operating space for urban environmental governance—Lessons from
Rotterdam, Netherlands and Berlin, Germany. *Environmental Science &
Policy*, 62, 90-98. https://doi.org/10.1016/j.envsci.2016.01.010

Intergovernmental Panel on Climate Change (IPCC). (2022). *Climate change
2022: mitigation of climate chance_summary for policymakers*.
Working Group III contribution to the Sixth Assessment Report of the
Intergovernmental Panel on Climate Change. IPCC.

Paiho, S., Mäki, E., Wessberg, N., Paavola, M., Tuominen, P., Antikainen, M.,
Heikkila, J, Rozado, C. A. & Jung, N. (2020). Towards circular cities—
Conceptualizing core aspects. *Sustainable Cities and Society*, 59, 102143.
https://doi.org/10.1016/j.scs.2020.102143

Romero−Lankao, P., Burch, S., Hughes, S., Auty, K., Aylett, A., Krellenberg, K.,
Nakano, R., Simon, D., & Ziervogel, G. (2018). Governance and policy. In
C.W. Rosenzweig, P. Solecki, S. Romero−Lankao, S. Mehrotra, S. Dhakal,
& S. Ali Ibrahim (Eds.), *Climate change and cities: Second assessment
report of the urban climate change research network* (pp. 585-606).
New York: Cambridge University Press.

Seto, K.C., Churkina, G., Hsu, A., Keller, M., Newman, P.W.G., Qin, B., & Ramaswami, A. (2021). From low— to net—zero carbon cities: the next global agenda. *Annual Review of Environment and Resources*, 46(1), 377—415. https://doi.org/10.1146/annurev—environ—050120—113117

Seto, K. C. (2023). Strategies for smart net zero carbon cities. *The Bridge: Linking Engineering and Society*, 53(1), 15—21. Retrieved from https://www.na—e.edu/291031/Strategies—for—Smart—Net—Zero—Carbon—Cities

Urban Administration

제 **10** 장

도시문화행정: 정책, 계획, 그리고 장소 만들기

10 Chapter 도시문화행정: 정책, 계획, 그리고 장소 만들기

Jason F. Kovacs

제이슨 코박스

제1절 ⟡ 도시문화행정

1. 도시행정에서의 문화

도시행정가와 도시계획가들은 정책적으로 '문화(culture)'라는 요소를 주요한 정책요소로 간주하기 시작했다. 대도시인 서울부터 중소 규모의 도시, 그리고 읍·면·동·마을까지 다양한 규모와 특성을 가진 도시공간에서 문화정책과 관련 계획이 만들어지고 있다. 하지만 도시정책 결정과 계획 과정에서 문화를 주거, 교통, 경제, 환경정책과 같이 신중하고 면밀하게 고려해야 한다는 인식의 등장은 몇십 년도 채 되지 않는다. 20세기만 해도 도시행정가와 계획가들은 문화를 중요한 정책적 고려 요소로 여기지 않았으며, 이를 계획에 체계적으로 반영하지도 않았다. 문화란 무엇인가? 도시행정학을 공부하는 우리들 혹은 평범한 시민으로서 문화의 중요성을 이해해야만 하는 이유는 무엇인가? 또한, 문화가 중요하다면 도시행정의 역할은 무엇일까? 이 장의 목표는 이 질문들에 대한 답을 제공하는 것뿐만 아니라, 도시문화 정책과 계획, 그리고 공간조성(placemaking) 개념 등을 살펴봄으로써 도시문화행정과 도시의 문화현상에 대한 이해와 인식을 높이는 것이다. 사실 도시문화행정이라는 개념이 생소할 수 있는데, 이는 많은 실무자와 학자들이 '도시문화정책'이나 '도시문화계획'이라는 용어를 더 자주 사용하기 때문이다.

제1절은 정책 분야에서 보편적으로 이해되는 문화에 대한 설명에서 시작하여, 도시 정책 및 계획에서의 '문화적 전환(cultural turn)'에 기여한 주요 관찰들, 개념과 주장들, 그리고 환경적 요인을 살펴볼 것이다. 특히, 경제 활성화, 장소 마케팅 및 관광자원으로서의 역할을 하는 예술, 문화, 그리고 문화유산이 공공의 관심을 끌고 있는 현상을 알아볼 것이다. 2절은 도시문화행정에서의 주요 발전 사항과 개념들을 다루는데, 이 중에서도 문화계획(cultural planning)의 확산 그리고 창조적 공간조성(creative placemaking)이 주목받는 트렌드를 다룬다. 이와 같이 도시 행정 및 계획에 소규모(small-scale) 예술과 문화를 통합하는 것은, 값비싼 대규모 프로젝트나 행사와 유사하게, 특정 지역을 활성화하고 그곳 주민들의 삶의 질을 향상시키는 중요한 역할을 한다는 인식이 점차 높아지고 있다. 이 장에서는 저자가 직접 밀접히 연구한 두 가지 문화 관련 정책 프로젝트를 사례 연구로 제시할 것이며, 시각적 이해를 돕기 위해 각 사례에 사진을 첨부하였다. 저자의 출신 국가인 캐나다에서는 캘거리 시의 혁신적인 WATERSHED+ 공공 예술 프로그램을, 한국에서는 이화벽화마을의 성장과 쇠퇴를 예로 가져왔으며, 각각 문화 계획과 창조적 공간 조성을 설명할 것이다. 한편 서양과 동양의 사례를 모두 다루는 이유는 문화 관련 도시 정책이 한 국가에만 국한되는 것이 아닌, 국경을 넘는 전 세계적인 트렌드임을 보여주기 위함이다. 이 장에서는 현재 한국이나 캐나다에서 실현되고 있는 도시문화행정에 대한 구체적인 정보를 제공하는 것보다는, 도시행정 및 계획 분야에서 문화(예술, 문화, 문화유산)의 중요성과 글로벌 트렌드에 대한 이해를 높이는 데 초점을 맞추고 있다. 이는 학생들이 광범위하고 전략적인 시각을 갖게 하여 도시 문화 행정의 복잡성을 이해하는 데 도움이 될 것이다.

2. 문화란 무엇인가?

영국 웨일스 출신 학자 Raymond Williams(1976)는 '문화(culture)'를 영단어 중 가장 난해한 단어 중 하나라고 했다. 문화는 명확히 정의하기 어려운 개념이다. '문화'라는 단어는 어떠한 예술적 활동과 표현을 이야기 할 때 쓰기도 하지만, 어떤 특정 집단 혹은 사람들의 특별한 삶의 방식을 가리킬 때도 사용한다. 혹은 높은 수준의 문화적 교양을 가진 사람을 지칭하는 '문화인'이라는 용어를 사용하는 것처럼 정신적인 측면을 강조하기 위해도 사용될 때도 있다. 확실한 것은, 문화의 정의가 시간과 공간에 따라 다양하게 나타났으며, 도시정책 및 계획 분야도 이러한 변화와 밀접한 관련을 가지며 역할과 성격이 정의되어 발전해 왔다는 것이다. 가령, 지난 한 세기 동안 정부의 문화 정책은 주로 클래식 음악, 미술품, 오페라, 그리고 연극과 같은 서양 문화의 예술적 표현인 '고급예술(high art)'에 국한되었다. 그러다 20세기 후반 이러한 '문화의 민주화'로 인해 문화의 영역이 확대되었으며, 노동자 계급의 문화를 비롯한 문화유산 등도 주목받을 가치가 있다고 인식되었다. 결과적으로, 많은 도시가 보다 다양한 문화 형태를 도시의 독특함과 매력에 기여하는 추가적인 자산으로 고려하기 시작했다.

각 연구자마다 문화에 대한 정의는 다를 수 있지만, 캐나다의 커뮤니티와 지역계획에 관한 입문서인 Planning Canada에 소개된 다음의 설명은 한국을 포함한 세계 여러 나라의 도시문화행정에서 다루는 문화의 정의와 정책적 범위를 충실히 포착하고 있다.

"문화란 문화산업과 그 종사자, 문화단체, 문화유산과 자연유산, 문화공간과 시설, 축제와 행사, 설화, 가치와 전통 등 우리 지역의 정체성을 반영하고 창조적 행위를 활성화하는 사람, 장소, 그리고 사물을 포괄하는 광범위한 개념이다"(Thomas, 2016: 424).

다양한 문화 요소가 열거되어 있지만, 정책 입안자들은 편의와 효율성을 고려하여 이 중 몇몇 요소에만 초점을 맞추곤 한다. 일부 문화 정책의 경우 문화 요소의 범위가 더욱 확장될 때도 있는데, 이에 대한 예시로 이 챕터의 후반부에서 다룰 '문화 자원 매핑(cultural resource mapping)'이 있다. 도시문화행정에서 문화를 범주화하는 또 다른 방식은 단순히 예술, 문화, 그리고 문화유산과 같은 전통적인 정책 관련 요소로 구분하는 것이다. 예술과 문화는 종종 같은 의미로 사용되기 때문에 구분에 어려움이 있을 수도 있으나, 도시정책에서 '예술'이란 주로 공예, 무용, 문학, 미디어, 음악, 연극, 시각디자인(공공미술, 거리예술, 벽화 등)으로 국한되는 개념이다. 한편, '문화'는 특정 사회집단(공동체, 민족, 사회계층 등)의 구성원이 공유하고 있는 특정한 생활 방식에 대한 인식이나 행동의 양식을 의미한다. 이러한 '인류학적' 특성은 사실상 우리 주변의 모든 것을 문화로 간주할 수 있게 함으로써 문화 정책가들은 자주 이를 사용한다. 왜냐하면 이로 인해 문화의 개념은 고급예술(high arts)에서 멀어지고 대중에 더 가깝게 다가가게 되었기 때문이다.

마지막으로 문화유산이란 한 세대에서 다음 세대로 전해지는 유산(inheritance)의 한 형태로, 유형(건축물이나 기념비와 같은 물질적인 유산)과 무형(지식, 문화적 기술과 같은 비물질적 유산)으로 구분된다. 도시문화행정은 이러한 3가지 문화 요소: 전통적 혹은 현대적 예술; 민족문화 혹은 지역문화; 그리고 유무형의 문화 유산을 모두 다룬다. 한편, 많은 도시가 그들의 문화 계획과 전략을 주로 '예술'에 중점을 두고 있었다. 이런 경향은 미국 도시들에서 특히 두드러지는데, 반면에 캐나다와 호주를 비롯한 다른 국가의 일부 도시들은 더 포괄적인 정책 목표를 추구하고 있다.

3. 도시정책 및 계획에서의 '문화적 전환': 역사적 배경과 최신 동향

(1) 도시미화 운동(City Beautiful)부터 과학적 도시계획(City Scientific)까지

미국에서는 19세기 말에 '도시미화 운동(City Beautiful Movement)'이란 새로운 도시계획 운동이 펼쳐졌다. 비록 짧은 기간(1890년대~1920년대) 동안 전개되었지만, 건축 및 도시계획에 새로운 표준을 제시하는 데 중요한 역할을 했다. 이 운동은 도시의 미적 가치와 공공 공간의 중요성을 강조하여 도시를 미적으로 아름답고 조화롭게 보이는 것에 주안점을 두었다. 예를 들어 도시 중심부에는 공공 건축물에 유럽의 전통적인 신고전주의 양식을 적용하고, 대로 양옆으로 웅장한 수목을 식재하였다. 또한, 공원과 광장과 같은 오픈 스페이스를 마련하고 시각적 일관성을 위해 분수와 조각상을 설치하는 등의 노력을 기울였다. 도시문화정책과 계획 사(史)에서 도시미화 운동의 종결은 그 시작보다도 더 큰 중요성을 지닌다. Rhonda Phillips(2004: 21)는 도시미화 운동의 종결에 관하여 다음과 같이 평가했다. "도시계획에 공공 예술을 통합하려는 의지는 (도시미화 운동의 종결 후) 상실되었으며, 한 세기 가까이 회복되지 않았다." 서양에서 도시를 '예술적'으로 건설해 온 역사는 도시미화 운동과 함께 끝을 맺었다. 그 자리를 합리주의와 과학주의를 중시하는 모더니즘이 대신하게 되었다. 도시미화운동은 북미 지역에 국한되어 전개되었지만, 모더니즘은 전 세계의 도시들에 영향력을 끼쳤다.

　　모더니즘은 1930년대부터 건축과 도시 계획에서 중요성을 인정받기 시작했다. 지리학자 Alison Bain과 Linda Peake(2017: 447)는 모더니즘을 다음과 같이 설명했다. "모더니즘은 도시적 형태에 개입하여 도시문제를 바로잡고 사람들의 삶의 질을 향상시키는 목적이 있다." 이러한 철학은 도시 전문가들이 과거의 관습과 전통적인 삶의 방식을 벗어나도록 유도했다. 이로 인해 건축 분야에서는 간결하고 단순한, 군더더기 없는 양식이 주목받게 되었다. 기업의 사옥부터 공공 건물, 고층 주거용 아파트까지 모든 건물의 외관에 영향을 미쳤다. 도시계획 분야에서 모더니즘은 단일용도 조닝(single-use zoning) 기법의 확산을 촉진했다. 단일용도 조닝은 도시공간을 주거, 상업, 공업, 녹지, 여가 등 토지의 이용 목적에 따라 획일적으로 분리한다는 개념이다. 이는 주거지역을 공업지역으로부터 분리시켜, 산업 활동으로 인한 공해나 소음으로부터 보호하기 위함이었다. 반대로 혼합용도 공간(mixed-use spaces)은 도시재개발(urban renewal) 과정에서 소실되었다. 이는 주거지(주거지역)와 일자리(공업지역)를 물리적으로 분리함으로써 용도지역 간 거리가 증가하는 부작용이 있었다. 결과적으로 도시가 저밀도로 교외 지역으로 확산되는 스프롤(sprawl) 현상이 되고 주민들의 자동차 사용이 늘어나게 되었다. 20세기 모더니즘 도시의 또 다른 특징은 당시 대량생산되던 자동차의 효율적인 움직임에서와 같은 기능적 효율성에 초점을 맞춘 '과학적 도시(City Scientific)' 계획이다.[1] 이에 기반하여 문화유산에 대한 제약없는 철거가 정당화되었다. 2차 세계대전 이후 몇십년 동안 오래된 주거 및 상업 지역, 이민자 지역(예를 들어 당시에는 '슬럼'으로 여겨진 차이나타운 등), 그리고 비교적 최근에 지어진 건물까지 모두 '현대화'와 '진보'라는 명분으로 사라지게 되었다. 쉽게 말해, 모더니즘은 오래된 것들을 소중히 여기지 않

---

1 온영태. (2005). 새로운 도시 만들기. 건축, 49(8), 19-19.

았다. 도시들은 문화시설(박물관, 극장 등)이나 예술을 즐길 수 있는 공공 공간을 설치하는 데 소홀하지 않았지만, 대개 그러한 시설들은 미적 가치가 부족하고 실용성 및 활용성이 떨어지는 문제가 있었다.

(2) 도전받는 모더니즘

도시건설 방식에 대한 반성, 그리고 문화의 중요성에 대한 인식 변화의 배경에는 다수의 노력이 있었다. 특히 미국의 작가이자 시민활동가인 제인 제이콥스(Jane Jacobs, 1916~2006)는 도시 건설과 관련된 논쟁을 촉발하는 데 중요한 역할을 했다. 1961년 제이콥스는 『미국 대도시의 죽음과 삶(The Death and Life of Great American Cities)』을 통해 단일용도 조닝과 도시재개발에 지나치게 의존하는 당대 도시계획에 의문을 제기했다. 그녀는 이러한 도시계획이 주민들의 삶의 질을 잠식하고 미국의 위대한 도시의 유산들을 파괴했다고 주장했다. 그녀는 뉴욕 맨하탄 그리니치 빌리지에 거주하는 동안 해당 지역을 수년간 면밀히 관찰한 결과를 바탕으로 '작은 블록(short blocks)'과 '혼합적인 토지이용(mixed-use environments)'이 결합된 도시 형태가 소통과 상호 작용을 증진한다는 점을 강조했다. 상점, 술집, 식당 등의 가게들이 거리를 향해 위치하면 사람들은 자주 거리를 이용하게 된다. 결과적으로 '거리를 지키는 눈(eyes on the street)' 또는 '자연적 감시(natural surveillance)'가 형성되면서 노동자 계층 거주 지역의 범죄율이 감소하는 효과를 얻을 수 있다. 캐나다 건축가 Oscar Newman은 도시환경의 특징이 어떻게 범죄를 촉진하거나 예방하는 데 영향을 미치는지 설명함으로써 그녀의 주장을 뒷받침했다. 1972년 제이콥스는 『방어 가능한 공간(Defensible Space)』에서 모더니즘 건축과 계획이 도시의 쇠퇴(decay)에 기여하고 있다는 주장을 뒷받침하는 추가적인 증거를 제시했다. 이러한 초기 연구를 기반으로 환경 범죄학(environmental criminology)과 CPTED(Crime Prevention Through Environmental Design, 범죄예방 디자인)라고 알려진 실용적인 후속 연구 분야가 등장했다. CPTED는 범죄에 취약한 도시 공간에 벽화를 칠하고, 공공시설물 등에 강하고 밝은 색상을 덧댐으로써 보행자의 유입을 촉진하고 자연적 감시를 증가시켜 범죄에 대한 주민들의 두려움을 감소시키는 목적으로 사용된다(예: 2012년 국내 최초로 CPTED가 도입된 서울 염리동, 캐나다 최대 우범지역인 North Battleford의 CPTED 프로젝트).

　　제인 제이콥스의 중요한 업적 중 하나는, 도시계획가들이 '도시의 미래와 주민의 필요를 자신들이 가장 잘 안다(know best)'는 확고한 인식을 가지고 있던 시기에 '시민 참여 도시계획(participatory planning)'을 지지한 것이다. 그녀는 도시계획 및 개발의 의사결정 과정에서 시민의 목소리가 반영될 필요가 있다고 주장했다. 제이콥스는 이민자 지역과 예술가들이 거주하는 오래된 건물의 가치를 높이는 데에도 기여했다. 미국 사회학자 Sharon Zukin이 『Loft Living, 1982』에서 뉴욕의 유명한 소호(SoHo) 지역의 젠트리피케이션 사례를 다룬 것처럼, 이러한 장소들은 도시의 활기를 높이며 종종 예술가가 아닌 사람들도 방문하거나 이주할 수 있는 후보지가 된다. 제이콥스는 한 다큐멘터리에서, "단지 돈을 벌기 위해 건물을 철거하여 개발하는 도시는 공동 자원에 대한 범죄 행위를 저지르고 있다"라고 주장한 것으로도 유명하다. 오늘날 문화유산 보호에 찬성하는 사람들은 제이콥스의 의견에 전적으로 동의할 것이다. 문화유산은 잠재적인 관광자원으로서의 가치와 공동체 역사의 중요한 부분으로 간주된다. 따라서 문화유산의 철거는 잠재적인 경제적, 사회적 자원의 손실을 의미한다. 또한 상당한 환경적 비용이 발생한다. 건물이 파괴될 때, 해당 건물을 건설할 때 사용된 상당한 양의 에너지가 전부 손실되기 때문이다. 반면 건물을 철거하지 않고 유지하는 경우, 해당 건축물이 구성하는 다양한 자원(예: 벽돌, 목재, 강철 등)을 확보하고, 가공하고, 운반하고, 조립하는 데 사용된 에너지를 보존할 수 있다.

　　모더니즘 도시계획으로부터의 탈피를 촉진하는 데 도움을 준 또 다른 중요한 인물은 미국의 사회학자이자 도시학자인 William H. Whyte이다. 그가 1980년에 출간한 책이자 영화인 『The Social Life of Small Urban Spaces』는 뉴욕 맨해튼의 크고 작은 공원, 광장과 같은 일련의 공공 장소를 평가하고 이해하였다. 이 과정에서 그는 왜 어떤 공공 장소들이 대중에게 호평을 받고 왜 다른 장소들은 그렇지 않은지를 설명했다. Whyte는 영상 분석 내용을 토대로 성공적인 도시 공원과 광장의 특징을 제시하였다. 예를 들어 공원과 광장이 주변 도시환경과 조화를 이룸에 따라 접근성이 좋고, 앉을 수 있는 장소(특히 자유롭게 움직일 수 있는 야외용 의자)가 있으며, 근처에서 식음료를 구매하여 자유롭게 취식할 수 있다는 특징이 있었다. 화이트의 연구는 '장소 만들기(placemaking)', 즉 '사람들이 살고 싶어

하고, 일하고, 놀고, 배우고 싶어하는 양질의 장소(quality places)를 만드는 과정'(Wyckoff, 2014)의 인기를 높이는 데 기여했다. 여기서 말하는 '양질의 장소'란 혼합 용도, 우수한 공공 공간, 건축유산, 예술과 문화, 녹지공간과 같은 다양한 요소를 포함한다. 공공공간 디자인 개선 사업, 파사드 개선 사업(건물의 전면부를 새로운 간판과 페인트칠로 아름답게 꾸미는 것), 공원 개선 사업 등은 장소 만들기 프로젝트의 사례들이다. 도시문화계획에서는 과거 대중에게 인기가 없었던 장소들을 매력적인 공간으로 성공적으로 변화시키기 위해 (예: 뉴욕 브라이언트 공원, 〈그림 10-1〉) 장소 만들기를 적극적으로 고려하고 있다. 소외된 공공 공간을 활성화하는 데 있어 문화가 중요한 역할을 한다는 공감대가 형성됨에 따라, 최근에는 예술과 문화에 초점을 맞춘 특별한 형태의 장소 만들기인 '창의적 장소 만들기(creative placemaking)'가 유행하고 있다.

그림 10-1 장소 만들기 전(좌)과 후(우)의 비교.

뉴욕의 브라이언트 공원(Bryant Park)은 범죄 우려로 인해 대중들이 기피하는 장소였으나, 90년대 초반에 우거진 초목을 제거하고 이동식 의자와 테이블이 있는 넓은 잔디밭을 조성함으로써 뉴욕에서 가장 인기 있는 공원 중 하나로 변화했다.

(3) 변화하는 환경: 후기 산업도시와 문화-중심 도시재생

제인 제이콥스가 『미국 대도시의 죽음과 삶』에서 모더니즘 도시계획에 대한 공격을 펼치면서 도시가 (재)건축되는 방식에 대한 증가하는 불만을 대변하고 있던 가운데, 미국을 포함한 서구 일부 도시들은 새로운 사회적 흐름으로서 '탈산업화(deindustrialization)'와 '세계화(globalization)'를 경험하게 된다. 이는 각국 지방자치 기관, 광역자치 기관 및 국가 단위의 정부들이 도시를 계획하는 방식뿐만 아니라 문화를 바라보는 방식에도 큰 영향을 미치게 되었다. 1970년대를 기점으로 한때 번영했던 산업도시들의 위상은 제조업을 중심으로 한 산업활동이 줄어들면서 흔들리기 시작했다. 동시에 산업의 국가 간 이동이 상대적으로 자유로워지면서, 유럽과 미국 기반의 기업들은 산업활동을 저렴한 인건비와 덜 엄격한 환경규제를 가진 가난한 국가들로 옮겼다. 이에 따라 양질의 일자리가 감소하고 저임금 서비스 부문 일자리가 늘어나는 등의 문제가 발생하자, 도시 당국은 관광 개발, 장소 마케팅 및 도시 활성화와 관련된 새로운 전략을 개발하기 시작했다. 도시 간 경쟁(interurban competition)이 심화되는 상황에서 관광지 및 관광단지의 지정, 특화지구(예: 예술, 역사, 쇼핑, 패션, 스포츠, 엔터테인먼트 등)의 육성, 대규모 개발 프로젝트(예: 도시수변공간 재개발, 도심 역세권 재개발 등)의 유치, 그리고 메가이벤트(예: 올림픽, 월드컵 등)의 개최는 탈산업화 도시를 새롭게 브랜딩할 수 있는 잠재적인 역할로 간주되었다.

같은 맥락에서, 박물관이나 갤러리와 같은 문화시설이 도시의 랜드마크 건축물로 기능하여, 도시의 전반적인 경쟁력을 높이고 경제적 부흥을 이끌어낼 수 있다는 인식이 형성되었다. 뉴욕의 솔로몬 R. 구겐하임 미술관(1959년), 시드니 오페라 하우스(1973년), 그리고 파리의 퐁피두 센터(1977년)가 대표적 선례이다. 특히 캐나다 출신의 건축가 프랭크 게리(Frank Gehry)가 디자인한 빌바오 구겐하임 미술관(1997년)은 스페인 북부에 위치한 도시인 빌바오(Bilbao)를 문화 관광 명소로 탈바꿈시키는 데 핵심적인 역할을 했다. 쇠퇴하던 오래된 항구 도시 빌바오는 이 랜드마크 건축물 덕분에 도시 경쟁력이 크게 향상되었으며, 여러 도시 정책가는 이를 벤치마킹하여 유사한 도시재생 전략들을 시도했다. 이러한 전략에는 세계적인 건

축가, 이른바 '스타키텍트(starchitect)'[2]가 설계한 상징적이고 화려한 건축물('스타키텍
쳐(starchitecture)')을 중심으로 이루어진다(Patterson, 2012: 3289). 도시 계획가 Carl
Grodach(2008: 196)는 "여러 도시에서 '빌바오 효과(Bilbao Effect)'를 기대하며 건축,
엔터테인먼트, 소비를 중심으로 한 대규모 복합 단지에 수백만 달러를 투자하고
있다"라고 언급했다. 여기서 빌바오 효과를 기대한다는 것은 도시들이 그들만의
구겐하임 빌바오와 같은 상징적 건축물을 세움으로써 경제적 활력을 얻고 도시의
상징성을 높일 수 있다고 기대하는 것을 뜻한다(Hiller, 2014: 398). 실제로 빌바오 구
겐하임 미술관은 전 세계적으로 문화 플래그십 개발(cultural flagship) 프로젝트의 흐
름을 이끌어 냈으며, 이러한 프로젝트는 주로 스타키텍트의 설계를 통해 박물관,
극장, 갤러리, 오페라 하우스 같은 문화 시설을 새롭게 건설하거나 재개발하는 과
정을 포함한다. 예를 들어, 건축가 다니엘 리버스킨드(Daniel Libeskind)가 설계하여
크리스털 형태의 파사드가 건물 전면부에 추가되어 2007년 재개관한 토론토 로열
온타리오(Royal Ontario) 박물관과 건축가 자하 하디드(Zaha Hadid)가 설계하여 2014년
개장한 서울 DDP(동대문 디자인 플라자)는 이러한 글로벌 트렌드를 보여 준다. 이러
한 흐름은 또한 대규모 프로젝트(예: 2003-2005년 청계천 복원 사업)나 국제 행사(예:
2018 평창 동계 올림픽)와도 밀접하게 연결되어 있으며, 이러한 프로젝트와 행사는 도
시, 지역, 국가의 이미지를 변화시키는 데 기여할 수 있다. 이처럼 비용이 많이 드
는 주요 프로젝트와 행사는 종종 공공-민간 파트너십(public-private partnerships)을
통해 진행되며, 이 과정에서 민간 투자자들이 프로젝트, 서비스 또는 행사에 필요
한 비용의 일부를 부담하게 된다.

(4) 신산업의 등장과 창조적 발상들: 창조도시와 창조계급의 부상

90년대 이후, 도시 정책 분야에서 '예술 산업', '문화 산업', '문화유산 산업',
'창조 산업'과 같은 용어들이 널리 사용되기 시작했다. 이러한 용어들의 등장은
도시의 문화적 경쟁력이 도시의 경제력, 특히 일자리 창출에 점차 중요한 영향력
을 발휘하고 있음을 보여 주었다. 실제로 현대의 많은 도시에서 찾아볼 수 있는
다양한 직업은 예술과 문화 부분(예: 예술가, 음악가, 디자이너 등), 문화유산(예: 관광업계

---

2 유명(star)한 건축가(architect)를 뜻하는 합성어.

종사자, 큐레이터 및 문화재 보존원 등), 다양한 창조 부문(영화업계 종사자, 패션업계 종사자 등)
과 관련이 있다. 이러한 문화의 산업적 측면을 고려할 때, 도시의 우수한 문화 경
쟁력은 결국 도시민들의 주거 만족도 향상과 지역 소비의 증가에 긍정적인 영향
을 미친다는 사실을 이해할 수 있다. 한편으로 이러한 문화의 산업적 측면을 강
조하는 도시들의 행태를 살펴보면, 도시들이 그들의 새로운 운영 방식으로써 기
업가적 거버넌스(entrepreneurial governance)를 채택하고 있다는 점을 이해할 수 있다.
기업가적 거버넌스, 혹은 이와 비슷한 개념인 '기업가적 도시'란 도시 간 경쟁이
더욱 심화됨에 따라, 지방 정부들이 경제적 경쟁력을 유지하거나 향상시키기 위
해 기업가적인 방식을 채택한다는 학계 용어이다. 이러한 지방정부들은 필수 도
시 서비스(주거, 대중교통, 상하수도, 도로 신설 및 보수 등)를 제공하는 전통적인 역할에
더해, 장소 마케팅(place marketing) 등의 활동을 통해 도시를 대외적으로 홍보하는
데 더욱 집중한다. 장소 마케팅은 도시 프로젝트 투자자, 관광객, 그리고 주민들
이 느끼는 도시 이미지를 개선하기 위한 다방면의 수단을 포함하는 개념이다. 도
시에서 열리는 대규모 프로젝트들과 행사들은 지역의 특정한 이미지 혹은 '지역
브랜드'를 양성하는 데 중요한 역할을 할 수 있다. 예를 들어 서울은 DDP(동대문
디자인 플라자)에서 서울패션위크와 같은 대형 이벤트를 개최함으로써 '패션의 도시'
라는 이미지를 얻고 있다. 캐나다 토론토는 여러 문화 행사를 주최하고 있으며,
특히 세계적으로도 유명한 문화 공간을 여럿 보유함으로써 '창조적 도시'로 인식
되고 있다.

현재 이미 익숙해진 창조도시(creative city) 개념은, 1995년 Charles Landry와
Franco Bianchini가 공동 저술한 『창조도시(The Creative City)』라는 책을 통해 처음
대중에게 소개되었다. 이 책의 저자들은 도시문제를 해결하는 '창의성(creativity)',
그리고 '창조적 환경(creative milieu)'이 도시의 경제적 성과에 중요한 영향을 미친다
고 주장했다. '창의성'은 실험적 사고(experimentation)와 함께 관습에서 벗어나 도시
문제를 다른 각도에서 살펴보는 능력을 포함한다. 한편 Landry와 Bianchini는 엄
격한 기능적 전문화와 시 부서와 조직 간의 협력 부족이 종종 그러한 창의성을
억압한다고 주장했고, 따라서 더 창의적인 도시 계획의 필요성을 주장했다.
Landry(2000: 133)는 후속 저서인 『The Creative City: A Toolkit for Urban

Innovators』에서 '창조적인 환경'을 '기업가, 지식인, 사회 활동가, 예술가, 행정가 또는 학생들로 구성된 창조적인 집단이 열린 마음과 국제적인 맥락에서 운영되는 가운데 대면 상호 작용을 통해 새로운 아이디어, 예술품, 제품 및 서비스, 제도를 창조하고 결과적으로 경제적 성공에 기여하는 물리적 환경'이라고 설명했다. '창조적인 환경'을 갖춘 창조 도시는 대개 우수한 문화·편의 시설을 갖추며, 주민들의 높은 삶의 질과 관련이 있다. 사회가 점차 더 지식 기반의 경제로 발전함에 따라, 이러한 창조 도시에서 문제를 해결하기 위한 새로운 아이디어나 혁신이 출현하여 사회적 발전과 진보를 이끌어 낼 가능성이 높다. Landry와 Bianchini의 연구를 바탕으로, 미국의 도시 연구가인 Richard Florida(리처드 플로리다)는 2002년 발표한 매우 영향력 있는 저서 『창조계급의 부상(The Rise of the Creative Class)』에서 가장 성공적인 도시들은 '창조계급'의 구성원들을 유치하고 유지할 수 있는 도시들이라고 주장했다. 창조계급은 건축가, 기술자, 과학자, 작가와 같이 고학력이고 해당 분야의 전문성이 있으며, 숙련된 개인들로 구성되어 있다. 그들의 존재는 도시가 새로운 투자를 유치하고 스타트업부터 첨단기술 회사의 지부에 이르기까지 다양한 기업들을 끌어들이는 데 있어서 경쟁 우위를 제공한다. 다만, 그는 창조계급의 구성원들이 다른 계급의 구성원보다 상대적으로 이동에 있어 더 자유로워서 '고품질의 물리적 장소(high quality of place)'를 제공하는 도시를 거주처로 선택할 것이라고 지적했다. 그에 따르면 '장소의 질(quality of place)'은 "그 장소에 무엇이 있는지, 누가 있는지, 그리고 무슨 일이 일어나고 있는지?"로 평가할 수 있다. 창조계급의 구성원들이 추구하는 도시는 활기 넘치는 거리, 카페 문화(café culture), 예술지구(arts districts), 독특하고 흥미로운 건축물 등 다양한 문화시설과 생활편의시설이 갖춰진 도시이다. 또한 문화적·민족적 다양성을 지닌 도시로, 다양한 문화행사가 수시로 개최된다. 전 세계 많은 도시 공무원과 정책 입안자들은 리처드 플로리다의 창조계급론을 수용하였는데, 그 이유 중 하나는 그의 연구가 객관적으로 재연 가능한 양적 연구에 기반하였기 때문이다. 플로리다의 '창조계급' 주장은 예술과 문화 분야에 대한 더 많은 투자를 정당화하는 데 사용되었다. 그의 책은 지방정부 관계자들 사이에서 널리 인기를 끌며, 특히 도시문화행정 및 문화계획 실천에 대한 많은 관심을 불러일으켰다.

제2절 도시문화정책과 도시문화계획, 장소 만들기

1. 도시문화정책부터 도시문화계획까지의 발전: 거버넌스 혁신과 문화자원지도

많은 국가에서는 예술 및 문화행정과 관련된 사안들이 주로 지방정부의 전문 부서에 할당된다. 예술 및 문화정책을 전담하는 독립적인 부서가 있을 수도 있지만, 일반적으로는 지방정부의 하위 단위 조직(지역사회 개발, 공원 및 여가, 관광, 경제 개발 등)에서 이를 담당한다. 과거에는 이러한 행정 단위 조직들과 지방정부의 다른 부서 간의 상호 작용은 기대되거나 장려되지 않았다. 또한, 문화정책 업무의 범위는 커뮤니티 아트, 예술 자금의 지원, 공공 예술, 문화예술 축제 등 주로 전통 예술 및 문화와 관련된 사항에 한정되어 왔다. 그러나 '문화계획'이 부상함에 따라 이러한 관습은 전 세계적으로 변화할 것으로 예상된다. '문화계획'이라는 표현은 미국인 계획가 Harvey Perloff가 1979년 발표한 책 『The Arts in the Economic Life of City』에 기인한다. 미국의 문화계획 전문가인 Tom Borrup은 Perloff가 "지역 사회들이 그들의 문화자원을 확인하고 지역 사회 개선에 적용할 수 있는 프레임워크를 확립했다"라고 평가했다(Borrup, 2021: 32). 이후 미국에서는 '문화계획'이란 용어가 지역 사회의 문화예술의 발전을 중심으로 한 정책들에 대한 통합된 접근 방식을 가리키는 용어로 사용되었다. 이전에는 예술과 문화의 여러 부문이 분산되어 관리되었다면, 문화계획을 통해 이러한 다양한 측면을 관리하고 "문화 예술 단체와 기관을 돕고, 지역 예술가들이 자립할 수 있도록 돕는 것"을 목표로 한 것이다(Borrup, 2021: 23). 문화계획의 개념은 미국 전역으로 빠르게 퍼져 갔는데, 1990년대에 이르러서는 영국, 호주, 캐나다에서도 구체화되었다. 다만 초창기 문화계획의 개념과 비교할 수 없이 더욱 풍부한 해석이었다. 초기 문화계획은 단순히 지역사회 문화정책이 통합된 형식이었는데, 이와 달리 도심 활성화, 토지이용계획, 관광 및 경제발전과 같은 다양한 도시정책 부문에 부처

간 협력적 접근으로 이해하였기 때문이다. 이러한 해석의 기원은 1991년 호주 시드니에서 개최된 제1회 국제문화계획 회의로 거슬러 올라갈 수 있다. 이 회의에서 문화계획은 도시계획에서의 새로운 문화적 접근으로 소개되었으며, 예술, 문화, 우수한 도시 디자인과 관련된 삶의 질과 장소 기반의 요소들을 다루고 육성하는 것을 목표로 했다. 문화계획은 공공 및 민간 부문이 모두 참여하는 가운데 도시의 예술 부문과 문화 산업을 활성화시키며, 매력적이고 살기 좋은 환경을 조성하는 방안으로서 홍보되었다. 또한 예술가와 문화 계획가들(일반적으로 예술에 대한 전문적인 배경을 보유함)이 부서 간 및 부서 내에서 중재자 역할을 수행하여 갈등을 조정하고 새로운 아이디어의 발전을 촉진할 것으로 예상되었다. 이에 대한 구체적인 사례는 '사례연구 1: 캐나다 앨버타주 캘거리의 WATERSHED+ 프로젝트'를 참조하기 바란다. 결과적으로 문화계획은 지방정부의 사일로 현상[3]을 타파하는 역할을 수행하는 거버넌스 혁신의 수단으로 여겨지게 되었다. 특히 2000년대 초반에는 창조도시와 창조계층 개념이 널리 확산되면서, 지방정부들은 문화계획 혹은 창조적 도시계획(creative city planning)의 중요성과 잠재력에 대해 더 큰 관심을 가지게 되었다. 여기서 주목할 점은, 문화적 플래그십 프로젝트(예: 서울 동대문 디자인 플라자(DDP))와 대형 이벤트들(예: 월드 엑스포)도 문화 계획과 창조적 도시계획하에 추진되지만, 대부분의 문화정책 계획가들은 문화 계획이란 더 작은 규모의 예술과 문화적 개입에 초점을 맞추는 것이라고 이해하고 있다는 점이다.

각 국가마다 문화계획에 대한 시각과 관점은 다르지만, 현재 문화계획 실천의 선두 주자로 널리 알려진 캐나다의 온타리오 주 정부 웹사이트에 실린 설명이 그 본질을 잘 보여준다(Stevenson, 2014). 이 설명에 따르면, 문화계획은 "지역 사회의 문화자원을 파악하고 활용하며, 그 자원의 관리 역량을 강화해 지역계획과 의사 결정의 모든 단계에 걸쳐 문화자원을 통합하는 과정"이다(온타리오 주 관광문화체육부). 즉, 문화계획의 첫 번째 단계는 문화계획의 대상이 되는 지역에 어떤

---

3 사일로(silo)란 곡식이나 작물 등을 외부와 격리시켜 저장하는 용도의 저장고를 의미한다. 사일로 현상이란 높은 벽으로 둘러싸인 사일로의 모습에 빗대어 조직원이 주위와 협력하지 않은 채 자기 틀에 갇히는 것을 비유한 것으로, 조직 내의 부서 간 장벽이나 부서 이기주의를 의미한다.

문화자원이 있는지 파악하는 것이다. 이때 고려해야 할 문화자원의 범주에는 지역 문화단체(예: 지역사회의 예술 단체, 민족 문화 단체), 문화공간 및 시설(예: 아트센터, 극장, 박물관), 창조/문화 산업(예: 갤러리, 경매, 아트페어 등 미술 시장), 축제 및 행사(예: 영화제, 다문화 축제, 문화예술공연), 문화유산(예: 건축 유산, 유적 지구), 예술과 창작 직업(예: 예술가, 건축가, 음악가, 작가), 무형자산(예: 전설과 설화, 관습, 전통), 그리고 자연유산(예: 농장, 과수원, 식물원)까지 포함된다. 이러한 다양한 문화자산을 파악하고 목록을 작성하는 과정은 문화 매핑(cultural mapping) 또는 문화자원지도 작성을 통해 이루어진다. 캐나다 문화계획 전문가 Greg Baeker(2010: 17)는 문화자원지도 작성을 "문화자원을 식별하고 기록하는 체계적인 접근 방식"이라고 정의하며, 다음과 같이 덧붙였다. "지리 정보 시스템(GIS) 도구를 사용하여 유형의 문화자원을 식별하고 기록할 수 있다. 또한, 독특한 역사, 가치, 전통 및 이야기가 어우러져 커뮤니티의 정체성과 장소성을 정의하는 무형의 문화자원을 탐색하기 위해 커뮤니티 정체성 매핑(예: 주민 인터뷰, 커뮤니티 역사 연구)을 수행할 수도 있다." 도시의 문화자원지도를 작성하는 것은 정책 입안자들이 눈여겨보지 못했거나 인지하지 못한 중요한 사실을 발굴하여 전달할 수 있다. 예를 들면, 문화자원이 집중된 '문화 허브' 지역을 발굴하여 문화 특구로 지정할 수 있다. 역사성으로 중요한 문화자원이 밀집한 지역에서는 유적을 보존하고 관광 편의시설을 갖출 것을 제안할 수 있다. 또한 예술 및 문화 소외 지역을 식별하여 문화시설을 조성하는 등의 지원책을 마련할 수 있다. 문화자원지도 작성의 결과물은 문화계획의 개발을 위한 정보로 활용된다. 문화계획은 도시의 문화 기능을 강화하기 위한 미래 비전과, 비전을 달성하기 위한 방향성, 단기·중−장기 실행계획과 전략적 목표를 담은 전략계획이다. 전략적 목표의 예로는 공공 예술의 개발, 축제 및 행사의 정체성/이미지 강화, 커뮤니티 센터 및 문화시설의 구축, 문화유산 및 노후 건축물의 보존·재생건축 등이 있다. 전략적 목표에는 '표준'이 없으며, 그 형태와 유형은 매우 다양하다. 이는 문화계획이 각 지역의 고유한 특성을 강화하고, 다른 지역과 차별화된 정체성을 확립하는 것을 목표로 하기 때문이다. 예를 들어, 서울의 경우 먹자골목과 다문화거리를 관광 특구[4]로 지정하거나(〈그림 10−2〉) 지역사회에서 열리는 예술행사를 후원하는 등 지역의 필요에 맞는 다양한 전략적 목표를 설정할 수 있다. 도시계획 분야에서는 문화자원을 도시발전의 원동력으로 삼는 전략이 점차 부상하고 있다. 다만 전략의 성공을 위해서는 부서 간의 원활한 협업이 필수적이다. 그래서 문화계획의 중심이 되는 주도 부서(예: 문화정책과)는 문화계획과 관련된 다른 부서들(관광과, 교통과, 도시계획과, 경제정책과 등)과 함께 협력하여 문화계획에서 제시된 다양한 전략적 정책목표를 달성할 것이 요구된다.

일반적으로 하나의 문화계획에는 다양한 전략적 목표들이 내포되어 있지만, 가장 흔한 목표 중 하나는 예술지구, 민족 지구, 그리고 유적지구의 지정이다. 예술지구(arts district) 또는 문화지구(culture district)란 "문화시설이 집적되어 있어 매력의 중심지가 되고, 관광 지도에 표시될 정도로 잘 알려진 복합용도 지구"이다(Frost−Kumpf, 1998: 10). 예술지구에서는 갤러리, 극장 등 다양한 문화 인프라가 중심이 되어 있어 예술가들의 활동을 포용할 수 있으며, 예술행사나 축제가 수시로 개최된다. 소규모 상점들, 레스토랑, 카페, 음악 클럽은 예술가나 관람객들이 창작물을 감상하고 소통하는 장소를 제공하여 문화교류를 촉진하여 지역 사회의 정체성을 강화하는 역할을 한다. 이러한 '창조 허브(creative hub)'는 공식적인 문화계획이 없는 상태에서 자생적으로 형성되며, 예술가들은 종종 입소문을 통해 그 지역으로 모이게 된다. 도시 당국은 이러한 지역을 발굴하여 문화 계획을 통해 공식적으로 예술지구로 지정한다. 그 결과, 해당 지역은 거의 즉시 관광 지도에서 새로운 관광 명소로 인기를 끌게 된다. 한편으로, 예술지구에서 임대료가 지속적으로 상승함에 따라 예술가들이 결국 그 지역을 떠나야 하는 젠트리피케이션 현상의 존재는 이제 너무나 잘 알려져 있다. 이에 몇몇 도시는 예술 지구의 수명을 늘리기 위해 예술가나 공예가가 거주하고 작업할 수 있는 다목적 공간을 제공하는 정책을 시행하고 있다. 이러한 다목적 공간은 새로 지어지거나 오래된 건물의 재생 건축을 통해 마련되며, 예술 지구의 높은 임대료에도 불구하고 예술가들이 부담 없이 거주할 수 있도록 보조금을 지급하는 방식이다.

---

4 관광특구란 외국인 관광객의 유치 촉진 등을 위하여 관광 활동과 관련된 관계 법령의 적용이 배제되거나 완화되고, 관광 활동과 관련된 서비스·안내 체계 및 홍보 등 관광 여건을 집중적으로 조성할 필요가 있는 지역으로 이 법에 따라 지정된 곳을 말한다(관광진흥법 제2조 11항).

그림 10-2 특정 지역을 먹자골목, 민족지구, 역사지구로 지정하거나 지역 축제를 개
최하는 사례는 대표적인 문화계획의 예라 할 수 있다.

1970년 대학 상권의 형성과 함께 그 역사가 시작된 서울 동대문구 회기역 파전골목(왼쪽
상단), 한국 최대 규모의 중앙아시아 거리인 광희동 중앙아시아 거리(오른쪽 상단), 토론토
증류소 역사지구의 보행자 전용길(왼쪽 하단), 매년 봄 오타와에서 열리는 "아트 인 더 파
크(Art in the Park)" 행사에서 전시되고 있는 예술 작품들(오른쪽 하단).

　　민족지구 혹은 '외국인 밀집지역(ethnic district)'[5]도 문화계획과 밀접한 관련이
있는 지구 유형이다. 외국인 집단 거주지 또는 외국인 밀집 상업지역은 대개 이
민자 집단 구성원들이 특정 지역에 모이면서 유기적으로 형성된다. 예술지구가
창조 계급을 유인하는 역동적인 예술과 문화가 풍부한 도시의 상징이라면, 외국
인 밀집지역은 잠재적 이주자들에게 그 도시가 다양성을 포용하는 국제적인 도시

---

5 박세훈, 정소양. (2011) 국토정책 브리프 Vol. 309.

(cosmopolitan)임을 보여 주는 역할을 한다. 또한 외국인 밀집지역은 현지인들이 자국에서 이국적 분위기를 경험할 수 있는 곳으로서 독특한 관광 명소로 떠오르기도 한다. 제인 제이콥스는 민족지구를 "집(거주국가) 안에서" 다른 문화를 경험하고 배울 수 있는 곳이라고 언급한 바 있다. 문화계획을 통한 민족지구의 공식적인 지정은 두 가지 형태로 나타날 수 있는데, 하나는 해당 지역에 거주하는 한 특정 민족의 존재가 해당 장소를 브랜딩하는 단일문화지구(monocultural district)의 형성이다(예: 토론토의 코리아타운). 다른 하나는 다문화지구(multicultural district)인데, 단일문화지구보다 상대적으로 넓은 지역에서 두 개 이상의 민족이 삶의 터전으로 삼는 곳이다(예: 러시아, 몽골, 우즈베키스탄 등 다양한 국가의 문화가 공존하는 서울 광희동 중앙아시아 거리). 몇몇 문화계획은 역사적 문화공간의 보존과 오래된 건물의 재생, 그리고 건축유산을 보호하기 위해 역사지구(historic districts) 또는 유적지구(heritage districts)를 지정하는 등 미래 세대를 위한 문화유산 보존과 관련된 문제에 대응하고 있다. 역사지구는 거주자와 방문객들에게 도시의 역사적인 풍요로움을 나타내는 역할도 하지만 '역사문화도시' 혹은 '역사관광도시'라는 지역의 상징적 정체성을 갖추게 하여 관광 명소로서 인기를 끌게 할 수 있다. 한편 역사지구 내의 주거 지역의 경우 문화재적 가치를 보호하고자 함에 따라 개발행위에 적지 않은 제한을 받게 된다. 이러한 제한은 문화재 주변 경관을 보존하여 조화로운 역사문화환경을 조성하기 위한 것이다.[6] 최근에는 이러한 규제가 과도할 경우 사유재산을 침해하고 경제활성화를 저해할 수 있다는 의견을 고려하여, 문화재의 보존과 규제 완화 사이의 균형을 추구하려는 움직임이 일어나고 있기도 하다.

　　세계 각국의 도시들은 문화의 중요성이 증가함에 따라, 문화계획과 도시계획을 통합하여 다양한 도시문화 전략을 채택하고 있다. 문화계획이 도시 계획에 어떻게 적용되는지는 정부의 계층 및 행정 구조에 따라 다르게 나타난다. 호주 뉴사우스웨일즈 주와 같은 몇몇 하위정부 체제에서는 공식적인 문화계획의 수립이

---

6 문화재보호법 제2조 제6항에 의거, '역사문화환경'이란 '문화재 주변의 자연경관이나 역사적·문화적인 가치가 뛰어난 공간으로서 문화재와 함께 보호할 필요성이 있는 주변 환경'을 말한다. 또한 역사문화환경 가운데 특별히 보호가 필요한 지역을 '역사문화환경 보존지역'으로 규정하고 있는데, 시도지사는 문화재(보호)구역 외곽 경계로부터 500미터 범위 안에서 문화재청장과 협의하여 조례로 구체적 범위를 설정하도록 하고 있다(문화재보호법 제13조 제1항).

필수로 요구된다. 반면, 캐나다의 온타리오 주 등의 일부 주 정부는 하위 지방자치단체에게 문화자원지도 작성과 문화계획의 수립을 강력히 권장하는 방식으로 접근한다. 여기서 유의해야 할 점은, 해당 도시나 국가에서 공식적인 문화계획이 없다고 하더라도 문화계획은 비공식적 형태로 존재할 수 있다는 점이다. 예를 들어, 어떠한 국가에서 자국 도시의 예술 및 문화 부문을 발전시키기 위해 여러 문화 정책을 추진할 때 그 정책의 명칭이 '문화계획'이 아니더라도 실질적으로 '문화계획'으로 볼 수 있는 경우가 많다. 한국에서도 유사한 양상이 나타나고 있는데, 문화체육관광부의 지역문화진흥법(2014~), 문화특화지역 조성 사업(2014~2019), 그리고 문화도시사업(2019~) 등은 호주와 캐나다에서 실행되고 있는 문화계획의 목표와 세부 실행과제들과 유사하다(노수경, 2022 참조).

사례연구 1: 캐나다 앨버타주 캘거리의 WATERSHED+ 프로젝트

워터셰드+(WATERSHED+) 프로젝트는 캘거리 시의 수자원 및 환경보호 부서(Utilities & Environmental Protection Department, 이하 UEP)에서 진행 중인 전략적 장기 공공 예술 프로그램이다. 이 프로젝트가 독창적이고 혁신적이라고 평가받는 이유는 현지 및 국내외 예술가들이 새로운 인프라 프로젝트의 시작부터 끝까지 도시 기관 및 엔지니어들과 협력하였기 때문이다. 단적인 예로 UEP 직원들의 업무 공간 옆에 예술가들의 작업 공간이 배치되었다. 이는 상호작용과 협업을 촉진하여 새로운 아이디어를 육성하는 것을 목표로 삼은 것으로, 북미 지역에서 최초로 시도된 공공미술 프로젝트 형태였다(Kovacs & Biggar, 2018). WATERSHED+ 프로젝트는 환경에 대한 대중의 관심을 불러일으키는 '생태 예술(ecological art)'을 추구했다(Robidoux & Kovacs, 2018). WATERSHED+를 추진하는 UEP는 캘거리 시의 watershed, 즉, 관할 구역 내의 하천과 호수를 관리하고 수자원시설을 운영하는 역할을 맡고 있다. UEP는 WATERSHED+를 통해 시민들이 캘거리 시의 수자원 인프라 프로젝트를 더 잘 이해하고 인식할 수 있도록, 예술을 적극적으로 활용하여 인프라 프로젝트에 예술을 통합하는 방향을 채택한 것이다. 캘거리 시민들은 WATERSHED+ 프로젝트가 진행되는 동안 다양한 혁신적인 공공예술을 접하게 되었다. 식수대 기능을 하는 소화전(Fire Hydrant Water Fountains)은 공공 예술을 통해 시민의 수요를 충족시키는 데 기여한 대표적인 사례이다. 2012년 캘거리 시의 여름 축제를 위한 임시 프로젝트로 만들어진 소화전이지만, 현재까지도 수천 명의 시민들에 의해 사용되고 있다. 2011년부터 WATERSHED+ 프로젝트에 참여한 Sans façon 아트 스튜디오는 이 소화전이 "물 주변으로 사람들이 모이고 물의 기원에 대해 궁금증을 유발하였다"라고 설명한다. 식수대 주변에 어떠한 메시지나 간판이 없지만, 다양한 모양과 길이의 수도꼭지 덕분에 불특정한 다수의 사람이 식수대로 모여 다양한 만남을 즐길 수 있다는 것이다. Forest Lawn Lift Station 프로젝트는 2011년 시 공무원들과 Sans façon 스튜디오의 그룹 회의에서 발전된 아이디어였다. Lift Station은 저지대의 폐수를 고지대로 끌어올리는 역할을 하는 수자원 시설을 의미한다. Forest Lawn Lift Station의 경우 건물의 수명 연한이 다 되어 재건축이 필요했는데, 아직 새로운 건물의 디자인이 미정된 상황이라 예술가들이 참여하기에 이상적인 시기였다. 엔지니어들은 예술가들에게 Lift station의 역할과 작동원리에 대한 이해를 돕기 위해 적극적으로 협력했다. 그 결과물은 스테이션 건물 벽면에 LED 그래픽을 설치하여, 실시간으로 도시 전역의 오·폐수 흐름을 보여 주는 eco-visualization 디자인이었다. 캘거리 시의 9km에 이르는 폐수 파이프라인 네트워크 곳곳에는 센서들이 설치되어 있어, 폐수 처리량이 적정 한계를 초과할 때는 LED 색상이 빨간색으로 변하고, 정상적인 상황에서는 파란색으로 표시된다. 이와 같은 공공 예술(public art)은 광장이나 공원 같이 대중에게 공개된 장소에 영구적 또는 일시적으로 설치 및 전시된 작품으로, 도시 주민들이 일상에서 예술을 즐기며 삶의 질과 문화 수준을 향상시키는 데 효과를 발휘한다. 공공 예술은 조각상 및 조각품, 벽화, 건축물, 공연 예술 등 다양한 형태를 가지며 도시 차원의 문화계획과 창조적 공간 조성에서 중요한 역할을 한다. 일부 도시들은 시민들이 일상 속에서 예술을 손쉽게 접할 수 있도록 하기 위해 1퍼센트법(percent-for-public-art policy)을 도입하여, 일정 규모 이상의 건축물을 지을 때 건축 자금의 1%에 해당하는 금액을 공공 예술 설치에 사용하도록 하고 있다. 이는 한국에서 '문화예술진흥법' 제9조에 해당한다. 이 법에 의하여, 연면적 1만 제곱미터 이상의 건축물을 신축 또는 증축할 때는 공사비의 1%에 해당하는 금액에 해당하는 미술작품을 의무적으로 설치해야 한다. 미술작품을 설치하지 않는 대신 설치비의 70%를 문화예술진흥기금에 출연할 수도 있다.

WATERSHED+ 공공 예술 프로그램은 캘거리 시의 문화계획정책에 공식적으로 포함되지는 않는다. 그러나 WATERSHED+가 문화계획의 이상적인 목적 중 한 측면을 보여주었다고 말할 수 있는 이유는, 예술가들이 계획 단계에서 효과적이고 의미 있는 방식으로 참여한 사례가 매우 드물기 때문이다. WATERSHED+에 참여한 예술가들은 프로젝트 설계, 행사 개발, 지역 사회 교육 및 참여에 기여할 수 있도록 UEP 전문가들과 함께 작업할 수 있는 기회를 제공받았다. 그들은 전용 업무 공간이 할당되었고, 전문가처럼 대우받았으며, 노동에 대한 합당한 보수를 받았다. 더 중요한 것은, 그들이 정기 회의에서 UEP의 도시계획가들과 토의에 참여하도록 장려되었다는 점이다.

예술가와 도시 계획가의 협업이 빛을 발하는 또 다른 이유는, 협업을 통해 만들어진 예술작품들이 실제로 지역사회에서 가치 있는 것으로 인식되기 때문이다. 물론 이전에도 공공미술의 효용은 잘 알려져 있었다. 공공미술은 도시공간의 미학에 기여하고, 관광 명소의 역할을 하며, 대중과의 상호 작용을 자극하고, 시민의 자긍심을 고취한다. 또한 역사나 환경 등 지역 내의 다양한 주제에 대해 시민들을 교육하는 데에도 큰 역할을 해 왔다. 하지만 대부분의 도시계획 및 개발 사업에서 예술가들이 참여하는 시점은 사업의 시작이 아니라 종료 시점일 때가 많다. 종료 시점에서는 일이 서두르게 진행되며, 동시에 부서 간 및 전문가 간 교류와 협업이 감소한다. 그 결과물로 추상적이고 '보조적인 부가물'에 불과한 예술작품이 빈번하게 생산된다. 이러한 작품들은 일반적으로 주민들의 호응을 얻지 못하며, 낭비된 세금의 증거로 여겨지기도 한다. 그러나 WATERSHED+에서는 도시계획가들이 인프라 프로젝트의 시작부터 예술가들에게 그들의 일에 대해 배울 수 있는 충분한 시간을 제공했다. 이후 도시 계획 부문과 문화 부문이 긴밀하게 연결된 네트워크가 형성되었다. 예술가들이 획득한 지식은 캘거리 시 수자원 관리에 창의적인 방법(creative practice)을 적용하는 데 활용되었다. 이로써 WATERSHED+의 주된 목표 중 하나인 시민들에게 물이 유한하고 귀중한 자원임을 인식시키는 데 기여하였다.

예를 들어, 식수대 기능을 하는 소화전의 복잡하고 구불구불한 수도관은 수자원 인프라에 대한 감정적 유대감을 형성할 수 있도록 고안된 것이다. 캘거리 시에는 동일한 소화전 작품이 3개나 있는데, 이는 공공 공간에 조성될 수 있는 비교적 저렴한 임시 공공 예술작품의 힘을 보여준다. 사실 임시 공공예술 작품은 설치와 유지보수에 많은 비용이 드는 경우가 종종 있으며, 때로는 대중의 불호를 사기도 한다. 그러나 만약 임시 작품이 대중에게 인기를 얻는다면, 도시 당국은 해당 작품을 영구적으로 만들어 도시에 선보이도록 예술가에게 의뢰하는 것을 고려할 수도 있다. 그 결과, 많은 도시는 한번 설치되면 철거가 어려운 영구 예술작품보다는 시민들의 빠른 검증과 평가를 거치는 임시 예술작품들에 더 많이 투자하여 공공 예술 프로젝트의 성공 가능성을 높이고자 한다.

식수대의 기능을 하는 소화전 (좌측 상단), 하수처리장 건물의 정면 외벽(facade)에 도시 폐수 흐름의 실시간 변화를 시각화한 작품(우측 상단), WATERSHED+ 프로젝트에 참여한 예술가들이 캘거리 시 도시계획가들과 회의하는 모습(하단).

사진과 설명글 출처: Kovacs & Biggar(2018).

2. 지역 예술, 문화, 그리고 문화유산을 활용한 창조적 공간 조성

근 10년 동안 '창조적 공간 조성(creative placemaking)'은 전 세계의 다수 국가에서 학자들, 도시계획가 및 문화 정책 전문가들의 주요 관심사로 떠올랐다. 문화학자 Ann Gadwa Nicodemus(2013, p. 213)에 따르면 창조적인 공간 조성이란 '예술 활동을 중심으로 도시 내의 특정한 장소를 대상으로 하여 기반한 물리적, 경제적, 그리고/또는 사회적인 변화를 가져오는 계획(initiative)'을 의미한다. 공공 공간(public space)이란 시민 누구나 자유롭게 이용할 수 있는 공공 장소를 의미한다. 이는 미술관, 도서관, 박물관, 행정기관 등 공공기관과 함께 공원, 광장, 버스 정류장, 지하철역 등의 공공시설을 포함한다. 전통적인 창조적인 공간 조성 프로젝트는 공공 디자인[7]을 통해 새로운 공공 공간을 조성하거나 기존 건축물의 외관을 개선하여 도시의 이미지를 향상시키는 데 주력했다. 반면 '창조적 공간 조성'은 지역 사회의 참여와 공공-민관 협력의 중요성, 그리고 예술과 문화가 발휘하는 역할 측면에서 구별된다.

Ann Markusen과 Anne Gadwa(2010, p. 3)는 이 분야의 기반을 다진 백서를 발간했다. 이 백서에서 그들은 "창조적 공간 조성에서 공공, 민간, 비영리 및 지역사회 부문의 이해관계자들은 예술과 문화 활동을 중심으로 동네, 도시, 또는 지역의 물리적 및 사회적 특성을 전략적으로 형성한다"라고 설명했다. 또한, 그들은 "창조적 공간 조성은 공공 공간과 사적 공간을 활기차게 만들고, 도시 건축물과 거리 풍경을 되살리며, 지역경제와 공공 안전을 증진하며, 사람들을 모이게끔 하여 서로를 격려하고 영감을 주고받을 수 있도록 한다"라고 언급했다. 이러한 창조적 공간 조성의 예시에는 공원에서의 야외 영화상영 행사, 콘서트와 지역축제의 개최 등의 활동들이 있다(⟨그림 10-3⟩). 또한 예술가를 위한 생활 및 작업 공간의 조성, 공공 미술의 전시, 그리고 도심 환경미화를 위한 벽화 마을 프로젝트 등이 있다(사례연구 2: 이화벽화마을 (낙산 공공미술 프로젝트) 참조). 결국 창조적 공간 조성계획 및 프로젝트로 수행하는 일련의 활동들은 도시의 물리적 환경이나 특정 장소를 부흥시키고, 이를 통해 사람들의 삶의 질을 증진하는 데 그 목적을 두고 있다. 일반적으로 도시정부가 문화 계획을 수립하고 추진할 때에는 도시 전역에서 다양한 사업 후보지를 고려하는 포괄적인 접근을 취한다. 창조적 공간 조성 프로젝트도 도시 문화 계획의 일환으로 추진되는 것은 맞지만, 이는 도시 내의 '특정한 장소'를 중심으로 진행된다는 점을 염두에 두어야 한다.

---

7 "공공디자인"이란 일반 공중을 위하여 국가, 지방자치단체, 「지방공기업법」에 따른 지방공기업, 「공공기관의 운영에 관한 법률」 제4조에 따른 공공기관(이하 "국가기관 등"이라 한다)이 조성 · 제작 · 설치 · 운영 또는 관리하는 공공시설물 등에 대하여 공공성과 심미성 향상을 위하여 디자인하는 행위 및 그 결과물을 의미한다(공공디자인의 진흥에 관한 법률 제2조).

그림 10-3 창조적 공간 조성의 예

캐나다 워털루 공원에서의 야외 영화상영 행사 'movies-in-the-park'(좌측 상단), 토론토의 'Berczy Park Dog Fountain'(우측 상단), 서울 DDP(동대문 디자인 플라자)에 놓여져 있는 길거리 피아노(좌측 하단), 전라남도 장성군 부흥면 소재 마을에 그려진 여러 벽화 중 하나 (우측 하단).

일반적으로 창조적 공간 조성은 특정한 장소에 예술과 문화를 적용하여 사람들이 의미와 경험을 부여할 수 있는 장소로 변화시키는 과정이다. 한편 건축유산 (built heritage)이나 재생 건축(adaptive reuse) 공간을 매개체로 하는 사례도 증가하고 있다. 재생 건축은 문화 유산 계획, 장소 마케팅 및 관광 개발에 있어 중요한 도구로 인식되고 있다. 전 세계 도시에서 문화유산계획의 일환으로 재생 건축 사례가 늘어나고 있는데, 이는 지난 세기 동안 역사적 건물을 엄격하게 보존하였던 관습에서 벗어나는 현상을 반영한다. 이제는 과거 건축물의 정체성을 해치지 않으면서 건물의 원형이나 일부 디자인 요소를 활용하여 새로운 기능과 용도의 공간으로 '재생'하는 방식으로 건축 유산을 보존하는 추세가 강화되고 있다.

재생 건축 공간 프로젝트의 증가, 그리고 건축가들이 재생 건축을 '창의적 보존(creative preservation)'이라고 부르는 현상은 문화유산의 정의에 대한 시각 변화를 반영한다. 과거에는 오래된 건축물이나 특정 역사적 건축 양식으로 지어진 건축물 중 대표적인 것들만이 주로 보존되었다. 그러나 1980년대 이후, 평범한 주택이나 공장 건물과 같이 일상에서 쉽게 찾아볼 수 있는 건축물도 '일상적 유산(everyday heritage)'이라 불리며 보존의 대상으로 여겨지고 있다. 위스키 숙성창고 두 동이 고급 콘도로 재탄생한 온타리오주 워털루의 'Seagram Lands', 버려진 트램 정비창이 커뮤니티 센터로 변신한 토론토의 Artscape Whychwood Barns, 오래된 한옥들이 밀집되어 한옥보전지구로 지정된 종로구 익선동 한옥마을, 붉은 벽돌 공장 건물들이 카페, 갤러리, 상점, 팝업스토어 등 새로운 쓰임새를 찾은 서울 성수동 사례들이 대표적이다(〈그림 10-4〉). 이러한 장소들은 해당 도시의 창의적 평판(creative reputation)를 높이는 데 일조하면서 중요한 관광명소로서의 역할을 하고 있다. 오래된 건물이나 역사적으로 중요한 장소를 보존하는 것은 해당 도시가 다른 도시와 차별화되는 독특하고 고유한 이미지, 즉 장소성(sense of place)를 획득하고 유지하는 데에도 기여한다. 반대로 학자들은 장소성이 없는 도시를 두고 'placelessness'(Relph, 1976), 'geography of nowhere'(Kunstler, 1993)와 같은 용어로 묘사하기도 한다. 복원된 건축 유산은 도시의 과거 이야기를 주민과 방문객에게 전달하여 '과거의 느낌(sense of the past)', '장소의 기억(place memories)'을 미래 세대를 위해 보존하게 되는데, 이는 해당 도시를 독특하게 만드는 요소로 작용한다. 또한, 과거를 재해석한 재생건축 공간에서 느낄 수 있는 재미 요소들은 과거에 대한 감성을 '힙'하게 느끼게 하는데, 이는 한국에서 뉴트로[8] 혹은 복고풍 트렌드가 인기를 얻고 있는 현상과 비슷하다고 할 수 있을 것이다. 리처드 플로리다의 창조도시 이론에 따르면, 비록 오래되었을지라도 건물이 잘 보존되었으며 카페, 술

---

8 오래된 복고(Retro) 스타일을 새롭게(New) 즐기는 문화를 뜻한다. 과거를 단순하게 재현한 것이 레트로라면 뉴트로는 과거의 향수를 현재의 감성에 맞게 재해석하는 것을 의미한다.

집, 기타 소규모 점포가 입점되어 있다면 젊은 커플과 창조 계급이 방문하고 머무르기를 원하는 장소일 가능성이 높다. 이와 같은 건축유산에 예술가와 지역 기업가의 활동이 결합된다면, 해당 도시의 창의적 평판에 기여하여 결과적으로 해당 지역에 대한 사람들의 긍정적 인식을 형성한다.

그림 10-4 근현대 유휴공간의 문화적 활용의 예

워털루 시 소재 위스키 숙성 시설을 초호화 복층 주택으로 개조한 사례(좌측 상단), 노면전차 정비창을 커뮤니티 센터로 개조한 Toronoto's Artscape Wychwood Barn(우측 상단), 종로구 익선동의 개량 한옥(좌측 하단), 붉은 벽돌로 지은 오래된 공장과 창고, 소규모 주택이 많은 성수동 거리(우측 하단).

사례연구 2: 이화벽화마을(낙산 공공 미술 프로젝트)

2006년, 문화관광부는 예술가들의 협업을 통해 소외지역 주민들과 미술을 공유하고 긍정적인 사회 변화를 이끌어 내기 위한 목적으로 '아트 인 시티(2006-2007)' 공공 미술 프로젝트를 시작했다. 전국 31개 프로젝트 중 하나였던 '낙산 프로젝트'는 서울 종로구 대학로 인근 낙산 성곽 아래쪽으로 자리한 이화동, 동숭동 일대를 벽화마을로 변화시켰다. 화가, 조각가 등 70여 명이 3개월 가량에 걸쳐 1950년대에 지어진 주택단지 주변에 미술작품을 설치하는 데 참여했다. 주택의 전면에 그려진 벽화 중 일부는 이화동에 거주하던 섬유 노동자들의 모습을 묘사한 작품도 있었다. 이후에 추가로 그려진 잉어, 천사날개, 해바라기 벽화 등은 지역 역사나 정체성과 거의 관련이 없었지만 방문객들에게 엄청난 인기를 끌었다. 이화마을은 벽화마을로 탈바꿈한 지 몇 년이 안되어 많은 관광객이 몰리면서 관광 명소로 자리매김했다. 특히 방송 예능 프로그램에서 소개되거나 각종 드라마와 영화 촬영의 배경으로 등장하여 유명세를 얻었으며, 스마트폰의 등장 이후 폭발적으로 성장한 사회 관계망 서비스(SNS)도 마을을 관광명소로 알리는 데 상당한 역할을 했다. 그러나 벽화마을의 인기가 높아짐에 따라 관광 젠트리피케이션(tourism gentrification) 문제가 대두되었다. 지역주민이 아닌 외부인들이 해당 지역의 오래된 주택을 매입하여, 카페나 갤러리와 같은 소규모 사업체로 전환시키면서 마을의 풍경을 바꾸어 나갔다. 벽화마을이 유명해질수록 관광객들이 급증하여 교통혼잡, 소음 공해, 거주공간 무단촬영으로 인한 사생활 침해, 쓰레기 무단투기 등 오버투어리즘(overtourism) 문제가 심각해졌다. 주민들은 이화벽화마을의 유명세가 그들 자신에게 도움이 되는지에 대해 점차 의문을 품게 되었고, 결국 2016년 3월에 벽화훼손 사건과 함께 불만이 폭발했다. 잉어 계단과 해바라기 계단이 회색 페인트로 칠해졌는데, 이는 다름 아닌 일부 지역 주민들의 소행이었던 점이 밝혀지면서 당시 사회에 큰 파장을 불러일으켰다. 벽화훼손이 이루어진 벽화 인근의 벽면에는 붉은색 페인트로 "주거지에 관광지가 웬 말이냐, 주민들도 편히 쉬고 싶다"와 같은 불만이 적히기도 했다.

저자는 예술가, 주민대표, 그리고 도시계획가와의 인터뷰(Park & Kovacs, 2020)를 통해, 2016년의 사건이 단순히 오버투어리즘 문제와 연관될 뿐만 아니라 과도한 관광객 수로 인해 피해를 입은 지역 주민들과 이화벽화마을의 관광화로 인해 이익을 얻고 있는 외지인 사업주 간에 지역 사회 내에서 인식하는 불평등과 관련이 있음을 밝혔다. 분석 결과, 공개된 토지이용계획에서 주민들이 확인한 '용도변경 가능성의 차별'이 화근이었다. 정부 당국은 오버투어리즘 문제를 해결하기 위해 벽화마을에 노후 도로를 보수하거나 공원 등을 확충하는 재생 산업을 추진했고, 이 과정에서 이화마을 주거 지역 내에 카페나 술집 등 유흥시설이 생길 가능성을 제한하는 방안을 제안했다. 그러나 해당 주거지역 주민들은, 이화마을 일부에 카페나 갤러리 등 상업화 시설이 설립된 지역은 상업지역과 주거지역이 혼합된 지역으로 지정되고, 정작 해바라기와 물고기 계단 벽화 등이 있는 일반주거지역은 용도변경이 제한된다는 정부 방침에 분개했다. 일반주거지역에 거주하는 주민들은 그들의 집을 소규모 점포로 전환하여 관광을 통해 이득을 얻을 수 있는 가능성이 완전히 배제되었다고 지적했다. 창조적 공간 조성에 대한 이 사례 연구는 3가지 측면에서 주목할 만하다. 첫째, 이화벽화마을의 사례는 상대적으로 저비용의 예술 작업만으로도 지역사회를 변화시킬 수 있는 가능성을 보여준다. 공공 미술은 단순히 지역을 아름답게 만드는 것 이상의 의미를 지니며, 지역을 완전히 다른 형태로 변화시킬 수 있다는 것이다. 이화벽화마을 사례의 경우, 주거지역에서 서울을 대표하는 관광지로 변모하였다. 이후 한국에서는 장소를 활성화시키기 위해 벽화마을을 조성하거나 심지어 단순히 일관된 색상을 사용하여 지역의 특색을 나타내는 노력들도 이루어졌다. 주목할 만한 성공사례는 부산의 감천문화마을(벽화마을)과 전라남도 신안군의 퍼플섬(마을 전역에 보라색을 입혀 화제가 된 색채 테마 관광지) 등이 있다. 둘째, 해당 사례는 문화 명소와 관광지를 찾는 관광객 수가 적정 수준을 넘어설 때 주민들의 삶의 질에 잠재적인 위협을 줄 수 있음을 보여준다. G. V. Doxey의 분노지수(Irritation Index) 모델(1975)과 Clare Mitchell의 창조적 파괴(Creative Destruction) 모델(1998)에 따르면, 지역 주민들은 처음에는 자신들의 지역에서의 관광 개발을 긍정적으로 받아들일 수 있지만, 이러한 발전이 결국 그들의 일상 생활에 부정적인 영향을 미치면서 관광 개발을 경멸하게 될 수 있다는 것을 보여준다. 이화벽화마을 인근의 북촌 한옥마을에서도 오버투어리즘에 대한 지역 주민의 반발이 높아졌다는 사실에 주목할 필요가 있다. 특히 북촌에서는 큰 소리로 이야기하는 관광객과 잦은 쓰레기 무단 투기로 인한 주민 불편함이 심각했다. 이에 종로구는 2016년에 '정숙관광 캠페인'을 시작하여, 단체 관광객의 확성기 소음, 쓰레기 무단 투기, 무단 촬영이 주민 삶의 공간을 침해한다는 사실을 홍보하기 시작했다. 관광객이 밀집된 지역에는 정숙관광 표지판과 현수막 등을 설치하고, 북촌 관광 안내지도와 골목길 관광 안내지도 등에도 관련 안내 문구를 추가했다.

마지막으로, 이화벽화마을 사례는 관광 개발 사업과 문화예술 주도의 도시 활성화 사업에서 항상 중요한 고려사항인 '누가 (사업으로 인한) 혜택을 받느냐'는 질문을 던진다. 만약 이 질문의 대답이 '지역 주민'이 아니라면, 도시 행정가들은 문제가 심각해지기 전에 개입해야 할 필요가 있다. 도시문화행정의 목표는 문화예술을 통하여 주민들의 삶의 질을 향상시키는 것이다. 만약 혜택을 누리는 것이 지역주민이 아닌 관광객 및 외부인들이라면, 겉으로만 보기에 도시가 미화되었더라도 주민들의 삶의 질이 개선되지 않았다는 점에서 행정의 목표가 달성되었다고 보기 어려울 것이다.

이화벽화마을의 상징이었던 물고기 벽화(왼쪽), 벽화 훼손 사건(2016) 이후 저자가 2019년에 촬영한 작품의 현 상태(오른쪽).

사진 및 설명글 출처: Kovacs & Park(2020) and Park & Kovacs(2020).

맺음말

도시정책과 계획의 '문화적 전환(cultural turn)'은 크고 작은 도시에서 분명히 나타났다. 모더니즘 도시 계획에 대한 증가하는 비판(제인 제이콥스 등)으로 인해 예술, 문화, 및 문화유산에 대한 재평가가 이루어졌다. 탈산업화, 글로벌화, 그리고 도시 간 경쟁 심화와 같은 환경 변화도 영향을 미쳤다. 최근에는 문화 및 거주환경의 창조성이 풍부한 도시들이 왜 다른 도시들보다 경제적으로 풍요로운지를 설명하는 '창조도시' 개념의 부상도 문화 정책과 계획의 중요성에 일조하였다. 창조도시와 창조계급 개념은 더 이상 새로운 것이 아니지만, 현재 지방정부들이 예술, 문화, 문화유산에 대한 지원을 강화하고 문화정책에 대한 관심을 높이는 데 큰 역할을 하고 있어 여전히 상당한 영향력을 발휘하고 있다.

한때 도시문화행정을 담당하는 지방정부의 주요 부처는 다른 행정 영역과 거의 협력하지 않았다. 그러나 현재는 부처 간 혹은 부서 간 협력을 통해 문화정책이 추진되는 사례들이 더욱 많아지고 있다. 한편 이 챕터의 두 번째 사례 연구인 이화벽화마을의 오버투어리즘 사례에서 보았듯이, 도시 당국은 문화 프로젝트나 프로그램이 가져올 수 있는 부정적 영향을 주의 깊게 고려해야 한다. 젠트리피케이션, 즉 도심 인근의 낙후된 지역이 예술을 통해 활성화되면서 외부인과 자본이 유입되어 원주민이 쫓겨나는 문제가 발생할 수 있다. 공공미술품의 설치 이후 사후관리가 소홀해져 흉물화되는 문제도 발생 가능하다. 따라서 도시 행정가와 계획가들은 문화계획이나 창조적 공간 조성계획을 펼치는 데 있어, 단순히 지역사회의 참여를 유도하여 의견을 수렴하는 것을 넘어서, 다양한 이해관계를 조절하는 역할을 수행해야 한다. 또한 WATERSHED＋의 사례처럼 예술인 혹은 문화 분야 전문가들의 협력을 강화하는 방법도 도움이 될 것이다. 마지막으로, 언제나 중요한 질문인 '(문화계획 혹은 창조적 공간 조성정책으로 인하여) 누가 이득을 얻는가'에 대한 답을 항상 고민해야 할 것이다.

저자는 이 챕터의 번역에 기여한 임휘진(도행17)에게 감사의 인사를 전한다.

참고 문헌

Baeker, Greg (2010). Rediscovering the wealth of places: cultural mapping and cultural planning in Canadian municipalities. Plan Canada, 50(2), 16−18.

Borrup, Tom (2021). *The Power of Culture in City Planning*. New York: Routledge.

Doxey, G. V. (1975). A causation theory of visitor−resident irritants. Proceedings of the Travel Research Association, 6th annual conference, San Diego (pp. 195−198).

Florida, Richard (2002). *The Rise of the Creative Class and How It's Transforming Work, Leisure, Community and Everyday Life*. New York: Basic Books.

Frost−Kumpf, Hilary Anne (1998). *Cultural Districts: The Arts as a Strategy for Revitalizing Our Cities*. Washington, DC: Americans for the Arts.

Hiller, Harry H. (2014). *Urban Canada*. 3rd edition. Don Mills, ON: Oxford University Press.

Jacobs, Jane (1961). *The Death and Life of Great American Cities*. New York: Random House.

Kovacs, Jason F. and Jeff Biggar (2018). Embedding artists within planning: Calgary's Watershed+ initiative. *Planning Practice and Research*, 33(1), 51−69.

Kovacs, Jason F. and Hayun Park (2020). From moon village to mural village: the consequences of creative placemaking in Ihwa−dong, Seoul. In Cara Courage et al. (eds.), *The Routledge Handbook of Placemaking* (pp. 102−109). New York: Routledge.

Kunstler, James Howard (1993). *The Geography of Nowhere: The Rise and Decline of America's Man—Made Landscape*. New York: Simon & Schuster.

Landry, Charles (2000). *The Creative City: A Toolkit for Urban Innovators*. London: Earthscan.

Landry, Charles and Franco Bianchini (1995). *The Creative City*. London: Demos.

Mitchell, Clare J. A. (1998). Entrepreneurialism, commodification and creative de— struction: a model of post—modern community development. *Journal of Rural Studies*, 14(3), 273—286.

노수경 (2022). 지역문화실태조사 자료를 통한 1차 문화도시 사업 성과 분석. 문화 콘텐츠연구, 24, 103— 139.

Park, Hayun and Jason F. Kovacs (2020). Arts—led revitalization, overtourism and community responses: Ihwa Mural Village, Seoul. *Tourism Management Perspectives*, 36, 1—9.

Patterson, Matt (2012). The role of the public institution in iconic architectural development. *Urban Studies*, 49(15), 3289—3305.

Perloff, Harvey (1979). *The Arts in the Economic Life of the City: A Study*. New York: American Council for the Arts.

Phillips, Rhonda (2004). Using the arts for community economic development. In: Roger L. Kemp (ed.), *Cities and the Arts: A Handbook for Renewal* (pp. 21—28). Jefferson, NC: McFarland & Company.

Relph, Edward (1976). *Place and Placelessness*. London: Pion.

Robidoux, Meghan and Jason F. Kovacs (2018). Public art as a tool for environ— mental outreach: insights on the challenges of implementation. *The Journal of Arts Management, Law, and Society*, 48(3), 159—169.

Stevenson, Deborah (2014). *Cities of Culture: A Global Perspective*. London: Routledge.

Whyte, William H. (1980). *The Social Life of Small Urban Spaces*. New York: Project for Public Spaces.

Williams, Raymond (1976). *Keywords: A Vocabulary of Culture and Society*. London: Croom Helm.

Wyckoff, Mark (2014). Definition of placemaking: four different types. *Planning and Zoning News*. https://www.canr.msu.edu/uploads/375/65814/4typesplacemaking_pzn_wyckoff_january2014.pdf

Zukin, Sharon (1982). *Loft Living: Culture and Capital in Urban Change*. Baltimore: Johns Hopkins University Press.

Urban Administration

제**11**장

도시경제행정

11

Chapter

도시경제행정

　　현대도시는 경제활동의 가장 중요한 집합체이다. 어느 나라를 막론하고 대부분의 기업, 정부, 시민 등 주요 경제주체들이 가장 집중적으로 그들의 경제활동을 영위하는 공간이며, 자본과 기술이 전국에서, 더 나아가 세계 곳곳에서 모여드는 집적지이다. 이렇듯 도시와 시민, 그리고 더 나아가 한 나라의 가장 중요한 경제주체가 된 도시의 경제행위에 대해서 정확히 이해하는 것은 대단히 중요하다. 그러나 그간 도시 경제행위의 맥락과 특수성에 대하여 구체적으로 따져본 적은 많지 않다. 경제학계에서 논의된 정부의 경제행위는 주로 일반적인 재정·통화정책의 맥락에서 다뤄져 왔으며, 도시라는 지역적 특수성을 반영하여 논의된 경우가 많지 않았다. 또한 행정학의 맥락에서 다뤄져 왔던 도시 경제행정의 주체는 정부로 국한되었으며, 대부분의 내용이 재정정책의 실천과 관련된 구체적인 설명 또는 정부가 도시의 경제발전을 위해 취해 왔던 구체적인 정책사례 소개에 국한되었다.

　　이에 본 장에서는 도시라는 공간에서 이뤄져왔던 도시행정의 행위들이 어떻게 개념화되고 그 쟁점은 무엇인지, 도시의 경제성장에 있어 도시행정 주체들의 역할은 어떠한지, 그리고 도시경제의 최근 이슈는 무엇이고 그에 대응하는 도시행정의 방향은 어디로 향해야 하는지에 대해 논의해 보기로 한다.

제1절 ⸰ 도시 경제행정의 개념과 유형

1. 도시 경제행정의 개념

우선, 본 절에서는 경제적 측면의 도시행정이 과연 어떻게 정의되고 주요 쟁점은 무엇인지에 대해 알아보기로 한다. 이를 위해 도시행정의 개념정의를 한 번 더 살펴볼 필요가 있다. 서울시립대학교 도시행정학과(2014)를 중심으로 도시행정에 대해 직간접적으로 정의한 여러 연구(김인, 2021; 김정인, 2024; 권기헌, 2014; 박종화 외, 2023; 임재현, 2023)의 결과를 종합하면, 도시행정이란 "시민들의 삶터인 도시를 이용해, 시민 행복에 필요한 요소들을 추구할 수 있도록 도시정부와 중앙정부라는 정부 부문, 그리고 시민을 비롯하여 정부 부문과 협동하는 정부 부문 외의 여러 주체가 함께하는, 도시 안팎에 좋은 환경을 만들고 관리해 나가는 활동"으로 정의된다.[1] 또한 도시계획과 도시정책을 포괄하는 상위의 종합적인 개념으로 도시행정을 설명하였다. 이같은 도시행정의 정의를 경제적 측면에 적용하여 볼 때, 도시의 경제행정은 다음과 같이 개념화될 수 있다. 도시의 경제행정은 곧, "시민들의 경제적 삶터인 도시를 이용해, 그들의 행복에 필요한 요소들을 추구할 수 있도록 도시정부와 중앙정부라는 정부 부문, 그리고 시민·기업을 비롯하여 정부 부문과 협동하는 정부 부문 외의 여러 주체가 함께하는, 도시 안팎에 좋은 경제 환경을 만들고 관리해 나가는 경제활동"이며, "계획과 정책을 포괄"하는 개념이다. 한편, 도시의 경제행정에 있어 계획과 정책의 차이는 그리 크지 않으나, 개념에서 언급한 활동들을 함에 있어 사전적인 예측의 측면을 더 강조하느냐, 사후적인 해결의 측면을 더 강조하느냐에 의해 이들을 구분해 볼 수 있다(서울시립대학교 도시행정학과, 2014; 16).

---

[1] 본래 서울시립대학교 도시행정학과(2014)에서는 도시행정을 정의함에 있어 정부부문의 활동을 중심적으로 다루었으며 정부 부문 외 주체들의 활동에 대해서는 언급하지 않았다. 그러나 시민들을 포함한 정부 외부의 주체들 역시 도시행정의 주체 중 하나로 자리매김한 현실을 감안하여 도시행정의 정의가 이뤄져야 할 것으로 판단하였다. 이에 본 글에서는 도시행정의 주체를 정부 부문에 한정하지 않고 정부 부문 외로 확장하였으며, 이 내용에 기초하여 도시행정을 다시 정의하였다.

위의 정의에 기초하여 살펴볼 때, 우리는 중앙정부와 도시정부, 시민, 기타 주체들이 협동하여 추진해 왔던 다양한 경제행정의 사례들을 쉽게 찾아볼 수 있다. 계획 측면의 경제행정은 다음과 같이 설명할 수 있다. 1960년대부터 1980년대 초까지 추진되어 왔던 경제개발 5개년 계획, 2000년대 이후 추진되어 온 국가균형발전계획, 2023년 시행된 지방시대 종합계획 등에서는 중앙정부가 주도하고 다른 주체들이 협동하여 도시경제 발전의 청사진을 제시한 바 있다. 또한 도시정부가 주도하고 다른 주체들이 도시정부에 협력하여 수립한 각종 도시기본계획들은 중앙정부의 도시경제 발전에 조응하면서도 도시의 자체적인 경제발전상을 제시하고 있다. 이들은 계획적인 측면의 경제행정을 의미한다.

정책적 측면에서의 도시 경제행정은 다음과 같이 살펴볼 수 있다. Dunn(2008), 한국지역학회(2018), 그리고 앞서 정의된 도시행정의 개념에 근거해 볼 때, 도시의 경제정책은 앞서 언급한 도시행정의 주체들이 도시에서 발생하는 집합적인 (collective) 경제문제를 해결하기 위해 시장 영역과 시민사회에 의도를 가지고 개입하는 경우, 그 개입의 근거가 되는 모든 원칙 또는 지침을 의미한다. 우리나라의 도시들을 대상으로 한 수많은 경제정책이 매년 펼쳐지고 있다. 중앙정부 및 도시정부의 장이 교체되는 시기의 경제 공약, 도시를 대상으로 하여 연초에 제시되는 각종 정책과제가 대표적인 사례이다.

2. 도시 경제행정의 유형

한편, 도시 경제행정의 목표와 대상을 이해함으로써 이를 유형화해 볼 수 있다. 일반적으로 도시의 경제행정 행위들은 도시의 경제성장과 안정, 지역수지균형, 분배를 목표로 하고 있으며, 이러한 목표를 달성하기 위해 경제의 질서와 구조, 과정에 초점을 맞추어 행정적인 개입이 이뤄진다.[2] 우선, 목표 측면의 내용을 아래와 같이 검토해 볼 수 있다.

---

2 김적교 · 김상호(2020)는 일반적인 경제정책의 목표체계와 수단을 설명하였다. 도시라는 장소적 특성을 가진 공간에서도 경제정책의 목표체계와 수단의 틀을 그대로 적용할 수 있으며, 다만 내용적 측면에서 일반적인 경제정책과의 차별성을 가진다. 한편, 김적교 · 김상호(2020)는 계획과 정책을 포괄하는 개념으로 정책이라는 용어를 활용하고 있으며, 이는 본 장에서 쓰이는 행정의 개념과 일치한다고 볼 수 있다.

첫째, 도시의 경제안정 목표이다. 시민들이 도시 안에서 안정적인 물가, 고용, 소득 상태를 유지하며 삶을 영위할 수 있도록 하는 것은 그들의 삶의 질을 확보하는 데 있어 매우 중요하다. 코로나19와 같은 경제충격으로 경기변화의 폭이 크게 나타나거나 충격의 결과로 인해 침체기가 시작될 경우, 이 목표의 중요성이 특히 강조된다.

둘째, 도시의 경제성장 목표이다. 도시는 새로운 경제성장 동력을 마련하기 위해 산업과 자본 유치의 노력을 한다. 특히 4차 산업혁명 시대에 조응하며 도시의 경제성장을 이룩하는 것을 목표로 데이터, 인공지능 등 분야의 유망산업을 발굴·육성하기 위한 노력을 하고 있다.

셋째, 도시 수지균형의 목표이다. 한 도시는 같은 국가 내 다른 도시, 나아가 세계 여러 도시와 연계되어 있다. 이를 통해 국내뿐 아니라 글로벌 경쟁력을 가진 산업부문의 재화·서비스를 적극적으로 수출하고, 도시 내에 부족한 재화·서비스들을 합리적인 가격에 들여오고자 노력한다.

넷째, 공정한 분배의 목표이다. 시민 간의 삶의 형평성을 적절하게 확보하기 위해서는 경제 취약계층을 대상으로 다양한 지원책을 마련할 필요가 있다. 이는 단순히 금전적인 측면에서의 분배를 의미하는 것이 아니며, 취약계층에 대한 다양한 사회서비스 제공을 포함하는 개념이다.

표11-1 도시 경제행정의 유형: 목표에 의한 분류

구분	내용
경제안정을 목표로 하는 도시 경제행정	시민의 물가, 고용, 소득 안정
경제성장을 목표로 하는 도시 경제행정	새로운 경제성장 동력 마련을 위해 인적·물적 자본을 유치하고 기술진보를 도모
수지균형을 목표로 하는 도시 경제행정	도시 내 경쟁력 있는 산업 분야의 재화·서비스를 수출하고, 부족한 재화·서비스는 도시 외부에서 수입
공정한 분배를 목표로 하는 도시 경제행정	각종 세제 조치를 통해 시민 간 분배의 공정성 확보

출처: 김적교·김상호(2020)의 내용을 도시행정의 관점으로 해석하여 저자 작성

다음으로 도시의 경제행정이 법과 제도와 같은 경제의 근본문제를 다루는지, 중장기의 경제흐름에서 경제의 구조를 다루는지, 아니면 단기적인 경제흐름에서 검토할 문제를 다루는지에 따라 질서적 측면의 경제행정, 구조적 측면의 경제행정, 과정적 측면의 경제행정으로 분류해 볼 수 있다. 자세한 내용은 아래와 같다.

첫째, 질서적 측면의 도시 경제행정이다. 시장경제의 원칙 아래서 도시 내 경제주체들이 준수해야 하는 경제활동의 법과 제도, 원칙과 같은 틀을 만드는 것을 의미한다. 최근 공유경제(sharing economy)와 같은 새로운 관점의 경제행위들이 시장에서 일어나고 있는데, 이들이 어떤 질서하에서 시장에서 매끄럽게 작동할지를 고민하고 그 틀을 만들어 줄 필요가 있다. 질서적 측면의 도시 경제행정은 중앙정부의 법과 제도, 도시정부의 조례, 시민들 간의 공동체 규칙 등으로 이뤄질 수 있다.

둘째, 구조적 측면의 도시 경제행정이다. 구조적 측면의 도시 경제행정은 도시의 중장기적인 경제과정에서 새로운 경제산업 구조의 형성, 기존 구조의 전환 및 고도화 등을 도모함으로써 도시경제의 기능과 발전 잠재력을 향상시키고 개선하는 것을 의미한다. 도시의 제조업과 서비스업을 4차 산업혁명 시대에 맞게 고도화하거나, 새로운 형태의 산업을 집중 육성하는 것을 구조적 측면의 도시 경제행정 사례로 들 수 있다.

셋째, 과정적 측면의 도시 경제행정이다. 도시의 단기적인 경제과정에서 경제성장, 안정, 분배 등의 여러 경제목표를 효과적으로 달성할 수 있도록 유도하는 경제행정을 의미한다. 과정적 측면의 도시 경제행정은 앞서 언급한 질서, 구조적 측면의 도시 경제행정에 비해 단기적, 양적 측면의 변화를 주 대상으로 삼고 있다. 코로나19 시기의 고용과 소득 안정성 확보 정책 등이 주요 사례이다.

표11-2	도시 경제행정의 유형: 대상에 의한 분류

구분	내용
질서 측면의 도시 경제행정	시장경제의 원칙하에서 도시 내 경제주체들이 준수해야 하는 경제활동의 법과 제도, 원칙과 같은 틀을 확립
구조 측면의 도시 경제행정	도시의 중장기적인 경제과정에서 새로운 경제산업 구조의 형성, 기존 구조의 전환 및 고도화 등을 도모함으로써 경제성장, 안정, 분배 등의 여러 경제목표를 효과적으로 달성할 수 있도록 유도
과정 측면의 도시 경제행정	도시의 단기적인 경제과정에서 경제성장, 안정, 분배 등의 여러 경제목표를 양적인 측면에서 효과적으로 달성할 수 있도록 유도

출처: 김적교 · 김상호(2020)의 내용을 도시행정의 관점으로 해석하여 저자 작성

앞서 살펴본 목표와 대상으로 구분된 다양한 경제행정 행위를 성공적으로 수행하기 위해, 도시행정의 여러 주체는 각종 경제계획, 정책과 공동체 활동을 통해 해당 행정목표를 달성하고자 노력하고 있다. 또한 도시의 경제발전에 긍정적으로 기여하는 경제질서와 구조의 확립, 그리고 단기적인 경제과정에서의 주요 경제목표 달성을 위한 노력도 함께 이뤄지고 있다.

제2절 ⟨ 도시의 경제성장과 도시행정

앞에서 도시 경제행정의 개념이 무엇인지, 어떠한 유형들이 있으며 그들이 설명하는 주요 쟁점들은 무엇인지를 확인해 보았다. 앞서 언급한 도시 경제행정의 주요 유형들 중 목표에 따른 유형을 살펴보면, 그간 많은 도시에서 가장 우선적으로 살펴보았던 경제행정의 목표를 찾아볼 수 있다. 그것은 바로 도시의 경제성장이다. 현대도시에서 경제행정의 주체들은 도시의 경제성장을 가장 중요한 행정목표 중 하나로 삼아왔다. 그러나 도시의 경제성장이 무엇을 의미하는지 정확히 인식한 후 관련 계획이나 정책을 추진하는 경우가 많지 않았기에, 명확한 목

표설정이 쉽지 않았다. 이에 본 절에서는 도시의 경제성장이 정확히 무엇을 의미하는 지, 그리고 이 경제성장을 유도할 수 있는 계획이나 정책들은 무엇인지에 대해 국내외 주요 학자들이 제시한 개념과 내용을 중심으로 살펴보고자 한다.

1. 도시 경제성장의 개념

도시의 경제성장은 시민 1인당 소득의 증가를 의미한다(Arthur O'Sullivan, 이번송 · 홍성효 · 김석영 역, 2022).[3] 다시 말해, 시간이 흘러감에 따라 도시의 생산능력이 향상되고, 경제 규모가 커지게 되며 그에 따라 도시에서 활동하는 경제주체들의 소득이 평균적으로 증가하는 것을 의미한다. 이때의 도시의 소득은 통상 지역 내 총생산(GRDP: gross regional domestic product)을 통해 측정하는데, 이는 어떤 기간 동안 한 도시 안에서 생산된 재화와 서비스의 총 가치를 의미한다. 한 도시 안의 총생산, 즉 도시 안에서 생산된 재화와 서비스의 총 가치는 그 재화와 서비스의 생산과정에 참여한 시민들에게 임금, 지대, 이자, 이윤이라는 소득으로 분배된다. 이러한 점에서 도시의 지역 내 총생산을 활용하여 시민 1인당 소득의 증가, 즉 도시의 경제성장을 측정하는 것은 타당하다 할 수 있다. 지금까지의 내용을 종합해볼 때, 시민의 평균적인 소득을 의미하는 1인당 소득이 이전보다 증가하게 되는 것이 곧 도시의 경제성장이라 설명할 수 있으며, 이와 같은 개념정의를 바탕으로 도시의 경제행정의 주체들이 관련 계획과 정책의 목표를 명확히 설정할 수 있게 된다는 것이다.

한편, 도시의 경제성장에 긍정적인 영향을 주는 주요 요인들을 아래와 같이 살펴볼 수 있다.

첫째, 자본의 심화이다. 도시의 재화와 서비스를 생산하기 위해 만들어진 기계, 건물, 설비 등과 같은 모든 물적 자본을 적절히 활용하는 것은 도시 경제성장에 있어 긍정적인 역할을 할 수 있다. 자본의 심화는 도시의 자본을 활용하는 시

---

3 한편, 이준구(2020)에 따르면 도시의 경제성장과 경제발전의 개념을 다음과 같이 구분해 볼 수 있다. 시민 1인당 소득의 증가를 도시의 경제성장으로 정의할 때, 도시의 경제발전은 시민 1인당 소득의 증가와 함께 도시경제 전반의 합리성과 효율성이 증대되는 것을 의미한다.

민 한 명이 기존보다 증가된 양의 자본을 활용하는 것을 의미하는데, 이 같은 자본의 심화는 도시의 개별 시민들이 기존보다 더 많은 자본을 보유하고, 이를 적극적으로 활용하여 일을 하게끔 하여 생산성 증대와 시민 1인당 소득의 증가를 가져오게 된다.

둘째, 인적자본의 증가이다. 인적자본의 증가는 단순히 도시 노동인력의 절대적인 숫자가 늘어난다는 것을 의미하는 것이 아닌, 도시 노동인력들이 우수한 교육과 풍부한 경험을 통해 습득한 지식과 기술이 증가한다는 질적인 증가를 의미한다. 이러한 인적자본의 증가는 도시의 생산성을 증가시키고, 결국 시민 1인당 소득의 증가를 불러일으키게 된다.

셋째, 기술의 진보이다. 기술의 진보는 시민이 가지고 있는 일반적인 아이디어뿐만 아니라, 과학자들이 발명한 하드웨어와 소프트웨어 등을 포함하는 포괄적 개념이다. 이러한 기술의 진보 역시 앞서 살펴본 자본의 심화, 인적자본과 마찬가지로 도시의 생산성 증가, 시민 1인당 소득의 증가와 연결되어 도시의 경제성장에 중대한 영향을 끼치게 된다.

마지막으로, 집적의 경제이다. 도시 안에서 도시의 주요 경제주체인 기업들이 물리적으로 가까운 거리에 인접하게 됨으로써 중간재 생산요소 공급업체를 함께 이용하고, 공동의 노동자 풀(pool)을 이용하며, 숙련기술의 매칭(matching)수준을 개선함과 동시에, 물리적 인접에서 야기되는 암묵지적 성격의 지식의 파급효과를 확보한다는 것은 곧 도시의 생산성 증가와 시민 1인당 소득의 증가로 연결된다(이상 Arthur O'Sullivan, 이번송·홍성효·김석영 역, 2022).

2. 도시의 경제성장을 유도하는 도시행정

앞서 도시의 경제성장에 대한 개념화를 해 보았다. 지금부터는 도시의 경제성장을 유도할 수 있는 계획, 정책과 같은 도시행정 행위들이 어떻게 일어나야 하는지에 대해 살펴보기로 한다.

전체적으로 볼 때, 도시의 경제성장을 유도할 수 있는 일련의 도시행정 행위들은 앞서 언급한 도시의 경제성장에 영향을 주는 요인들이 원활하게 작동할 수 있도록 도시 경제행정의 주체들이 관련법과 제도를 만들어 주는 것을 의미한다. 뿐만 아니라 상기 요인들이 외부의 경제환경 변화에 적응하여 경제성장에 이바지할 수 있도록 생산, 기술, 기업, 인구, 사회간접자본 등을 조합하여 양질의 경제·산업 구조를 형성하는 행위도 이에 포함된다. 또한 도시 경제행정의 주체들이 단기적으로 양적인 성장목표를 제시하고 이를 달성할 수 있도록 유도하는 행위 역시 도시의 경제성장과 관련한 도시행정의 행위이다. 즉, 경제성장과 관련된 질서, 구조, 과정적 측면의 모든 도시행정 행위들을 의미하는 것이다.

지금부터 위의 개념 정의하에서, 도시 경제성장에 긍정적인 영향을 주는 요인과 관련된 도시행정 조치들에 대해 자세히 살펴보기로 한다.

먼저, 도시의 자본심화를 위한 조치가 필요하다. 앞서 언급한 바와 같이, 도시의 재화와 서비스를 효율적으로 생산하기 위해서는 도시 내 물적 자본들을 잘 활용해야 하며, 이러한 물적 자본은 사람들의 저축, 그리고 기업가들의 물적 자본에 대한 투자에서 비롯된다. 특히 기업가들이 도시에 물적 자본에 대한 투자를 할 수 있도록 유도하는 것이 중요한데, 이를 위해 기업들에게 세금을 감면, 유예시켜주는 세제 혜택을 주거나 중앙 및 도시정부가 직접 나서 투자의 위험성을 낮춰주는 금융상의 우대조치를 제공할 수 있다. 나아가, 기업이 도시의 물적 자본에 대해 전폭적으로 투자할 수 있는 전반적인 환경개선이 필요하며, 이를 위해 중앙과 도시정부가 주도하여 노사관계, 규제개혁 등의 조치를 취할 필요가 있다.

한편 양적, 질적 측면에서 인적자본을 형성하고 증가시키기 위한 노력 역시 요구된다. 급변하는 인구구조를 반영하여 다양한 계층의 시민들이 도시 노동시장에 참여할 수 있도록 조치할 필요가 있다. 또한 기술변화에 대응하며 시시각각 변화하는 경제구조에 따라 도시의 노동수요 역시 변화됨을 주지하여야 한다. 즉, 도시 노동자를 대상으로 앞서 언급한 여러 추세 변화에 맞는 교육 및 훈련 투자, 직업훈련을 실시하고 우수한 인적자본을 확보하기 위한 일련의 행정행위들이 이뤄질 필요가 있다.

다음으로, 도시의 기술진보를 위한 조치가 요구된다. 먼저 기술진보의 토대가 되는 연구개발 활동이 잘 일어날 수 있도록 관련 규제를 개혁하거나 새로운 기술이 기반이 된 제품을 정부가 구매해 주는 방안 등을 마련하여 기술진보에 대한 수요를 진작시키는 조치가 필요하다. 또한 정부차원에서 도시 안의 연구개발 활동에 대한 보조금을 지원하거나 직접 연구개발 활동을 하는 공급 측면의 조치 역시 요구된다.

마지막으로 집적의 경제효과를 확대하기 위한 조치가 있어야 한다. 중간재 생산요소의 공유, 노동의 풀링과 매칭, 지식의 파급이라는 집적의 효과를 충분히 누릴 수 있도록 산업단지, 지식산업센터와 같은 기업 집적시설을 건설하고, 노동 풀링과 매칭을 활성화하기 위한 플랫폼을 구축할 필요가 있다. 또한 도시 안에서 기업과 노동자 간 지식의 파급이 원활하게 일어날 수 있도록 자유로운 지식교환의 장이 마련될 필요가 있다.

제3절 ᆢ 최근 이슈와 쟁점

지금부터 최근 도시의 경제행정 분야에서 다뤄지고 있는 주요 이슈와 쟁점에 대해서 알아보도록 한다. 도시의 경제행정과 관련하여 다뤄지는 주요 이슈는 도시의 부족한 경제적 기능을 어떻게 보완할 것인지, 점차 다양하고 복잡해지는 여러 종류의 경제 충격에 대한 대응방안은 무엇인지, 가속화되고 있는 도시쇠퇴문제 해결에 있어 도시행정 주체들의 역할은 무엇인지 등의 주제를 고민하는 과정에서 도출된다. 앞선 문제의식으로부터 출발하여 최근 그 논의가 심화되고 있는 도시 경제행정의 주요 이슈와 쟁점으로 도시 간 경제 네트워크 형성, 도시경제의 회복탄력성 확보, 도시의 재투자력 강화를 들 수 있다. 지금부터 이들 이슈에 대해 구체적으로 검토해 보고자 한다.

1. 도시 간 경제 네트워크 형성

도시 간 경제 네트워크를 살펴보기에 앞서, 도시 간 네트워크의 의미와 특징

을 먼저 살펴볼 필요가 있으며 이를 통해 도시들끼리의 네트워크가 왜 형성되는
지를 확인해 볼 수 있다. Batten(1995), Capello(2000), Moulaert & Sekia(2003), 허우
긍 외(2015) 등에 따르면 도시 간 네트워크는 도시들 상호 간의 이익을 의미하는
호혜성, 도시 간 기능의 다양성과 상호 보완성, 도시 간 연계에 기초하여 도출되
는 긍정적 외부효과를 의미하는 외부성 등의 특징을 가진 네트워크를 의미한다.
다시 말해 서로 다른 도시가 여러 분야에서 상호 협력하는 체계 또는 체계화 과
정이 바로 도시 간 네트워크인 것이다. 도시 간 네트워크는 도시들끼리 서로가
필요로 하는 분야에서 부족한 점을 보완하여 상호 간의 이익을 도모할 수 있다는
점에서 그 형성의 원인을 설명할 수 있다.

이와 같은 장점을 획득하기 위해 많은 도시는 다양한 분야에서 도시 간 네트
워크를 형성하고자 노력 중이며, 생산, 금융, 무역, 기술 등 경제와 직접적인 관련
을 맺고 있는 도시 간 네트워크, 즉 도시 간 경제 네트워크의 형성을 위한 노력
역시 끊이지 않고 있다. 이와 같은 도시 간 경제 네트워크는 비단 동일 국가 내의
도시 간에서만 이뤄지는 것이 아니다. 국경을 넘어 서로 다른 국가 내 도시 간 경
제 네트워크 역시 곳곳에서 나타나고 있다.

표11-3 도시 간 경제 네트워크의 개념 · 범위 · 특성

구분		내용
개념		서로 다른 도시가 생산, 금융, 무역, 기술 등 여러 경제 분야에서 상호 협력하여 서로 부족한 점을 보완해줌으로써 상호 간의 이익을 효과적으로 도모할 수 있는 체계 또는 체계화 과정
범위	공간	국내외 서로 다른 도시
	내용	생산, 금융, 무역, 기술 등 경제 분야
특성		다양성, 상호 보완성, 호혜성, 외부성 등

출처: 허우긍 외(2015), Batten(1995), Capello(2000), Moulaert & Sekia(2003), 김용웅 외(2014) 등을 참고하여
저자 작성

앞서 언급한 도시 간 경제 네트워크의 주요 사례들로 도시 간 생산 네트워크, 도시 간 기술 네트워크를 들 수 있다. 우선 도시 간 생산 네트워크를 살펴보도록 한다. 도시 간 생산 네트워크는 상품을 생산하는 과정에서 생산공정들이 국내외 여러 도시로 흩어지고, 다시 이러한 공정의 결과물들이 하나로 연결되어 최종 상품을 생산하는 과정을 의미한다. 즉, 생산공정에서의 도시 간 분업(fragmentation of production)을 말하며, 이 과정에서 기업, 도시의 자산과 제도가 전략적으로 결합될 경우 연계된 도시들의 경제발전에 긍정적 효과를 가져오게 된다(Coe et al., 2004; 허우긍 외, 2015; 한국지역학회, 2018). 생산 네트워크가 형성될 때 네트워크 안의 도시들은 자신의 경제발전을 극대화하기 위해 가급적 고부가가치를 가진 공정을 담당하고자 노력하며, 이를 위해 도시의 인적·물적 자본, 기술 등을 최대한 활용하고 도시행정 주체들은 관련 제도와 정책을 신속히 마련하기 위해 노력한다. 그러나 도시가 고부가가치를 가진 공정을 택하는 것이 반드시 바람직한 것은 아니다. 다른 도시들과 달리 자신의 도시에서 공정에 맞는 자산을 조달할 수 있는 지 여부, 네트워크 내 다른 도시와 우호적이고 시너지를 낼 수 있는 관계를 유지하면서 고부가가치의 공정을 획득할 수 있는지 여부, 공정을 통해 얻은 경제성장의 효과가 도시 안의 고용, 소득효과 등의 유발로 연결되는지 여부 등에 대한 검토가 선행되어야 한다. 즉, 도시 간 생산 네트워크의 실현 가능성과 네트워크 형성의 실질적 효과에 대한 면밀한 검토가 있어야 하며, 이는 앞서 언급한 네트워크의 기본 형성원리인 상호 보완성, 외부성, 호혜성을 확보한 도시 간 생산 네트워크를 형성하기 위함이다.

도시 간 기술 네트워크 역시 도시 간 경제 네트워크의 주요 사례 중 하나로 볼 수 있다. 도시 간 기술 네트워크는 네트워크의 기본원리를 준수하며 형성된 기술 또는 기술 관련 지식의 도시 간 연계를 의미하며, 구체적으로는 서로 다른 도시 간 기술과 지식의 유·무상 이전, 상호 학습을 통한 기술과 지식의 공동 창출 등을 의미한다(Song & Kim, 2023). 도시의 경제성장에 있어 기술의 진보가 중요해졌음은 주지의 사실이며, 도시가 기술진보를 추구해가는 과정에 있어 기술진보를 이루는 도시 내부의 영향요인에만 초점을 맞추는 것이 아니라 도시 외부로부터 어떻게 도움을 받을지에 대한 고민이 필요하다(Fujita & Thisse, 2013). 이는 정보통신기술이 급속하게 발달되고, 기술과 지식의 형식지(codified knowledge)적 성격이 강화됨에 따라 물리적으로 멀리 떨어져 있는 도시끼리라 하더라도 물리적 거리를 상당 부문 극복할 수 있게 되었기 때문이다. 상기 바탕에서 서로 다른 도시 간의 기술적 측면의 상호 보완성 외부성, 호혜성 등을 확보할 수 있다면 물리적 거리가 있다 하더라도 도시 간 기술 네트워크를 형성할 수 있게 된다. 한편, 도시 간 기술 네트워크는 서로 다른 도시 간 기술과 지식의 이전, 공동 창출이라는 외적인 네트워크도 중요하나, 서로 다른 도시 내의 기술을 창출하는 여러 행위자(정부, 기업, 개인 등) 간의 연계, 네트워크 형성과 유지를 뒷받침하는 도시행정 주체들의 노력 역시 매우 중요하다(Stuck et al., 2015). 이는 곧 좀 더 진화된 형태, 지속가능한 형태의 도시 간 기술 네트워크로 연결될 수 있기 때문이다.

지금까지 도시 간 생산 네트워크, 도시 간 기술 네트워크의 사례에 대해 살펴보았다. 이 둘을 포함하여 여러 도시 간 경제 네트워크를 형성함에 있어 네트워크의 본질적 특성이 내포되어야 함을 다시 한 번 강조하고자 한다. 도시 간 경제 네트워크도 결국 네트워크의 한 종류이며, 견고한 네트워크의 형성은 곧 서로 도움을 주고받을 수 있는 상황에서 가능한 일이기 때문이다. 또한 도시행정의 주체들은 네트워크의 본질적 속성을 담보하는 도시 간 경제 네트워크를 형성할 수 있도록 가이드라인을 마련할 필요가 있다. 뿐만 아니라 도시 간 경제 네트워크에 참여하는 경제 주체들이 상호 간의 군건한 신뢰관계를 유지하고 이를 통해 해당 네트워크가 지속될 수 있도록 하는 플랫폼 역할을 수행해야 할 것이다(Song & Kim, 2023).

2. 도시경제의 회복탄력성 확보

그간 도시행정의 주체들이 관심을 가졌던 도시경제 이슈는 대체로 도시경제의 성장인 경우가 많았으며, 지금도 그 중요성이 가장 높다고 할 수 있다. 그러나 최근 들어 또 다른 측면의 도시경제 이슈가 주목을 받고 있다. 이는 코로나19와 같은 팬데믹(pandemic), 중소도시를 중심으로 한 급속한 인구감소 등의 문제가 붉어지며 국내외를 막론하고 많은 도시의 경제가 급격하게 침체되고 있음에 기인한다. 즉, 앞선 이유로 나타나는 도시경제의 침체문제를 어떻게 해결해야 할 것인지에 대한 논의가 활발하게 이뤄지고 있는 것이다. 도시경제 침체를 대응하기 위한 방안 중 하나로 회복탄력성(resilience)의 개념이 대두되고 있다. 원래 회복탄력성이란 개념은 특정 지역이 자연재해에 대한 충격을 완충·흡수하고 회복하는 전반적인 과정과 능력을 의미한다(홍사흠 외, 2016). 이러한 회복탄력성의 개념이 자연재해뿐만이 아니라 도시경제 분야에서도 논의되기 시작했다. 즉, 도시 내외의 경제여건이 급격하게 변화하며 나타나는 도시경제에 대한 부정적인 충격을 얼마만큼 완충, 흡수할 수 있는지, 더 나아가 빠르고 효율적으로 도시경제를 회복시키는 방안은 무엇인지에 대한 논의가 이뤄졌으며 이를 통해 회복탄력성이 도시경제 분야의 주요 개념으로 자리 잡기 시작했다(Bristow & Healy, 2020). 도시가 겪는 여러 종류의 경제위기를 얼마나 빨리 극복하고 경제를 안정시킬 것인가에 대한 논의가 도시경제행정의 주요 이슈 중 하나로 등장하게 된 것이다.

상기 배경에서 도시경제의 회복탄력성의 개념과 특징을 살펴보도록 한다. 도시경제의 회복탄력성은 다음과 같이 개념화될 수 있다. 도시경제의 회복탄력성은 도시가 받는 경제적인 외부충격을 중심으로 과거로부터 현재, 그리고 충격 이후의 미래까지 이어지는 하나의 경제적 진화과정(evolutionary process)을 의미한다(Simmie & Martin, 2012; 홍사흠 외; 2016). 즉, 도시가 받는 경제적인 외부충격을 중심으로 도시경제의 변화경로가 어떠한지를 이해하는 것이 도시경제의 회복탄력성이라 할 수 있겠다. 이러한 도시경제의 회복탄력성을 보다 구체적으로 설명할 수 있는 세부 개념으로 충격의 반응력과 충격의 회복력을 들 수 있다.

충격의 반응력은 외부의 경제충격이 없다고 가정할 때 예상되는 성장 경로상의 예상치와 실제 외부충격으로 인한 도시경기 순환상의 저점에서의 실측치 차이로 측정한다. 지역내총생산(GRDP), 고용규모 등이 그 대상이다. 이는 〈그림 11-1〉의 c점과 d점의 수직거리를 의미하며, 일반적으로 확장 국면을 보이던 경기가 외부적 충격에 의해 정점을 기점으로 수축 국면으로 접어들어 저점까지 이르는 과정에서 측정하게 된다. 반면 충격의 회복력은 외부의 경제충격으로 인한 경기저점에서부터 얼마나 빨리 충격이 발생하지 않았을 경우의 성장 경로로 회복하는가, 즉 회복속도(recovery velocity)로 측정하게 된다. 이는 〈그림 11-1〉의 c점에서 j점으로 회복하는 과정에서 걸린 시간(t3-t2)이 얼마나 빠른가를 측정하는 것이며,

저점을 기점으로 반등하여 다시 확장 국면을 거치면서 기존의 성장 경로로 회복하는 과정에서 측정하게 된다.[4]

그림 11-1 도시경제의 회복탄력성 구조

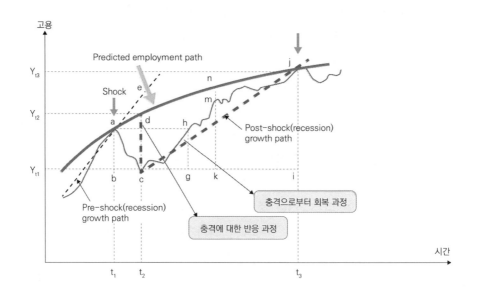

출처: martin & Sunley(2014), 홍사흠 외(2016)를 일부 수정

　　위의 내용을 토대로 이해해볼 수 있는 도시경제의 회복탄력성은 다음과 같다. 충격의 반응력 측면에서 살펴본 도시경제의 회복탄력성은 한 도시가 외부로부터 경제적 충격을 받았을 때 그 충격을 잘 흡수하여 저점까지 하락하는 폭을 적게 만드는 것을 의미한다. 반면 충격의 회복력은 외부의 경제충격을 받은 이후 최대한 빠르게 충격이 있기 전의 성장 국면으로 복귀하는 것을 의미하는 것이다.

----

4 홍사흠 외(2016)는 도시경제의 회복탄력성을 설명함에 있어 충격의 반응력과 회복력이란 표현을 사용하였다. Han & Goetz(2015)는 반응력과 회복력을 각각 흡수(absorption) 또는 하락(drop), 반등(rebound)이라는 좀 더 직관적인 표현으로 대체하여 사용하고 있다. 그러나 본 글에서는 우리나라에서 좀 더 보편적으로 쓰이고 있는 반응력과 회복력이라는 용어를 사용하기로 한다.

한편, 이 두 측면의 회복탄력성을 구성하는 요인으로 경제의 개방도, 산업구조, 수출 집중도 및 지향성, 전반적인 기술발전 수준 및 이용도, 인적자본 수준, 노사관계의 신뢰도, 제반 경제정책의 마련 수준 및 정책의 우선순위 등을 들 수 있다. 이 중 경제의 개방도, 산업구조, 수출 집중도, 전반적인 기술발전 수준, 제반 경제정책 마련 수준 등은 도시경제 회복탄력성 중 충격의 반응력에 영향을 주는 요인이며, 산업구조, 수출의 지향성, 기술의 이용도, 인적자본 수준, 노사관계의 신뢰도, 경제정책의 우선순위 등은 충격의 회복력에 영향을 주는 요인이다 (martin & Sunley, 2014; Giannakis & Bruggeman, 2017). 도시행정의 주체들은 도시에 경제적 충격이 주어졌을 때 도시가 충격의 반응력과 회복력 중 어디에 크게 타격을 입었는지를 파악하고, 위에서 언급한 요인을 고려하여 적절한 지원을 실시할 필요가 있다.

만약, 도시경제가 충격의 반응력과 회복력을 충분히 확보하지 못하게 되면 어떻게 될까? 이 경우 도시경제는 기존의 성장국면으로 돌아가지 못하고 기존보다 성장이 둔화된 새로운 국면에 이르게 된다. 지금까지 살펴본 도시경제의 회복탄력성의 전제는 외부 경제충격의 효과가 영구적이지 않고 언젠가는 다시 이전의 성장 국면을 회복한다는 것이었다. 그러나 이러한 전제가 반드시 통용된다고 볼 수는 없다. 외부의 부정적인 경제충격이 너무 강하여 도시의 경제체제에 각인되는 바람에 결국 원래의 성장 추세로 복귀하지 못하는 경우가 생길 수 있을 뿐 아니라, 기존에 비해 부정적으로 변화된 도시경제의 형태가 그대로 고착되는 경우도 발생 가능하다. 전자를 이력효과(hysteresis effect), 후자를 고착효과(lock-in effect)라 일컫는다(Martin, 2012). 부정적인 이력효과와 고착효과가 일단 나타나게 되면 이들 효과를 제거하기가 매우 어려우며, 경제충격의 종류와 정도가 심화되고 있는 요즘에는 더욱 그러하다(Giannakis & Bruggeman, 2017; Bristow & Healy, 2020). 도시의 경제행정 분야에서 도시경제의 회복탄력성을 주의 깊게 다뤄야 하는 이유도 바로 여기에 있다.

3. 도시의 재투자력 강화

도시경제의 지속적 성장과 발전은 매년 그 지역에서 일정한 투자가 거듭되어 이뤄질 때 비로소 가능하다. 투자란, 특정 자금을 도시에 투입하여 재화와 서비스를 구입하고, 이들을 결합해 새로운 재화와 서비스를 만들어 내어 그로 인한 경제적 이익을 창출하고 회수하는 경제활동을 의미한다(岡田知弘, 양준호 역, 2016). 이러한 투자를 통해 도시의 경제적 생산규모가 이전에 비해 확대 재생산될 수 있으며, 이러한 확대 재생산의 성과가 도시 내의 소득과 일자리로 배분될 수 있다. 따라서 기업과 도시정부, 협동조합, 비영리기구 등에 의한 도시 내 투자는 반드시 단발성의 투자가 아닌 지속적으로 이뤄지는 이른바 재투자의 형태로 이뤄져야 할 것이며, 이는 도시경제가 양적·질적으로 발전하는 데 있어 중요한 토대가 된다(岡田知弘, 양준호 역, 2016; 이민정, 2023).

그럼 도시의 재투자는 어떠한 형태로 이뤄져야 바람직할까? 바람직한 도시 내 재투자는 도시 내에서 이뤄지는 일회적이 아닌 지속적이고 순환적인 투자를 의미하며, 도시에서 소득과 고용을 낳는 원천이 되어야 한다. 이를 위해서는 도시 안에 소재하는 기업, 도시정부, 협동조합, 비정부기구 등이 합심하여 자신들이 일터이자 삶터인 도시에 자금 투자를 실시하여야 하고, 이를 통해 도시 내 고용이 창출, 유지되어 안정적인 시민생활에 기여하게 된다. 또한 투자에 따른 원재료, 서비스 조달이 도시 안에서 이뤄져야 하며 그로 인해 관련 업종이 도시 안에 집적해야 한다(岡田知弘, 2022). 즉, 도시 내에서 상주하는 경제 주체들을 중심으로 투자가 우선적으로 일어날 필요가 있다. 물론 도시 외부로부터의 투자가 반드시 나쁜 것이 아니며, 도시의 경제성장에 있어 충분한 마중물 역할을 수행하기도 한다(한국은행, 2023). 그러나 도시 외부에서의 투자는 보다 단기적이고 일회적인 투자에 그칠 가능성이 크며, 투자의 목적이 도시 내의 고용과 소득 창출이 아닌 경우가 상당히 많다. 따라서 도시의 지속성 있는 투자행위가 이뤄지고 이를 통해 도시 내 고용과 소득이 증가하는 것은 도시 내의 경제 주체들에 의해 이뤄지는 투자에서 보다 빈번하게 나타나게 된다. 이것이 바로 도시 안에 소재하는 기업, 시민, 도시정부, 비정부 기구 등이 주도하는 재투자가 이뤄져야 하는 이유이다. 또한 도시 외부로부터 투자를 받게 될 때에도 반드시 투자의 지속성, 도시 내 고용과 소득 창출과의 연계여부 등을 검토해야 할 필요가 있다.

한편, 도시 내 재투자의 주체들과 해당 주체들을 통해 재투자된 자금들이 어떻게 도시 안에서 순환되며 기능하는지에 대해 좀 더 구체적으로 살펴보기로 한다.

우선 도시 내 재투자의 가장 큰 주체는 기업이라고 할 수 있으며, 도시정부, 협동조합, 비정부기구 등 역시 도시 내 재투자의 주체로 꼽힐 수 있다. 전자는 이윤 획득을 목표로 한 조직이라는 점에서 이윤을 목표로 하지 않는 후자와 비교될 수 있다. 이윤이 수반되었을 때 투자에 대한 동기유인이 좀 더 크다는 점에서 기업이 도시 내 재투자의 가장 큰 주체인 것에는 틀림이 없다. 그러나 이윤 획득의 동기가 없다 하더라도 도시정부, 협동조합, 비정부기구와 같은 주체들은 도시경제에 있어 중요한 투자 주체로 그 역할을 다하고 있다. 이들은 이윤이라는 목표 외에도, 도시의 경제적 효율성과 형평성 등의 가치를 확보하기 위해 노력하며, 이 과정에서 도시 내 재투자는 매우 중요한 역할을 수행하기 때문이다(岡田知弘, 양준호 역, 2016). 최근에는 재투자에 있어 도시정부 역시 매우 중요한 역할을 한다(김우영, 2021; 이민정, 2023). 특히 중소도시에서 더욱 그러하다. 기업의 재투자가 잘 일어나지 않는 작은 도시의 경우, 양적, 질적 측면 모두에서 도시정부가 도시 내 재투자의 가장 중요한 주체가 되기 때문이다. 따라서 작은 규모의 도시일수록 도시정부는 재정 활용에 있어 보다 엄밀한 검토가 필요하다. 즉, 재정을 활용할 때 그 효과가 다시 지역으로 환원되는지에 대한 검토가 필요하며 이를 위해 도시의 산업 연관 구조를 잘 이해할 필요가 있다. 또한 안정적으로 세수를 확보하는 것 역시 중요하다. 안정적인 세수 확보는 곧 도시정부가 도시 내 재투자를 위한 투자재원을 충분히 확보한다는 것을 의미하기 때문이다.

그럼 위의 주체들로부터 도시 안으로 재투자된 자금의 활용 결과는 어떠할까? 재투자로 인해 생산된 재화와 서비스들은 도시 안팎에서 판매되며, 판매의 결과 발생한 경제적 가치는 기업의 이윤으로, 가계의 임금으로, 도시정부에 납부되는 세금으로, 협동조합과 비영리기구가 희망하는 경제적 효율성과 형평성의 개선으로 환류된다. 환류과정으로 인해 재투자의 긍정적 효과를 경험하게 된 경제 주체들은 더욱 확대된 자금을 재투자하고, 이 재투자의 효과는 또다시 도시 곳곳으로 연계, 확장되며 도시 안에서 선순환하게 된다.

그럼 도시 내 재투자와 관련하여 우리나라 안에서 어떤 실천이 이뤄지고 있는지 알아보도록 하자. 가장 대표적인 사례를 들 수 있는 것은 최근 비수도권 지역을 대상으로 실시되고 있는 '지역재투자 평가제도'이다. 우리나라는 기업의 재투자가 활발하지 않은 비수도권 지역의 금융회사가 지역경제 성장을 지원하도록 유도하기 위해 금융위원회가 주관하는 '지역재투자 평가제도'를 도입하였으며, 2020년 이후 매년 평가를 실시해 왔다. 이 제도를 통해 은행을 중심으로 한 국내 금융회사들의 지역 내 자금공급과 자금의 지역 외 유출 방지, 지역 중소기업에 대한 금융지원, 지역 내 서민에 대한 대출 지원, 금융 인프라 투자 현황과 지역금융지원 전략 등을 평가하고, 평가결과를 해당 기관들의 경영실태평가와 지방자치단체·지방교육청 금고 선정기준 등에 활용하고 있다(금융위원회, 2023).

표11-4 금융위원회의 지역 재투자 평가기준

평가부문	주요 평가지표
지역자금 역외유출	평가지역에 대한 각 은행의 여신규모 및 수신액·여신액 비율
중소기업 지원	평가지역에 대한 각 은행의 기업 대출액 중 중소기업 대출액 비중
서민대출 지원	평가지역에 대한 각 은행의 가계대출액 대비 서민대출액 비중
금융 인프라 투자	평가지역의 인구수 대비 각 은행의 점포 수
지역금융 지원전략	평가지역의 기업·서민에 대한 각 은행의 금융환경 조성 기여도

출처: 금융위원회(2023)

이 밖에도 우리나라의 여러 도시정부는 도시 내 재투자가 활성화될 수 있도록 도시 내 기업 상품의 우선 구매, 도시 주민 우선 고용 등을 골자로 하는 정책을 마련하고 이를 적극적으로 추진하고 있다.[5] 종합해 볼 때, 최근 우리나라에서

---

5 일례로 부산시의 경우 2021년 '부산광역시 지역재투자 활성화 기본 조례'를 제정하고 시청을 필두로 한 시내 공공기관, 기업, 금융기관의 도시 내 재투자를 촉진시키기 위한 사항들을 규정한 바 있다. 도시 내 경제주체들이 주가 된 도시경제의 확대 재생산이 일어나고 그 효과가 도시 내로 귀속되도록 지원방안을 마련하는 것을 골자로 한다. 시청을 비롯한 공공기관의 관내 기업제품 구매, 도시 내 현지생산 부품의 조달, 부산

는 도시 내 재투자를 활성화하는 조치, 특히 도시의 재투자가 상대적으로 부족한 비수도권의 도시 내 재투자 활성화 조치가 도시의 경제행정에 있어 주요 화두가 되고 있음을 확인할 수 있다.

제4절 요약 및 결론

지금까지 도시의 경제행정이 가지고 있는 의미가 무엇인지, 어떻게 유형화되는지, 그리고 최근의 도시 경제행정의 이슈는 무엇인지에 대해 살펴보았다. 도시 경제행정의 의미를 통해서는 도시정부와 중앙정부, 시민, 기업이라는 주체들의 주체성 발휘와 협력이 중요함을 알 수 있었다. 또한 도시 경제행정의 유형을 고찰하며 도시의 경제성장과 안정, 수지균형과 분배라는 목표들을 명확히 인지하고 도시상황에 맞게 이들 목표를 추구하는 것이 필요함을 배웠다. 나아가 도시의 경제발전에 기여하는 경제질서와 구조를 확립하고, 단기적인 경제과정에서의 직관적인 양적 목표를 수립하며 이를 효과적으로 달성하는 방안이 마련되어야 함을 확인하였다. 마지막으로 도시 경제행정의 가장 중요한 목표 중 하나인 경제성장을 이룩하기 위해 자본의 심화, 인적자본의 증가, 기술 진보, 집적의 경제와 같은 경제성장의 영향요인들이 원활하게 작동되어야 하며, 관련 법제도와 실효성 있는 세부 대책이 마련되어야 함을 알게 되었다.

한편, 도시 간 경제 네트워크 형성, 도시경제의 회복탄력성 확보, 도시의 재투자력 강화와 같은 최근의 도시 경제행정 이슈를 살펴본 결과는 다음과 같다. 최근의 도시 경제행정 이슈들은 호혜적인 도시 간 경제 네트워크를 형성하는 것, 다양하고 빈번하게 일어나는 도시경제 위기 상황에서 타격을 덜 받고 빠르게 회복할 수 있는 방안을 마련하는 것, 도시경제의 지속적 성장과 발전을 위해 도시

시 현지법인 설립, 도시 내 고용률 제고, 도시 내 경제 약자에 대한 자금중개, 지역 사랑 상품권 유통과 활성화, 앞선 제반사항을 심의·자문하기 위한 지역재투자위원회 설치·운영 등을 골자로 하는 세부 시행 방안 역시 마련하였다.

안에서 일정한 투자가 매년 지속적으로 일어나게 하는 것이 왜 중요한지를 알려주었다. 단일 도시의 경제여력만으로는 도시 경쟁력을 확보하기가 점점 어려워지고 있는 상황, 도시의 경제적 위기가 복잡해지고 그 발생주기가 점점 짧아지는 상황, 중소도시를 중심으로 도시의 재투자력이 매년 약화되고 있는 상황에서 이들 이슈에 대한 면밀한 검토와 대책 마련이 있어야 할 것이다.

　도시가 마주하는 경제문제가 갈수록 복잡해짐에 따라 이들 문제를 해결함에 있어 누가, 어떤 목표와 수단을 통해 해결할지에 대한 논의 역시 좀 더 정교해지고 참신해져야 한다는 사회적 요구가 거세다. 즉, 도시 경제행정의 정교함과 참신함이 전제되어야 다양하고 복잡한 여러 도시 경제문제가 더 수월히 해결될 수 있다는 것이다. 이를 위해서는 도시 경제행정을 펼침에 있어 도시 경제행정의 주체 중 시민과 기업들의 역할이 좀 더 강조되어야 하며, 이들은 도시 경제행정의 수요자의 역할을 넘어 공급자로서의 역할을 수행해야 할 필요가 있다. 또한 도시의 경제상황을 면밀히 파악하여 성장, 안정, 분배, 질서, 구조 등으로 구분되는 도시 경제행정 목표 중 상황에 맞는 목표가 무엇인지를 파악하고, 그에 따른 행정의 방향 정립이 이뤄져야 할 것이다. 마지막으로 도시의 경제행정과 관련된 최신의 이슈 변화를 민감하게 포착하고 이들을 기회 요인으로 활용하는 방안을 고심해야 한다. 최신의 이슈들을 이해하는 것은 도시의 경제문제를 정립하고, 그에 따른 행정목표를 수립하며, 문제 해결수단에 대한 참신한 아이디어를 제공하는 데 있어 매우 중요하다. 최신 이슈 탐구와 적용을 위한 도시 경제행정 주체들의 강화된 노력이 필요한 시점이다.

권기헌, 2014, 「행정학 강의」, 박영사.

금융위원회, 2023, 2023년도 금융회사 지역재투자 평가결과 보도자료, 금융위원회.

김인, 2021, 「도시공공서비스론」, 윤성사.

김용웅·차미숙·강현수, 2014, 「신지역발전론」 (개정판), 한울아카데미.

김우영, 2021, 지역 내 재투자력론의 관점에서 본 지방자치단체의 공공계약: 인천
　　　광역시와 일본 요코하마시의 비교를 중심으로, 「인천학연구」, 1(34),
　　　261–290.

김적교·김상호, 2020, 「경제정책론: 한국의 경제정책」 (제5판), 박영사.

김정인, 2024, 「인간과 조직을 위한 행정학」 (전면개정판), 법문사.

박종화·윤대식·이종열, 2023, 「도시행정론」 (제6판), 대영문화사.

서울시립대학교 도시행정학과, 2014, 「도시행정론」, 박영사.

이민정, 2023, 왜 지금 다시 내발적 발전인가?: 일본 내발적 발전론의 시대조응과
　　　국내 발전적 전개를 위한 시사, 「마르크스주의 연구」, 20(2), 63–81.

이준구·이창용, 2020, 「경제학원론」 (제6판), 문우사.

임재현, 2023, 「도시행정론」 (개정판), 대영문화사.

한국은행, 2023, 충북 역외소득유출 현황 및 재고찰 보도자료, 한국은행.

한국지역학회, 2018, 「지역·도시정책의 이해」, 홍문사.

허우긍·손정렬·박배균, 2015, 「네트워크의 지리학」, 푸른길.

홍사흠·안홍기·허수정·남기찬·김은란, 2016, 「지역경제 회복력 진단 및 증진방안
　　　연구」, 국토연구원.

Batten, D. F., 1995, Network Cities: Creative Urban Agglomeration for The
　　　21st–century, *Urban Studies*, 32(2), 313–327.

Bristow, G., & Healy, A., 2020, Introduction to the Handbook on Regional Economic Resilience, In *Handbook on Regional Economic Resilience* (pp. 1−8), Edward Elgar.

Capello, R., 2000, The City Network Paradigm: Measuring Urban Network Externalities, *Urban Studies*, 37(11), 1925−1945.

Coe, N., Hess, M., Yeung, H. W., Dicken, P., & Henderson, J., 2004, 'Globalizing' Regional Development: A Global Production Networks Perspective, *Transactions of the Institute of British Geographers*, 29(4), 468−484.

Dunn, W. N., 2008, *Public Policy Analysis: An Introduction*, Pearson Prentice Hall.

Fujita, M., & Thisse, J. F., 2013, *Economics of Agglomeration Cities, Industrial Location, and Globalization*, Cambridge University Press.

Giannakis, E., & Bruggeman, A., 2017. Economic crisis and regional resilience: Evidence from Greece, *Papers in Regional Science*, 96(3), 451−477.

Han, Y., & Goetz, S., 2015. The Economic Resilience of U.S. Counties during the Great Recession, *Review of Regional Studies*, 55(2), 131−149.

Martin, R., 2012. Regional Economic Resilience, Hysteresis and Recessionary Shocks, *Journal of Economic Geography*, 12(1), 1−32.

Martin, R., & Sunley, P., 2014. On the Notion of Regional Economic Resilience: Conceptualization and Explanation, *Journal of Economic Geography*, 15(1), 1−42.

Moulaert, F., & Sekia, F., 2003, Territorial Innovation Models: A Critical Survey, *Regional Studies*, 37(3), 289−302.

Simmie, J., & Martin. R., 2012, The Economic Resilience of Regions: Toward an Evolutionary Approach. *Cambridge Journal of Regions, Economy, Society*, 3(1), 27−43.

Song, Y. H., & Kim, J. W., 2023, The spatial spillover effect of technological in−novation network in cities: a case of the high−tech industry of Yangtze River Delta, *International Journal of Urban Sciences*, 27(3), 414−441.

Stuck, J., Broekel, T., & Diez, J. R., 2015, Network Structures in Regional Innovation Systems, *European Planning Studies*, 24(3), 423−442.

O'Sullivan, A, 이번송·홍성효·김석영 역, 2022, 「오설리반의 도시경제학」(제9판), 박영사.

岡田知弘, 양준호 역, 2016, 「지역 만들기의 정치경제학」, 한울아카데미.

岡田知弘, 2022, 「21世紀日本の地域経済構造の変容」, 季刊経済理論経済理論学会, 59(3), 45-58.

Urban Administration

제12장

도시행정과 데이터

도시행정과 데이터

도시행정에서 데이터의 중요성

1. 데이터 기반 도시행정의 필요성

도시화가 빠르게 진행되면서, 도시들이 직면하는 문제는 더욱 복잡하고 다층적인 양상을 보인다. 서울과 같은 대도시는 교통 혼잡, 주택 공급 부족, 환경오염, 시민건강, 범죄 문제 등 다양한 도전과제에 직면하고 있으며, 이러한 문제들은 데이터 기반의 과학적 접근 없이는 효과적으로 해결되기 어렵다. 특히 서울과 같은 메가시티(Megacity)의 경우 인구 밀도가 높고 경제활동이 활발하여, 다양한 영역에서 생성되는 데이터의 양 또한 방대하다. 이러한 데이터는 도시문제 해결을 위한 중요한 자원으로, 이에 대한 효과적인 관리와 분석 없이는 정책결정 과정에서 의미 있는 해법 도출이 어렵다. 데이터가 도시행정 분야의 '새로운 원유(New Oil)'로 각광받는 이유이다.

과거에는 정책결정이 주로 인간의 경험과 직관에 의존했으나, 이러한 접근 방식은 정보의 불완전성으로 인해 정책의 장기적 효과를 예측하기 어렵고, 즉각적인 문제 해결에도 한계를 드러냈다. 데이터 기반 도시행정(Data-Driven Urban Administration)은 이러한 한계를 극복하기 위한 중요한 개념이다. 정책 담당자는 방대한 데이터를 체계적으로 수집, 관리, 분석함으로써 정책 수립 및 실행 과정에서, 보다 정확하고 근거 있는 결정을 내릴 수 있다. 이러한 데이터 기반 도시행정은 도시 문제를 진단하고 예측하는 데 중요한 역할을 하며, 도시 문제의 복잡성을 이해하고 이를 해결할 수 있는 과학적인 방법을 제시한다(Batty, 2013).

예컨대 서울시 교통정보 시스템(Transport Operation & Information Service, TOPIS)은 데이터 기반 도시행정의 대표적인 사례로, 교통 혼잡 문제를 해결하기 위한 정밀한 정보들과 대안을 제공한다. 이 시스템은 도시 곳곳에 설치된 센서, CCTV, GPS, 교통카드 정보 등을 통해 실시간 교통 상황을 모니터링하며, 이를 토대로 특정 구간에서 발생하는 교통 혼잡을 예측하고 대응한다. 이를 통해 특정 시간대에 혼잡한 교차로의 신호를 실시간 교통 데이터에 따라 조정함으로써 혼잡을 줄일 수 있다. 이는 교통 혼잡 문제를 해결하는 데 있어서 효율성을 극대화하는 방법으로, 데이터 기반 도시행정이 실질적인 효과를 가져오는 좋은 사례다.

그림 12-1 서울시 교통정보 시스템(TOPIS)

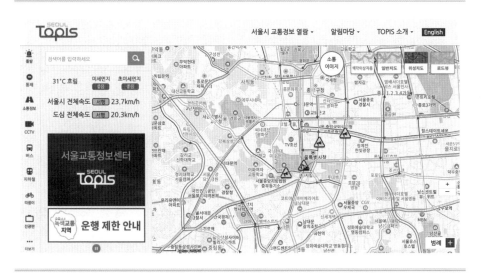

출처: 서울시 교통정보 시스템 TOPIS(https://topis.seoul.go.kr/)

대기질 관리 또한 데이터 기반 도시행정이 중요한 역할을 하는 분야 중 하나다. 서울시는 미세먼지와 같은 환경문제를 해결하기 위해 대기환경정보 모니터링 시스템을 운영하고 있으며, 이를 통해 대기 오염 데이터를 실시간으로 수집하고 분석한다. 또한 사물인터넷(Internet of Things, IoT) 기반 도시 데이터 센서를 시범적으로 도입하여 도시 기후와 관련한 다양한 미시적 데이터를 측정·제공하고 있다(김지수·강민규, 2022). 이처럼 다양한 환경 데이터를 기반으로, 대기질이 나빠질 가능성이 높은 지역에 대해 사전 경고 조치를 취하고, 오염을 완화하기 위한 정책을 마련할 수 있다. 예를 들어, 미세먼지 농도가 높은 날에는 차량 통행제한과 같은 환경 규제를 통해 대기 오염을 최소화할 수 있다(Kitchin, 2014).

이처럼 데이터 기반 도시행정은 자원의 효율적 배분을 가능하게 하며, 도시 내에서 발생하는 다양한 문제와 시민들의 요구를 보다 정확하게 파악할 수 있게 한다. 이를 통해 자원의 낭비를 줄이고, 적시에 적절한 자원을 투입할 수 있어 도시 내 불균형을 해소하는 데 중요한 역할을 한다. 이 과정에서 데이터는 문제 해결의 우선순위를 명확하게 하고, 정책 결정의 신뢰성을 높이는 기초가 된다.

특히, 복잡한 도시 문제에 있어 데이터의 활용은 정책의 실효성을 높이는 데 큰 도움이 된다. 도시 인프라, 교통, 환경, 공공 서비스 등 다양한 분야에서 데이터를 기반으로 한 결정을 내림으로써, 도시 운영의 효율성을 극대화할 수 있다. 이를 통해 단기적인 문제 해결뿐만 아니라, 도시의 지속가능한 발전을 위한 장기적인 전략 수립도 가능해진다.

결과적으로 데이터 기반 의사결정은 도시정책에 대한 시민들의 이해를 높이고, 정책결정 과정에서의 투명성을 강화하며, 도시문제 해결에 있어 시민들의 참여를 더욱 활발하게 만들 수 있다. 이를 통해 데이터는 단순한 도구를 넘어, 시민과 공공이 함께 문제를 해결하는 플랫폼 역할을 하며, 이를 통해 도시의 경쟁력과 삶의 질을 향상시키는 중요한 요소가 된다(Batty, 2013).

2. 증거기반정책: 과학적 데이터 기반의 정책 설계

(1) 증거기반정책(Evidence-Based Policy)의 개념

증거기반정책(Evidence-Based Policy, EBP)이란 정책 수립과 실행 과정에서 과학적 증거와 데이터를 핵심으로 하는 정책결정 방식이다. 이는 정책 담당자들이 주관적 판단에 의존하지 않고, 객관적이고 신뢰할 수 있는 데이터를 바탕으로 의사결정을 내림으로써 정책의 신뢰성과 타당성을 높이는 데 목적이 있다. EBP는 전 세계적으로 도시행정을 비롯한 다양한 분야에서 그 중요성이 점차 커지고 있으며, 이를 통해 정책의 실효성과 효율성 강화를 추구하고 있다(Head, 2016).

이러한 EBP는 전통적인 정책결정 방식과 차별화되는 몇 가지 중요한 특성을 지닌다. 먼저, 정책이 객관적 데이터에 의존한다는 점에서 정책 결정이 과학적 분석에 기반하게 되며, 정책 담당자의 개인적인 경험이나 주관적인 해석으로부터 벗어나 정책의 근거를 명확히 하게 된다. 둘째, 정책의 타당성 검증이 실시간 데이터 및 과학적 연구 결과를 통해 이루어진다. 이는 정책의 예측 가능성을 높이고, 해당 정책이 현실에서 어떤 영향을 미칠지 사전에 분석할 수 있는 환경을 제공한다. 셋째, 정책수립 후에도 지속적인 평가와 피드백이 가능하다. 데이터에 기초한 정책은 정책이 시행된 이후에도 성과를 모니터링하고, 필요에 따라 수정과 보완이 이루어질 수 있기 때문이다(관계부처 합동, 2024).

| 표 12-1 | 증거기반정책의 주요 정의 |

저자	증거기반 정책(Evidence-Based Policy)의 개념
Davies(1999)	연구 개발된 가장 최상의 증거를 정책개발과 정책집행의 핵심에 적용함으로써 정책, 프로그램, 정부사업에 대해 정보가 충분히 제공되도록 돕는 장치나 접근방법론을 의미
Sutcliffe & Court(2005)	종국적인 목표를 직접 달성하는 것을 목적으로 하기보다는 정책과정에서 정보를 풍부하게 만드는 담론과 방법론의 조합을 의미
O'Dwyer(2004)	증거기반정책은 과학적 탐구를 통해 도출되며, 질적으로 보장된 연구에 기반한 것으로, 정책의제를 설정함에 있어 직관, 전통, 정치, 현존 관행과는 차별화되는 정책을 의미

La Caze(2006)	증거기반정책은 의사결정에 있어 보다 포괄적이고 논쟁거리가 없는 인식론적 기준의 수용을 의미하며, 객관적이고 경험적인 최상의 증거가 결정을 뒷받침하도록 사용된 경우를 의미
AU Productivity Commission(2010)	증거기반정책은 정책의 목적을 달성하기 위해 정책설계, 정책집행, 정책재정립에서 엄격하고 검증된 증거를 이용하는 과정을 의미

출처: 윤광석(2016) 수정인용

EBP는 특히 의료, 교육, 사회복지와 같은 분야에서 오랫동안 활용되어 왔지만, 최근에는 도시행정, 환경정책, 경제정책 등 다양한 공공 정책 분야에서도 필수적인 정책수립 방식으로 자리 잡고 있다. 이는 복잡하고 다차원적인 문제를 해결하기 위해서는 과학적 근거를 바탕으로 한 정책 접근이 필요하다는 인식이 확산되었기 때문이다. 도시행정 분야에서의 EBP 적용은 특히 교통 문제, 환경 문제, 저소득층 주거복지 등과 같은 다양한 도시문제 해결에 있어 많은 기여를 하고 있다.

또한 EBP는 정책결정 과정의 투명성과 책임성을 강화할 수 있다는 점에서도 주목할 만하다. 과학적 데이터와 실증적인 연구 결과를 바탕으로 한 정책결정은 시민들에게도 분명한 근거를 제공할 수 있으며, 정책 실패 시 책임소재를 명확히 할 수 있게 한다. 이를 통해 정부와 시민 간의 신뢰 관계를 강화하고, 정책 결정 과정에서의 공공 참여를 촉진하는 중요한 기반을 마련할 수 있다.

(2) 데이터 활용과 정책설계의 연계

정책설계 과정에서 데이터의 중요성은 갈수록 강조되고 있다. 데이터는 정책의 각 단계를 연결하며, 문제 진단에서부터 정책 디자인, 실행, 성과 평가에 이르기까지 핵심적인 역할을 담당한다. 데이터 기반 정책설계는 문제 해결의 객관성과 타당성을 높이며, 정책의 성과를 극대화하는 중요한 도구로 기능한다.

① 문제 진단 단계: 정책수립의 첫 번째 단계는 문제의 본질을 정확히 진단하는 것이다. 이 단계에서 데이터를 통해 정책 대상인 문제의 특성과 그 영향 범위를 명확히 파악할 수 있으며, 문제의 발생 원인과 패턴을 분석

함으로써 보다 근본적인 해결책을 모색할 수 있다. 예를 들어, 대도시의 교통 혼잡 문제를 해결하기 위해서는 교통량, 차량 이동 패턴, 대중교통 이용률 등의 데이터를 분석하여 현재 교통 흐름의 문제점을 파악하고, 이를 기반으로 교통 혼잡의 주요 원인을 진단할 수 있다.

② 정책설계 및 실행 단계: 문제 진단 후, 데이터를 기반으로 정책을 설계하는 과정에서는 특히 비용—편익분석(Cost—Benefit Analysis)이 중요한 역할을 한다. 정책 담당자들은 데이터를 활용해 여러 정책대안의 장단점을 평가하고, 각각의 대안이 가져올 수 있는 경제적, 사회적 비용과 이익을 비교할 수 있다. 이러한 분석을 통해 정책 수립자는 최적의 정책대안을 선택할 수 있으며, 정책이 가져올 효과를 예측함으로써 시행의 리스크를 줄일 수 있다. 이 과정에서 데이터는 정책의 실효성과 경제성을 충족시키는 방안 도출의 근거가 된다.

③ 성과 평가 및 피드백 단계: 정책이 시행된 이후에는 데이터 수집과 분석을 통해 그 성과를 평가하고, 이를 바탕으로 필요한 경우 정책을 수정하거나 보완하는 작업이 이루어진다. 사후적 데이터 분석을 통해 정책이 실행되는 과정에서 발생하는 문제를 파악할 수 있으며, 이를 통해 정책의 성공 여부를 객관적으로 평가할 수 있다. 특히 교통, 환경을 비롯한 분야에서는 실시간 데이터의 수집이 장기간에 걸쳐 이루어지기 때문에, 정책의 효과를 시계열적으로 평가하는 데 유리하다. 또한 성과 평가 결과는 다음 정책 수립에 중요한 피드백으로 작용해 정책의 지속적인 개선과 발전을 도모할 수 있다.

이처럼 데이터는 정책설계 과정의 모든 단계에서 의사 결정자들에게 중요한 정보를 제공하는 도구이자, 정책실행 과정에서 발생하는 예측 불가능한 변수를 최소화할 수 있는 기제로 작용한다. 따라서 데이터 기반 정책설계는 정책의 실효성을 높이는 데 매우 중요한 역할을 하며, 공공정책의 전반적인 질을 향상시키는 데 기여한다.

(3) 우리나라의 증거기반정책 활성화 전략

우리나라 정부는 데이터 기반 행정의 중요성을 인식하고 이를 강화하기 위해 다양한 전략을 수립해왔다. 특히, 데이터기반행정의 체계적 추진 및 활성화를 위해 2020년 「데이터기반행정 활성화에 관한 법률」을 제정·시행하였으며, 2024년 발표된 '제2차 데이터기반행정 활성화 기본계획(2024-2026)'을 통해 데이터를 중심으로 한 행정체계를 구축하고 공공정책의 효율성을 극대화하기 위한 구체적인 전략을 제시하고 있다. 이 계획은 행정안전부 주도로 여러 관계부처가 협력하여 국가 전반의 데이터 기반 행정체계를 강화하는 것을 목표로 하고 있으며, 구체적으로는 다음과 같은 세 가지 주요 추진 전략이 제시되었다.

① 범정부 데이터공유플랫폼을 통한 데이터 공유 전면 확대: 이는 정부 내 모든 기관에서 생성된 데이터를 통합하고, 이를 보다 쉽게 공유하고 활용할 수 있도록 '국가공유데이터플랫폼'을 구축하는 것을 목표로 한다. 각 기관이 보유한 데이터를 실시간으로 연계하여 정책 결정에 필요한 데이터를 보다 쉽게 접근할 수 있도록 지원하며, 부처 간 협력을 강화하여 공공 데이터의 가치와 활용도를 극대화한다. 이를 통해 과학적 근거에 기반한 정책 결정이 가능해지고, 정책 수립과정에서의 효율성을 높일 수 있다.

② 정책 맞춤형 데이터 분석을 통한 과학적 행정 추진 가속화: 이 전략은 데이터 분석을 통해 정책의 타당성을 사전에 검증하고, 정책 시행 후에도 지속적으로 데이터를 활용해 성과를 평가하는 체계를 마련하는 것을 목표로 한다. 이를 통해 정책 결정자들은 특정 문제에 맞춤형 데이터 분석을 적용하여 정책의 효율성을 극대화할 수 있으며, 정책수립부터 실행까지의 모든 과정에서 데이터 기반 의사결정이 중심에 서게 된다. 이를 위한 다양한 분석 도구와 시스템을 제공하는 것 역시 중요한 과제가 된다.

③ 데이터 공유·분석·활용의 일상화를 통한 데이터기반행정 문화 정착: 세 번째 전략은 데이터 공유·분석·활용의 일상화를 통해 데이터기반행정 문화를 정착하는 것이다. 이를 위해 모든 공무원이 데이터를 활용하여 정책

을 수립하고 평가할 수 있는 체계를 구축하고, 데이터 기반 의사결정이 일상적인 행정 업무에 뿌리내릴 수 있도록 다양한 교육 프로그램을 운영한다. 정부는 공무원들의 데이터 분석 역량을 강화하고, 민간 데이터와의 연계성을 높여 포괄적인 데이터 생태계를 구축함으로써 공공정책의 효과성을 높이고자 한다.

그림 12-2 데이터기반행정 활성화 거버넌스

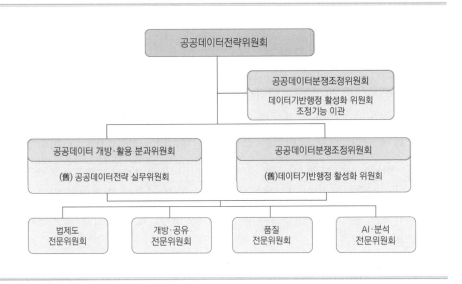

출처: 관계부처 합동(2024)

이러한 추진 전략을 효과적으로 이행하기 위해, 데이터기반행정 활성화 거버넌스 역시 강화되고 있다. 정부는 데이터기반행정의 이행력을 강화하기 위해 국무총리 소속의 '공공데이터 전략위원회' 및 '데이터기반행정 분과위원회'를 운영하고 있다. 공공데이터 전략위원회는 공공데이터와 관련된 주요 정책과 방향을 총괄하고, 각 부처와 기관 간의 협력을 촉진하며, 데이터기반행정의 종합적 방향성을 설정한다. 데이터기반행정 분과위원회는 구체적인 실행 방안과 이행 점검을 통해 실질적인 데이터기반행정 구현을 지원한다. 이러한 거버넌스 구성을 통해 데이터기반행정 활성화를 위한 정책이 보다 체계적으로 추진되고, 공공데이터의 효과적인 활용과 정책 수립 과정에서의 데이터 분석 적용이 강화될 것으로 기대된다. 또한 이러한 거버넌스 강화는 데이터기반행정의 지속가능성과 효율성을 높이는 중요한 역할을 하게 될 것이다.

제2절 ⟫ 도시 데이터의 유형 및 관리

1. 도시 데이터의 유형

현대 도시에서 발생하는 데이터는 매우 다양한 형태로 존재하며, 이를 효과적으로 분류하고 분석하는 것이 도시문제를 해결하고 정책을 수립하는 데 중요한 역할을 하게 된다. 도시 데이터는 크게 정형 데이터(Structured Data)와 비정형 데이터(Unstructured Data)로 나눌 수 있으며, 이 두 가지 유형의 데이터는 각각의 특성에 맞게 처리·분석할 수 있다. 빅 데이터(Big Data) 분석 기술이 발전함에 따라 이러한 다양한 유형의 도시 데이터는 스마트 시티(Smart City) 운영을 위한 필수적인 자원으로 활용되고 있다.

(1) 정형 데이터

정형 데이터(Structured Data)는 일정한 형식과 구조를 가지고 있어, 쉽게 분류하고 분석할 수 있는 데이터 유형이다. 이는 일반적으로 데이터베이스나 스프레드시트와 같은 표 형식으로 저장되며, 각 행과 열이 명확한 속성과 값을 가지기 때문에 처리와 분석이 상대적으로 용이하다. 이러한 정형 데이터는 수치, 문자, 날짜 등으로 구성되며, 그 형식이 고정되어 있기 때문에 컴퓨터가 쉽게 읽고 분석할 수 있다는 장점을 가진다.

도시행정 분야에서 자주 사용되는 정형 데이터는 인구 통계, 에너지 사용량, 대기오염 수준, 주택 가격, 지역내총생산(GRDP) 등이다. 예를 들어 서울시의 환경 데이터는 정형 데이터를 기반으로 대기 오염 정도를 실시간으로 분석하고, 특정 지역에서 발생하는 미세먼지 농도를 예측하는 데 사용된다. 이러한 데이터는 환경문제 해결을 위한 정책 수립에 중요한 역할을 하며, 미세먼지 농도가 높은 지역에 대한 관리 대책을 마련하거나 대기 오염 경보 시스템을 최적화하는 데 기초 자료로 활용된다.

정형 데이터는 예측 분석과 최적화 작업에서도 중요한 역할을 담당한다. 인구 변화 추세를 분석하여 미래 주택 수요를 예측하거나, 경제 관련 데이터를 기반으로 특정 지역의 경제성장 가능성을 평가할 수 있다. 특히 도시행정 분야에서 정형 데이터는 데이터 기반 정책 결정의 중요한 근거로 사용되며, 이를 통해 과학적이고 체계적인 의사결정을 할 수 있다.

(2) 비정형 데이터

비정형 데이터(Unstructured Data)는 정형 데이터와 달리 고정된 형식이나 구조를 따르지 않는 데이터 유형을 의미한다. 비정형 데이터는 텍스트, 이미지, 동영상, 오디오 파일, 소셜 미디어 게시물 등 다양한 형식으로 존재하며, 일반적인 데이터베이스에 쉽게 저장하거나 분류하기 어렵다는 특징을 가지고 있다. 이 때문에 비정형 데이터는 분석과 처리에 있어 특수한 도구 혹은 기술을 필요로 하는 경우가 많다.

이러한 비정형 데이터는 정형 데이터와 마찬가지로 도시 내 다양한 문제를 해결하는 데 있어 중요한 역할을 담당한다. 예컨대 CCTV 영상, 소셜 미디어 데이터 등은 도시행정에서 자주 활용되는 비정형 데이터이다. 이러한 데이터를 분석함으로써 도시 내 범죄 예방, 교통 혼잡, 환경 모니터링과 같은 복잡한 문제를 효과적으로 해결할 수 있다. 최근에는 자연어 처리(Natural Language Processing, NLP), 이미지 인식과 같은 새로운 분석 기술의 발전으로 비정형 데이터를 과거보다 정교하게 분석할 수 있게 되었으며, 그 결과가 도시문제 해결에 있어 실질적인 기여를 하고 있다.

도시행정 분야에서 비정형 데이터는 실시간으로 변하는 도시환경에 대한 중요한 정보를 제공할 수 있다. 예를 들어, 시민들이 소셜 미디어에 올리는 게시물은 특정 지역에서 발생하는 문제를 신속하게 파악하는 데 도움을 준다. 인스타그램, 페이스북과 같은 소셜 미디어에서 특정 해시태그를 분석하여 교통 불편이나 환경 오염과 관련된 시민들의 의견을 수집할 수 있으며, 이를 기반으로 신속한 대응책을 마련할 수 있다.

또한 CCTV 영상을 분석하여 범죄 패턴을 파악하고, 경찰력을 적절하게 배치하는 데에도 비정형 데이터가 사용될 수 있다. 이는 뉴욕, 런던 등 세계 여러 대도시에서 범죄예방을 위한 핵심 기술로 자리 잡고 있다. 이러한 영상 데이터 분석 기술은 날로 발전하고 있으며, 인공지능(AI)을 결합한 영상 인식 기술은 특정 지역에서 발생하는 범죄 가능성을 실시간으로 분석할 수 있는 토대가 된다.

이처럼 비정형 데이터는 그 미래가치가 크게 기대되지만, 데이터 분석 과정에서 몇 가지 도전과제를 동반한다. 우선 비정형 데이터는 그 자체로 구조화되지 않은 정보이기 때문에, 이를 처리하고 분석하는 데 상당한 시간과 기술적 노력이 필요하다. 또한, 비정형 데이터는 대체로 양이 매우 방대하고 다양한 출처에서 생성되기 때문에, 이를 효율적으로 저장하고 관리하는 기술 역시 중요하다. 이와 더불어 개인정보와 관련된 비정형 데이터를 다루는 경우, 데이터 윤리와 개인정보 보호에 대한 문제도 중요한 과제가 된다. 예를 들어, CCTV 영상을 분석할 때는 시민들의 사생활 침해를 방지하기 위한 법적·윤리적 기준을 준수해야 한다.

2. 도시 데이터의 수집

(1) 주요 도시 데이터 출처

1) 공공 데이터 플랫폼

공공 데이터 플랫폼은 도시에서 생성되는 다양한 데이터를 수집하고 이를 시민, 연구자, 기업 등 이해관계자들이 활용할 수 있도록 공개하는 중요한 도시 인프라에 해당한다. 이러한 플랫폼은 도시행정의 투명성을 높이고, 데이터 기반 정책 결정을 지원하며, 시민들이 직접 도시문제 해결에 참여할 수 있는 기회를 제공한다.

서울시의 '서울 열린데이터광장'은 대표적인 공공 데이터 플랫폼 사례로, 교통, 환경, 경제 등 다양한 분야의 수천 종에 달하는 데이터를 제공한다. 예를 들어, '서울 생활이동' 데이터는 서울 안 또는 밖으로 오고 간 모든 생활이동 정보를 제공하고 있다. 이러한 데이터는 도시계획 측면에서 청년주택을 포함한 공공주택의 입지 선정 등에 활용될 수 있으며, 대중교통 인프라가 부족한 지역에 버스 노선을 신설·조정하거나, 도로 및 교통 노선 신설 시 이동량 변화를 반영하여 미래 교통계획 수립에 도움을 줄 수 있다.

우리나라 많은 도시의 공공 데이터 플랫폼에서는 오픈 API를 제공해 개발자 및 연구자들이 해당 데이터를 활용하여 새로운 애플리케이션이나 서비스를 개발할 수 있도록 하고 있다. 이는 데이터를 기반으로 한 민간의 혁신적인 솔루션 개발을 장려하기 위함이며, 실제로 미세먼지 경보 애플리케이션이나 교통 혼잡 예측 시스템 등이 이러한 플랫폼의 실시간 데이터를 토대로 개발되었다.

이러한 공공 데이터 플랫폼은 데이터의 투명성을 높이고 시민 참여를 촉진할 수 있다. 시민들은 이러한 플랫폼을 통해 도시문제를 더 잘 이해하고, 정책개선과정에 참여할 수 있다. 앞으로도 이러한 공공 데이터 플랫폼은 도시문제 해결에 있어 필수적인 도구로 자리 잡을 것이다.

2) 민간 협력 데이터

민간 협력 데이터는 정부와 민간 기업 간의 협력을 통해 수집되는 데이터를 의미하며, 도시관리와 정책 수립에 있어 중요한 역할을 담당한다. 민간 부문에서 생성되는 데이터는 공공 부문에서 수집하기 어려운 다양한 정보를 제공하며, 이를 통해 도시문제를 보다 정교하게 분석하고 해결할 수 있다.

대표적으로 통신사, 물류 회사, 카드 회사, 에너지 기업 등이 도시와 협력해 제공하는 데이터가 있다. 예를 들어, 통신사에서 제공하는 이동통신 데이터는 인구이동 패턴을 분석하는 데 사용되고 있으며, 이를 통해 특정 시간대나 지역의 교통 혼잡도를 예측하고, 대중교통 인프라를 개선하는 데 활용될 수 있다. 또한 이 데이터는 특히 축제나 대형 행사가 열리는 기간 동안 시민들이 몰리는 지역의 교통 및 안전문제를 신속하게 파악하고 해결하는 데 유용하다.

카드 회사에서 제공하는 소비 관련 데이터는 도시 내 상권 분석 과정에서 중요한 역할을 담당한다. 예를 들어 특정 지역의 소비 패턴을 분석하여 어느 지역에서 상업 활동이 활발한지, 소비가 증가하는 시간대는 언제인지 파악할 수 있다. 이를 통해 상권 활성화 정책을 수립하거나, 신규 상점 개설 및 상권 확장에 대한 결정을 내리는 데 중요한 정보를 얻을 수 있다. 또한, 이러한 소비 데이터는 특정 지역의 관광 활성화 정책 수립이나 지역 경제 발전 전략 수립에도 유용하게 사용된다.

마찬가지로 물류 회사의 데이터는 도시 내 물류 흐름을 분석하는 데 중요한 역할을 한다. 이를 통해 도심 내 물류 센터의 배치나 배송 경로 최적화와 같은 물류 관련 정책을 수립하는 데 활용될 수 있다. 에너지 기업이 제공하는 에너지 사용 관련 데이터는 특정 지역의 에너지 소비 패턴을 분석하여 에너지 효율성 향상이나 재생 에너지 보급 확대를 위한 계획의 기초 자료로 사용될 수 있다.

이처럼 민간 협력 데이터는 도시정책의 실효성을 높이는 데 중요한 역할을 하며, 공공 데이터와 결합되어 빅 데이터 분석의 기반을 더욱 확장할 수 있다. 도시문제 해결에 있어 공공과 민간의 협력은 앞으로 더욱 중요해질 것이며, 이를 통해 도시의 복잡한 문제를 해결하는 데 필요한 정보를 더욱 신속하고 정확하게 확보할 수 있다.

(2) 새로운 유형의 도시 데이터

데이터 수집을 위한 전통적인 방법인 실측, 설문조사, 대면조사 등의 기법 외에도 도시에서 데이터를 수집하는 방법은 최근 기술과 시민의 참여를 기반으로 다양하게 발전하고 있다. 대표적으로는 센서 기반 데이터, 시민 참여 및 소셜 미디어 데이터, 위성 및 드론 데이터 수집과 같은 방법들이 각광받고 있다.

1) 센서 기반 데이터

센서 기반 데이터 수집은 도시 내에서 실시간으로 발생하는 데이터를 수집하는 가장 중요한 방식 중 하나다. 도시 곳곳에 설치된 교통 센서, 대기 오염 측정 장치, 스마트폴(Smart Pole) 등 다양한 센서를 통해 교통 흐름, 공기 질, 유동인구 등의 데이터를 실시간으로 모니터링하고 분석할 수 있다.

예컨대, 서울시의 S-DoT(Smart Seoul Data of Things)는 대표적인 센서 기반 데이터 수집 시스템으로, 서울 전역에 약 1,100대의 다목적 센서를 설치하여 실시간 데이터를 수집하고 있다. 이 센서들은 온도, 습도, 미세먼지, 소음, 유동인구 등의 데이터를 수집하며, 이를 대기질 모니터링, 교통혼잡 관리, 소음문제 해결 등 다양한 도시 문제에 활용한다. S-DoT 시스템을 통해 수집된 데이터는 앞서 설명한 공공 데이터 플랫폼인 서울 열린데이터광장에 공개되어 시민과 연구자들이 활용할 수 있으며, 이를 바탕으로 다양한 분석과 서비스 개발이 이루어지고 있다. 이처럼 센서 기반 데이터 수집은 도시문제를 해결하는 데 필수적인 도구로 자리잡고 있다(김지수·강민규, 2022; 박진홍·강민규, 2022).

그림 12-3 스마트 서울 도시데이터 센서(S-DoT)의 위치 및 장치

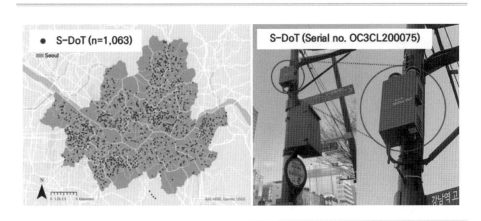

출처: 김지수·강민규(2022)

2) 시민 참여 및 소셜 미디어 데이터

시민 참여 및 소셜 미디어 데이터는 시민들이 직접 데이터 제작에 참여하거나 온라인 활동을 통해 생성되는 정보를 수집하는 방식으로, 도시행정의 실시간 대응과 도시문제 해결에 기여한다.

실제 많은 도시에서는 시민들이 도시문제를 직접 보고할 수 있는 다양한 채널을 운영하고 있다. 예를 들어, 모바일 민원 시스템을 통해 시민들은 도로 파손, 불법 주정차, 공공시설 고장 등을 실시간으로 신고할 수 있다. 이러한 시민 참여 데이터는 현장에서 발생하는 문제를 신속하게 해결하고, 문제발생 패턴을 분석하여 장기적인 정책수립에 반영하는 데 중요한 역할을 한다.

소셜 미디어 또한 도시문제를 빠르게 파악할 수 있는 중요한 데이터 소스다. 특히 페이스북과 인스타그램과 같은 플랫폼에서 사용되는 해시태그는 특정 이슈나 문제에 대한 시민들의 의견과 반응을 실시간으로 모니터링하는 데 유용하다. 예컨대, 환경문제와 관련해 시민들이 자주 사용하는 해시태그를 분석하면 특정 지역에서 발생하는 대기 오염, 소음 등의 문제를 파악할 수 있다.

이러한 새로운 유형의 데이터 활용을 통해 정책 담당자는 특정 문제를 빠르게 파악하고, 해당 지역의 상황에 맞는 대응책을 마련할 수 있다. 이러한 시민 참여 데이터와 소셜 미디어 데이터는 도시문제 해결에 필요한 데이터를 실시간으로 제공하며, 시민들의 목소리를 반영한 정책개선에 기여하고 있다.

3) 위성 및 드론 데이터

위성 및 드론 데이터 수집은 도시의 넓은 지역을 신속하고 효율적으로 모니터링할 수 있는 중요한 데이터 수집 방법이다. 특히 이러한 데이터는 대규모의 환경 변화나 재난 상황을 감시하고, 도시확장 및 관리에 필요한 정보를 실시간으로 제공한다.

위성 데이터는 넓은 지역에서 발생하는 변화나 패턴을 장기적으로 관찰하는 데 유용하다. 예를 들어, 도시 내 녹지 면적 감소나 토지이용 변화를 위성 이미지를 통해 모니터링할 수 있으며, 이를 기반으로 도시계획 및 환경보호 정책수립에 활용할 수 있다. 또한, 위성 데이터는 대기 오염이나 기후 변화와 같은 전 지구적인 문제를 도시 차원에서 관리할 수 있는 도구로도 활용된다(Kang & Jung, 2019)

드론은 더욱 정밀한 데이터를 수집할 수 있는 수단으로, 특히 재난 대응이나 건설 현장 등에 주로 활용된다. 예를 들어, 드론을 통해 도시 내 재난 지역을 실시간으로 감시하고, 구조 작업을 신속하게 지원할 수 있다. 또한 드론은 도시 내

교통 상황이나 건설 현장의 진행 상태를 모니터링하는 데 유용하며, 이를 통해 안전 관리와 자원 배분을 최적화할 수 있다.

　서울을 비롯한 많은 도시 및 공공기관은 재난 대응을 위해 드론 기술을 활용하고 있으며, 이를 통해 재난 지역의 구조 작업을 효율적으로 지원하고, 재난 복구 작업에도 실시간 데이터를 제공하고 있다. 또한, 드론을 이용한 교통 모니터링 시스템은 도로 혼잡 상황을 파악하고, 혼잡 구간에 대한 신속한 조치를 가능하게 한다. 이러한 위성 및 드론 데이터는 도시관리에서 실시간 대응과 예측 가능성을 크게 향상시키는 도구로 자리 잡고 있으며, 특히 대규모 환경 변화, 재난 대응, 교통 관리 등의 분야에서 그 중요성이 점점 더 커지고 있다.

그림 12-4 야간조명 위성 데이터를 활용한 우리나라 도시개발 패턴 분석

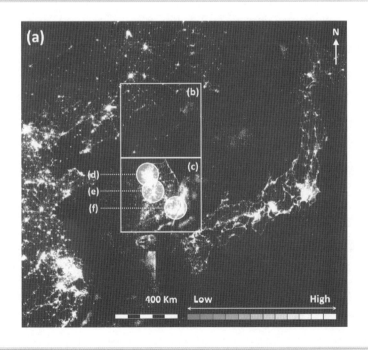

출처: Kang & Jung(2019)

3. 도시 데이터 분석방법

수집된 도시 데이터를 효과적으로 활용하기 위해서는 다양한 유형의 데이터를 정밀하게 분석하는 과정이 필요하다. 도시 데이터는 그 유형과 목적에 따라 분석 기법을 달리 적용할 수 있으며, 이를 통해 도시문제 해결과 정책 수립에 실질적으로 기여할 수 있다. 도시행정 분야에서 사용되는 대표적인 분석 방법으로는 통계적 분석, 기계 학습 및 인공지능(AI) 기반 분석, 그리고 지리 정보 시스템(GIS) 분석 등이 있다.

(1) 통계적 분석

통계적 분석은 대규모 정형 데이터(Structured Data)를 다루는 필수적인 분석 방법으로, 도시 내 다양한 현상을 정량화하고 이를 통해 정책 결정을 위한 객관적 근거를 제공한다. 이 분석 기법은 데이터의 전반적인 특성을 이해하고 예측 모델을 구축하는 데 중요한 역할을 하며, 기술 통계(Descriptive Statistics)와 추론 통계(Inferential Statistics)가 주요 도구로 사용된다.

기술 통계는 데이터를 요약하고 그 특성을 파악하는 데 사용된다. 도시 내 인구 밀도나 교통량과 같은 데이터는 평균, 중앙값, 표준편차 등의 통계적 수치를 통해 분석된다. 예를 들어, 서울시의 인구 밀도 데이터는 각 지역의 인구 집중도를 파악하는 데 사용되며, 이는 인프라 배치와 공공 서비스 분배에 대한 의사결정을 지원하는 중요한 기초 자료가 된다. 교통량 분석 또한 기술 통계 기법을 통해 지역별, 시간대별 교통 패턴을 이해하고 도로 확장 또는 신호체계 조정에 필요한 정보를 제공한다.

추론 통계는 표본 데이터를 기반으로 전체 인구에 대한 결론을 도출하고, 미래 상황을 예측하는 데 활용된다. 회귀 분석(Regression Analysis)은 이러한 추론 통계의 대표적인 기법으로, 여러 변수를 고려해 도시문제의 원인과 결과를 규명하는 데 사용된다. 예를 들어, 다중 회귀 분석(Multiple Regression Analysis)을 통해 교통 혼잡도를 예측할 때, 인구 밀도, 대중교통 이용률, 경제활동 지표 등 다양한 독립 변수를 활용하여 교통 혼잡의 주요 영향요인을 추정할 수 있다. 이와 같은 분석결과를 토대로 도시교통 관리정책을 보다 정교하게 설계할 수 있다.

또한, 시계열 분석(Time Series Analysis) 기법은 시간에 따른 데이터의 변동을 분석하고, 이를 통해 미래를 예측하는 데 사용된다. 예를 들어, 서울시의 교통량 데이터를 시계열로 분석하여 주중, 주말, 휴일 등 시간대별 교통 패턴을 파악하고, 이에 맞춰 교통신호 제어 및 대중교통 운영 계획을 조정할 수 있다.

앞서 살핀 회귀분석을 비롯한 횡단면 분석이나, 시계열 분석과는 방법론적으로 차이가 있으나, 클러스터 분석(Cluster Analysis) 역시 도시 데이터를 분류하고, 특정 집단이나 지역의 특성을 파악하는 데 유용한 방법이다. 클러스터 분석을 통해 도시 내에서 유사한 특성을 가진 지역이나 인구 집단을 식별함으로써, 맞춤형 정책을 수립할 수 있다. 예를 들어, 범죄 발생률이 높은 지역을 클러스터링하여 해당 지역에 집중적인 경찰력 배치를 실시하고, 예방 프로그램을 강화하는 방식으로 분석 결과를 활용 가능하다.

이러한 통계적 분석 기법들은 도시 데이터를 기반으로 의사결정을 지원하며, 정량화된 데이터를 통해 도시문제를 체계적으로 이해하고 해결할 수 있는 중요한 도구를 제공한다. 특히 통계적 분석은 과거 데이터의 패턴을 분석하여 미래에 발생할 수 있는 변화를 예측하고, 이러한 예측을 바탕으로 도시관리와 정책 수립 과정에서 보다 근거 있는 결정을 내리는 데 기여한다. 이는 도시문제 해결에 있어 과학적 접근을 가능하게 하며, 정책의 효율성과 효과성을 높이는 데 중요한 역할을 한다.

(2) 인공지능(AI) 및 기계 학습 기반 분석

인공지능(Artificial Intelligence, AI)은 도시 데이터를 분석하고 활용하는 데 있어 가장 포괄적인 개념으로, 데이터로부터 학습하고 스스로 개선할 수 있는 시스템을 만드는 기술을 의미한다. 즉, 이는 기계가 인간의 인지 능력을 모방해 데이터를 분석하고 학습하며, 스스로 문제를 해결하는 기술이다. AI는 크게 기계 학습(Machine Learning, ML), 자연어 처리(Natural Language Processing, NLP), 컴퓨터 비전(Computer Vision) 등의 하위 기술을 포함하며, 이를 통해 데이터를 분석하고, 도시 관리와 문제 해결을 자동화할 수 있다.

기계 학습(Machine Learning, ML)은 이러한 AI의 한 분야로 명시적인 프로그래밍 없이 데이터를 통해 스스로 학습하는 알고리즘을 의미한다. 이 역시 도시 데이터 분석에서 중요한 역할을 담당하는 방법론이며, 특히 비정형 데이터와 대규모 데이터를 처리하는 데 탁월한 성능을 발휘한다. 이러한 기계 학습(ML) 기법은 데이터에서 패턴을 찾고, 이를 기반으로 예측 모델을 구축하는 데 주로 사용되며, 크게 지도 학습(Supervised Learning), 비지도 학습(Unsupervised Learning), 그리고 강화 학습(Reinforcement Learning) 등으로 구분된다.

① 지도 학습(Supervised Learning): 지도 학습은 레이블이 달린 데이터(정답이 있는 데이터)를 사용하여 모델을 학습시키는 방식이다. 주어진 입력값과 대응하는 출력값을 학습한 뒤, 새로운 입력값에 대한 예측을 수행한다. 예를 들어, 교통량 데이터를 학습하여 특정 시간대에 교통 혼잡이 발생할 확률을 예측하는 모델을 만들 수 있다.

② 비지도 학습(Unsupervised Learning): 비지도 학습은 레이블이 없는 데이터를 처리하여 데이터 내의 패턴이나 구조를 찾아내는 방식이다. 예를 들어, 도시의 범죄 데이터를 비지도 학습을 통해 분석하여 범죄 발생률이 유사한 지역을 군집화(Clustering)할 수 있다.

③ 강화 학습(Reinforcement Learning): 강화 학습은 환경과 상호 작용하며 보상 시스템(Reward System)을 통해 최적의 행동을 학습하는 방법이다. 시스템은 보상을 극대화하기 위해 다양한 행동을 시도하며 학습하는데, 이를 통해 시간이 지남에 따라 더 나은 결정을 내릴 수 있게 된다. 즉, 과거 데이터를 기반으로 최적의 행동을 선택하고, 동시에 새로운 가능성을 시도하며 학습을 지속하는 과정을 말한다. 강화 학습은 실시간 의사결정에서 특히 효과적이며, 복잡한 도시문제를 해결하는 데 유용한 방법이 될 수 있다.

딥러닝(Deep Learning)은 기계 학습의 하위 개념으로, 인공신경망(Artificial Neural Networks)을 기반으로 하여 대규모 데이터에서 패턴을 학습하는 기술이다. 딥러닝은 특히 CCTV 영상, 소셜 미디어 데이터 등과 같은 비정형 데이터 분석에 강점을 지닌다. 이러한 딥러닝 기법은 도시 데이터 분석에서 이미지 인식, 음성 인식, 자연어 처리(NLP)와 같은 복잡한 문제를 해결하는 데 효과적이다. 예를 들어, CCTV 영상 데이터를 분석하여 교통사고나 범죄 발생을 자동으로 탐지하고, 그에 맞는 대응책을 마련하는 데 사용될 수 있다.

이 외에도 자연어 처리(Natural Language Processing, NLP)는 대규모 텍스트 데이터를 분석하고 처리하는 AI의 한 분야로, 도시 내 시민들의 의견이나 불만 사항을 분석하는 데 매우 유용하다. 예를 들어, 120다산콜과 같은 서울시 민원 처리 시스템은 NLP 기술을 활용하여 대량의 민원 데이터를 분류하고, 각 부서에 해당 민원을 전달하여 신속한 문제 해결을 지원할 수 있다. 또한 소셜 미디어 데이터에서 특정 이슈와 관련된 시민들의 반응을 텍스트로 삼아 분석하고, 이를 정책설계에 반영하는 데에도 NLP 기술이 사용될 수 있다.

이처럼 AI 기반 분석 기법은 단순한 데이터 처리에서 나아가 예측과 실시간 의사결정에 중요한 역할을 담당한다. 이는 도시의 운영 효율성을 극대화하고, 불필요한 유지보수 비용을 줄이는 데 기여한다.

(3) 지리정보시스템(GIS) 분석

지리정보시스템(Geographic Information System, GIS)은 데이터를 지리적 위치와 결합하여 공간적으로 분석하고 시각화하는 기술이다. 도시 문제의 대부분은 공간적 요소와 밀접하게 연관되어 있기 때문에, GIS는 도시 행정에서 매우 중요한 도구로 활용된다. GIS는 다양한 공간 데이터를 통합하여, 정책 입안자들이 복잡한 도시문제를 보다 쉽게 이해하고 해결할 수 있도록 돕는다.

이러한 GIS에서는 데이터를 주로 벡터(Vector)와 래스터(Raster) 형식으로 저장하고 분석한다. 벡터 데이터는 점, 선, 면 등 공간적인 요소를 표현하는 방식으로, 도시 내 도로망, 건물 경계, 행정 구역과 같은 정밀한 공간 데이터를 나타낸다. 래스터 데이터는 픽셀(Pixel)로 이루어진 그리드(Grid) 형태 자료로, 지형 데이터를 표현하는 데 적합하다. 벡터 데이터는 선명한 경계를 나타내는 데 유리하고, 래스터 데이터는 넓은 지역의 연속적인 변화를 표현하는 데 강점을 지닌다.

GIS의 핵심은 위치 정보를 기반으로 데이터를 분석하는 능력이다. 데이터는 지도상 특정 위치와 연결되며, 이를 통해 다양한 요소 간의 공간적 관계를 분석할 수 있다. 예를 들어 특정 지역의 대기 오염과 인구 밀도를 함께 분석하면, 그 상호작용을 바탕으로 환경정책을 수립할 수 있다. 또한 GIS는 다층 분석을 통해 교통, 환경, 주택 등 다양한 데이터를 동시에 처리하여 종합적인 해결책을 제시하는 데 도움을 준다.

GIS는 도시 관리의 다양한 영역에서 활용되며, 정책결정과 문제 해결을 위한 필수적인 도구로 자리 잡고 있다. 예를 들어 도시계획을 수립할 때, GIS는 인구 분포, 교통 인프라, 환경 데이터를 결합하여 최적의 개발 지역을 분석하는 데 도움을 준다. 또한 재난 대응에서도 GIS는 중요한 역할을 한다. GIS를 통해 재난발생지역을 실시간으로 모니터링하고, 긴급 구조 및 복구 자원의 배치를 효율적으로 조정할 수 있다.

GIS의 또 다른 강점은 공간적 관계를 쉽게 시각화할 수 있다는 것이다. 예를 들어, 도시 내 범죄율과 사회 경제적 지표의 공간적 상관관계를 파악함으로써, 범죄예방정책을 보다 효과적으로 수립할 수 있다. GIS는 이러한 공간적 데이터를 직관적으로 제공하여 도시문제 해결에 있어 보다 과학적이고 체계적인 접근을 가능하게 한다.

결론적으로 GIS는 도시 데이터를 시각적이고 직관적으로 제공함으로써, 정책 입안자들이 복잡한 도시문제를 쉽게 이해하고 해결할 수 있도록 돕는다. 교통관리, 환경보호, 도시계획 등 다양한 도시문제를 해결하는 데 있어 GIS는 필수적인 기술로 자리잡고 있으며, 그 중요성은 앞으로도 계속 커질 것으로 예상된다.

제3절 ✎ 미래의 도시행정과 데이터 활용

미래 도시행정에서 데이터는 도시문제 해결과 정책 수립의 중심축이 될 것이다. 인공지능(AI), 빅 데이터(Big Data), 사물인터넷(IoT)과 같은 혁신적인 기술은 도시문제를 더욱 정교하고 신속하게 해결하는 도구로 자리 잡으며, 실시간 데이터를 기반으로 한 예측과 의사결정은 도시행정의 효율성을 크게 높일 것이다.

1. 인공지능과 도시행정

인공지능(AI)은 방대한 양의 데이터를 분석하고 학습하여 과거의 패턴을 통찰하고 미래 문제를 예측하는 기술로, 도시행정의 변화를 이끄는 핵심 요소로 부상하고 있다. AI는 교통관리, 범죄예방, 환경보호와 같은 다양한 분야에서 데이터를 활용해 예측 모델을 구축하고, 이를 통해 도시가 직면한 문제에 실시간으로 대응할 수 있는 능력을 제공한다.

이러한 인공지능은 단순히 데이터를 분석하는 데 그치지 않고, 도시자원을 보다 효율적으로 관리하는 데에도 기여한다. 예컨대 AI 기반의 에너지 사용량, 상하수도 관리 시스템은 도시의 자원 낭비를 줄이고, 최적화된 자원 분배를 가능하게 한다. 이러한 기술은 도시의 운영을 정교하게 만들어, 시민들에게 더 나은 공공 서비스를 제공하는 중요한 토대가 될 것이다. 이처럼 인공지능은 도시 전반에 걸쳐 데이터 기반의 자동화된 의사결정을 가능하게 함으로써, 미래 도시행정의 핵심 도구로 자리잡게 될 것이다.

2. 빅 데이터와 스마트 시티

빅 데이터(Big Data) 기술은 다양한 도시 지표를 실시간으로 수집하고 분석하는 핵심적인 기술로, 이를 통해 도시문제 해결의 새로운 패러다임을 제시한다. 특히 사물인터넷(IoT)과 결합된 빅 데이터는 교통, 환경, 에너지 등 여러 영역에서 데이터를 수집해 도시 시스템을 실시간으로 최적화할 수 있다. 빅 데이터는 단순한 기록이 아닌, 도시의 맥락과 흐름을 파악하고 그에 맞춰 신속한 대응을 설계할 수 있는 강력한 도구다.

스마트 시티(Smart City)는 이렇게 수집된 빅 데이터를 바탕으로 도시 내 모든 시스템을 연결해 실시간으로 도시 인프라와 자원을 통합 관리하는 지능형 도시를 구현한다. 스마트 시티는 시민의 삶을 더 안전하고 편리하게 만드는 한편, 도시의 자원 효율성을 극대화할 것이다. 이처럼 빅 데이터는 단순한 통계 자료를 넘어, 도시행정의 미래 비전을 설계하는 핵심적인 자원으로 기능할 것이다.

3. 중앙정부와 지방정부의 역할

중앙정부와 지방정부 간 협력은 미래 도시행정에서 데이터 관리와 활용을 극대화하기 위한 필수적인 조건이다. 중앙정부는 국가 차원의 데이터 인프라와 법·제도적 기반을 마련하고, 일관된 정책을 통해 데이터 기반 행정을 촉진한다. 특히 공공 데이터 플랫폼을 통해 도시와 관련된 데이터를 전국적으로 통합·공유함으로써 지역 간 데이터 협력을 강화하고 국가 전체의 효율성을 높일 수 있다.

지방정부는 중앙정부가 구축한 인프라를 바탕으로 지역 특성에 맞는 맞춤형 데이터 활용을 담당한다. 지방정부는 실시간 도시 데이터를 수집하고 분석해 지역에서 발생하는 문제에 신속하게 대응할 수 있는 의사결정 시스템을 구축해야 한다. 교통문제, 환경관리, 주택공급 등 지역 특화 문제 해결을 위해서는 이러한 데이터 활용이 필수적이다. 이 과정에서 중앙정부와의 긴밀한 협력은 지방정부가 지역사회의 고유한 요구에 맞는 정책을 효과적으로 수립하고 실행하는 데 중요한 역할을 할 것이다.

결론적으로, 중앙정부는 거시적이고 체계적인 데이터 관리를 통해 국가 전체의 데이터기반행정을 지원하고, 지방정부는 현장 중심의 데이터 활용을 통해 지역문제를 해결하는 역할을 담당해야 한다. 이러한 협력체계를 통해 도시의 복잡한 문제들을 더 신속하고 정확하게 해결할 수 있으며, 이는 궁극적으로 지속가능한 미래 도시행정의 기반이 될 것이다.

4. 데이터로 그리는 미래 도시의 청사진

미래 도시는 데이터의 흐름 위에 구축될 것이다. 데이터는 신경망처럼 도시의 모든 결정을 연결하고, 문제를 예측하고 해결하는 핵심 도구로 자리할 것이다. 인공지능과 빅 데이터, 사물인터넷 등이 결합된 이러한 새로운 도시행정 패러다임은 도시를 더 효율적이고 지속가능한 공간으로 탈바꿈시킬 것이다.

미래의 도시는 더 이상 단순한 물리적 공간이 아닌, 지능화된 생태계로 진화할 것이다. 교통, 환경, 에너지 관리 등 도시의 다양한 문제가 데이터로 실시간 조정되며, 이를 통해 시민들의 일상은 보다 안전하고 편리해질 것이다. 도시의 각종 센서와 스마트 시티 시스템은 데이터를 바탕으로 도시에서의 자원 흐름을 조정하고, 이 과정에서 중앙정부와 지방정부는 긴밀한 협력을 통해 도시문제 해결을 위한 신속한 대응을 할 수 있게 된다.

중앙정부는 국가 차원의 데이터 인프라와 법적 기반을 구축하여 데이터 기반 행정을 위한 주춧돌을 놓고, 지방정부는 각 지역의 특성에 맞는 맞춤형 데이터를 활용해 도시문제에 대한 구체적 해결책을 제시할 것이다. 이 협력은 마치 정교하게 설계된 팀워크처럼, 도시의 문제를 더 빠르고 효율적으로 해결하는 동력이 될 것이다.

결국 데이터는 미래 도시의 핵심 자원이자, 도시와 시민을 실시간으로 연결하는 대화의 도구가 될 것이다. 이를 통해 도시문제는 과거보다 더 신속하고 정교하게 해결될 것이며, 도시는 지속가능성과 효율성을 겸비한 새로운 모습으로 탈바꿈할 것이다. 이처럼 데이터기반행정은 도시가 예측 가능하고, 시민의 요구에 신속하게 대응하는 미래를 설계하는 데 있어 필수적인 역할을 담당할 것이다.

참고문헌

관계부처 합동, 2024, 제2차 데이터기반행정 활성화 기본계획(2024년~2026년), 대한민국정부.

김지수·강민규, 2022, 스마트서울 도시데이터 센서(S-DoT)를 활용한 미시적 폭염 취약성 평가에 관한 연구, 국토계획, 57(5), 215-234.

박진홍·강민규, 2022, 사물인터넷 기반 도시데이터 센서를 활용한 서울시 유동인구의 측정 및 입지특성에 관한 기초연구, 국토계획, 57(5), 40-56.

서울시 교통정보 시스템 TOPIS(https://topis.seoul.go.kr/).

윤광석, 2016, 정책수립시 데이터 활용 강화방안 연구, 한국행정연구원.

Batty, M., 2013, *The New Science of Cities*, MIT Press.

Head, B. W., 2016, Toward More "Evidence-Informed" Policy Making?, *Public Administration Review*, 76(3), 472-484.

Kang, M. and Jung, M.C., 2019, Night on South Korea: Unraveling the relationship between urban development patterns and DMSP-OLS night-time lights, *Remote Sensing*, 11(18), p.2 140.

Kitchin, R., 2014, *The Data Revolution: Big Data, Open Data, Data Infrastructures & Their Consequences*, Sage.

Urban Administration

제13장

미래의 도시행정

13 미래의 도시행정
Chapter

제1절 ⟨ 미래도시의 전망과 도시정부의 과제

　　미래의 도시행정은 도시를 둘러싼 환경의 변화와 대응해야 할 도시정부의 과제로 생각해 볼 수 있을 것이다. 그동안 도시행정은 급격한 도시화와 도시의 성장관리에 초점을 맞추어 도시행정을 다루어 왔다(서순탁, 2014b). 앞으로의 도시행정은 급격한 도시화가 초래한 기후 위기나 인구구조의 변화, 과학기술의 발전과 적용, 세계화로 인한 문제에 중점을 두어야 할 것으로 보인다.

　　자치분권과 거버넌스, 과학기술의 발전, 기후변화와 도시재난, 인구구조와 도시의 변화, 세계화 등 도시행정을 둘러싼 환경의 변화는 과거와 비슷한 것으로 보인다. 그러나 그 양상을 보면, 질적으로 다른 문제들로 나타난다. 도시에 영향을 주는 문제나 쟁점은 어떠한 것이 있으며, 도시행정이 마주한 과제들은 어떠한 것이 있는지 살펴보고자 한다.

1. 자치분권과 거버넌스

　　첫 번째로 고려해야 할 주제는 지방자치와 분권화(이하 자치분권으로 사용함)이다. 자치분권은 도시와 지역에 대한 통치 권한이 중앙정부로부터 지방정부로 위임되는 것을 말한다. 지방정부로의 권한위임은 지역의 문제는 지역사회와 주민, 그리고 도시정부가 주요 행위자가 되어 처리하게 된다는 것을 의미한다. 지방자치제도가 도입된 이후로 정권에 상관없이 자치분권화는 지속적으로 이루어져 왔다. 도시나 지역의 문제를 대응하는 주요 행위자나 제도가 변화할 것인 만큼 지방자치와 분권화는 도시행정에서 중요하게 고려해야 할 주제이다.

지방분권화로 도시정부나 지역사회와 시민들이 다루어야 할 문제의 범위나 성격이 달라지고, 행·재정 운영의 권한이나 구조도 바뀌고 있다. 도시화와 광역화 등으로 지방자치단체가 통합하거나 특례시나 특별지방자치단체가 생기는 등 도시정부와 관련된 지방행정체제가 변화하고 있으며, 정권의 교체와는 상관없이 중앙정부의 사무가 지방으로 배분되고 있다(김병준, 2022). 행정체계의 변화나 사무 배분에 따라 도시 및 광역교통, 기후변화와 그로 인한 재난관리, 아동과 노인에 대한 복지와 보건 등에 대한 수요는 도시정부가 주요 행위자로 다루어야 할 것으로 여겨지고 있다.

도시와 지역의 문제를 체계적으로 대응할 수 있도록 지방행정 체제가 개편되고 있고, 지역의 특징에 맞는 도시행정을 펼칠 수 있도록 지방의회의 정책역량을 확보하는 방향으로 제도가 개선되고 있다. 그러나 개편되고 있는 지방행정 체제와 도시정부의 인사권 강화 등의 제도의 도입 자체가 지역의 고유한 수요와 특성을 반영한 도시행정을 시행하는 데에 긍정적으로 작용하는 것을 보장하지는 않는다. 자치분권 제도가 운영·발전되고 있는 만큼 지역의 문제나 수요를 효율적·효과적으로 대응함으로써 도시민의 행복을 증진하는 도시행정의 역할을 다하여야 할 것이다.

지방자치와 분권화는 지방행정체계의 개편만을 의미하는 것은 아니다. 도시나 지역의 문제를 도시정부, 지역사회, 시민들이 주요 행위자가 되어 해결하는 데에 참여하는 만큼 주요 행위자 간의 거버넌스 또한 중요하게 다루어야 할 것이다. 과거에는 중앙정부가 모든 문제를 해결하는 유일한 또는 주요한 행위자로 여겨졌다. 그러나 도시화 등으로 인하여 도시문제가 복잡해지고, 다양해졌으며, 시민의식의 성장하고, 과학기술이 발전하고 있다. 중앙정부뿐만 아니라 도시정부와 지역사회, 일반시민 등이 협력하여 문제를 해결하고 수요에 대응하는 것을 필요로 하는 사회가 되었다. 문제 해결에 필요한 다양한 지식과 정보, 기술과 자원 등이 산재해 있기 때문이다. 기후변화, 재난, 복지와 보건 등 중요해지고 있는 도시문제는 다양한 조직 간의 협력과 참여를 요구하고 있다. 도시정부는 지역사회와 일반시민, 중앙 및 지방정부 등과 소통과 협력을 통해 좀 더 수월하게 도시문제에 대응할 수 있도록 수평적이고, 협력적인 문화를 조성하는 것이 필요해 보인다.

2. 과학 및 정보기술의 발전

과학 및 정보기술은 계속해서 발전하고 있다. 발전하는 과학 및 정보기술은 도시문제의 양상이나 도시문제를 해결하는 데에도 관련이 있다. 민원업무의 전자화가 도시민들이 일상생활에서 이용하는 가장 대표적인 사례로 볼 수 있다. 과학 및 정보기술의 발전으로 시민들은 도시정부의 행정정보에 좀 더 편하게 접근할 수 있게 되었고, 편리하게 행정서비스를 이용할 수 있게 되었다. 관료와 공무원은 다른 업무에 몰두하거나 민원업무 간소화로 이전에는 처리하지 못하던 일을 할 수 있게 되었다.

최근에는 빅 데이터나 인공지능 등으로 이전에는 수집 또는 분석할 수 없었던 도시의 문제를 발견·해결할 수 있게 되었다. 빅 데이터와 인공지능 기술의 발전은 시민이나 민간기관으로 하여금 도시정부의 행정과정이나 문제 해결 과정에 참여할 수 있게 되었다. 교통상황이나 정보를 수집하고, 시민들에게 공유함으로써 시민들이 도시교통서비스를 편리하게 이용할 수 있게 되었다. 코로나19 과정에서 정부가 제공하는 공공데이터를 활용하여 시민들이 앱을 개발하고, 민간기관이나 시민들이 앱을 통해 제공된 정보를 활용하여 팬데믹에 대응할 수 있었다(문화일보, 2024.1.16.). 교통법규를 위반한 차량에 대해서는 시민들이 개인의 휴대전화 등을 활용하여 신고를 할 수 있기도 하다(서울시청 홈페이지, 2023.05.11.).

과학 및 정보기술의 발전은 노동형태의 변화도 가져왔다. 팬데믹 기간이 널리 보급되어 사용되었던 온라인 회의시스템은 재택근무도 가능하다는 것을 인식하게 하였다. 즉, 과학 및 정보기술의 발전으로 도시정부 공무원들의 인사 및 성과관리와도 연결이 될 것이다. 공공 및 민간기관은 직원들의 인사관리를 위해 메신저 접속 관리 등에 대한 쟁점도 발생하고 있기 때문이다(법률신문, 2024.07.17.). 과학 및 정보기술과 관련된 시설의 설치나 재택근무로 인해 발생한 사무실 유지 등 도시정부의 행정비용, 출·퇴근 이동시간과 환경오염이나 시민들의 생활비, 소상 공인 상업활동과도 고민해 보아야 할 주제가 되었다(KBS 뉴스, 2023.02.28.).

과학 및 정보기술의 발전은 좀 더 편리한 행정서비스 이용이나 참여, 정보의 공개, 업무의 효율화 등 장점이 있다. 어떻게 활용할 것인지에 대한 전략을 고안 하기 위해 과학 및 정보기술 자체와 적용에 대한 이해가 필요한 반면, 도시행정 에서 고민하고 대응해야 할 과제를 다음과 같이 던져주기도 한다. 감시와 통제는 정당한 것인지, 제도로 감시와 통제로 인한 문제나 쟁점들에 대응할 수 있는지 등을 고민해 봐야 할 것이다. 인공지능기술로 대체된 노동이나 노동시간 축소로 생긴 여가 시간을 위해 어떻게 보내도록 지원할 것인지, 새로운 일자리를 마련하 는 것 또한 논의해 봐야 할 과제이다. 세대별 또는 소득수준별 과학 및 정보기술 의 활용과 접근성의 차이가 발생하는지, 혹은 소외될 수도 있는 계층은 누구인지, 그로 인한 격차발생은 어떻게 대응하여야 하는지 등의 문제 등은 미래의 도시행 정에서 다루어야 할 과제이기도 하다.

3. 기후변화와 재난관리

기후변화 등의 환경문제는 도시행정에서 다루어야 할 중요한 주제이다. 1992 년 브라질 리우데자네이루(Rio de Janeiro, Brazil)에서 국제연합환경개발회의(UNCED)를 통해 자연환경의 보전과 관리, 기후변화와 지구온난화 방지를 위해 전 세계적으 로 관심을 갖고 대응하기를 강조하고 있다(전국지속가능발전협의회 홈페이지). 리우회의 에서 의제 21을 채택한 이래로 기후변화와 환경관리에 대해서 도시정부의 역할이 강조되고 있다. 도시정부뿐만 아니라 도시를 구성하는 여러 행위자를 통해 탄소 배출을 줄이기 위해 여러 정책을 시행하고 있다. 우리나라의 도시정부와 시민들, 민간기관은 대중교통정책(공공자전거, 기후동행카드 등)이나 배출권거래제, 넷제로 (Net−Zero) 건축정책 등을 시행하고 있거나 도입할 계획을 갖고 있다.

뉴어바니즘(New Urbanism)이나 스마트성장(Smart Growth), 친환경 생태도시 등 도 시계획의 여러 패러다임에서도 도시화로 인해 발생한 환경문제를 인지하고 탄소

배출을 줄이기 위한 노력을 반영하고 있다(서순탁, 2014a). 리우회의나 도시계획의 흐름을 보면 기후변화는 지구온난화로 인하여 발생한 것으로 규정하고 있으며, 지구온난화 방지를 위해 이산화탄소의 배출 규제에 초점을 맞추고 있다. 다양한 환경정책을 통해 탄소배출을 방지하려고 노력하고 있지만, 최근의 기후변화 양상을 보면 우리나라를 포함하여 세계 각국이 마주하는 현실은 좀 더 적극적인 도시행정을 요청하는 것처럼 보인다.

인도네시아는 기후변화로 인해 자카르타에서 누산타라로 수도를 이전하기로 했고(조선일보, 2024.06.08.), 태국은 기후변화로 인한 침수의 위험을 인지하여 방콕에서 다른 도시로 수도이전을 검토하고 있다(뉴스1, 2024.05.17.). 우리나라에서는 기후변화로 인해 최근의 여름 장마가 국지성 호우로 내렸고,[1] 그로 인해 도시의 저지대와 지하차도 및 주택의 침수, 산사태, 역사의 침수와 대중교통 운행 중단 등을 초래했다.

지구온난화로 인한 기후변화는 최근의 문제만은 아니다. 30년 전 전세계적으로 대응을 강조하기 시작했고, 탄소배출권, 분리수거와 재활용, 대중교통과 전기차, 대체 에너지 개발 등 다양한 방식의 환경정책으로 나타났다. 그럼에도 불구하고 환경문제는 해수면 상승이나 국지성 호우, 폭설과 한파 등의 도시재난으로 이어졌고, 큰 인명과 재산의 피해를 남기는 등 도시 곳곳에 재난을 일으켰다. 기후변화와 그로 인한 도시재난의 양상은 좀 더 불확실하고 복잡해질 수도 있다. 국지성 호우나 한파, 폭염 등 기후변화의 양상이 불확실해지고 있고, 고령화와 세계화로 인해 재난에 취약한 계층의 비율이 높아지고 있기 때문이다(임현우·유지선, 2022). 미래의 도시행정에서 환경정책과 재난관리가 중요해지고 있는 이유다.

4. 인구구성과 도시의 변화

미래의 도시행정이 고려해야 할 주제어는 인구구성에 관한 것이다. 인구구성의 변화는 고령인구의 증가나 가구수의 증가나 감소 등을 의미한다. 인구구성이 중요한 이유는 도시의 구조나 수요의 변화를 초래하고, 도시문제의 양상이 다르

---

1 2012년부터 2021년까지 호우로 인한 인명과 재산 피해가 여름에 집중되었다(오윤경, 2023).

게 나타나기 때문이다. 따라서 도시정부나 민간조직은 인구구성의 변화에 따라 수요와 문제를 분석하여 기존과는 다른 방식으로 수요나 문제에 대응해야 할 것이다. 미래의 도시행정이 관심을 가져야 할 인구구성의 변화와 관련된 주제어는 저출산 고령화, 1인 가구의 증가, 세대의 변화 등이다.

우리나라의 저출산과 고령화 현상은 심각해지고 있다. 출생아 수는 감소하고 있는 반면, 중위연령은 증가하고 있다.[2] 즉, 의학기술의 발전과 저출산 현상이 맞물려 고령화사회가 되었다. 고령화된 도시에서는 노인들의 이동편의나 습관을 고려한 도시계획과 노인들이 요구하는 복지와 보건 분야의 도시공공서비스에 대한 수요가 높을 것이다. 어디에 살든지 보편적인 의료서비스를 이용할 수 있도록 지역별 공공의료가 강조될 수도 있고, 노인들의 이동편의를 고려하여 Community Care와 Aging-in-Place 등의 개념이 좀 더 적극적으로 도시행정에 적용되어 정책적으로 실현될 필요가 있을 것이다.

미래의 도시행정이 고려해야 할 인구구성과 관련된 두 번째 주제어는 가구의 형태 변화이다. 1인 가구의 비율은 증가하고 있는 반면, 4인 이상 가구의 비율은 감소하고 있다.[3] 가구의 형태 변화에 따라 대응하여야 할 문제나 수요가 달라질 수 있다. 1인 가구가 필요로 하는 주택 유형이나 도시시설은 4인 이상의 가구가 필요로 하는 그것과는 확연히 다르다. 노인이 1인 가구일 경우와 4인 이상 가구의 구성원일 경우 역시 도시정부에서 대응하여야 할 방식이나 서비스가 달라질 것 또한 어렵지 않게 생각할 수 있다. 예를 들어, 가구의 유형에 따라 여가를 보내는 양식은 다르다. 1인 가구는 개인의 취향을 고려하고, 1인이 이용할 수 있는 숙박시설이나 문화나 예술 프로그램을 찾으려고 할 것이다. 4인 이상의 가구는 어르신이나 아동·청소년의 수요를 고려하여 여가를 보내려고 할 것이다. 가구의

---

2 출생아 수는 점차 감소하고 있다. 2000년 64.0만 명, 2006년 49.6만 명, 2011년 47.1만 명, 2017년 35.8만 명, 2022년 출생아 수는 24.9만 명 등 해가 지날수록 점차 줄어들고 있다(지표누리, 출생아 수). 반면 중위연령은 증가하고 있다. 2000년 31.8세, 2020년 43.7세이고, 2040년에는 54.6세, 2070년에는 62.2세로 추정하고 있다(저출산고령화위원회, 총인구와 중위연령).
3 4인 이상 가구의 비율은 감소 추세이다. 반면, 1인 가구의 비율은 계속해서 증가하고 있다. 2000년에는 전체 가구의 44.5%가 4인 이상 가구이고, 1인 가구가 15.5%였으나, 2010년의 4인 이상 가구 비율은 전체의 30.5%, 1인 가구는 23.9%, 2022년에는 4인 이상 가구는 17.6%, 1인 가구는 34.5%이다(지표누리, 가구원 수).

형태 변화는 점차 뚜렷해지고 있고, 그에 따라 수요나 문제가 달라지는 만큼 주택과 문화, 복지, 도시계획 등을 고려하여 도시행정이 이루어져야 할 것이다.

세 번째 주제어는 세대이다. 우리나라는 발전의 속도가 큰 만큼 세대 간의 특성이나 차이가 뚜렷하고, 일하는 방식이나 행동의 양식이 조금씩은 다르게 나타난다. 산업화 세대, 민주화 세대, X 세대, M 세대, 또는 Z 세대 등으로 구분해 볼 수 있다. 근면 성실히 일하는 것이 미덕인 세대가 있고(박태정, 2013), 일과 생활의 균형을 추구하는 세대가 있다(김정인, 2021). 도시정부의 조직에서 근태의 양상이 차이가 나기도 한다. 6시가 되면 퇴근하는 것이 당연한 세대와 그렇지 않은 세대, 유연근무가 편하고 당연한 세대와 그렇지 않은 세대 등으로 구분해 볼 수도 있다. 최근에는 임용된 지 얼마 안되어 퇴사하는 공무원이 많다는 뉴스가 보도되기도 한다. 세대의 특성을 고려하지 않은 공직문화로 인한 것일 수 있다(김정인, 2021).

세대 간의 차이는 도시정부 조직 내부에서만 중요한 문제는 아닌 것 같다. 민간과 정부의 협력에서도 조직 간의 문화 차이로 오해가 발생하기도 하지만, 도시정부의 정책과정에 시민들이 참여하는 활동이나 지역사회에서의 프로젝트에서도 세대 간의 차이로 어려움을 겪기도 한다. Z 세대도 언젠가는 기성세대가 될 것이고, Z 세대 이후에는 또 다른 세대가 등장할 것이다. 세대 간에 공유하는 문화가 도시정부 내의 조직문화나 거버넌스 운영에도 영향을 주어, 도시정부의 구조나 일하는 방식에 영향을 줄 수도 있다. 세대의 특성을 반영하여 도시정부와 민간부문의 협력이나 시민참여의 양상이 달라질 수도 있고, 도시정부가 제공하는 서비스 또한 세대의 특성을 고려하여 설계하는 것이 필요할 수도 있을 것이다.

5. 세계화

냉전의 해체와 비행기술의 발전 등으로 우리나라에서는 1989년에 해외여행 전면 자유화가 이루어졌다(국가기록원 홈페이지). 1990년대 대중가요에는 해외여행을 가본 사람에 대한 이야기가 나오고, 언제부터인가 대학생이라면 여름방학 때 유럽여행을 가는 것이 공식이 되었다. 해외학교로의 교환학생은 대학생뿐만 아니라 중·고등학생들도 가기도 한다. 2010년대 중반 이후부터 한국어에 능통한 외국인들이 등장하는 프로그램들이 제작되기도 했다. 최근에는 외국인들이 한국사회에 대해 이야기하는 프로그램을 자체적으로 제작하기도 한다. 다양한 국가의 사람들이 교류하고 소통하는 것이 자연스러운 현상이 됐다. 세계가 연결되어 있음을 의미하는 세계화는 오래된 또는 식상한 용어처럼 들리지만, 미래의 도시행정에서 고려해야 할 단어이기도 하다.

2010년대 중반 이후로는 40만 명 이상의 외국인이 한국에 방문하고, 유학, 결혼, 취업 등의 이유로 우리나라를 체류하는 외국인의 수도 지속적으로 증가하고 있다.[4] 한국에서 태어나고 자란 외국인이 있고, 외국에서 태어나고 교육받았지만 한국어와 문화에 능통한 동포들도 있다. 국적을 넘어서 이동이 자유로워지면서 생겨난 일들이다. 최근 들어 한국의 예술과 문화가 K−Culture라는 이름으로 알려지고, 한국의 음식이 K−Food라는 이름으로 인기를 얻고 있다.

한국문화를 활용하여 도시정부에서는 문화 및 관광정책을 펼치기도 한다(장세길, 2013). 발달된 한국의 의료체계로 외국인들이 의료관광이라는 이름으로 입국하여 의료서비스를 이용하고, 관광으로는 이어지는 경우도 있다. 돌봄 문제를 해결하기 위해 서울시청에서는 외국인 가사관리사 시범사업을 시행하고 있다(서울시청 홈페이지).

외국인들이 유학, 취업, 결혼, 의료, 관광 등 다양한 이름으로 우리나라에 입국하여 체류한다. 다른 문화와 언어, 생활 습관을 갖고 있는 외국인들을 우리와 같이 생활하는 이웃과 동료로서 받아들이거나 도시행정 차원에서 준비가 되어 있는지 고민해 볼 필요가 있다. 도시공공서비스를 공급받아야 하는 상황이지만 한국 국적이 없다는 이유만으로 배제되고 있을 수도 있고, 언어소통의 어려움으로 중요한 정보를 받지 못해 위기상황에 봉착해 있을 수도 있다.[5] 언어나 문화 장벽

---

4 2000~2004년에는 20만 명 미만, 2005~2012년에는 25만~31만 명(2009년 23만 명), 2014년 이후로는 40만 명 이상(2015년 37만, 2020~2021 코로나19 팬데믹 시기 제외)의 외국인이 한국에 방문했다(통계청. 내외국인 국제이동). 2009년부터 2018년까지 유학생의 수도 8.5만 명에서 24.8만 명으로 증가했고, 결혼이민도 2012년 9.8만 명에서 2019년 15.9만 명으로 증가하였으며, 취업의 경우 비전문취업, 관광취업 등도 지속적으로 증가하고 있다(통계청, 국적 및 체류자격자별 외국인 입국자).

5 외국인은 외국인등록증으로 공적 마스크를 구매할 수 있다. 그러나 코로나19가 한창일 때, 건강보험 가입 유무에 따라 공적마스크를 제공하여 국내에 체류하고 있던 외국인들이 배제되었던 적이 있다(내일신문, 2020.03.13. 외국인, 공적마스크 구매 배제).

으로 인해 이주민들의 한국사회에서의 정착에 어려움은 없는지, 정보습득의 어려움으로 자녀의 교육지원을 제대로 받지 못하는 일은 없는지 살펴야 한다. 피부색이나 문화, 언어, 관습 등에서 기인할 수 있는 문제나 갈등 없이 도시라는 공간에서 불편함과 차별을 겪지 않고 함께 살아갈 수 있도록 도시행정이 고민해야 할 것이다.

제2절 ‧ 미래 도시행정가의 역할

지금까지 미래의 도시행정에서 고민해 봐야 할 몇 가지 주제에 대해서 이야기해 보았다. 도시를 둘러싼 문제는 복잡하고 다양하며, 지속적으로 변할 것이다. 지면을 통해 담지 못한 주제 또한 있을 것이고, 어떠한 주제는 얼마 지나지 않아 더 이상 논의할 필요가 없는 주제가 될지도 모른다. 앞에서 논의한 것을 바탕으로 미래 도시행정가의 역할은 어떠해야 하는지를 간단히 논하고자 한다.

첫째, 도시행정가는 협력을 도모하고, 참여를 장려하여야 한다. 최근의 도시문제는 복잡하고, 다양하며, 지속적으로 변화하고, 무엇인지 정확하게 규명하기 어려운 것들이 많다. 이전에는 정부가 주도적으로 문제를 해결하였지만, 최근 도시문제의 특성으로 인해 다양한 기관의 참여가 필수적이다. 문제 해결에 필요한 기술이나 정보, 자원, 지식 등이 다양한 기관과 사람들이 보유하고 있기 때문이다. 도시정부는 도시문제를 해결하기 위해 목표를 명확히 제시하고, 문제 해결을 위해 필요한 자원이나 정보, 기술과 지식 등을 가진 기관과 사람이 누가 있는지 정확하게 파악하는 것이 필요하다. 또한, 다양한 민간부문이 도시정부와 협력을 즐거이 할 수 있도록 협력의 규범을 조성하고 동기요인을 고려한 제도를 만드는 것이 필요하다. 시민들이 도시의 문제를 해결함으로써 보람과 기쁨을 느낄 수 있는 참여문화를 만들어 나가야 할 것이다.

둘째, 도시행정가는 새로운 과학 및 정보기술에 대해서 열려 있어야 한다. 새로운 과학 및 정보기술은 지속적으로 개발되고 발전할 것이다. 도시행정가는 과학자 또는 기술자가 아니기 때문에 과학과 정보기술을 직접 개발하는 것은 도시행정가의 몫은 아닐 것이다. 그러나 새롭게 개발되는 또는 되어야 할 과학 및 정보기술을 어떻게 지원할 것인지, 새롭게 개발되는 과학 및 정보기술이 도시행정에 어떻게 적용될 것인지, 어떻게 도시문제나 시민들의 수요에 효율적으로 또는 효과적으로 활용할 수 있을 것인지 고민해 봐야 할 것이다. 또한, 과학 및 정보기술의 발전으로 인해 공무원이나 시민, 민간조직들을 통제하거나 감시하는 것은 없는지, 인권 침해 요인은 없는지, 지원이 필요한 사람이나 집단은 누구인지 파악하고 배제 또는 소외되지 않도록 지원하여야 할 것이다. 더불어 도시문제를 해결하기 위한 현행 법령에는 어긋나지 않는지, 법령이나 자치법규를 제·개정하는 데에 관심을 기울여야 할 것이다.

셋째, 지속가능성을 고려한 도시행정가가 되어야 할 것이다. 지구온난화로 인한 기후변화는 우리의 생존을 위협하고 있다. 우리나라는 여름철 국지성 호우로 매년 인명, 재산 피해가 발생하고 있다. 다른 나라의 도시는 해수면 상승으로 침수될 위기에 처해 있다. 예년과 다른 기온으로 폭설과 강추위로 인명 피해를 입는 지역도 있다. 지구온난화를 유발하는 온실가스를 배출하지 않거나 줄이는 노력이 필요하다. 전 지구적 생존과 미래세대의 행복을 위해 도시행정가는 기후변화를 방지하는 정책을 지속적으로 개발·도입하여야 할 것이다. 지속가능한 도시행정은 도시정부만의 역할과 책임은 아니다. 의제 21에서 도시정부의 역할과 민간 부문, 그리고 시민들의 참여와 협력을 요구하는 만큼 도시행정의 주요행위자의 관심과 참여, 그리고 협력이 필요하다.

넷째, 다양한 변화에 민감한 도시행정가가 되어야 할 것이다. 과학과 정보기술의 발전뿐만 아니라 그에 기인하여 개인의 특성과 가족과 공동체, 사회의 문화가 빠르게 변화하고 있다. 개인과 공동체, 가족과 사회의 특성과 문화는 도시 안에서의 행동이나 생활양식에도 영향을 줄 뿐만 아니라 조직 내에서의 일하는 방식이나 동기요인에도 영향을 준다. 따라서 도시행정가는 개인의 특성, 가족과 공동체, 사회의 문화 변화를 파악함으로써 도시나 주택의 구조나, 공무원이나 시민들의 일하는 방식, 지역경제 양상을 주도면밀하게 이끌어 나가야 할 것이다.

　　다섯째, 도시행정가는 공공성과 형평성, 사회적 정의 등에 대한 가치를 지향하여야 할 것이다. 도시개발과 세계화 등에 따라 동일한 지역에 거주하고 있음에도 불구하고, 공공서비스의 혜택에서 배제되는 상황이 발생할 수도 있다. 도시개발에 따라 지역발전의 편차가 발생할 수도 있고, 사회기반시설의 차이가 발생할 수도 있기 때문이다. 세계화로 인해 언어와 관습, 종교와 문화, 피부색 등이 다른 사람들이 도시라는 공간에서 함께 생활하고 있지만, 언어나 문화 장벽으로 도시행정과정에서 배제되는 경우가 발생하기도 한다. 도시라는 공간에서 우리의 문제와 수요를 다루는 사람으로서 도시행정가는 도시개발의 차이나 사회경제적 특성에서 기인하는 다름과 상관없이 보편적인 도시의 문제를 해결하고, 도시를 계획하는 자가 되어야 할 것이다.

김병준, 2022, 「지방자치론」(제4판), 파주: 법문사.

김정인, 2021, 포스트 코로나 시대, 신규임용 공무원의 조기퇴직 관리방안, 「한국
　　　인사행정학회보」, 20(1), 221−240.

박태정, 2013, 베이비부머 세대들의 삶을 통해 본 일과 은퇴의 경험적 의미에 대한
　　　연구, 「노동정책연구」, 29−57.

서순탁, 2014a, 도시계획, 서울시립대 도시행정학과(편), 「도시행정론」(pp. 251−
　　　269), 서울: 박영사.

서순탁, 2014b, 미래의 도시행정, 서울시립대 도시행정학과(편), 「도시행정론」(pp.
　　　402−411), 서울: 박영사.

오윤경, 2023, 집중호우의 재난관리 이슈 분석: 현장상황전파체계를 중심으로,
　　　「Issue Paper」, 통권 132호, 한국행정연구원.

임현우・유지선, 2022, 「재난관리론: 이론과 실제」(제2판), 서울: 박영사.

장세길, 2013, 문화도시・문화마을 전략과 전북의 대응, 「Issue Briefing」, 통권 103
　　　호, 전북발전연구원.

국가기록원, 해외여행 자유화, https://theme.archives.go.kr/next/koreaOfRecord/
　　　globalTravel.do

서울시청 홈페이지, 2023.05.11., 교통/교통위반단속/스마트 불편신고, https://news.seoul.
　　　go.kr/traffic/archives/507047?refresh

서울시청 홈페이지, 2024.07.16., 외국인 가사관리사 이용가정 모집... 17일 접수시
　　　작, https://mediahub.seoul.go.kr/archives/2011731.

전국지속가능발전협의회, http://www.sdkorea.org/

저출산고령화위원회, 총인구와 중위연령, https://www.betterfuture.go.kr/

지표누리, 1인 가구 비율, https://www.index.go.kr/

지표누리, 한국의 사회지표/인구/출생아수, https://www.index.go.kr/

통계청, 내외국인 국제이동, kosis.kr/

통계청, 국적 및 체류자격별 외국인 입국자, kosis.kr/

강민경, 2024.05.17., "이대로 가면 방콕 침수"...태국, 기후변화 때문에 수도 이전 검토, 『뉴스1』. https://www.news1.kr/world/asia−australia/5418109

김지원, 2024.06.08., 인도네시아, 8월 수도 옮긴다... 정글 한복판 '누산타라' 선택한 이유, 『조선일보』. https://www.chosun.com/international/international_general/2024/06/08/X7UZXLSZOFEQTARDZZIHDALF2Y/

김형준, 2017.06.20., "난폭차량 경각심" vs "감시 일상화", 『한국일보』. https://www.hankookilbo.com/News/Read/201706200443531641

정철순, 2024.01.16., 식약처 공공데이 하루 20만건 제공·활용...방역 신뢰도 높였다, 『문화일보』. https://www.munhwa.com/news/view.html?no=2024011601032521129002

조인선, 2024.07.17., 재택근무/원거리 근무에 대한 근태관리와 인사노무 자문, 『법률신문』. https://www.lawtimes.co.kr/LawFirm−NewsLetter/197681

한남진, 2020.03.13. 외국인, 공적마스크 구매배제, 『내일신문』. https://m.naeil.com/news/read/343620

황경주, 2023.02.28., '재택 대신 출근하라'는 법까지... '집이냐 회사냐' 미국도 갈림길, 『KBS 뉴스』. https://news.kbs.co.kr/news/pc/view/view.do?ncd=7615023

Urban cultural administration: policy, planning, placemaking

Jason F. Kovacs

1. Urban cultural administration

1.1 Culture as the subject of urban administration

Culture is increasingly recognized as an important topic by policy makers and planners in cities around the globe, whether they be based in large world cities like Seoul or in medium to small−size cities and even towns. However, the present−day understanding that culture should be given serious consideration in policymaking and planning circles alongside housing, transportation, economic development, and the environment, only gained currency in the last few decades. For much of the last century, urban administrators and planners generally eschewed culture as something worth paying much attention to. Simply put, culture was commonly an afterthought in twentieth century city planning and administration. But what exactly is culture? And, why should we care about it from the perspective of students of urban administration or as citizens in general? The aim of this chapter is to provide the reader not only with some answers to these questions, but also with a better understanding and appreciation of some of the key developments within what will be referred to for the purposes of this chapter as "urban cultural administration" - a term that practitioners and researchers might more commonly understand by way of other terms like "urban cultural policy" and "cultural planning."

This chapter will begin with a brief explanation of culture (section 1.2) as it is commonly understood in policy circles, followed by a survey (section 1.3) of some of the main observations, ideas and circumstances that have contributed to a "cultural turn" in urban policy and planning; the growing official interest toward arts, culture and heritage, particularly as economic development, place marketing, and tourism resources. What will follow in section 2 are key developments in urban cultural administration, including the rise of *cultural planning* practice in its various iterations (section 2.1) and growing interest towards *creative placemaking* (section 2.2). As will be explained, increased interest toward these forms and aspects of urban cultural policy reflects a growing recognition of the important role that small—scale arts and cultural interventions can play alongside larger, more costly projects and events in marketing place and bolstering residents' quality of life. Examples drawn from both Korea and the author's home country of Canada will be given throughout the chapter, together with accompanying photographs to visualize current trends. The array of examples provided is meant to demonstrate the universality of cultural policy—related developments regardless of whether the same terminology is used in one national jurisdiction versus another. Finally, findings on two culture—related policy projects that the author has closely explored will be presented as case studies. The case studies, which address an innovative public art program (Calgary's Watershed+ initiative) and the rise and fall of a mural district (Seoul's Ihwa Mural Village) will be used to conclude the subsections on cultural planning and creative placemaking, respectfully. Ultimately, the goal of this chapter is not to provide detailed information about urban cultural administration as it is currently being practiced in either Korea or Canada; rather, the objective is to provide the reader with a general understanding of global trends as well as a better appreciation for why culture (arts, culture, heritage) matters within the evolving fields of urban administration and planning.

1.2 Understanding culture

Welsh academic Raymond Williams (1976) famously wrote that culture is one of the most complicated words in the English language. When using this word, we could potentially be talking about artistic activities and expressions, or perhaps the cultivation of one's mind with new knowledge (as in a "cultured person"), or maybe we are discussing the particular ways and life of a people? Certainly, interpretations of culture have varied over space and time, including within urban policy circles. For example, for much of the last century, culture in public policy was often confined to the "high arts" – that is, to artistic expressions of Western culture like classical music, paintings, opera, and theatre. However, a "democratization of culture" in the latter half of the twentieth century saw an expansion of what counts as culture. It was recognized that ethnic heritage and working−class culture, among other things, also deserved some attention. Consequently, many cities began to consider other types of culture as additional assets that contributed to a city's uniqueness and attractiveness to residents and visitors alike.

While explanations vary, a recent definition provided in an introductory textbook on community and regional planning in Canada captures well the current interpretation and policy scope of culture in urban cultural administration not only in the West, but also in many countries around the globe, including Korea: "Culture is a broad concept that encompasses the people, places, and things that reflect our community identity and channel creative expression, including cultural heritage, creative cultural workers, creative cultural industries, cultural organizations, festivals and events, natural heritage, stories, values and traditions, and cultural spaces and facilities" (Thomas, 2016: 424). Given the breadth of things listed, policymakers will, for the purpose of both convenience and effectiveness, sometimes focus in on only a few of these things. In other cases, the list of things encompassed by culture may be even more extensive as we will be seeing later in this chapter when the subject of cultural resource mapping is addressed.

Finally, another way of thinking about culture from the perspective of urban cultural administration is to break it down into its traditional policy−related components: arts, culture, and heritage. Although art is often used synonymously with culture, it is usually restricted in urban policy to artistic activities and products, including crafts, dance, literary arts, media arts, music, theatre, and visual arts, including public sculptures, street art, and murals. Culture is often explained as the way and life of a people whether we are talking about the particular ways of life of a community, ethnic group, or social class. This anthropological notion of culture is frequently used by policymakers since it is all embracing (everything can potentially count as culture) and moves the notion of culture away from the high arts. Finally, heritage is a type of inheritance; something passed from one generation to the next. It is typically divided into two categories: tangible/built heritage (i.e., things we can see and touch like buildings and monuments) and intangible/immaterial heritage (e.g., knowledge, cultural skills). Urban cultural administration concerns all three aspects of culture, whether it be traditional or non−traditional forms of art; ethnic, community−based or vernacular culture; or heritage, both built and intangible. That said, many urban cultural plans and strategies such as those often found in American cities remain largely centred on the arts − the traditional concern of urban cultural policy − while others, especially in countries like Canada and Australia, have a more ambitious policy reach.

1.3 The cultural turn in urban policy and planning: historical precursors and recent developments

1.3.1 From the artful City Beautiful to the City Scientific movement

Towards the end of the 19th century, a new planning movement arose in the United States that is now commonly referred to as the "City Beautiful." It was a relatively brief but important planning movement that saw the beautification of many city centres from the 1890s to 1920s via the construction of aesthetically attractive public buildings in the traditional European neoclassical style, the development of grand tree—lined avenues, and the opening of new public parks and public squares with fountains and statues often serving as the focal point of those places. From the perspective of urban cultural policy and planning history, it can be argued that the end of the City Beautiful movement was just as important, if not more so, than the movement's beginning. This is because, as Rhonda Phillips (2004: 21) noted, "the willingness to incorporate public art [into planning] was practically lost [after the City Beautiful ended] until the resurgence of interest almost a hundred years later." The long tradition in the West of building cities "artistically" which culminated in the City Beautiful, gave way to a new urban aesthetic; that of modernism. Although the City Beautiful was by and large confined to North America, the modernist aesthetic was to shape cities all across the globe as it still does.

Modernism is a philosophy in both architecture and planning that became prominent from the 1930s onward. As explained by geographers Alison Bain and Linda Peake (2017: 447), "modernism seeks to correct urban problems and to improve social life through interventions in urban form." To do so, this philosophy has encouraged professionals to break from past traditions and traditional ways of living. In the field of architecture, this has meant abandoning traditional architectural styles in favour of simple, no−frills architecture; the outcome of which has impacted the appearance of everything from corporate and government buildings to high−rise residential apartments. In planning, modernism contributed to the internal spatial division of the city by land−uses, be they commercial, residential, industrial, or recreational. The widespread application of *single−use zoning* (one kind of land use allowed per zone) and destruction of mixed−use spaces (e.g., a building or neighbourhood with commercial−residential functions) through clean−sweep *urban renewal* meant that city dwellers had to rely more and more on the automobile to get from one place to another in the increasingly pedestrian unfriendly, sprawling city. Another characteristic feature of the modern 20th century city under the new urban aesthetic and "City Scientific" mode of thinking in planning (a focus on functional efficiency as in the efficient movement of automobiles) was the official sanctioning of the destruction of heritage, whether such heritage be beautiful buildings of the recent past or old residential and commercial neighbourhoods, including ethnic ones (e.g., the then Chinatowns as undesirable 'slums' to be cleared). In short, modernism did not value things old and vast amounts of built heritage in cities all around the world would vanish in the name of "modernization" and "progress", especially in the decades following World War Two. Although cities were not devoid of new cultural institutions like museums and theatres or of public spaces with public art, the aesthetic and functional quality of many of the new structures and public spaces was often poor.

1.3.2 Challenges to modernism

A number of notable individuals and ideas as well as changing circumstances eventually contributed to a widespread reappraisal of how cities were being built and why culture mattered. One individual, American author and activist Jane Jacobs, had an especially important role to play in sparking debate. Her seminal book *The Death and Life of Great American Cities* (1961) questioned the competency of the city planners of the time whose over reliance on single−use zoning and urban renewal was, as she argued, serving to erode residents' quality of life and destroy what remained of America's great cities. Drawing on years of careful observation living in Greenwich Village in Manhattan, New York, she asserted that mixed−use environments together with short blocks contributed to the vibrancy and relative safety of traditional working−class neighbourhoods. These things promoted greater sidewalk use and with that more "eyes on the street" or natural surveillance, which in turn deterred crime. Her observations were supported by Canadian architect Oscar Newman's careful examination of how features of the built environment in that same city could either promote or prevent crime. His work *Defensible Space* (1972) added further evidence to the argument that modernist architecture and planning were contributing to the decay of cities. Building on such early studies, a field of research called *environmental criminology* and associated practice known as Crime Prevention Through Environmental Design (CPTED) subsequently emerged. Mural art and vibrant colours are nowadays often incorporated into CPTED projects as a means of drawing interest to underutilized crime−prone spaces, thereby encouraging greater pedestrian flow and with that greater natural surveillance (e.g., CPTED in Yeomni−dong, Seoul and North Battleford, Canada).

Jane Jacobs' seminal work was also notable in advocating for participatory planning at a time when city planners were assumed to "know best." She argued that citizen voices needed to be brought into decision−making processes. Jane Jacobs also recognized the value of ethnic districts and of old buildings which are often inhabited by artists. These places contribute to the vibrancy of cities and often become choice destinations for non−artists to either visit or relocate to as Sharon Zukin's influential book *Loft Living* (1982) on the *gentrification* of New York's famous SoHo district confirmed. Jane Jacobs also famously asserted in a later documentary that "Any city that is tearing down its buildings just to make money for a development or just to add novelty is doing something criminal against our resources." Certainly, present day heritage conservationists would agree. Not only does the destruction of heritage represent a loss of a potential economic and social resource (e.g., as a potential tourism resource or as a part of a community's history), it also embodies a huge environmental cost. All of the energy that went into originally constructing a building (its embodied energy) is lost when it is torn down. In contrast, when we conserve a building we are preserving the energy that went into obtaining, transporting and putting together the various materials (e.g., bricks, timber, steel) that a structure is comprised of.

Another important figure whose writing helped promote change was American sociologist and urbanist William H. Whyte. His book and documentary film *The Social Life of Small Urban Spaces* (1980) revealed why some public spaces in New York were utilized by the public while others were not. Some of the features of successful urban parks and plazas as revealed from his careful analyses of recorded film footage of those spaces included places to sit (especially movable chairs), the availability of food to purchase nearby, and the visual integration of the site with its surroundings. This work contributed to growing interest towards *placemaking* – "the process of creating quality places that people want to live, work, play and learn in" (Wyckoff, 2014). Such "quality places" include elements like mixed uses, quality public spaces, built heritage, arts and culture, and green spaces. Placemaking projects such as public space design improvements, façade improvements (the beautification of the front of buildings often with new signage and paint), and park improvements have been used to successfully transform many formerly unpopular places into attractive spaces (e.g., Bryant Park, New York, Fig. 1). Such types of traditional placemaking are sometimes addressed in urban cultural planning. Additionally, the recognition of culture's role in animating underutilized public space has contributed to the recent recognition of a specialized art and culture−centred form of placemaking now known as "creative placemaking" (to be addressed in section 2.2).

Fig. 1. Before (left) and after placemaking (right). New York's Bryant Park was avoided by the public due to the perception that it was unsafe. The removal of excess vegetation and introduction of an open lawn with movable chairs and tables in the early 1990s transformed the park into one of the most popular public parks in the city.

1.3.3 Changing circumstances: post−industrial cities and culture−led regeneration

While Jane Jacobs' attack on planning in *The Death and Life of Great American Cities* vocalized many people's growing dissatisfaction with the way in which their cities were being(re−)built, a new circumstance would have far greater consequences in planning, as well as in how culture would be viewed by local, regional, and national governments: *deindustrialization*. Beginning in the 1970s, the economies of once prosperous industrial cities not only in the United States, but elsewhere in the West, began to falter. In an increasingly globalized world, many industrial activities shifted to poorer countries where lower labour costs and lax work−place and environmental regulations attracted the attention of major North American and European−based corporations. To cope with the resultant job losses and their replacement by lower paying service sector work, many city officials began to seek out new strategies, including those related to tourism development, place marketing, and urban revitalization. In the context of growing interurban competition, spectacular architecture, as well as visitor attractions and destinations (e.g., arts, entertainment, fashion, historic, shopping and sports districts), urban mega−projects (e.g., waterfront redevelopment) and mega−events (e.g., a major global sporting event) were sought for their potential role in re−branding the *post−industrial city*.

Although the association between cultural institutions (e.g., museums, galleries) and iconic architecture was not new with notable antecedent examples including the Solomon R. Guggenheim Museum in New York (1959), Sydney Opera House (1973), and Centre Georges Pompidou in Paris (1977), the tremendous success of Canadian architect Frank Gehry's design for the Guggenheim Museum Bilbao (1997) in helping to re−brand the aging port city of Bilbao in northern Spain into a cultural tourism destination caught the attention of policymakers around the globe. Its success in putting a then unknown and obscure city onto the tourism map, prompted cities to consider similar *culture−led regeneration* strategies involving *starchitecture* – "spectacular and iconic buildings designed [by star architects or "starchitects"] primarily to attract attention on an international scale" (Patterson, 2012: 3289). As urban planning scholar Carl Grodach (2008: 196) noted, "Hoping to generate their own '*Bilbao effect*', cities ranging from Milwaukee to Abu Dhabi are investing millions in high−profile cultural complexes in which architecture, entertainment and consumption take centre stage." The *Bilbao effect* that he is referring to is "the imagined economic revitalization and iconic status that will ensue for cities that build their own local versions of the Guggenheim Bilbao" (Hiller, 2014: 398). In effect, the Guggenheim Museum Bilbao ushered in the current, ongoing wave of *cultural flagship* development projects – the construction or redevelopment of cultural institutions like museums, theatres, galleries, and opera houses through the designs of pre−eminent architects. The reopening of Toronto's Royal Ontario Museum in 2007 with Polish−American architect Daniel Libeskind's crystalline addition to it and the inauguration in 2014 of the late Iraqi−British architect Zaha Hadid's design for Seoul's Dongdaemun Design Plaza (DDP) represent examples of the global trend − a trend that is closely tied to other expensive initiatives, including mega−projects (e.g., 2003−2005 Cheonggyecheon Stream Restoration Project) and events (e.g., 2018 PyeongChang Winter Olympics) that can also contribute to transforming the image of cities, regions, and countries. Such major projects and events are often tied to *public−private partnerships* or arrangements made between local governments and the private sector wherein private investors cover a portion of the costs involved in delivering a project, service, or event.

1.3.4 New industries and new ideas: the rise of the creative city and creative class

Since the 1990s, such terms as the "arts industry", "heritage industry", "cultural industries", and related "creative industries" began to be widely used in urban policy circles. These terms' usage reflected a growing awareness of the economic importance of culture, especially in terms of employment. Simply put, it was recognized that a significant percentage of jobs in most cities was tied to the arts and culture sector (e.g., artists, musicians), to heritage (e.g., maintenance−related work, heritage tourism), and to various creative sectors (e.g., film, fashion). It was also understood that these aspects of culture contributed to resident satisfaction and local spending. However, reference to such aspects of culture as industries also reflected a new approach in the way in which cities were increasingly being run: *entrepreneurial governance.* The term entrepreneurial governance (and the related "entrepreneurial city") is used by scholars to capture a broadening shift in the role of local government from its traditional function of providing services (e.g., housing, water and sewage provisions, road repairs) to a greater focus on promoting the city, particularly through *place marketing* efforts. Place marketing encompasses an array of means to boost the image of a city to potential investors, tourists, and residents. Major projects and events can play an important role in cultivating a particular image of place or "place brand" (e.g., Seoul as a city of fashion via the DDP and associated Seoul Fashion Weeks; Toronto as a creative city with its many cultural flagship structures and cultural events). However, other aspects of place marketing which are not associated with massive public and private sector investment can have an equally if not more important role in shaping the city image to outsiders. In particular, the chief proponents of the highly influential "creative city" concept have argued that major projects and events are often not worth their cost; instead, relatively inexpensive and often community—based arts, culture and heritage projects and programs can have a far greater cumulative effect in shaping not only the perception but reality of a city being a desirable place to live and invest in.

The now well—known term creative city was first popularized through a 1995 book by that same title. In *The Creative City*, UK—based cultural policy experts Charles Landry and Franco Bianchini asserted that creativity (in how cities faced challenges) and a creative milieu were important factors for urban economic success. Creativity involves the ability to rethink problems; it involves experimentation and the capacity to be unconventional and rewrite rules. However, Landry and Bianchini asserted that rigid functional specializations and lack of cooperation between municipal departments and organizations often stifled such creativity, hence the need for more creative city planning. As for a creative milieu, Landry (2000: 133) explained more fully in his follow—up book *The Creative City: A Toolkit for Urban Innovators* that it "is a physical setting where a creative mass of entrepreneurs, intellectuals, social activists, artists, administrators, power brokers or students can operate in an open—minded, cosmopolitan context and where face to face interaction creates new ideas, artefacts, products, services and institutions and as a consequence contributes to economic success." Creative cities which possess such creative environments are associated with cultural amenities and a high *quality of life*, in an increasingly *knowledge—based economy*, these are the cities where new ideas will come from. Building on this work, American urban studies theorist Richard Florida argued in his highly influential book *The Rise of the Creative Class* (2001) that the most successful cities are the ones that can attract and retain members of the "creative class" – this socioeconomic class is comprised of highly educated, talented and skilled individuals (e.g., architects, engineers, scientists, writers) whose presence gives a city a competitive advantage in attracting new investment and enterprises (e.g., a new branch of a high—tech company; new start—up companies). However, he argued that members of the creative class are mobile; they can and will choose to live in cities that offer a high *quality of place* – something that can be gauged with "what's there, who's there, and what's going on?" A city that possesses an array of cultural and lifestyle amenities such as a vibrant street life, café culture, arts districts and cultural events, interesting architecture, and ethnic diversity is what members of the creative class are in search of. Many city officials and policy makers have bought into Richard Florida's argument – particularly since it was backed by replicable quantitative research – and have used his "creative class" argument to justify greater investment into arts and cultural considerations. The popularity of his book within local government circles has also contributed much interest towards urban cultural administration and cultural planning practice in particular.

2. Cultural policy, planning and placemaking

2.1. From cultural policy to cultural planning: governance innovation and resource mapping

The administration of arts and culture—related matters is commonly assigned in most countries to a specialized unit of local government. Sometimes the unit is a stand—alone department (e.g., Culture Affairs) but more commonly it is sub—unit embedded within a department like Community Development, Parks and Recreation, or Tourism and Economic Development. Until relatively recently, interaction between such administrative units and other branches of local government was not expected or even encouraged, and the scope of cultural policy affairs was confined largely to traditional arts and culture—related matters (e.g., community arts, arts funding, public art, arts and cultural festivals). This would all eventually change in many cities not only in the West but elsewhere in the world with the rise of cultural planning.

The expression cultural planning is attributed to American planner Harvey Perloff's book *The Arts in the Economic Life of the City* (1979). According to American cultural planning expert Tom Borrup (2021: 32), this work "established a framework for communities to identify and apply their cultural resources to community improvement." Cultural planning was subsequently used in the United States to refer to an integrated approach to cultural policy, one that was centred on community cultural development. It was a means by which cities could oversee various aspects of the traditionally fragmented arts and culture sector, "helping arts and cultural organizations, agencies, and sometimes artists on a local level organize as a sector to act collectively on their own behalf" (Borrup, 2021: 23). The idea of cultural planning quickly spread across the United States. By the 1990s, cultural planning was also taking shape in Britain,

Australia, and Canada, albeit through a much more ambitious interpretation. Rather than simply being an integrated form of community−centred cultural policy, cultural planning was explained as a new cross−departmental approach to planning, one that promoted the integration of culture into various municipal priorities including downtown revitalization, land−use planning, and tourism and economic development. The formative roots of this interpretation of cultural planning can be traced to the first international Cultural Planning Conference in Sydney, Australia, 1991. There, cultural planning was touted as a new cultural approach to urban planning in which quality of life and place−based factors tied to arts, culture and good urban design would be addressed and nurtured. Cultural planning was promoted as a means of developing attractive, livable environments and as a way of boosting the arts sector and cultural industries of a city, all the while engaging the public and private sector in the process. It was also envisioned that artists and cultural planners (who typically have a professional background in the arts) would have an important role as intermediary between and within municipal departments, helping to bridge divides and spur new ideas (see Case Study 1). Thus, cultural planning was seen as a means of governance innovation in which cultural planners would have a role in breaking down the silos of local government (i.e., the lack of interaction between departments like economic development and planning). The great popularity of the creative city/class concepts in the early 2000s brought with it greater government attention to the importance and potential of cultural planning or *creative city planning* as it is sometimes referred to in the context of large world cities.

While interpretations vary by country, explanations from Canada – the country that is now widely regarded to be at the forefront of cultural planning practice (Stevenson, 2014) – capture well what cultural planning is about. As explained in one Canadian provincial website, cultural planning "is a process for identifying and leveraging a community's cultural resources, strengthening the management of those resources, and integrating those resources across all facets of local planning and decision making" (Ontario Ministry of Tourism, Culture and Sport). As implied from this explanation, the first step of cultural planning involves taking stock of what cultural resources exist in a community whether we are speaking of a city, urban area within, or even region. Categories of cultural resources to be considered include community cultural organizations (e.g., community arts groups, ethno—cultural organizations), spaces and facilities (e.g., arts centres, theatres, museums), creative/cultural industries (e.g., art galleries, art dealers, theatre companies), festivals and events (e.g., film festivals, multicultural festivals, performing arts events), cultural heritage (e.g., built heritage, heritage districts), creative cultural occupations (e.g., artists, architects, musicians, writers), intangible assets (e.g., stories, customs, traditions), and even natural heritage (e.g., farms and orchards, botanical gardens). The process of putting together an inventory of such a broad array of cultural assets involves *cultural mapping*. As Canadian cultural planning expert Greg Baeker (2010: 17) explains, "Cultural mapping is a systematic approach to identifying and recording cultural resources. It can identify and record tangible cultural resources using Geographic Information Systems (GIS) tools, but can also use community identity mapping (e.g., interviewing residents, researching the history of a community) to explore intangible cultural resources, such as unique histories, values, traditions, and stories that combine to define a community's identity and sense of place." Cultural mapping can reveal things that may have previously been unknown to policymakers, such as the concentration of cultural hubs in particular areas; the existence of storied places in need of heritage protection and promotion; or the presence of arts and culture poor areas in need of more government attention and investment.

The findings of cultural mapping are used to inform the development of a *cultural plan*. A cultural plan is a strategic planning document that consists of a vision for the future, general directions to achieve the vision, and specific strategic goals to be implemented in the immediate and longer−term future. Some examples of strategic goals include the development of new public art, the strengthening of existing festivals and events, the creation of new community centres and arts facilities, and the protection or adaptive reuse of old building stock. For example, in the context of Seoul, such strategic goals could in theory involve the possible designation of food alleys and ethnic commercial areas as special tourism districts (Fig. 2). Or perhaps the city might wish to consider designating a new historic district or funding a new community arts event. There is no standard set of strategic goals; the possibilities are endless since cultural plans are meant to bolster the unique local attributes of place. Given that cultural planning entails cross−departmental collaboration and planning, specific departments within local government (e.g., Planning, Tourism) are often mentioned in the implementation of specific goals. Thus, the lead department, where cultural planning is based, is expected to work jointly with other units of government to achieve the various strategic policy goals outlined in the cultural plan.

Fig. 2. Examples of (potential) cultural planning outcomes: the possible formal designation of food alleys and ethnic commercial areas in Seoul? (top left: Hoegi-dong's storied pajeon alley; top right: Gwanghui-dong's multicultural Central Asia Street), a designated pedestrian-only cultural hub in Toronto's Distillery Historic District (bottom left); a showcasing of artistic talent in Ottawa's annual "Art in the Park" spring-time event (bottom right).

Although there is a wide array of strategic goals that can be found in any given cultural plan, one of the more common (together with those associated with creative placemaking, see Section 2.2) is the designation of arts, ethnic and heritage districts. An *arts district* (also commonly known as a culture district) is a "well—recognized, labelled, mixed—use area of a city in which a high concentration of cultural facilities serves as the anchor of attraction" (Frost—Kumpf,

1998: 10). Characteristic features of such districts include a variety of cultural venues (e.g., galleries, theatres); boutiques, restaurants, cafes and music clubs; workspaces for artists, and the presence of arts festivals and events. These creative hubs most often emerge organically in the absence of cultural planning, with artists often congregating through word of mouth to particular neighbourhoods. Such areas of the city are often identified and given the formal designation of arts district through cultural planning, turning them almost immediately into new visitor destinations on the tourist map. However, it is well known that artists are often eventually displaced from arts districts as rents increase as a result of gentrification. Consequently, through cultural planning provisions, some cities might attempt to extend the lifespan of the arts district by giving the artists living there subsidized *live—work spaces* – dwelling spaces combined with studio spaces where the artist or craftsperson can work from; these are either purposely built or result from the adaptive reuse of old buildings.

Another type of district associated with cultural planning is the *ethnic district*. Similar, to arts districts, ethnic residential enclaves and ethnic commercial areas usually emerge organically as members of an immigrant group congregate in a particular area of the city. While arts districts act as signifiers of a dynamic arts and culture—rich city, which members of the creative class are drawn to, the presence of ethnic districts can serve to showcase to potential residents that the city is cosmopolitan and tolerant to difference. They can also allow residents to travel and learn about different cultures "while being right at home" as Jane Jacobs had noted. The formal designation of an ethnic district via cultural planning can take two forms: the establishment of a monocultural district where the presence of one particular ethnic group present is used to brand the place (e.g., Toronto's Koreatown) and the multicultural district, where more than one ethnic culture group is celebrated through a broader regional focus (e.g., Seoul's Central Asia Town). Some cultural plans also address heritage conservation—related matters, including the conservation and adaptive reuse of old structures and the designation of *heritage districts* (also known as historic districts) as a means of protecting a collection of heritage structures for future generations. Residents residing in such urban areas must seek government approval for any major modifications to their homes, thus ensuring that only appropriate changes are made to the historic landscape. Heritage districts can become tourist magnets while also serving to showcase to residents and visitors the historical richness of the city.

In some sub—national jurisdictions such as New South Wales, Australia, cultural planning is now a formal requirement while in others such as the Province of Ontario, Canada, municipalities are strongly encouraged by the provincial government to engage in cultural mapping and cultural planning. However, it is important to note that both formal and *ad hoc* cultural planning can be found in cities around the globe. That is, while some cities and countries may not have an official cultural planning policy in place, that does not necessarily mean that cultural planning as a practice is nonexistent. Moreover, in some national contexts – as in the case of Korea – the arts and cultural sector of cities, large and small, is being shaped by highly similar urban cultural policies that can be regarded as variations of cultural planning with different names. Among others, the Korean Ministry of Culture, Sports and Tourism's Local Culture Promotion Act [지역문화진흥법] (2014—present), Culturally Specialized Area Development Project [문화특화지역] (2014—2019), and Culture City Project [문화도시사업] (2019—present) share many of the same objectives and actions as the cultural planning that is being practiced in countries like Australia and Canada (see 노수경, 2022).

CASE STUDY 1: The Watershed+ project in Calgary, Alberta, Canada

Since 2011, local, national and even international artists have been embedded within Calgary's water resources department (Utilities & Environmental Protection Department) as part of the city's novel public art program, "Watershed+". Touted as the first of its kind in North America, the project provides selected artists with workspaces alongside those of municipal staff with the goal of encouraging interaction and collaboration to foster new ideas (Kovacs & Biggar, 2018). The new ideas that are sought concern the development of **ecological art** – art that is intended to provoke thought about the environment (Robidoux & Kovacs, 2018). In particular, the intention of Watershed+ is to educate the public about the city's watershed and raise awareness of the city's approach to managing its water resources through temporary works of art and through art that is integrated into public infrastructure. An array of innovative examples of **public art** have since emerged, including temporary water fountains attached to fire hydrants and a redesigned wastewater pump house that employs eco–visualization design on its facade to show changing sewage flow across the city in real time. It is important to note here that public art refers to any permanent or temporary artwork that is sited in **public space** – that is, in spaces like public squares and parks that are accessible to all. Such art can range from statues, sculptures and structures to murals and even performance art. It is a subject of both cultural planning and creative placemaking and is often addressed by cities in specialized public art plans and **percent–for–public–art** policies in which a percentage of funds (usually 1%) for a large municipal capital project must be allocated to such art, incorporating it into the development project (e.g., adding public art at the base of a new luxury condominium).

Although not formally part of the city's larger cultural planning policy, Calgary's Watershed+ public art program has demonstrated one aspect of what cultural planning is ideally intended to do, but which is still rarely accomplished: engage artists in planning processes in effective, meaningful ways. The artists involved in Watershed+ are given desk spaces, treated like professionals, and paid accordingly. More importantly, they are encouraged to engage in discussion with planners from the water resources department during regularly scheduled meetings. The Watershed+ case also reveals the importance that artist—planner collaborations can play in contributing to artworks that are valued by the community. In particular, it is well known that public art can contribute to the aesthetics of urban space, act as a tourist attraction, stimulate public interaction and conversation, promote civic pride, and educate viewers about an issue, whether it be history or the environment. However, artists are often brought in at the end of urban planning and development projects rather than at the start. The abstract, "add—on" art that is frequently produced as a result of a rushed process is often disliked by residents who see in such works evidence of wasted taxpayer monies. In contrast, Watershed+ has provided artists with the necessary time to learn from municipal planners about their work. The knowledge gained has contributed to artworks that have met the principal goal of the project – raising awareness of water as a critical and finite resource. For example, the popular fire hydrant drinking fountain installations invite audiences to take a drink from the 'curvy, copper contraptions', encouraging them to think about the extensive water infrastructure underground. These same installations, of which there are three, also show the power of relatively inexpensive temporary works of public art in animating public space. Reflecting a growing trend, many cities are now investing more in temporary works of public art rather than in permanent works of art, which are not only often very costly to construct and maintain over time, but are frequently disliked and not well understood by the public. If, however, a temporary artwork appears to be popular with the public, city officials may consider commissioning the artist to produce a permanent version of it for the city.

A fire hydrant-turned-public art installation (top left), a redesigned wastewater pump station with real time changing visualization of wastewater flow on its facade (top right), and lead artists engaged in discussion with municipal planners (bottom). Source of photos and above translated text: Kovacs & Biggar (2018).

2.2. Creative placemaking: localized arts, culture and heritage projects

Creative placemaking has received a growing amount of attention over the past decade by scholars, planners, and cultural policy experts in many countries around the world. Although interpretations vary, the notion of creative placemaking according to Ann Gadwa Nicodemus (2013, p. 213) "emphasize[s] art—centred initiatives with place—based physical, economic, and/or social outcomes." In contrast to traditional placemaking projects like public space design and façade improvements, creative placemaking is distinguished by the role played by arts and culture as well as the centrality of community participation and public—private engagement. As Ann Markusen and Anne Gadwa (2010, p. 3) explain in their foundational white paper on the subject, "In creative placemaking, partners from public, private, non—profit, and community sectors strategically shape the physical and social character of a neighborhood, town, city, or region around arts and cultural activities." They go on to note that this activity "animates public and private spaces, rejuvenates structures and streetscapes, improves local business viability and public safety, and brings people together to celebrate, inspire, and be inspired." Examples of such creative placemaking (Fig. 3) include activities like outdoor movies—in—the—park, concerts and community festivals, and projects that include, among others, the creation of live—work spaces for artists, the display of public art, and the beautification of neighbourhoods with mural art (see Case Study 2). In short, the various activities and projects that may comprise creative placemaking are meant to enhance the built environment and qualities of place and with that, improve people's quality of life. Although such creative placemaking examples are also often encompassed within cultural planning practice, we can think of creative placemaking as the more localized application of urban cultural policy in contrast to the "bigger picture" approach of cultural planning with various place—based projects within.

Fig. 3. Examples of creative placemaking: a free outdoor "movies-in-the-park" event in Waterloo, Canada (top left), the playful "Berczy Park Dog Fountain" in Toronto (top right), an outdoor piano at Seoul's Dongdaemun Design Plaza (bottom left), and one of many murals in a small agricultural community (Buki Township) in Jangseong County, Jeolla-nam Province (bottom right).

While creative placemaking generally concerns the application of arts and culture in placemaking processes, it is also often closely associated with built heritage and the process of *adaptive reuse* – adapting a structure for a use different from that for which it was originally built. Adaptive reuse is increasingly recognized as an important tool for heritage planning, place marketing, and tourism development. In regards to heritage planning practice, the growing application of adaptive reuse in cities around the world reflects a noticeable shift away in recent decades from the rigid preservation of buildings that was common for much of the last century to the conservation of heritage structures through all means whether that be maintaining an historic building as is, or transforming it to meet a new function or aesthetic look.

The type of building that is subject to adaptive reuse or "creative preservation" as some architects are increasingly referring to it, also reflects a changing view of what counts as heritage. Whereas only the very oldest structures or finest examples of a particular historic architectural style were typically preserved in the past, a shift from the 1980s onwards has seen even modest "everyday heritage" (e.g., vernacular homes, industrial buildings) as the subject of conservation. The conversion of two former whisky barrel—aging buildings into luxury condominiums on the "Seagram Lands" in Waterloo, Ontario, the transformation of an old streetcar maintenance facility into a community centre in Toronto's Artscape Wychwood Barns, and the adaptation of the modest hanoks of Ikson—dong and red brick factory building in Seongsu—dong, Seoul, into boutiques, cafes, and galleries can all be seen as examples of this trend (Fig. 4). The existence of such places can help boost the creative reputation of the city while also acting as important visitor attractions within. The conservation of buildings and sites also contributes to maintaining a city's distinctiveness – its *sense of place*, the opposite of which is captured in such terms as "placelessness" (Relph, 1976) and the "geography of nowhere" (Kunstler, 1993). Retrofitted built heritage also helps tell a story of the city's past to residents and visitors alike, conserving a "sense of the past" and the *place memories* that make a city unique. As captured in the current "newtro" (new retro) trend in Korea, both nostalgia and a "cool"/"hip" factor also underlie the growing popularity of adaptively reused places. As Richard Florida and other proponents of creative city arguments point out, old, refurbished buildings housing cafes, pubs, boutiques, and other small businesses are often highly desirable places for young couples and creative types to visit. The presence of such heritage coupled with the presence of artists and local entrepreneurs contribute to the creative reputation or "buzz" of certain urban areas, which in turn may positively shape our perceptions of the city.

Fig. 4. Examples of creative preservation: a former whisky storage warehouse-turned-luxury loft in the mid-size city of Waterloo (top left), Toronto's Artscape Wychwood Barns (top right), and the converted hanoks of Ikson-dong (bottom left) and red brick factory buildings of Seongsu-dong (bottom right) in Seoul.

CASE STUDY 2: Ihwa Mural Village, Seoul

In 2006, a small residential community located adjacent to a stretch of Seoul's historic city walls was transformed into a mural village through the Ministry of Culture, Sports and Tourism's Art in City Project (2006–2007) – a public art initiative meant to rehabilitate residential areas in decline. Over the course of a three-month period, the late 1950s-era housing stock of Ihwa-dong was transformed through the work of dozens of artists. Some of the resultant murals on the facades of houses depicted the lives of the area's textile workers while others, including later additions, had little to do with the history and identity of the place (e.g., koi fish, angelic wings) but would have tremendous popular appeal with visitors. Within a few years of its transformation, Ihwa Mural Village became a tourist hotspot with social media playing no small role in putting the residential area on the tourist map as a must-see destination, especially for young adults looking for Instagrammable spaces. The growing popularity of the mural district was accompanied by **tourism gentrification** with many outsiders investing in the community's transformation, converting some of the area's old housing stock into small businesses like art galleries and cafes. However, irritation amongst residents gradually increased with excessive tourist numbers and all of the associated problems of **overtourism**, including congestion, noise pollution, litter, and a perceived lack of privacy. The tension finally erupted in 2016 with anti-tourism graffiti and, more shockingly, the vandalism of two of the community's most popular artworks, not by outsiders but by several residents who attempted to sabotage the tourism base of their own community.

Interviews with artists, community leaders and planners (Park & Kovacs 2020) revealed that the 2016 incident was not simply tied to overtourism, but also to perceived inequities within the community – between those who were suffering from excessive tourist numbers (the original inhabitants) and those who were benefiting from their growing presence (outside business owners). A careful analysis showed that a leaked land-use plan which would have allowed for some residences but not others to profit from tourism was the final trigger. The perpetrators of the vandalism were infuriated that areas where businesses were already set up were to be designated as mixed commercial-residential areas while residential areas were to remain just that, thus serving to exclude the original inhabitants living there from any chance of potentially profiting from tourism through the conversion of their homes into small businesses. This case study of creative placemaking is revealing for at least three reasons. First, it demonstrates the potential of relatively inexpensive art in transforming a community; beautifying it on the one hand, but also transforming it into something else – in this case, into a tourist hotspot. Many similar efforts at using mural art and even simply colour to revitalize place have since been made elsewhere in Korea. Notable successes include Busan's Gamcheon Culture Village (a mural district) and Shinan County's Purple Island (a colour-themed destination in Jeollanam-do). Second, the case study also demonstrates the potential danger that overly popular cultural attractions and tourist destinations can pose to residents' quality of life. As captured in G.V. Doxey's classic Irritation Index model (1975) and in Clare Mitchell's later Creative Destruction model (1998), local residents might initially welcome tourism development only to eventually despise it as it negatively impacts their everyday lives. It is worth noting that resident backlash against overtourism has similarly been observed in nearby Bukchon Hanok Village where banners and local volunteers remind visitors to be quiet and mindful that they are walking through a residential community. Finally, the Ihwa Mural Village case raises the always important question of "who benefits?" from tourism development and arts and culture—led revitalization projects. The lesson for urban administrators is to plan for all potential outcomes and intervene before problems get out of hand as they had in Korea's first mural village.

A postcard (left) of one of two of Ihwa Mural Village's once iconic staircase murals and a photograph (right) of what remained of the artwork several years later in 2019. Source of photos and above translated text: Kovacs & Park (2020) and Park & Kovacs (2020).

Conclusion

A "cultural turn" in urban policy and planning has been evident in cities large and small. The revalorization of arts, culture, and heritage was initially influenced by growing criticism at the way in which cities were being planned for (e.g., Jane Jacobs' scathing attack on modernist planning); followed by changing circumstances with deindustrialization, globalization, and growing interurban competition; and, more recently, by the introduction of new "creative city"—related ideas meant to explain why some cities, including post—industrial ones, were more economically competitive than others. Although the creative city/class argument is no longer new, it remains very influential and has served to strengthen local government support for arts, culture, and heritage matters as well as interest in urban cultural policy.

While urban cultural administration was once confined to traditional arts policy concerns with little if any crossover with other municipal activities, it is now often strongly associated with cultural planning – an integrated form of cultural policy implemented through cross—departmental collaboration. As covered in this chapter, some of the more common outcomes include the designation of arts, ethnic and historic districts; the funding of new public art; investments into live—work spaces for artists, community facilities and festival events; and the conversion of old buildings for new creative uses often through more localized creative placemaking projects. All of these things can help to revitalize city centres and particular neighbourhoods; enhance the quality of life of residents; and improve the overall image of cities to outsiders, including investors, tourists and potential residents. That said, as the second case study that was presented in this chapter demonstrated (Ihwa Mural Village), urban administrators and planners should be mindful of any potential negative consequences that may ensue from culture—related projects and programs (e.g., arts−led gentrification, overtourism, unwanted public art) and plan accordingly, seeking community input when appropriate while considering the always important question of "who benefits?" before signing off on any cultural planning or creative placemaking−related proposal.

Acknowledgment

The author would like to thank his former student research assistant and recent graduate of the Urban Administration program, Huijin Lim, for translating this chapter into Korean (see Chapter 10).

Baeker, Greg (2010). Rediscovering the wealth of places: cultural mapping and cultural planning in Canadian municipalities. Plan Canada, 50(2), 16−18.

Borrup, Tom (2021). *The Power of Culture in City Planning*. New York: Routledge.

Doxey, G. V. (1975). A causation theory of visitor−resident irritants. Proceedings of the Travel Research Association, 6th annual conference, San Diego (pp. 195−198).

Florida, Richard (2002). *The Rise of the Creative Class and How It's Transforming Work, Leisure, Community and Everyday Life*. New York: Basic Books.

Frost−Kumpf, Hilary Anne (1998). *Cultural Districts: The Arts as a Strategy for Revitalizing Our Cities*. Washington, DC: Americans for the Arts.

Hiller, Harry H. (2014). *Urban Canada*. 3rd edition. Don Mills, ON: Oxford University Press.

Jacobs, Jane (1961). *The Death and Life of Great American Cities*. New York: Random House.

Kovacs, Jason F. and Jeff Biggar (2018). Embedding artists within planning: Calgary's Watershed+ initiative. *Planning Practice and Research*, 33(1), 51−69.

Kovacs, Jason F. and Hayun Park (2020). From moon village to mural village: the consequences of creative placemaking in Ihwa−dong, Seoul. In Cara Courage et al. (eds.), *The Routledge Handbook of Placemaking* (pp. 102−109). New York: Routledge.

Kunstler, James Howard (1993). *The Geography of Nowhere: The Rise and Decline of America's Man−Made Landscape.* New York: Simon & Schuster.

Landry, Charles (2000). *The Creative City: A Toolkit for Urban Innovators.* London: Earthscan.

Landry, Charles and Franco Bianchini (1995). *The Creative City.* London: Demos.

Mitchell, Clare J. A. (1998). Entrepreneurialism, commodification and creative de−struction: a model of post−modern community development. *Journal of Rural Studies,* 14(3), 273−286.

노수경 (2022). 지역문화실태조사 자료를 통한 1차 문화도시 사업 성과 분석. 문화콘텐츠연구, 24, 103− 139.

Park, Hayun and Jason F. Kovacs (2020). Arts−led revitalization, overtourism and community responses: Ihwa Mural Village, Seoul. *Tourism Management Perspectives,* 36, 1−9.

Patterson, Matt (2012). The role of the public institution in iconic architectural development. *Urban Studies,* 49(15), 3289−3305.

Perloff, Harvey (1979). *The Arts in the Economic Life of the City: A Study.* New York: American Council for the Arts.

Phillips, Rhonda (2004). Using the arts for community economic development. In: Roger L. Kemp (ed.), *Cities and the Arts: A Handbook for Renewal* (pp. 21−28). Jefferson, NC: McFarland & Company.

Relph, Edward (1976). *Place and Placelessness.* London: Pion.

Robidoux, Meghan and Jason F. Kovacs (2018). Public art as a tool for environ−mental outreach: insights on the challenges of implementation. *The Journal of Arts Management, Law, and Society,* 48(3), 159−169.

Stevenson, Deborah (2014). *Cities of Culture: A Global Perspective.* London: Routledge.

Whyte, William H. (1980). *The Social Life of Small Urban Spaces.* New York:

Project for Public Spaces.

Williams, Raymond (1976). *Keywords: A Vocabulary of Culture and Society*. London: Croom Helm.

Wyckoff, Mark (2014). Definition of placemaking: four different types. *Planning a nd Zoning News*. https://www.canr.msu.edu/uploads/375/65814/4typespla cemaking_pzn_wyckoff_january2014.pdf

Zukin, Sharon (1982). *Loft Living: Culture and Capital in Urban Change*. Baltimore: Johns Hopkins University Press.

찾 / 아 / 보 / 기

ㅊ

ㅋ

ㅌ

저 / 자 / 약 / 력

▶ 오동훈(吳東薰, Dong Hoon Oh)

- 미국 오하이오주립대(Ohio State University) 도시 및 지역 계획학 박사
- 현 서울시립대 도시행정학과 교수
- 한국주택학회/한국도시행정학회/한국부동산분석학회 회장 역임
- 국토교통부 중앙도시계획위원회 부위원장 역임
- 주요 논저 도시개발론 등 7권, "해외 도시재생 특이사례 연구-빌뉴스 우주피스공화국과 시드니 코카투아일랜드를 중심으로" 등 논문 124편, "경북 골든사이언스파크 종합계획수립 연구" 등 연구보고서 61권

▶ 서순탁(徐淳鐸, Soon Tak Suh)

- 영국 뉴캐슬대(Newcastle University) 도시계획학 박사
- 현 서울시립대 도시행정학과 교수
- 국토연구원 연구위원 역임
- 한국도시행정학회 회장 및 International Journal of Urban Sciences, 국토계획 편집위원장 역임, 국토연구 편집위원장
- 주요 논저 협력적 계획-분절된 사회의 협력과 거버넌스(共譯), 사회자본 증진을 위한 도시계획의 역할과 과제 등 다수

▶ 송석휘(宋錫輝, Seok Hwi Song)

- 미국 뉴저지주립대(Rutgers University) 행정학 박사
- 현 서울시립대학교 도시행정학과 교수
- 서울연구원 부연구위원 역임
- 성과관리, "공정사회와 갈등관리", AI와 빅 데이터 활용과 인사관리 연구 등

▶ 이태화(李泰和, Tae Hwa Lee)

- 미국 델라웨어대(University of Delaware) 도시 문제 및 공공정책학 박사
- 현 서울시립대 도시행정학과 교수
- 주요 논저 "조선왕조실록에서 나타난 한성부의 도시 환경·에너지·기후대응 정책", "텍스트 마이닝 기법을 활용한 재생에너지 시설 관련 주민 수용성 연구경향 분석", "Evolutionary Urban Climate Resilience: Assessment of Seoul's Policies", "An Expeiment for Urban Energy Autonomy in Seoul: The One 'Less' Nuclear Power Plant Policy", "Which Citizenship Do You Mean? The Case of Seokkwan Doosan Apartment Complex in Seoul" 등 다수

▶ 제이슨 코박스(Jason F. Kovacs)

- 캐나다 워털루대(University of Waterloo) 도시계획학 박사
- 현 서울시립대 도시행정학과 정교수
- 전 토론토대 강사, 니피싱대 조교수
- 주요 논저 "Arts-led revitalization, overtourism and community responses: Ihwa Mural Village, Seoul", "Public art as a tool for environmental outreach: insights on the challenges of implementation", "Embedding artists within planning: Calgary's Watershed+ initiative", "Assessing the success of heritage conservation districts: insights from Ontario, Canada", "Cultural planning in Ontario, Canada: arts policy or more?", "Good governance principles for the cultural heritage sector: lessons from international experience"

▶ 강민규(姜敏圭, Min Gyu Kang)

- 미국 워싱턴대(University of Washington) 도시계획학 박사
- 현 서울시립대 도시행정학과 부교수
- 국토연구원 연구원 및 연구기획담당 역임
- 주요 논저 "Urban Landscape Affects Scaling of Transpor-tation Carbon Emissions across Geographic Scales", "Capturing fine-scale travel behaviors: a comparative analysis between personal activity location measurement system (PALMS) and travel diary", "지역경제 회복탄력성의 지역 간 격차 및 영향요인 분석: 혁신역량 조절효과를 중심으로", "개인 및 지역 특성을 고려한 비수도권 청년유출 영향 요인 분석" 등 다수

▶ 송영현(宋映鉉, Young Hyun Song)

- 중국 베이징대(Peking University) 경제학 박사
- 현 서울시립대 도시행정학과 부교수
- 충남연구원 책임연구원 역임
- 주요 논저 "The spatial spillover effect of technological innovation network in cities: a case of the high-tech industry of Yangtze River Delta", "공유경제 효율성 인식의 영향요인 : 협력적 소비 관점에서 본 서울시의 사례", "고향사랑기부제의 재정확충효과 모의실험-충청남도를 사례로-" 등 다수

▶ 김정욱(金晶旭, Jung Wook Kim)
• 미국 노스텍사스대(University of North Texas) 행정학 박사
• 현 서울시립대 도시행정학과 조교수
• 인천연구원 연구위원 역임
• 주요 논저 "What are the Factors Encouraging Neighbourhood Associations to Assume Roles in Urban Governance?", "Does Voluntary Organizations' Preparedness Matter in Enhancing Emergency Management of County Government?", "지방자치단체의 주민자치회 운영 사례 분석", "Nonprofit and Government Partnerships in Public Service Delivery in South Korea" 등 다수

▶ 김수희(金壽喜, Su Hee Kim)
• 영국 엑시터대(University of Exeter) 정치행정학 박사
• 현 서울시립대 도시행정학과 조교수
• 행정안전부 재정협력과장, 재정정보화사업과장 역임
• 주요 논저 "The Impact of Government Performance Evaluation on Environmental Performance in Organizations", "Factors Affecting Relief Aid Policy of Local Governments - Electoral Competitiveness, Fiscal Capacity, and Severity of Crisis", "Announcing Local Government Relief Aid - Electoral Effects During a Pandemic", "지방자치법상 '예산 외의 의무부담'에 대한 재정관리 강화방안" 등 다수

제2판(전면개정판)

도시행정론

초판발행	2014년 8월 30일
제2판발행	2025년 2월 25일
지은이	오동훈·서순탁·송석휘·이태화·제이슨 코박스·
	강민규·송영현·김정욱·김수희
펴낸이	안종만·안상준
편 집	박세연
기획/마케팅	장규식
표지디자인	BEN STORY
제 작	고철민·김원표
펴낸곳	(주) **박영사**
	서울특별시 금천구 가산디지털2로 53, 210호(가산동, 한라시그마밸리)
	등록 1959. 3. 11. 제300-1959-1호(倫)
전 화	02)733-6771
f a x	02)736-4818
e-mail	pys@pybook.co.kr
homepage	www.pybook.co.kr
ISBN	979-11-303-2215-5 93350

정 가   30,000원